文 化 名 家 暨
"四个一批"人才作品文库

理 论 界

政道与治道

王浦劬 著

中华书局

图书在版编目(CIP)数据

政道与治道/王浦劬著. —北京:中华书局,2013.5
(文化名家暨"四个一批"人才作品文库)
ISBN 978 - 7 - 101 - 09261 - 5

Ⅰ. 政… Ⅱ. 王… Ⅲ. 政论 - 中国 - 文集 Ⅳ. D602

中国版本图书馆 CIP 数据核字(2013)第 052618 号

书　　名	政道与治道
著　　者	王浦劬
丛 书 名	文化名家暨"四个一批"人才作品文库
责任编辑	王传龙
装帧设计	毛　淳
出版发行	中华书局

　　　　　　　(北京市丰台区太平桥西里 38 号　100073)
　　　　　　　http://www.zhbc.com.cn
　　　　　　　E-mail:zhbc@zhbc.com.cn

印　　刷	北京瑞古冠中印刷厂
版　　次	2013 年 5 月北京第 1 版
	2013 年 5 月北京第 1 次印刷
规　　格	开本/700×1000 毫米　1/16
	印张 30　插页 4　字数 450 千字
国际书号	ISBN 978 - 7 - 101 - 09261 - 5
定　　价	82.00 元

出 版 说 明

　　实施文化名家暨"四个一批"人才工程，是宣传思想文化领域贯彻落实人才强国战略、提高建设社会主义先进文化能力的一项重大举措。这一工程着眼于对宣传思想文化领域的优秀高层次人才的培养和扶持，积极为他们创新创业和健康成长提供良好条件、营造良好环境，着力培养造就一批造诣高深、成就突出、影响广泛的宣传思想文化领军人才和名家大师。为集中展示文化名家暨"四个一批"人才的优秀成果，发挥其示范引导作用，文化名家暨"四个一批"人才工程领导小组决定编辑出版《文化名家暨"四个一批"人才作品文库》。《文库》主要收集出版文化名家暨"四个一批"人才的代表性作品和有关重要成果。《文库》出版将分期分批进行，采用统一标识、统一版式、统一封面设计陆续出版。

文化名家暨"四个一批"人才

工程领导小组办公室

2012年12月

王浦劬

　　1956 年 9 月生，江苏盐城人。1988 年获北京大学法学博士学位。现任北京大学政治发展与政府管理研究所副所长，北京大学政府管理学院教授、博士生导师。兼任中国政治学会副会长、中国行政管理学会副会长等。主要从事政治学理论与方法的研究。主持国家哲学社会科学重大项目、教育部跨世纪人才项目等多项科研项目。主持编撰国家哲学社会科学研究"十五"、"十一五"、"十二五"政治学调研报告，2005 年至今主持《中国高校哲学社会科学发展报告（政治学科）》专项研究。编撰出版《政治学基础》、《选举的理论与制度》、《以治理的民主实现社会民生》等著作多部，发表学术论文六十余篇。是马克思主义理论研究和建设工程《政治学概论》教材编写课题组首席专家，1998 年入选教育部跨世纪优秀人才培养计划，2002 年被教育部评为全国优秀青年教师，享受国务院颁发的政府特殊津贴。

目 录

第三部分　悟道之思索

第一部分　政道之求索

人类社会政治发展的公理①

——读恩格斯《社会主义从空想到科学的发展》

　　恩格斯的《社会主义从空想到科学的发展》(以下简称《发展》)是马克思主义关于科学社会主义原理的经典著作,是恩格斯为适应无产阶级斗争要求系统阐述科学社会主义原理的重要著作,由此成为马克思主义社会历史发展理论的经典和科学论述。马克思称它为"科学社会主义的入门"。②

　　从政治学的角度来看,《发展》一书不仅阐述了社会主义从空想到科学发展的历史必然和发展规律,而且深刻阐明了人类社会政治发展的普遍公理与真谛。从科学意义上讲,所谓社会政治公理,即对于人类社会政治现象具有普遍概括和指导意义的道理,是对于人类社会政治发展本质及其必然规律的揭示和阐述,《发展》通过对于包含人类社会政治发展在内的社会发展规律的科学分析和论述,科学阐明了具有普遍意义和价值的人类社会政治发展的公理,由此也成为马克思主义政治发展理论的经典和科学论述。

一、写作背景

　　《发展》是恩格斯于 1880 年根据《反杜林论》中的三章(《引论》的第一章、第三编的第一章和第二章)撰写的。

---

　　① 本文为全国哲学社会科学规划领导小组批准的《2011 年度国家社会科学基金重大项目》(批准号 11&MZD001)研究成果。

　　② 《马克思恩格斯文集》第 3 卷,第 493 页,北京,人民出版社 2009 年版。

1.《发展》是与反马克思主义思潮进行斗争、捍卫科学社会主义的产物

1871 年巴黎公社革命失败以后,国际工人运动从高潮转入相对低潮,资产阶级对工人阶级的政治压迫和对马克思主义的攻击进一步加剧。形形色色的资产阶级学说、假社会主义学说开始盛行,企图迷惑工人群众,为资产阶级统治辩护。其中,欧根·杜林是一个典型代表。

在当时的背景下,杜林的学说颇具欺骗性,甚至德国社会民主党的某些领导人也为其迷惑。为了粉碎杜林的进攻,捍卫马克思主义,恩格斯写作了《反杜林论》,对杜林的观点进行了彻底清算和批判,系统论述了马克思主义的历史唯物主义、政治经济学和科学社会主义原理。

19 世纪 80 年代,针对欧洲工人运动中存在的机会主义和小资产阶级社会主义学说,为了批驳这些学说对工人运动的误导,恩格斯运用了《反杜林论》中的相关内容,阐述了社会主义从空想到科学的发展。

2.《发展》是适应各国工人阶级政党建设和斗争需要的产物

19 世纪 70、80 年代,一批社会主义工人政党在欧美主要资本主义国家先后建立。国际工人运动面临的主要任务,是聚集和团结无产阶级革命力量,广泛组织和建立无产阶级革命政党,确立各国工人运动的领导核心。在这一过程中,用什么样的指导思想建设党、建设一个什么样的党,是当时国际工人运动所面临的重大问题。在这一问题上,德国社会民主党、法国工人党以及其他工人阶级政党都先后受到机会主义、空想社会主义和小资产阶级社会主义思潮的困扰。这就需要进一步确立马克思主义在工人阶级政党建设中的指导地位,肃清资产阶级改良主义和机会主义的影响,与小资产阶级社会主义和堕落为宗派主义的空想社会主义划清界限。

为了把国际工人运动完全纳入马克思主义的轨道,迎接新的国际工人运动高潮,1880 年,应法国工人党创始人之一的保尔·拉法格的请求,恩格斯写就《空想社会主义和科学社会主义》一书,1883 年出法文版时改为《发展》。

3.《发展》是广泛传播科学社会主义、教育广大工人群众的产物

《发展》既是恩格斯为捍卫科学社会主义的纯洁性而写的理论作品,也是为广泛宣传科学社会主义而撰写的学术作品。恩格斯适应工人群众的特点，揭示了资本主义必然灭亡和社会主义必然胜利的客观规律和历史必然，阐述了科学社会主义原理，帮助广大工人群众提高斗争觉悟，指明工人运动的发展方向。正像恩格斯所说的："这本小册子在法国很受欢迎。……因此这本小册子的作用快得多。"①1882 年 12 月 22 日，恩格斯在就该书写给德国社会民主党领导人倍倍尔的信中自豪地说："这是几年来我研究德国历史的第一个成果，我感到十分高兴的是，我能够首先把它献给工人，而不是献给书呆子和其他'有教养者'。"②

《发展》一书出版以后，受到各国工人阶级革命者和广大工人群众欢迎。在短短几个月时间里，仅德文版就出了三版。此后，这本小册子被翻译成多种文字，仅当时的译本就有英文、法文、波兰文、西班牙文、意大利文、俄文、丹麦文、荷兰文和罗马尼亚文等，对于教育和引导工人阶级进行革命斗争、推动无产阶级政治发展发挥了巨大作用。《恩格斯传》的作者海因里希·格姆科夫在评价《发展》对工人所起的教育宣传作用时说，新一代的工人，即使不曾与国际工人协会建立直接的联系，也几乎没有读过协会的纲领性文件，但是，他们首先通过恩格斯的这本著作，树立了斗争中的世界观，懂得了社会发展规律，懂得了社会政治斗争及其政治发展的历史归宿。

二、基本思想内容

《发展》由马克思写的 1880 年法文版前言、恩格斯写的 1882 年德文第一版序言、1891 年德文第四版序言、1892 年英文版导言和正文三章组成。

马克思在 1880 年法文版前言中，高度评价了该书，指出它是"科学社会主义的入门"。在德文第一版序言中，恩格斯介绍了写作意图、写作经过和内容安排。在德文第四版序言中，恩格斯介绍了该书出版发行的情况和该版中所作的修改。在英文版导言中，恩格斯分析了资产阶级如何从革命走向反动，揭示了唯物主义与唯心主义、唯物主义与宗教的斗争的阶级实质和历史过程，阐述了科学社会主义的理论基础——唯物史观；说明了科学社会主义

---

① 《马克思恩格斯全集》第 35 卷，第 394 页，北京，人民出版社 1971 年版。
② 《马克思恩格斯全集》第 35 卷，第 416 页，北京，人民出版社 1971 年版。

在斗争中不断得到传播;强调社会主义要在欧洲取得胜利,需要各国无产阶级的共同努力。

《发展》的正文主要包含两方面内容:

1. 阐明科学社会主义的直接思想来源,分析空想社会主义学说产生的历史条件、思想贡献和理论缺陷。

恩格斯从历史和思想的角度,分析了空想社会主义学说的特点。首先,空想社会主义学说是资本主义生产方式固有矛盾和阶级对立的初步反映,是空想社会主义者试图解决和克服资本主义社会弊端的制度设计。其次,空想社会主义者尤其是圣西门、傅立叶和欧文等,揭露、批判了资本主义生产方式的弊端与罪恶,为工人阶级展开阶级斗争提供了思想帮助,为唯物史观的形成和科学社会主义的创立提供了思想素材。再次,空想社会主义学说存在先天不足和理论缺陷,"不成熟的理论,是同不成熟的资本主义生产状况、不成熟的阶级状况相适应的"。① 空想社会主义者以抽象的"真正理性和永恒正义"作为理论基础,没有认识到资本主义的本质和基本矛盾,没有掌握资本主义和人类社会发展的客观规律,没有认识到工人阶级是实现社会主义的阶级力量。因此,恩格斯认为:"为了使社会主义变为科学,就必须首先把它置于现实的基础之上。"②这是实现社会主义从空想转变为科学的关键。

2. 阐释唯物史观和剩余价值学说的基本原理,阐明两大理论是社会主义从空想转变为科学的理论基石。

恩格斯认为,唯物史观和剩余价值学说是马克思在批判地继承人类思想文化优秀成果的基础上,在哲学、经济学领域实现革命性变革的成果。正是由于这两大成果,社会主义学说才被置于社会发展规律基础上,从乌托邦式的空想变成了科学理论。

恩格斯在《发展》第二章和第三章中,阐述了唯物史观的基本原理。唯物史观是社会主义从空想转变为科学的哲学基础。唯物史观关于社会基本矛盾的学说,揭示了社会生产力是人类全部历史的基础,科学地论证了社会主义代替资本主义是现代生产力发展的客观要求,是资本主义社会基本矛盾运

---

① 《马克思恩格斯文集》第 3 卷,第 528 页,北京,人民出版社 2009 年版。
② 《马克思恩格斯文集》第 3 卷,第 537 页,北京,人民出版社 2009 年版。

动的必然结果;唯物史观关于生产方式、交换方式形成社会阶级,由此形成社会变革的力量的观点,为科学社会主义与工人运动相结合创造了思想条件。

剩余价值学说是社会主义从空想转变为科学的经济学理论基石。马克思运用唯物史观,分析了资本主义生产关系及经济运动的规律,提出了剩余价值学说。随着资本主义的发展,资本家无偿占有的剩余价值越来越多,由此使得无产阶级和资产阶级的矛盾日益加剧,这种矛盾必然导致无产阶级革命和无产阶级专政。剩余价值学说揭穿了资本剥削劳动的秘密,阐明了无产阶级和资产阶级矛盾对立的深刻经济根源,揭示了资本主义经济政治和社会制度的本质和必然灭亡的发展趋势,发现了推翻资本主义、实现社会主义这一伟大历史使命的现实承担者。

《发展》的正文第三章,是该书的核心内容。这部分内容分析了资本主义的基本矛盾及其发展过程,论证了社会主义代替资本主义的历史必然性,预测了未来新社会的基本特征,阐述了无产阶级的伟大历史使命和科学社会主义学说的根本任务。正如恩格斯所说,本章"是我所主张的观点的一个核心问题的表述",①因此,正确理解这部分内容,是领悟该书本质精神,认识和把握人类历史发展规律,并且由此出发认知社会政治公理与真谛的重要途径。就该部分主要论述来看,主要阐发了以下内容:

1. 深刻分析了资本主义的基本矛盾,即生产的社会化和资本主义私人占有之间的矛盾。

从 15 世纪起,资本主义生产方式经过简单协作、工场手工业和机器大工业发展阶段,社会生产力不断发展,生产的社会化程度不断提高。生产的社会化本来是人类社会生产力发展的一种巨大进步,但由于资本主义生产被限制在资本主义私人占有制框架内,这就使得资本家私人占有着社会化的生产资料,控制着社会化的生产过程,据有社会化的生产产品。因此,生产的社会化属性与资本主义生产资料的私人占有制之间存在天然的对抗性矛盾,这是生产力和生产关系的矛盾在资本主义制度下的具体体现,是资本主义社会的基本矛盾。这一矛盾实际"已经包含着现代的一切冲突的萌芽"。②

---

① 《马克思恩格斯文集》第 9 卷,第 12 页,北京,人民出版社 2009 年版。
② 《马克思恩格斯文集》第 3 卷,第 551 页,北京,人民出版社 2009 年版。

2. 阐明了无产阶级革命的必然性。

资本主义私有制体现在生产方式上,形成了资本主义生产"个别工厂中生产的组织性和整个社会中生产的无政府状态之间的对立"。① 这种状态,使得劳动者进一步陷入贫困化,造成生产无限扩大和劳动群众购买力相对缩小的矛盾,使得生产相对过剩和经常性比例失调,从而导致资本主义经济危机。资本主义经济危机的频繁发生表明,资本主义私有制极大地束缚了社会生产力的发展。

资本主义私有制在阶级关系上,体现为"无产阶级和资产阶级的对立"。占有生产资料的资产阶级把资本变成剥削雇佣劳动者的手段,而丧失生产资料的无产阶级,不得不把自己的劳动力当做商品出卖,遭受资产阶级的残酷剥削。随着资本主义的发展,无产阶级与资产阶级的矛盾必然会趋于尖锐。

在资本主义基本矛盾作用下,资本主义经济危机呈现周期性爆发的特点,使生产力遭到巨大破坏。"资本主义生产方式暴露出它没有能力继续驾驭这种生产力。"②"这种生产力本身以日益增长的威力要求消除这种矛盾,要求摆脱它作为资本的那种属性,要求在事实上承认它作为社会生产力的那种性质。"③因此,废除资本主义私有制,实现生产资料的社会占有,便成为现代生产力发展和生产社会化的必然要求。而无产阶级革命和社会主义则是实现这些要求的根本出路。

在分析和阐明资本主义社会基本矛盾和发展规律的基础上,恩格斯认为,股份公司、垄断组织和国家干预等都是资本占有形式的变化,并没有从根本上消除生产的资本属性,相反进一步加剧了垄断集团之间的竞争,使阶级对立更加尖锐。他进一步论述了资本主义转化为社会主义的变革力量和实际途径,指出必须通过无产阶级革命,消灭以生产资料私有制为基础的资本主义生产关系,建立以公有制为基础的生产关系,使生产关系与现代生产力的社会化属性相适应。

3. 描述了政治发展趋势和未来自由王国的基本特征。

恩格斯指出,在未来社会,社会占有生产资料;从资本主义生产方式桎梏

---

① 《马克思恩格斯文集》第3卷,第554页,北京,人民出版社2009年版。
② 《马克思恩格斯文集》第3卷,第557页,北京,人民出版社2009年版。
③ 《马克思恩格斯文集》第3卷,第557页,北京,人民出版社2009年版。

下解放出来的生产力不断加速发展、无限增长；按照社会总体和每个成员的需要对生产进行有计划的调节；商品生产将被消除，而产品对生产者的统治也将随之消除；产品占有方式一方面由社会直接占有，作为维持和扩大生产的资料，另一方面由个人直接占有，作为生活资料和享受资料；保证一切社会成员有富足的和一天比一天充裕的物质生活，保证他们的体力和智力获得充分的自由发展和运用；消灭一切阶级差别和阶级对立；阶级统治意义上的政治一去不复返，社会政治对人的统治将由对物的管理和对生产过程的领导所代替，国家将自行消亡；人最终地脱离了动物界，第一次成为自然界的自觉的和真正的主人，实现了人类从必然王国进入自由王国的飞跃，由此实现了人类统治政治的社会归宿和人的解放。

三、理论价值与现实意义

《发展》被列宁称为"概述社会主义发展史"①的著作。这一著作系统而深刻地阐明了科学社会主义的思想来源、理论基础和基本原理，阐明了社会主义从空想到科学发展的历史必然性，同时，也把人类社会革命、战争、国家、统治、治理、管理和民主等政治现象的发展，建立在科学的唯物主义历史观的基础上，使得社会发展规律与政治发展规律有机融为一体，由此客观科学地阐发了马克思主义关于社会政治发展的历时规律和共时公理。

《发展》对于我国新民主主义革命、社会主义革命和建设产生了深远而广泛的影响。早在俄国十月革命以前，它就被翻译介绍到中国。五四运动以后，该书在我国得到进一步传播。1925年，上海《民国日报》副刊《觉悟》连载了柯柏年根据英译本译的《空想的及科学的社会主义》，这是《发展》在我国最早的全译文。此后，上海又出版了《发展》的其他不同版本。中国共产党人对学习《发展》非常重视。1920年，该书就被李大钊指导下的"马克思学说研究会"列为阅读书目。延安时期，《发展》以"马克思和恩格斯丛书"之一的形式出版。1945年党的七大上，毛泽东推荐干部重点学习的马克思主义五本书中，就有这本书。

---

① 《列宁专题文集（论马克思主义）》，第58页，北京，人民出版社2009年版。

新中国成立后,党中央成立专门机构中央编译局,翻译出版马克思和恩格斯的著作,《发展》成为干部必读书目,多次被收入马列著作选读之类读物中,成为向广大干部进行马克思主义教育的基本教材。今天,我们学习《发展》,要紧密联系中国特色社会主义伟大实践,不断深化对科学社会主义基本原理的领会和把握。

恩格斯在《发展》中描述了共产主义社会的基本特征,阐述了科学社会主义的基本原理。这些思想对于我们理解和把握中国特色社会主义具有重要指导意义。中国特色社会主义是科学社会主义基本原理同当代中国具体实践相结合的产物。中国特色社会主义坚持了辩证唯物主义和历史唯物主义的世界观、方法论,坚持了共产主义的最高理想和价值追求,坚持了以工人阶级政党为领导核心,坚持了人民群众创造历史的主体地位,坚持了以解放和发展社会生产力为根本任务,坚持了共同富裕的目标,坚持了促进人的全面发展等科学社会主义基本原理,同时又从中国实际出发,创造性地提出了一系列适应时代要求的新思想、新观点、新论断,使社会主义真正获得了生机和活力。学习《发展》,就要深刻理解中国特色社会主义是与科学社会主义一脉相承又与时俱进的社会主义,是深深扎根于中国大地、符合中国实际的社会主义,不断增强建设中国特色社会主义的自觉性和坚定性。

《发展》指出:“通过社会化生产,不仅可能保证一切社会成员有富足的和一天比一天充裕的物质生活,而且还可能保证他们的体力和智力获得充分的自由的发展和运用。”[①]中国共产党领导人民进行改革开放和现代化建设的根本目的,是通过发展社会生产力,不断提高人民的物质文化生活水平,促进人的全面发展。今天,认真切实学习《发展》,就要把以人为本贯穿到经济社会发展各个方面,体现到党和国家的各项方针政策中,不断提高人民生活水平,提高人民思想道德素质、科学文化素质,保障人民各项权益。

在《发展》中,恩格斯深入分析了资本主义的基本矛盾及其发展规律,论证了社会主义代替资本主义的历史必然性。并特别指出,19世纪下半叶资本主义生产形式的新变化,包括资本主义的股份公司、垄断组织和国有化的出现,不过都是资本在新的历史条件下形成的新的占有形式,并没有也不可能

[①] 《马克思恩格斯文集》第3卷,第563—564页,北京,人民出版社2009年版。

从根本上消除资本主义的基本矛盾。今天,随着新科技革命和社会生产力的飞跃发展,资本主义发达国家在生产资料所有制形式、经济运行方式以及分配关系等方面都发生了新的变化。但是这不仅没有根本解决资本主义的基本矛盾,实际上还深化和扩展了这些矛盾,比如,经济全球化在把生产的社会性扩大到全球范围的同时,使得资本主义的各种矛盾也在全球范围内积聚和扩大;以信息技术为主的第四次科技革命极大地改变了人类社会的生产和生活面貌,也使资本主义的生产社会化与生产资料私人占有的基本矛盾进一步尖锐突出;金融资本的疯狂逐利和盲目放贷引发了巨大的全球性金融危机,更是资本主义基本矛盾在新的条件下的集中、突出和持续性、爆发性体现。

《发展》关于社会主义必然代替资本主义的历史趋势的论述,深刻揭示了人类社会发展的基本规律。马克思主义诞生以来,国际共产主义运动不断发展壮大,对人类社会历史产生了深刻影响。尽管在 20 世纪后半叶,国际共产主义运动遭受重大挫折,反映了探索社会主义道路的艰巨性和复杂性,但并没有否定社会主义必然代替资本主义的客观历史规律,特别是中国特色社会主义的巨大成功,昭示了科学社会主义的真理价值和指导意义。

今天,我们学习《发展》,回顾和展望中国特色社会主义发展的历史进程和未来前途,就要更加坚定中国特色社会主义共同理想,坚定共产主义信仰,坚定不移地走中国特色社会主义道路,科学准确地认识和把握人类社会政治发展规律、社会主义国家政治发展规律和共产党执政规律,按照历史唯物主义的原理,从科学社会主义的规定性和必然性出发,把握社会政治发展的公理,养成高度的政治理论自信和理论自觉,切实担负起发展和推进中国特色社会主义政治的历史使命。

　　(本文为《马列主义经典著作选编〔学习导读〕》一书中"恩格斯《家庭、私有制和国家的起源》〔节选〕学习导读"篇的初稿,该文稿经过修改后,刊载于《马列主义经典著作选编〔学习导读〕》,学习出版社 2011 年版,收录进本文集时作者作了适当修订)

历史唯物主义基础上的政治人类学分析①

——读恩格斯《家庭、私有制和国家的起源》

恩格斯的《家庭、私有制和国家的起源》(以下简称《起源》),是适应时代和无产阶级斗争发展需要,以历史唯物主义系统阐发马克思主义国家和政治学说理论的代表作,也是在历史唯物主义基础上进行政治人类学研究的典范。

在深入贯彻落实科学发展观,推进中国特色社会主义政治建设的今天,反复认真研读这一作品,对于我们理解马克思主义的政治人类学分析方法,正确认识社会政治和国家现象的本质,把握人类社会政治和国家发展规律,无疑具有重要的理论价值和现实意义。

一、撰写背景

《起源》写作于1884年3月至5月,同年10月在瑞士苏黎世出版单行本,后来在德国出版并被翻译成多种语言文字。1892年,恩格斯写了《新发现的群婚实例》一文,作为本书的附录。

1.《起源》是为进一步完善和发展历史唯物主义理论体系和马克思主义国家理论而撰写的政治学著作

对人类社会从原始社会向文明社会的历史发展及其规律的科学研究和

①　本文为全国哲学社会科学规划领导小组批准的《2011年度国家社会科学基金重大项目》(批准号11&MZD001)研究成果。

阐述,是历史唯物主义的重要内容,而科学、深刻地阐明政治与国家现象的发生和发展规律,则是马克思主义政治学说的重要任务。

马克思和恩格斯从 19 世纪 40 年代就开始注重对原始社会的研究。19世纪中叶,民族学、人类学研究取得的重要进展,为马克思和恩格斯研究原始社会的发展、验证完善历史唯物主义创造了条件。1877 年,美国民族学和人类学家路易斯·亨利·摩尔根(Lewis Henry Morgan)《古代社会》一书出版。摩尔根主要研究原始社会的历史,他以自己对美国印第安人的婚姻、亲属关系、氏族制度的长期研究和观察,写作了《古代社会》一书。马克思对摩尔根的研究成果高度重视,于 1881 至 1882 年间研读了《古代社会》一书,做了详细的摘录和批语,并且计划用唯物史观阐述摩尔根的研究成果。但是,马克思还没有实现这个心愿就逝世了。恩格斯对摩尔根的《古代社会》同样重视,认为是"一本像达尔文的著作对于生物学那样具有决定意义的书"。[①] 马克思逝世后,恩格斯在整理马克思的手稿时,发现了马克思对摩尔根《古代社会》一书所做的摘要和批语。恩格斯研究后认为,历史唯物主义对于摩尔根的研究具有指导意义,而摩尔根的研究是对历史唯物主义的科学证明,"摩尔根在美国,以他自己的方式,重新发现了 40 年前马克思所发现的唯物主义历史观,并且以此为指导,在把野蛮时代和文明时代加以对比的时候,在主要点上得出了与马克思相同的结果"。[②] 为了进一步发展历史唯物主义,实现马克思的遗愿,恩格斯认为应在此基础上写一部阐发国家理论的著作。为此,恩格斯根据马克思的《路易斯·亨·摩尔根〈古代社会〉一书摘要》,参考人类学研究的知识基础,结合他本人多年研究的成果,撰写了《起源》一书。

2.《起源》是为批判形形色色的唯心主义历史观和国家理论而撰写的国家学说著述

17 世纪中叶以来,资本主义制度先后在西欧和北美得到确立。资产阶级学者为了维护资本主义制度,竭力鼓吹各种唯心主义社会学说,论证资本主义永世长存。比如,论证父权制家庭是最古老的形式,并把它同近代资产阶级的家庭相等同,等等。

---

① 《马克思恩格斯文集》第 10 卷,第 512 页,北京,人民出版社 2009 年版。
② 《马克思恩格斯文集》第 4 卷,第 15 页,北京,人民出版社 2009 年版。

19 世纪初,面对社会主义和工人运动的蓬勃兴起,资产阶级学者竭力掩饰资本主义社会的固有矛盾和种种弊端,大肆宣扬私有制自人类出现起就已经存在,甚至提出原始社会就出现了资本。比如,英国资产阶级经济学家罗·托伦斯就曾说:"在野蛮人用来投掷他所追逐的野兽的第一块石头上,在他用来打落他用手摘不到的果实的第一根棍子上,我们看到占有一物以取得另一物的情形,这样我们就发现了资本的起源。"①而在国家这一政治制度核心问题上,资产阶级学者则把国家说成是永恒存在而不可侵犯的,"国家学说被用来为社会特权辩护,为剥削的存在辩护,为资本主义的存在辩护"。②

1871 年巴黎公社革命失败后,资产阶级进一步掀起了鼓吹私有制、反对科学社会主义和历史唯物主义的浪潮。例如,德国资产阶级经济学家威廉·罗雪尔鼓吹说:私有财产权的合理性,是根据每个工人可以把他的劳动果实或者消费掉或者储蓄起来这个天赋权利而发生的。又如,资产阶级经济学家约翰·穆勒竭力为私有制辩护,认为私有财产的原则不一定会和那些自然的和社会的罪恶联系着,等等。

马克思和恩格斯一贯重视在工人运动发展过程中,清除资产阶级的唯心主义社会历史发展观和形形色色荒诞不经的伪科学国家理论的影响,捍卫历史唯物主义和科学社会主义学说。到 19 世纪下半叶,随着无产阶级革命形势的深入发展,这一任务显得更为重要和迫切。正是为了澄清工人运动中的种种政治思潮,为无产阶级革命提供有力和科学的思想理论武器,恩格斯撰写了《起源》。

3.《起源》是恩格斯为指导无产阶级革命斗争沿着正确方向前进而撰写的唯物史观论著

19 世纪 70 年代以后,随着马克思主义学说得到广泛传播,欧美各国的社会主义工人政党先后成立,国际工人运动正积蓄力量并酝酿着新的斗争。

面对工人运动的新发展,各国资产阶级竭力施展各种手段进行政治统治。一方面,加紧对社会主义者和工人群众的镇压。例如,德国俾斯麦政府于 1878 年 10 月 21 日制定了《镇压社会民主党企图危害治安的法令》的"非

---

① 《马克思恩格斯全集》第 47 卷,第 170 页,北京,人民出版社 1979 年版。
② 《列宁专题文集(论辩证唯物主义和历史唯物主义)》,第 283 页,北京,人民出版社 2009 年版。

常法",对社会民主党人实施空前的镇压。另一方面,为了迷惑工人运动,采取某些社会改良措施,制造"国家社会主义"骗局。而资产阶级学者则鼓吹所谓"讲坛社会主义",强调国家是超阶级的组织,可以调和对立阶级的利益,逐步实行"社会主义",企图把社会主义运动纳入资产阶级的轨道。如同恩格斯所揭露的那样,最近"出现了一种冒牌的社会主义,它有时甚至堕落为某些奴才气,无条件地把任何一种国有化,甚至俾斯麦的国有化,都说成社会主义的"。①

与此同时,资产阶级政府还竭力拉拢社会主义运动中的机会主义者,利用他们反对无产阶级革命,抹杀国家的阶级本质,鼓吹合法改良。德国社会民主党的卡·赫希柏格、爱·伯恩施坦和卡·奥·施拉姆组成的苏黎世三人团公开声称:"正是在现在,在反社会党人法的压迫下,党表明,它不打算走暴力的、流血的革命的道路,而决定……走合法的即改良的道路。"②在英国,自诩为"社会主义者"的费边社分子,也宣扬国有化和阶级合作是渐进到社会主义的唯一道路。同时,这些机会主义者还宣扬资本主义国家机器是超历史、超阶级的工具,或者把当时的国家当作"民主"的圣物而加以顶礼膜拜。

消除各种机会主义错误思潮的影响,揭示人类社会历史发展的客观规律,系统阐述马克思主义在家庭、私有制和国家问题上的基本观点,进而阐明无产阶级和劳动人民的革命斗争性质、方式、道路、方向和目标,已成为无产阶级革命运动十分迫切的任务,这一任务成为恩格斯撰写《起源》的直接出发点。

二、基本立场和观点

《起源》在历史唯物主义基础上,根据人类学、尤其是政治人类学研究的知识,透彻阐发了马克思主义国家理论和政治学说,其内容翔实而丰富,论证充分而科学,是政治人类学与历史唯物主义分析有机结合的典范和代表作品。

《起源》包括 1884 年第一版序言、1891 年第四版序言,以及正文九章。在

---

① 《马克思恩格斯文集》第 3 卷,第 558 页,北京,人民出版社 2009 年版。
② 《马克思恩格斯文集》第 3 卷,第 480 页,北京,人民出版社 2009 年版。

正文中,第一、二章主要根据摩尔根的研究成果,探讨了人类发展的三个阶段及与之相对应的家庭婚姻形态;第三、四、五、六、七、八章分别以易洛魁人、希腊人、罗马人和德意志民族为个案,追溯了氏族组织的特征,以及从氏族向国家演进的历史,由此说明了国家的特征、历史类型和形成方式。第九章是总结部分,系统论述了一系列历史唯物主义基本原理和马克思主义国家理论。

总起来看,《起源》阐发了如下基本观点:

1. 人类社会两种生产的理论。

马克思和恩格斯在《德意志意识形态》一书中已经提出两种生产理论,并且就此指出:"生命的生产,无论是通过劳动而达到的自己生命的生产,或是通过生育而达到的他人生命的生产,就立即表现为双重关系:一方面是自然关系,另一方面是社会关系。"①在《起源》第一版序言中,恩格斯进一步完整表述了这一理论,将生活资料的生产和人自身的生产看作制约人类社会发展的核心要素,由此阐明了人类社会从血缘关系向阶级关系演进的历史条件和社会基础。他指出:"根据唯物主义观点,历史中的决定性因素,归根结底是直接生活的生产和再生产。但是,生产本身又有两种。一方面是生活资料即食物、衣服、住房以及为此所必需的工具的生产;另一方面是人自身的生产,即种的繁衍。"②在生产力水平低下的原始社会早期,决定人类社会制度的主要因素是血缘关系,但随着生产力的发展和社会分工的复杂化,社会制度越来越多地受劳动的发展阶段和所有制的支配。

2. 家庭的起源和历史演变。

恩格斯采用摩尔根的历史分期方法,将人类历史划分为蒙昧时代、野蛮时代和文明时代,前两个时代又各分为低级、中级和高级三个阶段。恩格斯考察了各个历史时代及其不同发展阶段家庭形式的历史变迁,指出家庭作为经济细胞和社会生活的组织形式之一,不是从来就有的,它的产生、存在和发展受一定的社会经济关系的制约。人类社会的家庭形式随着习俗和生产的发展依次经历了四种形式:血缘家庭、普那路亚家庭、对偶制家庭、专偶制家庭。

---

① 《马克思恩格斯文集》第1卷,第522页,北京,人民出版社2009年版。
② 《马克思恩格斯文集》第4卷,第16页,北京,人民出版社2009年版。

3. 私有制和阶级的起源。

恩格斯以摩尔根发现的北美印第安人部落易洛魁人氏族为依据,运用古代希腊人、罗马人、凯尔特人和德意志人氏族的大量历史资料,从三次社会大分工的发生和发展中解析了私有制和阶级产生的原因及其过程。他强调,劳动分工是私有制产生的社会前提,剩余产品的增加是私有制产生的物质前提,劳动个体化的趋势是决定性因素,交换的发展促进了私有制的普遍化。私有制的发展使得社会分裂为阶级。私有制和阶级不是从来就有的,而是社会生产发展到一定阶段的产物,是一种历史范畴,因此,它们的灭亡也是历史的必然。

4. 国家的起源和实质。

恩格斯分析和揭示了国家的起源,阐明国家是在社会分工发展、家庭关系发展、私有制和阶级产生、氏族制度瓦解的基础上产生的,并进一步分析和阐述了国家和阶级统治产生的基本形式。

恩格斯指出了国家的本质,即国家不是从外部强加于社会的一种力量,也不是"伦理观念的现实",而是社会在一定发展阶段上的产物,是社会分工和私有制演进、阶级和阶级斗争发展的结果。国家本质上是经济上占统治地位的阶级用来镇压和剥削被压迫阶级的工具,尽管国家表现这种本质的形式在不同的历史阶段有所不同,但是,国家作为阶级统治和奴役工具的属性却具有历史一贯性。他强调,国家作为一种历史现象,将随着私有制和阶级的消灭而消亡。

需要强调指出的是,在《起源》一书中,对于马克思主义政治公理的阐述,主要集中在该著作1884年第一版序言和第九章"野蛮时代和文明时代"的第三、四部分。

在《起源》1884年第一版序言中,恩格斯介绍了该著作的写作背景,说明马克思生前曾经打算根据唯物主义历史研究所得出的结论来阐述摩尔根的研究成果,而写作《起源》在特定意义上也是为了实现马克思的遗愿,完成马克思未能完成的工作。

在序言中,恩格斯指出在生产力水平低下的原始社会早期,决定人类社会制度的主要因素是血缘因素,联结原始社会人与人之间关系的,主要是血缘纽带,而不是经济纽带。但随着生产力的发展和社会分工的复杂化,社会财富大大增加,阶级对立的基础等新的社会成分日益发展起来,这时的社会制度更多地受劳动的发展阶段和所有制的支配,阶级对立和阶级斗争由此得到发展,"根据唯物主义观点,历史中的决定性因素,归根结底是直接生活的生产和再生产。但是,生产本身又有两种。一方面是生活资料即食物、衣服、住房以及为此所必需的工具的生产;另一方面是人自身的生产,即种的繁衍。一定历史时代和一定地区内的人们生活于其下的社会制度,受着两种生产的制约:一方面受劳动的发展阶段的制约,另一方面受家庭的发展阶段的制约。劳动越不发展,劳动产品的数量,从而社会的财富越受限制,社会制度就越在较大程度上受血族关系的支配。然而,在以血族关系为基础的这种社会结构中,劳动生产率日益发展起来;与此同时,私有制和交换、财产差别、使用他人劳动力的可能性,从而阶级对立的基础等等新的社会成分,也日益发展起来;这些新的社会成分在几个世代中竭力使旧的社会制度适应新的条件,直到两者的不相容性最后导致一个彻底的变革为止。以血族团体为基础的旧社会,由于新形成的各社会阶级的冲突而被炸毁;代之而起的是组成为国家的新社会,而国家的基层单位已经不是血族团体,而是地区团体了。在这种社会中,家庭制度完全受所有制的支配,阶级对立和阶级斗争从此自由开展起来,这种阶级对立和阶级斗争构成了直到今日的全部成文史的内容"。①

该书第九章节选部分主要是关于国家理论的内容。恩格斯以雅典、罗马和德意志国家产生的历史事实为依据,精辟而又系统地阐述了马克思主义的国家观,其基本内容和核心思想如下:

1. 关于国家的历史起源。

恩格斯认为,国家是一个历史范畴,它不是从来就有的,而是生产力发展导致的第三次社会大分工产生的。人类历史上有三次社会大分工:第一次社会大分工是农业和畜牧业的分离。从第一次社会大分工中产生了第一次社会大分裂,形成了剥削者和被剥削者、主人和奴隶两个阶级。第二次社会大分工是手工业和农业的分离。随着新的分工,社会又有了新的阶级划分,除了自由民和奴隶的差别以外,又出现了富人和穷人的差别,而且使得一夫一

---

① 《马克思恩格斯文集》第 4 卷,第 15—16 页,北京,人民出版社 2009 年版。

妻制的家庭成为社会的经济单位。第三次社会大分工是商业和农牧业的分离和商人阶级的出现。这次社会大分工彻底瓦解了氏族制度赖以存在的前提,国家在氏族制度的废墟上兴起。由此可见,从根本上讲,国家是在社会当中内生的,是私有制和阶级发生与发展的基础上产生的,是阶级矛盾不可调和的产物。"国家决不是从外部强加于社会的一种力量。国家也不像黑格尔所断言的是'伦理观念的现实','理性的形象和现实'。确切地说,国家是社会在一定发展阶段上的产物。"①

恩格斯指出,国家的产生有不同的过程和途径,他以雅典、罗马和德意志国家产生的历史过程为事实依据,系统地阐述国家在氏族制度的废墟上产生的三种主要形式:一种是雅典式的形式,国家直接从氏族社会内部发展起来的阶级对立中产生形成,这是国家产生的典型形式;第二种是罗马形式的国家起源,罗马国家是平民和贵族斗争的结果;第三种是德意志人的国家产生途径,即国家是直接从征服广大外部领土中产生的。

2. 关于国家的组织特征。

恩格斯指出,国家是在氏族制度瓦解的基础上产生的,但它不是对氏族组织的简单继承,而是与氏族组织有着根本区别的特殊的社会组织。一是国家按地区划分它的国民,按居住地来组织国民,氏族组织则以血缘关系来划分和管理居民;二是国家设立专门的公共权力,迫使被统治阶级服从,这种公共权力以强制力,即以武装的人及其物质的附属物,如监狱和各种强制设施为后盾,这是氏族社会所没有的;三是为了维持这种公共权力,需要公民缴纳费用——捐税,甚至发行公债。

3. 关于国家的阶级本质。

恩格斯指出:"国家是承认:这个社会陷入了不可解决的自我矛盾,分裂为不可调和的对立面而又无力摆脱这些对立面。而为了使这些对立面,这些经济利益互相冲突的阶级,不致在无谓的斗争中把自己和社会消灭,就需要有一种表面上凌驾于社会之上的力量,这种力量应当缓和冲突,把冲突保持在'秩序'的范围以内;这种从社会中产生但又自居于社会之上并且日益同社会相异化的力量,就是国家。"他还指出:"由于国家是从控制阶

---

① 《马克思恩格斯文集》第4卷,第189页,北京,人民出版社2009年版。

级对立的需要中产生的,由于它同时又是在这些阶级的冲突中产生的,所以,它照例是最强大的、在经济上占统治地位的阶级的国家,这个阶级借助于国家而在政治上也成为占统治地位的阶级,因而获得了镇压和剥削被压迫阶级的新手段。"①

恩格斯的这些论述说明,马克思主义对于国家本质的认识,主要包括以下基本观点:

第一,国家本质上是阶级统治。国家是社会历史发展到特定阶段的产物,是阶级矛盾不可调和的产物,因此,它是在社会经济关系中占据主导地位的阶级用以实现和维护其统治地位的工具。

第二,国家作为公共利益代表的形式不是其本质。国家在形式上凌驾于社会之上,似乎中立于相互冲突的阶级之外,其面貌是代表公众的利益。但剥削阶级国家作为公共利益代表的形式,总是与其阶级本质相悖的。国家中立于社会之上的形式并不是国家的本质,只是国家的外部特征,隐藏在这种形式背后的,是国家的阶级本质。

第三,国家是统治阶级政治秩序的维护者。在社会历史发展的特定阶段,社会分裂为经济利益相互冲突、不可调和的对立阶级,社会自身既无力摆脱这些阶级对立,又不可能解决这些阶级矛盾。统治阶级为了维护和实现自己的利益,必须缓和这种冲突,努力把它们控制在"秩序"的范围内,这就需要国家这种特殊的公共权力设置,履行统治与缓和、压迫与控制的多重职能。正是在这个意义上,国家充当着缓和阶级对立和冲突、维护统治阶级秩序的特殊工具。

4. 关于国家的统治形式。

在揭示国家的阶级统治本质的基础上,恩格斯从历史发展的角度,阐明了不同历史发展阶段统治阶级财产状况与政治统治联系的不同方式。恩格斯把进入文明时期以来国家的统治划分为三种类型,一是奴隶制国家,二是中世纪农奴制国家,三是资产阶级国家。这三种国家与历史上的三大奴役形式是相适应的,他强调:"奴隶制是古希腊罗马时代世界所固有的第一个剥削形式;继之而来的是中世纪的农奴制和近代的雇佣劳动制。这就是文明时代

---

① 《马克思恩格斯文集》第 4 卷,第 191 页,北京,人民出版社 2009 年版。

的三大时期所特有的三大奴役形式;公开的而近来是隐蔽的奴隶制始终伴随着文明时代。"①

按照恩格斯的分析,在这三种国家形式中,奴隶制国家和农奴制国家采取的是赤裸裸的统治形式,而资产阶级国家由于阶级斗争的尖锐化,转而采用间接、隐秘的方式来进行统治,包括直接收买官吏,使其变为自己的代理人;政府和交易所结盟;直接通过普选制来进行统治,等等。

5. 关于国家的未来消亡。

恩格斯指出,随着社会生产力的发展,"阶级不可避免地要消失,正如它们从前不可避免地产生一样。随着阶级的消失,国家也不可避免地要消失。在生产者自由平等的联合体的基础上按新方式来组织生产的社会,将把全部国家机器放到它应该去的地方,即放到古物陈列馆去,同纺车和青铜斧陈列在一起。"②这就表明,国家作为一个历史范畴,也将在历史发展过程中趋于消亡。不过,国家的消亡是有条件的,这个条件就是在生产力高度发达的基础上,消灭私有制和阶级。

三、理论价值与现实意义

《起源》是运用历史唯物主义基本原理分析社会发展历史和国家起源的一部马克思主义经典著作。这部著作丰富完善了历史唯物主义的理论和方法论体系,从生产力与生产关系的矛盾运动中,揭示了社会政治发展的动力和基础;同时,著作以政治人类学为知识背景和发展线索,以人类历史演进作为政治分析路径,系统深入地描述、分析和阐发了人类社会从血亲关系、家庭关系向生产关系和国家政治关系的转变,由此从历史与逻辑、人类的社会进化与政治进化结合的意义上阐述了国家和政治现象的发生和发展过程与规律,从而在历史唯物主义基础上展开了政治发生和发展的人类学研究,揭示了作为自由人的结合体的共产主义社会是人类社会的发展趋势。《起源》的这些学说,揭示了家庭、私有制与政治国家的历史和逻辑联系,指明了它们的发展转换及其在人类历史发展过程中的地位和作

---

① 《马克思恩格斯文集》第 4 卷,第 195 页,北京,人民出版社 2009 年版。
② 《马克思恩格斯文集》第 4 卷,第 193 页,北京,人民出版社 2009 年版。

用,阐发了社会政治现象的本质和发展规律,从而达成了历史唯物主义与政治人类学的有机结合。

《起源》一书在马克思主义发展史上具有极为重要的理论地位。正如列宁在《论国家》一文中所指出的:"我希望你们在研究国家问题的时候看看恩格斯的著作《家庭、私有制和国家的起源》。这是现代社会主义的基本著作之一。"①

在我国,最早提到《起源》内容的是旅法学者创办的刊物《新世纪》,最早发表《起源》片断中译文的是同盟会员在日本东京创办的《天义报》。此后,恽代英在《东方杂志》第十七卷十九号和二十号发表了《起源》的部分译文。1922—1923 年,蔡和森在上海大学讲授"私有财产和家族制度起源"课程,并于 1924 年编写出版《社会进化史》一书,系统介绍了《起源》。1924—1929年,《社会进化史》出版过五次,在大革命期间,被各地农民运动讲习所和一些党的基层组织列为教材和学习读物,影响许多人走上了革命道路。这一时期,介绍《起源》的还有李达等人。《起源》一直是中国共产党人学习、宣传历史唯物主义和马克思主义国家学说的重要著作。

今天学习《起源》,有助于我们深入理解和掌握历史唯物主义基本原理,有助于我们深入理解和掌握人类社会政治发展的规律,从而更加深入地理解马克思主义国家学说和中国特色社会主义国家和民主政治理论。

在《起源》中,恩格斯以人类学为科学知识基础,以历史唯物主义分析了原始社会、阶级社会和社会主义、共产主义的历史演进逻辑,对家庭、私有制、阶级和国家等一系列重大理论问题进行了科学分析和系统论述,阐明国家是生产力和社会自身发展运动的产物,是特定历史发展阶段的现象。这些分析和论述,为我们把握人类社会政治现象及其发展规律提供了科学依据,为我们运用历史唯物主义的立场、观点、方法认识国家、民主、自由、人权等社会政治现象提供了科学依据,同时,其对于政治人类学与历史唯物主义的有机结合,使得该著作成为马克思主义政治人类学研究和历史唯物主义分析的典范。如同列宁指出的:"我所以提到这部著作,是因为它在这方面提供了正确观察问题的方法。它从叙述历史开始,讲国家是怎样

---

① 《列宁专题文集(论辩证唯物主义和历史唯物主义)》,第284 页,北京,人民出版社 2009 年版。

产生的。"①

《起源》对于马克思主义和历史唯物主义的丰富和发展,对于我们认识人类社会发展和国家发展的历史进程,牢固树立唯物史观和马克思主义国家观,不断推进中国特色社会主义民主政治建设具有重要意义。

《起源》深刻阐明了国家本质上是阶级统治,任何国家都是统治阶级政治秩序的维护者。这就告诉我们,无论资本主义国家采取什么统治形式和政府政策,只要它建立在资本主义私有制和阶级对立基础上,其维护和实现资产阶级利益的核心功能就不会发生根本变化,其作为资产阶级国家的本质就不会发生根本变化。与资本主义国家截然不同的是,我国的社会主义制度建立在公有制基础上,坚持工人阶级领导的、以工农联盟为基础的人民民主专政的国家制度,在本质上,必然要代表中国最广大人民的根本利益,必然要坚持由工人阶级和广大劳动人民当家做主,必然要把维护和实现工人阶级和广大劳动人民的利益要求作为国家工作的根本出发点。

《起源》对于我们清醒认识和把握国家、民主等政治现象的本质,划清不同国家和不同民主政治的界限具有重要指导意义。《起源》在论述剥削阶级国家本质与国家形式的关系时明确指出,国家虽然本质上是统治阶级的阶级统治,但是,形式上却常常以凌驾于社会之上、中立于相互冲突的阶级之外的社会公共利益代言人的形象出现。在对国家本质与形式的考察中,恩格斯特别强调,在资本主义代议制国家中,其民主政治本质上是以私有制和财产状况作为经济基础和本质特征的。但是,由于阶级斗争的尖锐化,资产阶级会采用间接、隐秘的方式来进行统治,比如通过收买官吏、培植自己的代理人、实行普选制来进行统治。由此可见,资本主义民主实际上不过是资产阶级进行阶级统治的间接和隐蔽形式,是围绕维护和实现资产阶级利益运行的。

社会主义国家及其民主政治与资本主义国家及其民主政治在阶级本质上具有根本区别。社会主义国家和公有制的建立,使得占人口绝大多数的工人阶级和劳动者获得民主,对剥削阶级实行专政,因此成为国家发展历史上的新型民主和新型专政国家,为社会主义国家在本质与形式、程序与实质的

---

① 《列宁专题文集(论辩证唯物主义和历史唯物主义)》,第284页,北京,人民出版社2009年版。

关系方面达成高度统一,为实现工人阶级和劳动人民的利益与实现全社会公共利益方面达成高度一致奠定了基础,为切实实现工人阶级和劳动人民普遍、真实和平等的权利创造了前提。

（本文为《马列主义经典著作选编〔学习导读〕》一书中"恩格斯《家庭、私有制和国家的起源》〔节选〕学习导读"篇的初稿,该文稿经过修改后,刊载于《马列主义经典著作选编〔学习导读〕》,学习出版社2011年版,收录进本文集时作者作了适当修订）

邓小平以政治优势推进现代化建
设的思想论纲[①]

运用政治优势推进中国的社会主义现代化建设,是邓小平同志在南方谈话中突出强调的一个重要思想。总起来看,这一思想主要包括三方面基本内容,即什么是我们的政治优势?如何运用我们的政治优势推进社会主义现代化建设?如何保持和发挥我们的政治优势?

关于我们的政治优势,邓小平同志明确指出,归根结底,其最重要的就是由代表广大人民利益和要求的中国共产党领导的人民政权,就是"政权在我们手里"。[②]换言之,就是党的领导、人民民主专政和社会主义法治。

中国共产党和中国社会发展的历史和现实反复证明,这些优势是我们推进社会主义现代化建设的最大资本、强大杠杆和有效保障。

---

①　近来,习近平同志对于中国共产党执政和治理国家与社会的优势进行了系统阐述,他指出,"我们党坚持推进马克思主义中国化并用中国化理论成果武装全党,坚持用科学理论和革命精神教育、团结、鼓舞广大党员和党的干部为实现共同目标而奋斗,这是巨大的理论优势。我们党坚持远大理想与具体历史阶段奋斗目标相统一,始终站在时代前列引领中国社会前进的正确方向,坚持独立自主、自力更生的奋斗精神,建立和执行铁的纪律,这是巨大的政治优势。我们党集中了中国工人阶级和中国人民、中华民族数量众多的先进分子,集中了全国各个领域德才兼备的优秀人才,建立了科学严密的组织体系,具有强大的组织动员力,这是巨大的组织优势。我们党坚持民主基础上的集中和集中指导下的民主相结合,形成并保持党的团结统一和蓬勃活力,这是巨大的制度优势。我们党坚持全心全意为人民服务的根本宗旨,坚持从群众中来、到群众中去的工作路线,坚持党的一切工作体现人民的意志、利益和要求,这是密切联系群众的优势,也是我们党最大的优势。这些优势是我们党的传家宝,是我们党的宝贵资源。我们党靠这些优势起家,靠这些优势成就伟业,也一定能够发挥这些优势去开创更加美好的未来。"这些论述,可以视为对邓小平理论的进一步阐发,见《习近平 2012 年 7 月 24 日下午在省部级主要领导干部专题研讨班结业式上的总结讲话》,网址:http://www.gov.cn/ldhd/2011 - 02/24/content_1809442.htm。

②　《邓小平文选》第 3 卷,第 373 页,北京,人民出版社 1993 年版。

那么,如何运用这一政治优势来推进社会主义现代化建设呢? 邓小平同志关于这种作用途径的思想主要可以概括为:

1. 运用政治优势,为经济建设和改革开放创造和提供国内社会政治条件。这就要求在政治方面,"必须始终注意坚持四项基本原则",①保持政治稳定,反对政治动乱,把这种动乱消灭在萌芽状态;在经济方面,利用国家政权的经济杠杆,进行宏观调控,协调各种经济关系,从而实现经济的协调、高速发展;在社会方面,依靠社会主义法治,确保人民民主专政与国家政权的权威性,狠抓打击各种敌对势力、犯罪活动和腐败现象。

2. 运用政治优势,推动社会主义改革,解放生产力。显然,这种解放应该由无产阶级执政党和国家政权主动自觉地进行。这就是说,应该依靠无产阶级政治组织体系,按照生产力发展的要求和社会主义改革本身的规律,制定和实施改革的方针政策。另一方面,改革的过程就是不断排除各种干扰和阻力的过程,这就需要保持清醒的头脑,运用政治优势,进行两条战线的斗争,反对两种形而上学的倾向性,从而使基本政策"长期保持稳定"。②

3. 运用政治优势,确保社会发展和改革开放的社会主义方向。在 1992 年南方谈话中,邓小平同志在社会主义经济和社会主义社会的经济之间作了区分,而坚持和保护社会主义经济,促成社会主义社会中的非社会主义经济向着有利于社会主义经济的方向发展,一个重要的途径和条件,就是坚持和运用我们的政治优势。具体说来,就是要以社会主义政治、经济条件制约和引导非社会主义经济的发展。同时,要运用国家的经济杠杆和手段,平抑两极分化,从而实现共同富裕这一社会主义的本质要求。③

4. 运用政治优势,开辟和创造有利于我国社会主义建设的外部空间和条件。无产阶级执政党的地位、国家政权在握和社会主义法治这些政治条件,既可以使我们根据国际风云的变幻,把握时机,制定对外开放和对外交往的正确政策,又可以使我们在复杂的国际斗争中顶住压力、排除干扰,保证社会主义现代化建设的顺利进行。同时,虽然我国在社会经济方面是发展中国家,但是中国是政治大国,是维护世界和平的坚定力量,中国的这一战略地

① 《邓小平文选》第 3 卷,第 379 页,北京,人民出版社 1993 年版。
② 《邓小平文选》第 3 卷,第 371 页,北京,人民出版社 1993 年版。
③ 《邓小平文选》第 3 卷,第 373—374 页,北京,人民出版社 1993 年版。

位,使我们可能运用自己在国际政治中的相对优势,利用一切积极因素,开辟社会主义建设的外部有利空间,从而使这种政治优势转变和落实为经济优势。

能否成功顺利地运用我们的政治优势推进社会主义现代化建设,首先在于我们能否保持和发挥这一优势。为此,邓小平同志在谈话中突出强调了他一贯坚持和倡导的三条根本原则:在思想路线方面,必须坚持实事求是的原则,"实事求是是马克思主义的精髓",必须以此来教育军队、党员和人民。在政治路线方面,必须坚持党的"一个中心,两个基本点"的基本路线,保证长期不动摇。在组织路线方面,要继续贯彻"革命化、年轻化、知识化、专业化"的标准。①

综上所述可见,运用政治优势推进中国社会主义现代化建设,是邓小平关于中国现代化和改革开放进程大思路和总战略的有机内容,是他对于近年来社会主义各国改革经验教训的深刻总结,也是我国社会主义改革开放伟大事业的经验概括和总结。

（原载《北京大学学报》〔哲学社会科学版〕1992 年第 4 期）

---

① 《邓小平文选》第 3 卷,第 380 页,北京,人民出版社 1993 年版。

试析邓小平政治分析方法的基本特点

政治分析的方法,是人们在社会政治生活中认识和把握政治现象,使自己的主观认识达之于政治客观现实的基本原则、角度和途径,因此,科学的政治分析方法,是人们认识和把握政治生活的本质及其发展规律的必要条件。

马克思主义的辩证唯物主义和历史唯物主义,既是无产阶级和广大劳动人民的科学世界观,更是他们认识客观世界、掌握其发展规律的方法论。如同恩格斯所说的那样,"马克思主义的整个世界观不是教义,而是方法。它提供的不是现成的教条,而是进一步研究的出发点和供这种研究使用的方法"。① 马克思主义经典作家在运用辩证唯物主义和历史唯物主义分析人类政治现象时,形成了马克思主义认识政治现象的基本哲学原则、分析角度和途径,主要是:对于社会政治生活的矛盾分析、经济分析、阶级分析和利益分析。

邓小平在社会主义政治实践中,运用马克思主义的这些政治分析原则、角度和途径,探索和分析社会主义社会政治的本质及其发展规律,为社会主义现代化建设时期党的路线、方针和政策的制定提供了理论基础。另一方面,也正是在这一过程中,邓小平坚持把实事求是作为"马克思主义的思想基础",②作为政治分析的认识出发点,根据社会主义政治实践的发展,不断丰富和发展马克思主义政治分析的基本原则和途径,从而在政治分析方法方面形成了自己的特点。总起来看,这些政治分析方法的基本原则和特点主要体现为:

---

① 《马克思恩格斯全集》第 39 卷,第 406 页,北京,人民出版社 1974 年版。
② 《邓小平文选》第 2 卷,第 143 页,北京,人民出版社 1994 年版。

一、以辩证的矛盾分析作为政治分析的哲学法则

马克思主义认为,事物的矛盾法则,即对立统一的法则,是唯物辩证法的最根本的法则。因此,唯物辩证法在思想方法上集中体现为对于客观事物的矛盾的研究,如同毛泽东所说的那样,"辩证法的宇宙观,主要地就是教导人们要善于去观察和分析各种事物的矛盾的运动,并根据这种分析,指出解决矛盾的方法"。① 这种对于客观事物的矛盾的研究在政治分析过程中的运用,就形成了马克思主义政治研究的矛盾分析方法。

在分析中国社会主义政治的实际过程中,邓小平始终贯彻马克思主义的矛盾分析方法,他遵循唯物辩证法的要求,首先把社会主义的政治生活归结为社会政治矛盾的运动,由此出发,他进一步分析了社会主义社会政治生活诸方面的矛盾和矛盾关系,从而深刻地把握了中国社会主义社会政治矛盾运动的基本脉络。另一方面,邓小平在分析中国社会主义政治时,尤其注重把握矛盾的辩证运动,着力于矛盾分析中的辩证分析,从而形成了其政治矛盾分析方法的特点:

1. 在矛盾的普遍性和特殊性方面,邓小平在坚持矛盾的普遍性的前提下,尤其强调必须深入分析和具体把握矛盾的特殊性,以不同的方法解决不同的矛盾。为此,他主张,在分析社会政治现象时,既要坚持马克思主义政治学说的基本理论和原则,更"要分析研究实际情况,解决实际问题,按照实际情况决定工作方针"。② 邓小平对于中国社会主义社会政治的分析,即是他贯彻这一矛盾分析的典范。比如,在设计中国社会主义政治发展和政治改革的目标模式和实际途径时,邓小平既坚持社会主义政治的普遍发展规律,更注意分析和把握中国社会主义政治发展的特殊规律。他指出:"照抄照搬别国经验、别国模式,从来不能得到成功。这方面我们有过不少教训。把马克思主义的普遍真理同我国的具体实际结合起来,走自己的道路,建设有中国特色的社会主义,这就是我们总结长期历史经验得出的基本结论。"③又如,在论

① 《毛泽东选集》第1卷,第304页,北京,人民出版社1991年版。
② 《邓小平文选》第2卷,第114页,北京,人民出版社1994年版。
③ 《邓小平文选》第3卷,第2—3页,北京,人民出版社1993年版。

及政治决策时,邓小平要求,政治决策固然要考虑到一般情况,更应该考虑具体的时间、地点和条件,而"脱离了当地的客观经济现实,超越了经济发展水平,没有按经济规律办事。这样制订出来的政策就不能调动积极性"。①

2. 在矛盾的同一性和斗争性方面,邓小平在把握矛盾对立和斗争一面的同时,充分关注矛盾统一和同一的另一面。在对中国社会政治生活展开矛盾分析时,邓小平摈弃了那种把社会政治矛盾片面地、绝对地归结为政治对立和斗争的形而上学思想方法,而着力从矛盾的不同性质、矛盾存在的不同条件出发,辩证地认识和把握矛盾的斗争性和同一性问题。从他对于政治问题的矛盾分析可以看出,他认为,在一般情况下,同一性质的政治矛盾各方之间,同一性要大于斗争性。比如,他在分析人民内部矛盾时指出,人民内部的各个阶层、各个方面,由于利益差别和认识差别,会产生各种各样的矛盾,但是,在社会主义政治条件下,他们之间在根本的政治目标和政治利益上,又具有高度的一致性。而正是在这种一致性的基础上,人民内部矛盾才会得到有效的协调和解决。与此同时,邓小平认为,不同性质的政治矛盾各方之间虽然以对立和斗争为主要存在方式,但是,在特定的条件下,它们也存在着同一性。比如,邓小平关于"一国两制"的科学构想,就是在维护国家主权和社会主义国家主体的政治条件下,以不同性质的政治矛盾各方面的同一性为依据而提出的。

3. 在矛盾的变动性和稳定性方面,邓小平既注重矛盾的变动发展性,又强调矛盾的相对稳定性。比如,在推动社会主义改革和政治发展的过程中,邓小平既指出社会主义社会和政治的矛盾运动是社会政治改革和发展的动力,同时又充分认识到这种矛盾运动相对于整个改革和发展过程的阶段性,为此,他一方面指明,"改革是中国的第二次革命",②另一方面又强调,"我们搞四化,搞改革开放,关键是稳定",③从而把改革、稳定和发展有机地统一到了一起。又如,在论及党和政府的政策时,邓小平一贯主张必须根据新的情况,研究新的问题,进行政策的变动和调整,同时,在社会政治生活过程中,他又强调必须保持政策的稳定性和连续性,以实现政局的稳定。

---

① 《邓小平文选》第2卷,第313页,北京,人民出版社1994年版。
② 《邓小平文选》第3卷,第113页,北京,人民出版社1993年版。
③ 《邓小平文选》第3卷,第286页,北京,人民出版社1993年版。

二、以着眼于生产力的经济分析作为政治
分析的根本方法

对于社会政治现象的经济分析,是马克思主义从生产力与生产关系、经济基础与上层建筑的社会结构出发,对社会政治现象展开分析的基本角度和途径。所谓经济分析方法,就是从社会生产力和生产关系的角度来认识和把握社会政治的本质及其发展规律。如同列宁所指出的那样,"只有把社会关系归结于生产关系,把生产关系归结于生产力的高度,才能有可靠的根据把社会形态的发展看作自然历史过程。不言而喻,没有这样观点,也就不会有社会科学"。①

作为马克思主义者,邓小平对于社会政治现象的分析,充分体现了马克思主义经济分析的基本方法,他在对每个政治问题展开分析时,往往首先从社会经济角度着眼,进而具体地、深入地阐明政治问题的本质。与此同时,邓小平在运用经济分析方法分析社会政治问题,尤其是社会主义社会的政治问题时,不是片面地、孤立地仅仅把它们与生产关系相联系,而是把生产力和生产关系视为马克思主义经济分析方法不可或缺的有机构成内容,而在这两个方面中,生产力对于社会现象和政治现象更具有根本性和决定性的作用。如同他所指出的那样,马克思主义最注重发展生产力,马克思主义的基本原则就是要发展生产力。因此,邓小平在对于政治现象展开经济分析时,一方面注意从社会主义生产关系入手来判定社会主义政治的基本性质,另一方面更强调必须直接从社会主义的生产力出发把握社会主义政治问题的基本内容、价值标准和解决办法。从邓小平的政治分析来看,他的经济分析方法的这一特点主要体现在:

1. 从生产力发展的角度确定社会主义政治的基本内容。在解放思想、拨乱反正的历史过程中,邓小平以大无畏的马克思主义理论勇气,清除了以阶级斗争作为社会主义政治唯一内容的极"左"思潮,与此同时,他根据历史唯物主义的基本原理,深刻分析了我国社会主义社会广大人民群众的根本利益

---

① 《列宁选集》第 1 卷,第 8 页,北京,人民出版社 1972 年版。

和无产阶级执政党的中心任务,在此基础上明确指出,在社会主义时期,无产阶级政权和执政党的最大政治,就是全力进行社会主义经济建设,发展社会主义生产力,当前,"就我们国内来说,什么是中国的最大政治? 四个现代化就是中国最大的政治",①"经济工作是当前最大的政治,经济问题是压倒一切的政治问题".② 这就从根本上确定了以社会主义经济建设和发展生产力为核心取向的社会主义政治内容。邓小平的这一政治观,为社会主义现代化建设新时期党的基本路线的形成和确立奠定了理论基础。

2. 从生产力发展的角度来确立社会主义政治的价值标准。邓小平认为,社会主义的政治不是空头政治,"按照历史唯物主义的观点来讲,正确的政治领导的成果,归根结底要表现在社会生产力的发展上,人民物质文化生活的改善上".③ 政治工作要落实到经济上面,这也就是说,无产阶级政权和执政党的路线、方针、政策正确与否,必须从它们是否有利于社会主义社会的生产力的发展来衡量判别。按照邓小平的说法,"对实现四个现代化是有利还是有害,应当成为衡量一切工作的最根本的是非标准".④ 1992 年初,邓小平对于这一标准作了进一步明确的阐述,他指出,衡量各项方针政策是否正确,"判断的标准,应该主要看是否有利于发展社会主义社会的生产力,是否有利于增强社会主义国家的综合国力,是否有利于提高人民的生活水平".⑤

3. 从生产力发展的角度来落实政治问题的解决办法。根据对社会主义政治本质的分析和把握,邓小平认为,在社会主义初级阶段,一切政治问题,归根到底都是经济问题,都可以归结为社会生产力的发展问题,因此,解决社会政治问题的根本方法和出路,还是在于社会经济方面,邓小平就此主张,"政治问题要从经济的角度来解决"。"社会、政治问题,主要还是从经济角度来解决。经济不发展,这些问题永远不能解决".⑥ 这就把社会主义政治发展和社会政治问题的解决与发展生产力紧密地联系到了一起。

---

① 《邓小平文选》第 2 卷,第 234 页,北京,人民出版社 1994 年版。
② 《邓小平文选》第 2 卷,第 194 页,北京,人民出版社 1994 年版。
③ 《邓小平文选》第 2 卷,第 128 页,北京,人民出版社 1994 年版。
④ 《邓小平文选》第 2 卷,第 209 页,北京,人民出版社 1994 年版。
⑤ 《邓小平文选》第 3 卷,第 372 页,北京,人民出版社 1993 年版。
⑥ 《邓小平文选》第 2 卷,第 195 页,北京,人民出版社 1994 年版。

三、以科学的、准确的阶级分析作为社会政治 力量分析的指导线索

阶级分析,是马克思主义分析阶级社会中社会群体划分及其相互关系,进而把握社会政治力量的基本状况和相互关系的基本方法。如同列宁所指出的那样,"马克思主义者不应该离开分析阶级关系的正确立场"。[①] 在研究阶级社会中的社会和政治问题时,"必须牢牢把握社会阶级划分的事实,阶级统治形式改变的事实,把它作为基本的指导线索,并用这个观点去分析一切社会问题,即经济、政治、精神和宗教等等问题"。[②]

在分析社会主义社会政治现象的过程中,邓小平坚持主张运用马克思主义的阶级分析方法,来判定和把握社会主义社会政治现象的根本性质和社会政治力量的构成状况,并把它们作为无产阶级执政党制定政治战略和策略方针的基本依据,他就此强调指出,"制定和执行正确的战略和策略要根据本国的具体情况,特别是对阶级和阶级斗争的情况,要作深入的了解"。[③] 另一方面,邓小平在对社会主义社会政治现象展开阶级分析的实际过程中,深刻总结了国际共产主义运动史上,尤其是中国十年"文化大革命"过程中阶级分析方法遭到滥用误用,致使阶级斗争扩大化的深刻历史教训,十分强调必须科学地把握马克思主义的阶级分析方法,运用这一方法准确地分析社会主义社会各阶级的变动情况和经济政治实际状况。他认为,只有这种科学的、准确的阶级分析,才能为正确的政治决策提供可靠的依据。从邓小平对社会主义社会阶级和阶级斗争问题的分析可以看出,他所主张的阶级分析的科学性和准确性,集中反映在他运用阶级分析方法的如下特点上:

1. 以经济关系和经济地位作为判定阶级的基本标准。马克思主义认为,阶级是社会生产力发展到一定历史阶段的产物,是特定的经济关系的人格承担者,它首先是一个经济范畴,因此,要准确地判定和划分社会阶级,就必须从特定经济关系和经济地位与特定社会成员的紧密联系入手。按照马克思

---

① 《列宁全集》第 25 卷,第 26 页,北京,人民出版社 1958 年版。

② 《列宁选集》第 4 卷,第 47 页,北京,人民出版社 1972 年版。

③ 《邓小平文选》第 1 卷,第 340 页,北京,人民出版社 1994 年版。

主义关于阶级内涵的这一规定,邓小平在对社会主义社会诸阶级进行界定时,一方面大力清除以政治倾向和思想是非来划分阶级的"左"倾错误做法,驳斥"四人帮"的"党内资产阶级"、"新生资产阶级"的荒谬理论,明确指出,"我们反对把阶级斗争扩大化,不认为党内有一个资产阶级"。① 另一方面,严格从社会经济关系,尤其是生产资料所有关系入手来判定和划分阶级,从而把社会主义社会阶级的划分真正放到了科学的基础上。

2. 从社会经济结构及其变动来把握阶级的实际状况。邓小平认为,按照历史唯物主义对于阶级本质的规定,阶级的基本状况首先是由社会经济结构决定的,为此,对于社会阶级状况的分析,必须以对于社会经济结构的分析为前提。从邓小平对于社会主义社会阶级状况的分析来看,他对于社会经济结构的这种分析主要集中在两个方面:其一,从与特定阶级相联系的经济成分,尤其是生产资料所有制成分及其变动出发,来把握特定阶级的实际状况。1979 年,邓小平正是根据三十多年来社会主义国家所有制和集体所有制在我国社会经济结构中占有主导地位,而"我国的资本家阶级原来占有的生产资料早已转到国家手中,定息也已停止十三年之久"②的客观经济状况,指出,"我国工人阶级的地位已经大大加强,我国农民已经是有二十多年历史的集体农民"。而资本家阶级中"有劳动能力的绝大多数人已经改造成为社会主义社会中的自食其力的劳动者"。③ 其二,从特定经济成分与其他经济成分的关系出发,来把握社会阶级的发展趋向。比如,邓小平在分析社会主义改革过程中非社会主义经济成分与社会阶级发展的关系时,着力分析了它们与社会主义经济成分之间的关系,指出,在社会主义经济结构中,非社会主义经济成分始终受着社会主义经济政治条件的制约,正因为如此,"在我们的发展过程中不会产生资产阶级"。④

3. 把剥削阶级的存在与阶级斗争的存在区别开来分析。在深入分析社会主义社会阶级和阶级斗争的过程中,邓小平发现,在社会主义社会,剥削阶级的消灭与阶级斗争的消失之间存在着非同步性,一方面,生产资料所有制

---

① 《邓小平文选》第 2 卷,第 168 页,北京,人民出版社 1994 年版。
② 《邓小平文选》第 2 卷,第 186 页,北京,人民出版社 1994 年版。
③ 《邓小平文选》第 2 卷,第 185—186 页,北京,人民出版社 1994 年版。
④ 《邓小平文选》第 3 卷,第 255 页,北京,人民出版社 1993 年版。

的社会主义改造完成以后,作为一个阶级的资产阶级在我国已失去了其存在和重新产生的经济基础和社会条件,"我们……不认为在社会主义制度下,在确已消灭了剥削阶级和剥削条件之后还会产生一个资产阶级或其它剥削阶级"。① 另一方面,剥削阶级的消灭并不意味着阶级斗争的同时消失,由于剥削阶级残余分子仍然存在,由于无产阶级队伍中的极少数人在剥削阶级思想影响下会蜕化变质,由于国际敌对势力的存在和影响,因此,社会主义社会仍然存在着阶级斗争。"现在我们看到,这两个方面都是客观事实"。② 邓小平进一步认为,剥削阶级消灭和阶级斗争消失之间的这种非同步性,规定了我们认识和把握社会主义社会阶级斗争问题的思想方法,这就是说,一方面,准确地认清阶级斗争的存在并不意味着资产阶级作为一个阶级的继续存在,因而反对通过某些阶级斗争现象来追究、甚至臆造资产阶级存在的极"左"做法;另一方面,清醒地认识到,剥削阶级虽然已经被消灭,"阶级斗争虽然已经不是我们社会中的主要矛盾,但是它确实仍然存在,不可小看",③因此,要充分运用无产阶级专政的力量,打击和分化瓦解敌对分子,巩固安定团结的政治局面。

四、以利益和利益关系的分析作为分析人民内部政治关系的具体角度

利益,是以社会形式出现的人的需求,是人们的社会关系、经济关系在社会生活中的具体体现,如同恩格斯所说的那样,"每一个社会的经济关系首先是作为利益表现出来"。④ 因此,利益和利益关系分析,是马克思主义经济分析方法和阶级分析方法的深入化和具体化。

在对社会政治现象和政治关系展开分析的过程中,邓小平一贯主张必须深入地、具体地分析和把握政治的本质和具体表现,因此,他始终强调贯彻马克思主义的利益分析方法,强调根据对于现实利益格局和利益关系的分析和

---

① 《邓小平文选》第 2 卷,第 168 页,北京,人民出版社 1994 年版。
② 《邓小平文选》第 2 卷,第 253 页,北京,人民出版社 1994 年版。
③ 《邓小平文选》第 2 卷,第 370 页,北京,人民出版社 1994 年版。
④ 《马克思恩格斯选集》第 2 卷,第 537 页,北京,人民出版社 1972 年版。

把握来制定政治路线和各项方针政策。他根据社会主义历史时期无产阶级和广大人民群众的根本利益和要求来确定党的基本路线的过程,就是他运用马克思主义利益分析方法的典范。

由于社会主义社会的政治关系主要是人民内部的政治关系,因此,人民内部的政治关系始终是邓小平分析社会主义社会政治关系的重点内容。在对人民内部政治关系展开分析时,邓小平进一步发展和深化了毛泽东关于人民内部矛盾的学说,在他看来,人民内部矛盾不仅仅是人民内部思想认识上的是非问题,而且更是人民内部的利益关系和利益矛盾问题,为此,他十分注重以利益和利益关系的分析作为分析人民内部政治关系的具体角度,并由此出发来阐述和把握社会主义政治的现实特点、运行内容和发展方向。实际上,也正是在这一过程中,邓小平形成了其分析人民内部政治关系的利益方法的原则特点:

1. 现实地承认人民内部利益的多样性,承认人民正当的多种利益和要求的特定合理性。在社会主义社会,由于民族、信仰、地域、社会分工、经济关系、社会发展水平以及历史等诸方面原因,人民内部存在着利益的多样性,人民对于政府的各种要求也正是在这个基础上产生的。邓小平认为,历史唯物主义的态度,在于首先现实地承认人民内部的这种利益的多样性,为此,他指出,在人民内部必须要讲物质利益原则,要充分关注人民的多种利益要求,承认"每个人都应该有他一定的物质利益",①承认方方面面的利益要求在其特定的时空范围内都有其存在的现实合理性。惟有如此,无产阶级执政党的政治决策才会有其可靠的现实性和广泛的代表性。

与此同时,邓小平还认为,承认人民内部利益的多样性和合理性,还意味着承认社会主义社会人民内部利益在发展过程中的差异性,允许一部分人通过合法劳动先富起来,以造成人民利益实现的示范效应,惟有从这个角度来制定政策,才能切实推动社会的发展。

2. 确切地认清人民内部利益关系的根本一致性,认清在这根本一致性基础上人民内部利益关系之间的可协调性。邓小平认为,虽然人民内部存在着多种多样的利益要求,可是,就这些利益之间的关系来说,并不存在根本的矛

---

① 《邓小平文选》第 2 卷,第 337 页,北京,人民出版社 1994 年版。

盾和冲突,相反,"在社会主义制度下,归根结底,个人利益和集体利益是统一的,局部利益和整体利益是统一的,暂时利益和长远利益是统一的",①"国家、集体和个人的利益在根本上是一致的"。② 人民内部多种利益的这种根本一致性,决定了人民内部利益关系的根本特征在于其可协调性。基于这种可协调性,邓小平主张,在社会主义的政治生活中,"我们必须按照统筹兼顾的原则来调节各种利益的相互关系"。③ 必须以协调为主的方式来处理人民内部的利益关系,"必须把国家、集体和个人利益结合起来",④"从而确实保证国家利益、集体利益和个人利益的统一"。⑤

与其关于人民内部利益多样性的看法相应,邓小平认为,对于人民内部利益的协调同样包括现实协调和发展协调两个方面。这就是说,无产阶级政权要运用多种方式,既对现有利益格局进行协调平衡,又在社会发展过程中保证全体人民利益的共同实现,达到共同富裕,从而保证利益发展的整体均衡。

3. 牢牢地把握人民的根本利益、整体利益和长远利益在人民内部利益结构中的根本地位和决定意义。在分析人民内部利益关系的过程中,邓小平反复强调,在人民内部的诸种利益和利益关系中,人民的根本利益、整体利益和长远利益更具有决定性的意义,它们是实现人民的其他利益的前提和保证,是无产阶级政党制定路线、方针和政策的首要依据。因此,必须被置于首要地位。在社会主义政治生活中,如果发生利益矛盾,"个人利益要服从集体利益,局部利益要服从整体利益,暂时利益要服从长远利益,或者叫做小局服从大局,小道理服从大道理"。⑥"为了国家和集体的利益,为了人民大众的利益,一切有革命觉悟的先进分子必要时都应当牺牲自己的利益"。⑦ 这就把对于社会主义政治的利益分析与社会主义政治的根本价值和道德取向有机地结合到了一起。

---

① 《邓小平文选》第 2 卷,第 175 页,北京,人民出版社 1994 年版。
② 《邓小平文选》第 2 卷,第 337 页,北京,人民出版社 1994 年版。
③ 《邓小平文选》第 2 卷,第 175 页,北京,人民出版社 1994 年版。
④ 《邓小平文选》第 2 卷,第 351 页,北京,人民出版社 1994 年版。
⑤ 《邓小平文选》第 2 卷,第 137 页,北京,人民出版社 1994 年版。
⑥ 《邓小平文选》第 2 卷,第 175 页,北京,人民出版社 1994 年版。
⑦ 《邓小平文选》第 2 卷,第 337 页,北京,人民出版社 1994 年版。

五、以注重体制分析的制度分析作为探索社会主义政治改革的现实途径

政治制度,是社会政治生活中的法定规范,它既是特定社会中基本利益格局、利益关系和政治力量关系的规则性集中体现,又是特定的统治阶级维护和实现自己的利益要求而采取的特定治理方式的规范性高度凝结。在社会政治生活中,政治制度实际规范着社会政治的运行和发展,是人们认识和把握政治生活的现实依据,因此,政治制度分析,是人们进行政治研究和政治分析的重要途径。

在分析社会主义社会政治的过程中,邓小平十分注重政治制度对于政治现象发生和发展的决定性作用。他在分析"文化大革命"全局性严重错误的历史成因时,深刻指出,"我们过去发生的各种错误,固然与某些领导人的思想、作风有关,但是组织制度、工作制度方面的问题更重要。这些方面的制度好可以使坏人无法任意横行,制度不好可以使好人无法充分做好事,甚至会走向反面"。① 因此,"制度是决定因素"。② 有鉴于此,邓小平认为,中国政治能否步入健康发展的轨道,实现社会主义民主的发展目标,关键在于是否能把改革落实到制度层面上,"如果不坚决改革现行制度中的弊病,过去出现过的一些严重问题今后就有可能重新出现"。③

在高度关注分析政治制度的同时,邓小平对于中国政治制度的内在结构进行了进一步的深入分析,他贯彻了根本制度和具体制度即体制的两分法原则,主张对这两方面制度进行具体的分析。邓小平认为,社会主义的根本政治制度是好的,具有资本主义政治制度所无法比拟的优越性,在社会主义政治改革和发展过程中,必须始终坚持这些根本的政治制度。与此同时,他又指出"社会主义制度并不等于建设社会主义的具体做法"。④ 这些具体做法在政治制度方面就表现为具体政治制度即政治体制,正是在"党和国家现行

① 《邓小平文选》第 2 卷,第 333 页,北京,人民出版社 1994 年版。
② 《邓小平文选》第 2 卷,第 308 页,北京,人民出版社 1994 年版。
③ 《邓小平文选》第 2 卷,第 333 页,北京,人民出版社 1994 年版。
④ 《邓小平文选》第 2 卷,第 250 页,北京,人民出版社 1994 年版。

的一些具体制度中,还存在不少的弊端,妨碍甚至严重妨碍社会主义优越性的发挥"。① 这些弊端,既是"文化大革命"这类错误发生的重要原因,又是社会主义社会和政治发展的严重障碍,"如不认真改革,就很难适应现代化建设的迫切需要,我们就要严重地脱离广大群众"。② 为此,邓小平在探讨社会主义政治改革和政治发展问题时,正是以政治体制分析作为其现实途径的,这就创造了政治制度分析的独特方法。在对于政治体制改革展开具体分析和论述的过程中,邓小平又形成了其政治体制分析方法的原则特点:

1. 按照社会主义政治的本质要求来确定政治体制改革的目标。邓小平认为,社会主义政治本质上是人民民主政治,是高效廉洁的政治,是社会主义法制政治。可是,现实政治生活中存在的党政不分、政企不分、官僚主义、家长制、干部任职终身制、机构重叠、效率不高等等弊端,却使得社会主义的政治本质难以得到充分实现。而现实政治生活中的这些弊端无不同现行的政治体制有关,因此,他指出,要实现社会主义政治的本质要求,就"必须从根本上改变这些制度"。③ 根据这一思路,邓小平把政治体制改革的目标确定为高度的社会主义民主和法制,高度的政治运行效率,具体说来,就是"始终保持党和国家的活力","克服官僚主义,提高工作效率","调动基层和工人、农民、知识分子的积极性"。④ 为了贯彻这一原则,在确定政治体制改革目标的过程中,邓小平还同时排除了两方面的干扰:他既批判了封建主义、特权官僚思想,又否定了那种把资本主义民主作为政治体制改革目标的政治企图,明确指出,它们都是背离社会主义政治本质的,也是严重背离中国国情的。

2. 按照经济体制改革深化和发展的要求来设定政治体制改革的具体进程和任务。在社会主义社会的整体结构中,政治体制是由经济体制决定并为之服务的,就其社会功能来说,政治体制改革所具有的工具价值,就在于为经济体制改革和社会生产力的发展这一目标价值开辟道路、创造条件,为此,邓小平提出,要"深化经济体制改革,相应地进行政治体制改革"。⑤ 从其关于政治体制改革的论述来看,邓小平关于政治体制对于经济体制改革的相应

---

① 《邓小平文选》第 2 卷,第 327 页,北京,人民出版社 1994 年版。
② 《邓小平文选》第 2 卷,第 327 页,北京,人民出版社 1994 年版。
③ 《邓小平文选》第 2 卷,第 328 页,北京,人民出版社 1994 年版。
④ 《邓小平文选》第 3 卷,第 179—180 页,北京,人民出版社 1993 年版。
⑤ 《邓小平文选》第 3 卷,第 251 页,北京,人民出版社 1993 年版。

性,主要在于两个方面:其一,相应于经济体制改革的要求确定政治体制改革的内容,这就是说,必须认真分析政治体制中不适应经济发展和经济体制改革当前要求的因素,以此展开政治体制的改革。其二,相应于经济体制的进程确定政治体制改革的进程,从而实现社会改革的总体协调。

3. 按照稳定社会主义政治秩序的要求来确定政治体制改革的实际方式。邓小平认为,政治体制改革的宗旨在于调整和完善社会主义的政治秩序,而不是破坏这一秩序,为此,从维护社会主义社会的根本政治秩序,保证社会政治稳定的角度着眼,来确定和选择政治体制改革的实际方式,才是我们应取的正确态度。正是基于这一原则,邓小平一贯坚持,政治体制改革过程中必须坚持四项基本原则,"政治体制改革要分步骤、有领导、有秩序地进行",①以实现社会和政治的有序、稳定发展。

从以上对于邓小平政治分析方法特点的分析可见,邓小平的政治分析方法体现了他既坚持马克思主义的基本立场、观点和方法,又在社会主义政治实践中勇于探索,发展马克思主义的实事求是态度。他在实践中丰富和发展的这些政治分析方法,是他的社会主义政治学说的有机构成部分。因此,学习和掌握邓小平的政治分析方法,并运用它们来分析实际政治生活,是我们深入学习邓小平理论的重要途径。

(原载《北京大学学报》〔政治学与行政学专刊〕,《新华文摘》1996年第 4 期全文转载)

---

① 《邓小平文选》第 3 卷,第 252 页,北京,人民出版社 1993 年版。

用当代马克思主义指导政治学科教学

政治学科是社会科学的重要学科,在进一步加强和改进大学生思想政治教育的工作中,政治学科具有教育学生明确正确的政治方向,确立正确的政治观和价值观,辨别政治是非,具备建设社会主义政治文明的能力和本领的功能和作用。因此,以当代马克思主义指导政治学科的教学,具有学科专业教育与思想政治教育紧密结合的优势。

一、发挥结合优势、确立指导地位

就我国政治学科的教学情况来看,要落实这一任务,发挥这一优势,当前应该着力下功夫进一步确立当代马克思主义在政治学科教学中的指导地位,具体而言,这种功夫主要包含四个方面的内容:

第一,深入研究并确定当代马克思主义政治学的理论和方法,并且将之作为学科教学的基础内容。一方面,应该继续坚持和贯彻马克思主义的基本理论、立场和方法,另一方面,还需要吸收马克思主义在当代中国三大理论成果,即毛泽东政治思想、邓小平政治思想和"三个代表"的重要思想,设置必要的本科生和研究生专题课程,使之成为政治学科教学的基本理论内容和方法训练。

第二,把当代马克思主义政治学立场、观点和方法贯穿于西方政治学的有关课程。近年来,西方政治学说,尤其是当代西方政治学说的内容和政治思潮,对于大学生思想产生了很大影响。目前,在我国政治学科的教学和课程中,对于当代西方政治学和政治思潮较多地偏重于介绍,而弱于深刻的马克思主义分析。因此,在政治学科教学中以当代马克思主义立场、观点和方法,深入分析这些学说和思潮,正确批判其价值立场,吸收其有益知识,是政治学科教学和课程建设的重要任务。

第三,在中国传统政治思想和制度教学中贯彻当代马克思主义。以当代马克思主义立场、观点和方法,切实分析中国传统的政治哲学和制度文明,扬弃其糟粕,吸取其精华,是政治学科教学中培养既通晓中国国情,又具有科学民主精神人才的要求。

第四,以当代马克思主义政治学立场和方法,理论联系实际,正面回答我国社会主义现代化建设过程中国内外的重大实践问题,并且将其总结归纳,上升为政治学科的教学理论和知识。

二、把握构成要素、坚持基本途径

在进一步确立当代马克思主义在政治学科中的指导地位的前提下,认真把握政治学科教学的基本构成要素,提高切实的工作,是在学科中坚持当代马克思主义指导地位的切实途径。

首先,加强对教师队伍的当代马克思主义理论和方法的教育和训练。就此而言,一方面,我国政治学科加强建设切实掌握当代马克思主义立场、观点和方法,并且能够运用这些立场、观点和方法分析和回答重大理论和实践问题的专门教师队伍;另一方面,应该提高政治学科所有其他课程教师的当代马克思主义思想理论水平。

其次,编写体现当代马克思主义立场、观点和方法,具有正确的价值导向性、科学性、时代性和实践性的教材。就目前我国政治学科的教学来看,在学科的基本原理类的课程中,应该充分阐述当代马克思主义政治理论的内容和方法。在各专业课程中,应该要求以当代马克思主义分析有关具体思想、理论和知识内容,形成有分析、有鉴别的高水平教材。

再次,积极改进政治学科的教学方式,以利于当代马克思主义立场、观点和方法与学生的思想实际结合,与丰富的社会实际结合。就此而言,政治学科的教学应改变教师单向传授知识为教师与学生互动式讨论问题。比如案例分析和讨论、社会调查和实践、政策分析和设计等。

另一方面,政治学科的教学应该积极采用多媒体、网络等现代教学手段,使得抽象的理论和观点立体化、生动化。

最后,准确把握学生的思想状况和思想困惑,把教学过程与学生思想问题的解决,理论价值的传输与学生正确的政治价值观和政治人格的养成有机结合起来。在政治学科的专业课程中,应该切实分析和把握学生的思想状况;在有关专业知识和理论的教学中,有针对性地设计课程和教学内容,使得课程真正起到传道、授业、解惑,养成健康的政治人格、实现正确的政治社会化的重要作用。

（原载《中国教育报》2005 年 2 月 22 日）

关于完善政治学原理体系的思考

政治学原理是对于政治及其发展规律的一般性概括和论述,它集中凝结了政治学学科的思想精华,构成了该学科的理论灵魂和学科体系大厦的基石,因此,政治学原理的建设和发展,对于政治学的学科建设具有极为重要的意义。

就政治学原理的建设和发展来说,政治学原理体系的完善,无疑是其重要内容和基本途径。近些年来,随着政治学建设的发展,我国政治学界对于政治学原理体系的探讨也逐步深入,并取得了很大成就和进展。另一方面,我们也应该承认,我国现有的政治学原理体系还存在着一些不尽如人意之处,这就需要我们在马克思主义指导下,进一步完善我国政治学原理体系。

从总体上看,完善政治学原理体系有三个方面的基本内容:一是确定政治学原理的研究对象,二是确定政治学原理的基本内容,三是确定这些基本内容的构成方式即构造政治学原理体系的内在逻辑。本文试图对这三个方面的确定原则和标准作一探讨,并据此提出对政治学原理体系的设想。

一、关于政治学原理的研究对象

政治学原理的研究对象,是建构和完善政治学原理体系的逻辑起点和主线。从最一般的意义上讲,政治学原理的研究对象就是政治及其发展规律。不过,对于什么是政治,却是个言人人殊的问题,比较有代表性的如认为政治就是阶级关系和阶级斗争,政治就是国家政权及其相关的社会关系和社会现象,政治就是公共权力或权威及其相关的社会活动。这些看法从不同角度说明了政治的含义,但是,其全面性和深刻性仍有待进一步完善。我们认为,从马克思主义基本政治理论出发,确定政治的内涵应考虑以下基本要求:

1. 遵循历史唯物主义考察社会的基本思路并从这个层次上来把握社会政治现象。

马克思和恩格斯指出:"任何人类历史的第一个前提无疑是有生命的个人的存在。"①与一切唯心史观不同的是,唯物史观不是把人看作超自然力量的赋予物或抽象的人性和本能的存在,而是认为人不过是"一切社会关系的总和"。② 而人类社会本质上是"表示这些个人彼此发生的那些联系和关系的总和",③因此,科学地研究和考察一切社会现象的基本出发点应该是对社会关系的把握和分析,惟此,才能说明"一定的现象必然由当时存在的关系所引起。"④正是在这个意义上,马克思主义的创始人指出,一切理论和范畴,本质上不过是"社会关系的抽象的、观念的表现",⑤"人们按照自己的物质生产的发展建立相应的社会关系,正是这些人又按照自己的社会关系创造了相应的原理、观念和范畴"。⑥ 在人类社会诸多复杂的关系中,政治无疑是一种特定的社会关系,"人们的政治关系同人们在其中相处的一切关系一样自然也是社会的、公共的关系"。⑦ 因此,只有从人类社会的政治关系出发,才能唯物主义地把握政治的内涵。

2. 明确政治这一范畴的内在规定性。

把政治理解为一种社会关系,首先就要明确政治关系"是"什么。对此,有人认为它是不同政治实体、政治现象之间的联系或联系状态,有人认为它是经济关系在政治领域中的反映,可是,这些看法并没有能够揭示政治关系自身的本质内容。

按照辩证唯物主义的基本原理,揭示事物的本质内容,关键在于考察和揭示该事物包含的基本内容及其特殊矛盾性。正是这些内容和特殊矛盾性,

---

① 《马克思恩格斯选集》第1卷,第24页,北京,人民出版社1972年版。
② 《马克思恩格斯选集》第1卷,第18页,北京,人民出版社1972年版。
③ 《马克思恩格斯全集》第46卷(上),第220页,北京,人民出版社1979年版。
④ 《马克思恩格斯全集》第1卷,第216页,北京,人民出版社1956年版。
⑤ 《马克思恩格斯选集》第4卷,第327页,北京,人民出版社1972年版。
⑥ 《马克思恩格斯全集》第4卷,第144页,北京,人民出版社1958年版。
⑦ 《马克思恩格斯选集》第1卷,第173页,北京,人民出版社1972年版。

构成了一事物区别于他事物的特殊本质。从人类社会政治的历史发展和现实运动考察,可以发现,政治关系包含着三个层次递进的关系:第一层次,也是首要和基本的,是利益关系,是由人们的需求引起的、与特定的生产方式相联系的利益关系。"人们奋斗所争取的一切,都同他们的利益有关。"①随着分工和私有制的出现,阶级的产生和阶级利益的形成,人们已经不能通过原始社会的氏族民主制来实现自己的利益,而必须通过社会范围内的力量对比和力量强制为自己的利益实现开辟道路,这种力量对比和力量强制关系构成了政治关系的第二层次,即政治权力关系。第三层次,人们依据政治力量的对比即政治权力,进行社会利益的分配,从而构成了政治权利关系。②

在人类政治关系中,包含着内在的矛盾性。就利益本身而言,一方面,任何利益都有着自我实现的本质要求。另一方面,任何利益又只有在社会中,通过一定的社会途径才能得以实现。利益的这种实现要求的自我性和实现途径的社会性,构成了利益的二重性。利益的这种二重性,引起了政治权力的二重性:利益实现的内在要求,造就了政治权力的统治性,而利益实现的社会途径,则形成了政治权力的社会管理性,如同恩格斯所讲的那样:"政治统治到处都是以执行某种社会职能为基础,而且政治统治只有在它执行了它的这种社会职能时才能持续下去。"③

利益和政治权力的这种二重性,进一步决定了政治权利关系具有二重性:利益实现的要求通过政治统治分配政治权利,利益实现的途径则借助于政治管理确定政治义务。

正是利益、政治权力和政治权利这三层递进的关系及其内在矛盾性,构成了政治关系的内容,从而规定了政治这一范畴的内涵。

3. 确保政治这一范畴的周延性。

列宁在谈到政治和政策的科学性时曾经指出:"科学首先要求估计到其他国家的经验,特别是其他也是资本主义的国家正在经历或不久前曾经经历过的那种非常类似的经验,其次,它要求估计到本国内部活动着的一切力量、

---

① 《马克思恩格斯全集》第 1 卷,第 82 页,北京,人民出版社 1956 年版。

② 这里的政治权利关系并不是实在法意义上的权利,而是社会现象和社会关系意义上的权利关系。而且,虽然从法律规定的角度看,一切公共权力来自人民的权利,可是,在实际社会生活中,一切权利都是以权力为基础的。

③ 《马克思恩格斯选集》第 3 卷,第 219 页,北京,人民出版社 1972 年版。

集团、政党、阶级和群众,决不能仅仅根据一个集团或一个政党的愿望和见解、觉悟程度和斗争决心来确定政策。"①

根据这一精神,我们在确定最高层次的政治概念——"政治"这一范畴时,必须以对一切政治现象的特征的概括为基础。具体地说,我们不仅要概括阶级社会中的政治现象的特征,而且要概括非阶级社会中的政治现象的特征;②不仅要概括阶级关系中政治现象的特征,而且要概括阶级内部各种力量、集团、政党等之间的政治关系和现象的特征;不仅要概括国家这一组织层次和范围内的政治现象的特征,而且要概括其他社会政治组织层次和范围内的政治现象的特征。

值得指出的是,强调政治这一范畴的周延性,并不等于否定政治的阶级性。事实上,作为阶级关系和阶级斗争的政治,只是政治在阶级社会中的主要的和具体的表现。在社会主义制度建立和巩固后,社会主导政治关系"基本上是人民内部的关系,……这是一种新的政治关系。"③在我们已从阶级斗争为中心转向以经济建设为中心的今天,明确这一点尤为重要。所谓政治这一范畴的周延性,也就是要求对政治的这些具体体现加以全面概括,而不是将其仅仅归结为阶级斗争。

4. 揭示政治这一范畴的本质性。

任何范畴,首先应该是特定关系的本质抽象,而不是仅仅反映特定事物的表象。同理,政治这一范畴必须揭示政治关系的本质,而不是仅仅停留于描述诸如国家等政治现象上,正是在这个意义上,恩格斯指出:"象国家、宗教、道德等等这些一般的名字,决不会使我们感到迷惑,因为这些名字只是许多个人的现实关系的抽象。"④

另一方面,揭示政治这一范畴的本质性,还必须指明政治关系的全部本质内容。因此,从政治权力的角度来解释和把握政治,仅仅涉及政治的部分

---

①　《列宁选集》第4卷,第235页,北京,人民出版社1972年版。

②　毛泽东在《工作方法六十条(草案)》中指出:"同阶级敌人作斗争,这是过去的政治的基本内容。但是在人民有了自己的政权以后,这个政权同人民的关系就基本上是人民内部的关系。""……这是一种新的政治关系。""彻底消灭了阶级以后,单就国内情况来说,政治就完全是人民的内部关系。"见《毛泽东文集》第7卷,第53页,北京,人民出版社1999年版。

③　《毛泽东文集》第7卷,第53页,北京,人民出版社1999年版。

④　《马克思恩格斯全集》第3卷,第320页,北京,人民出版社1956年版。

本质关系,尚未揭示政治关系的全部本质内容,尤其没有涉及影响和决定政治权力的全部历史动机。事实上,人们的一切政治活动"首先是为了经济利益而进行的,政治权力不过是用来实现经济利益的手段"。①

显然,只有从人们的利益关系出发来分析政治关系和政治现象,才能揭示人们政治关系中的"动力的动力",②从而指明政治这一范畴的全部内容。

根据以上原则和要求,我们可以对政治作如下定义:人们按照一定的利益要求,借助于特定的社会公共权力而进行特定权利分配的一种社会关系。因此,这种社会关系也就成为政治学原理的研究对象和原理体系的逻辑起点和主线。

二、关于政治学原理的基本内容

我国的政治学原理,无疑应该以马克思主义的政治学说为基本内容。不过,由于马克思主义经典作家们并未写过教科书式的政治学原理书籍,因而马克思主义关于政治问题的论述是在不同的历史条件下,阐述和分析不同政治问题时作出的,这些论述时间跨度长、内在容量大、涉及范围广,这就需要我们对这些论述中所包含的马克思主义政治学说的基本原理与非基本原理加以鉴别。

鉴别马克思主义政治学说中的基本原理和非基本原理,具有不同的角度和标准,我们认为,从马克思主义认识论出发,同时考虑到我们的既定目的和论域范围,这种鉴别应该有两个原则性标准,即实践的标准和学科课程的标准。

所谓实践的标准,就是从人们的实际活动及其发展来把握马克思主义基本政治理论与非基本理论的区别。马克思主义基本政治理论的实践性,不仅在于它的科学性和真理性,而且在于它对于实践活动的指导意义,如同毛泽东所指出的那样,它"强调理论对于实践的依赖关系,理论的基础是实践,又转过来为实践服务"。③ 因此,实践的标准包含着两层基本的意义,第一层,理

---

① 《马克思恩格斯选集》第4卷,第246页,北京,人民出版社1972年版。
② 《马克思恩格斯选集》第4卷,第244页,北京,人民出版社1972年版。
③ 《毛泽东选集》合订本,第261页,北京,人民出版社1968年版。

论是否准确地把握和反映了社会政治生活的本质及其发展规律,第二层,理论对于人们当前和今后的政治活动是否具有指导意义。

第一层意义就是通常所说的理论和学说的真理性问题。对于这一问题的回答,必须从实践出发,"人的思维是否具有客观的真理性,这并不是一个理论的问题,而是一个实践的问题"。① 从人们的政治实践的结果出发,"行动的结果是对主观认识的检验和真实存在着的客观性的标准"。② 人们的政治活动及其结果,集中凝成了一部人类政治史。从人类政治史,尤其是从马克思主义经典作家着力论述的资产阶级政治和无产阶级政治发展史来看,马克思主义政治学说的基本内容如政治本质的学说、政治权力学说、政治权利学说、政治斗争及其战略和策略学说、政治统治和管理学说、国家学说、政党学说、政治团体问题的论述、政治意识的论述、政治革命的学说、民主与专政的学说等等,已被反复证明是准确地反映和阐明了政治现象的本质和发展规律的,而马克思主义经典作家关于政治问题的某些观点、看法和结论,则不具有或不完全具有真理性,它们显然不应成为马克思主义政治学的基本原理。

第二层意义则是通常所说的理论和学说的时效性问题。一般说来,理论和学说的时效性是以其赖以建立的前提的部分或全部变化为转移的,因此,回答理论和学说的时效性问题,关键在于看其前提是否发生了根本变化。就上述马克思主义政治学说的基本内容来看,其理论前提并没有失效或发生根本变化,这些内容对于我们的政治实践活动仍然具有指导意义。而马克思主义政治学说的个别内容或观点,或是因为其论述的对象发生了根本变化,或是因为其理论背景、理论论述范围发生了重大变化而不能再机械套用或不再适用,这些内容和观点,也应被置于马克思主义政治学基本原理的范围之外。

论及政治学基本理论的实践标准,尤其需要强调指出的是,十一届三中全会以来,随着我国社会政治的发展,马克思主义政治学说在我国也得到了很大发展,其主要内容有:关于无产阶级夺取和巩固政权后,最大的政治就是经济建设;关于当前阶段阶级和阶级斗争状况的分析;关于当前政治的主要内容在于分析人民内部的利益关系、协调和满足人民的利益要求;关于社会主义政治改革和社会主义民主政治建设的方向、原则、目标和途径;关于无产

① 《马克思恩格斯选集》第 1 卷,第 16 页,北京,人民出版社 1972 年版。
② 《列宁全集》第 38 卷,第 235 页,北京,人民出版社 1959 年版。

阶级执政党建设的理论;关于"一国两制"的理论;关于马克思主义对于政治文化的基本看法,关于马克思主义的政治发展观等等。这些内容既是我党领导下的亿万人民政治实践的结果,也是我国政治学界在马克思主义指导下进行学术探索、辛勤劳动的结晶,十一届三中全会以来我国社会和政治建设的巨大成就,已经证实了它们的科学性,而对于我国社会政治的进一步发展来说,这些内容无疑具有重大的现实指导意义。因此,它们理应被包括进我国的政治学原理体系。

所谓学科课程标准,是指按照政治学原理课本身的特点和要求选择马克思主义关于政治问题的论述。作为政治学学科的基础,政治学原理课就是要为学生打下扎实的马克思主义政治学理论基础,这一要求决定了政治学原理课程的内容应该有两个基本特点,一是其内容的一般性,二是其范围的限定性。

政治学原理内容的一般性,首先意味着关于政治现象的质的最高规定性。按照这一要求,我们应该在马克思主义关于同一政治现象的不同论述中选择出有关这一政治现象的最高本质性的规定。比如,马克思主义经典作家曾经在不同的意义上使用和阐述"民主"概念,应该认为,其中关于"民主是一种国家形式,一种国家形态"[1]的论述具有最高的本质概括性,而关于民主是一种思想观念、一种决策程序、一种工作方式的论述,则并非其最本质的抽象,因此,前者应成为政治学原理的主要内容,而后者则应处于次要的、从属的地位。政治学原理内容的一般性,还意味着所论述的问题的高层次规定性。按其使用概念的大小,我们可以把马克思主义关于政治问题的论述分为五个层次的内容:

第一层次:政治的一般性特征和规定

第二层次:不同阶级的政治

第三层次:不同阶级不同时期的政治

第四层次:不同阶级不同时期不同国家的政治

第五层次:不同阶级不同时期不同国家关于不同问题的政治

在这其中,政治学原理主要应择取第一、二层次的内容,而辅之以其他层

---

[1] 《列宁选集》第3卷,第257页,北京,人民出版社1972年版。

次的内容。比如国家理论,我们应该以马克思主义经典作家关于国家、资产阶级国家、无产阶级国家及其发展规律的一般论述为基本内容,而有关国家的其他论述,在政治学原理中则应处于次要和从属地位。

政治学原理内容范围的限定性,与所确定的政治学原理的研究对象有着密切关系。按照本文所确定的政治学原理的研究对象来衡量,我们认为,具体从马克思主义政治论述中划分出政治学基本理论的内容时,应注意防止过窄和过宽两种倾向:

一方面,我们应该避免划分过窄的倾向,这其中主要有三种情况:其一,应避免以某一种政治现象及其发展规律来代替其他政治现象及其发展规律。比如,以国家这种政治现象来代替其他政治现象,从而使划定的政治学内容变成了国家学内容;其二,应避免以某一政治内容来代替其他政治内容。比如,以政治权力这一内容来代替其他政治内容,从而使马克思主义政治学成了政治权力学;其三,应避免以某一阶级的政治代替人类有史以来的全部政治。比如,以无产阶级政治即科学社会主义的内容来代替马克思主义对于人类社会政治的全部论述。

另一方面,我们也应避免划分过宽的倾向,这其中主要有两种情况:其一,应避免把马克思主义关于其他学科领域的论述纳入政治学原理的范围。比如,把马克思主义关于宗教问题的论述列入政治学原理的范围,其二,应避免把马克思主义关于政治学分支学科的论述作为政治学原理的独立构成内容。比如,把马克思主义关于国际政治、行政管理等方面的论述,独立设章纳入马克思主义政治学原理体系。

根据鉴别马克思主义政治学基本理论的实践标准、学科课程标准,我们认为,政治学原理的基本内容,主要应该包括马克思主义关于政治,关于利益(主要包括经济利益和阶级利益)与政治的关系,关于政治权力和权利,关于政治斗争、政治统治和管理、政治监督,关于国家、政府、政党和政治团体,关于政治意识形态和政治教育,关于政治革命和改革,关于民主与专政等等方面的一般理论、学说和观点。

三、关于政治学原理体系的构成逻辑

按照马克思主义研究社会和构建社会学说的方法,社会科学理论逻辑体系的构成应该遵循两个基本原则：

第一，历史的和逻辑的一致的原则。

这一原则的基本含义在于：其一，它要求理论体系的逻辑的起点同时又应当是历史的起点，"历史从哪里开始，思想的进程也应当从哪里开始"。[1]其二，逻辑的展开过程与历史发展过程的一致。"思想进程的进一步发展不过是历史过程在抽象的、理论上前后一贯的形式上的反映"，[2]因此，代表着思想和理论内容的诸范畴在理论体系中的逻辑进程，不过是历史发展进程在思维中的再现，它应该吻合于历史的进程。

第二，从抽象上升到具体的原则。

这一原则包含着三个规定：其一，它要求思维行程所由以开始的地方，必须是最抽象的规定，而不是具体的规定，具体"在思维中表现为综合的过程，表现为结果，而不是表现为起点，虽然它是现实中的起点，因而也是直观和表象的起点"。[3]其二，它要求逻辑体系的展开必须遵循从"一"到"多"的过程原则，即"思维用来掌握具体并把它当做一个精神上的具体再现出来的方式"，[4]在此，"具体之所以具体，因为它是许多规定的综合，因而是多样性的统一"。[5]其三，它要求构造理论的范畴、概念等循着抽象程度以降的序列展开和构成。我们在构建政治学原理体系时，也应该遵循这两个基本原则。

按照这两个原则和前述政治学原理的研究对象和基本内容，我们设想，政治学原理可以这样构成：

政治学原理的基本内容分为五大部分，由五个最具抽象性的、逻辑上紧密联系的政治学基本范畴构为一体。这五个基本范畴是政治关系、政治行为、政治体系、政治文化、政治发展。从历史的顺序看，这五个范畴具有时间序列上的继起关系：政治关系产生于人类社会关系，由于人类社会关系是人类活动和行为的前提，因此，政治关系是人类政治活动和政治行为的社会前提，政治体系是人类政治活动的产物，作为精神现象的政治文化无疑应该是由人类的政治存在和政治活动决定的，政治发展则是全部政治内容的历史性

---

[1] 《马克思恩格斯选集》第 2 卷，第 122 页，北京，人民出版社 1972 年版。

[2] 《马克思恩格斯选集》第 2 卷，第 122 页，北京，人民出版社 1972 年版。

[3] 《马克思恩格斯选集》第 2 卷，第 122 页，北京，人民出版社 1972 年版。

[4] 《马克思恩格斯选集》第 2 卷，第 103 页，北京，人民出版社 1972 年版。

[5] 《马克思恩格斯选集》第 2 卷，第 103 页，北京，人民出版社 1972 年版。

变化。从理论的逻辑看,政治关系是人类社会政治现象的本质性内容和逻辑起点(在阶级社会中,这种本质性内容突出体现为阶级关系),政治活动或政治行为是政治关系的外在动态表现,政治体系是政治关系的组织实体和制度的体现,政治文化是政治关系的精神的和心理的反映,政治发展则是政治关系的变革和调整。这五个范畴加上绪论构成了政治学原理的体系主干框架,由此既体现了历史与逻辑的一致,又体现了从抽象上升到具体的原则。

在这五个范畴之下,由各个范畴的具体外延构成次级范畴,尔后对这些次级范畴展开具体理论论述,由此进一步从体系结构上体现从抽象上升到具体的原则。

这个政治学原理体系的具体构成是:

一、绪论

1. 政治;2. 政治学

二、政治关系

1. 利益与政治;2. 政治权力;3. 政治权利

三、政治行为

1. 政治斗争;2. 政治统治;3. 政治管理;4. 政治监督

四、政治体系

1. 国家;2. 政府;3. 政党;4. 政治团体

五、政治文化

1. 政治心理;2. 政治思想;3. 政治习俗化;4. 政治社会化

六、政治发展

1. 政治革命;2. 政治改革;3. 政治稳定;4. 政治民主

(原载《北京大学学报》〔哲学社会科学版〕1992 年第 5 期)

论民主集中制的实质

民主集中制是无产阶级国家和无产阶级政党的组织原则。民主集中制的本质问题,是正确认识和把握无产阶级国家和无产阶级政党的性质和运行规范的关键,因此,它也是政治学界理论斗争的焦点之一。

就目前来看,国内政治学界关于民主集中制的本质问题的争端,大都集中于民主集中制究竟是一种民主制还是一种集中制的问题上,攻之者把它说成是一种实际上的集中制、甚至集权制,辩之者认为它本质上是一种民主制。我认为,这种限于制度范畴的争论和斗争,还没有完全、准确地涉及民主集中制的本质。

对民主集中制本质的分析,应该从以下原则和途径出发:

第一,民主集中制是对立统一这一唯物辩证法的基本规律在无产阶级国家和政党的组织原则上的具体运用,因此,分析民主集中制的实质,理应以对立统一规律为指导原则。

第二,民主集中制是根据无产阶级国家和政党内部的利益和认识结构状况而建立起来的。如同邓小平同志所说的那样:“民主和集中的关系,权利和义务的关系,归根到底,就是……各种利益的相互关系在政治上和法律上的表现。”[①]因此,把握民主集中制的本质,应该以利益关系和认识结构作为基本分析途径。

按照上述分析原则和途径,我们认为,民主集中制本质上是人民内部和

————————

① 《邓小平文选(1975—1982年)》,第161—162页,北京,人民出版社1983年版。

共产党内的不同利益要求和意见观点之间的一种政治协调和决策选择制度。它既不同于一般的民主制,也不同于剥削阶级国家的官僚集中制或专制集权制,而是无产阶级民主和集中的内在有机统一。

民主集中制的这一本质首先体现在这一制度的利益和思想认识前提方面。由于民族、信仰、地域、社会分工、经济关系、社会发展水平以及历史等诸方面的原因,人民内部存在着利益的多样性,人民的各种政治要求和意志也基本上是在这个基础上产生的。应该认为,凡是人民正当的利益、要求和意志,在特定的时空范围内,都具有自身的一定合理性。与此同时,在人民内部,还存在着人民的长远利益和全局利益,比起其他利益来,这些利益具有根本的意义,而且也是其他利益实现的基础和条件。另一方面,尽管人民内部的这些多样性利益之间存在着差异性即矛盾性,可是,它们之间又存在着本质上的统一性,存在着可以"按照统筹兼顾的原则来调节"的关系,①由此可以产生人民的共同意志即公意。

人民内部利益和意志的这种多样差异性和本质统一性,正是民主集中制,尤其是无产阶级国家民主集中制的基础。

除了利益、要求和意志的多样统一性之外,民主集中制还以人民内部的意见、观点、看法等认识差异性和认识目标的同一性作为建立前提。在人民内部,尤其是在共产党内,由于认识水平、角度、方法和背景等方面的原因,人们对于同一问题或同一事物往往会产生不同的看法。在这些看法中,总有相对正确和相对不正确、全面与片面、局部与整体认识之分。另一方面,人民内部、共产党内的这些认识的根本出发点和最终目标又是同一的,这就为这些不同认识之间达成共识创造了基础。这是民主集中制基础的又一差异性和同一性。

民主集中制的这一本质也体现在民主集中制的实施和运行过程中。

从总体上看,民主集中制的实施和运行过程具有以下三方面特点:

第一,民主集中制的贯彻是两个协调和选择过程的有机结合。民主集中制的实际运行可以分为两个过程,一是民主的过程,一是集中的过程。民主的过程实际上是方方面面的利益、意向、要求和意见、观点的表达、交换和相

————————————

① 《邓小平文选(1975—1982年)》,第162页,北京,人民出版社1983年版。

互协调的过程,而集中的过程则是经过相互协调和交换的各方面利益和看法,与人民的根本利益进行第二次协调的过程,或是从全局角度对不同看法进行选择的过程。正是这样的协调和选择,把民主与集中有机地结合到了一起。

第二,在民主集中制贯彻和实施的过程中,民主过程和集中过程的地位和作用是在变化的,有时民主多一些,有时集中多一些,一般来说,这种变化是以各方面的利益和看法与人民根本利益和相对正确、全面的看法之间的吻合程度为转移的。尽管如此,在任何正常情况下,都应该坚持两个过程,民主和集中,缺一不可。不可否认,在某些场合、某种时候、某些情况下,需要牺牲个人、局部或当前利益去实现人民的根本利益和共同利益,需要保留、限制甚至放弃其他意见而服从统一的意见,不过,这些都恰恰是为了更好地实现各种不同的利益和要求,为了保证更好地实现认识目标。

第三,民主集中制是一个多次往复运行的过程。在政治生活中,民主集中制是由若干个民主过程和集中过程的有机结合而构成的,这就意味着各方面的利益与根本利益之间可以反复协调,各种意见与相对正确的意见之间可以不断补充和选择。由此可见,民主集中制的过程中实际上蕴含了不断趋近不同利益之间的最佳结合点,趋近正确意见和决策的机制。

最后,民主集中制的这一本质还体现在民主集中制的实施和贯彻结果方面。一般说来,任何组织原则总要最终体现为决策效应。因此,决策效应是评估一切组织原则的最现实的依据。就民主集中制来说,它的本质决定了按照民主集中制的原则形成的各项决议、决策和决定,必然符合广大人民群众和党员群众的利益、要求和意向,这种符合,有两层基本含义,一是这些决策不仅能体现各个方面、各个层面的利益和要求,而且更能体现人民的共同的、长远的利益和要求,不仅能考虑不同的看法和意见,而且更能符合科学决策的目标。二是这些决策适合群众的觉悟程度和认识水平。在贯彻民主集中制,进行决策的过程中,有些主张和看法确实代表人民的根本利益或代表着正确的认识,可是,群众一时还认识不清或难以理解,这就需要反复进行宣传教育和思想转变工作,而不是匆忙形成或贯彻决策。因此,在正常情况下,凡是不能充分体现人民的利益和要求,或是不能很好地协调各种利益关系,或是没有充分听取不同意见,或是没有考虑群众的认识水平和觉悟程度而形成的决策、决定和决议,其决策效应必然不好,因而也是不符合民主集中制的精神的。同样,凡是只考虑各个局部利益和当前利益而忽视人民共同利益和长远利益,凡是只从某些片面的、表层的看法出发形成的决策、决定和决议,虽然也许能收到一时的、局部的较好决策效应,可是,从长远和全局来看,其决策效应必定是很差的,显然,它们也是违背民主集中制原则的。

由此可见,把民主集中制理解为人民内部和共产党内的既矛盾又统一的利益关系和思想认识关系,可以从这一制度的建立基础、运行过程和实施结果等方面,比较深入、全面地把握其实质。与此同时,这样的理解还可以使我们在民主集中制的本质问题上澄清或避免一些不正确的认识,其主要是:

其一,它可以使我们澄清或避免对于民主集中制的片面性理解。它表明,民主集中制的建立前提和运行原则是,既承认人民内部利益的多样性和差异性,又强调这些利益的统一性和根本利益的主导性;既承认人民内部和共产党内多种看法的客观存在和对于决策的合理作用,又强调科学决策的必要。因此,否认人民内部利益的多样性和思想认识的差异性,不是历史唯物主义的态度。同样,否认人民内部存在根本利益和公意,否认正确认识的一元性,否认这种利益和认识的主导和决定地位,也是背离社会主义政治现实和客观规律的。显然,这两种态度本质上都是与民主集中制相悖的。

其二,它可以使我们澄清或避免对于民主集中制的机械性理解。它表明,民主集中制实际上是两个有机的协调和选择过程,它们通过利益的表达、利益的聚合、意见的表达和反映、意见的选择、吸取和集中有机地联系在一起。因此,认为民主集中制仅仅是"民主"与"集中"的简单相加,是忽视了民主集中制的内在联系,因而是不符合辩证法的。

其三,它可以使我们澄清或避免对于民主集中制的表面性理解。它表明,任何政治制度和政治组织原则都是特定政治关系的凝结和确认,而特定的政治关系的首要的和根本的内容是特定的利益关系,把思想的触角伸向这种关系,就可以深入地揭示政治制度的本质内容和发生发展的终极原因。就民主集中制来说,揭示其利益的和思想认识关系的底蕴,可以使我们摆脱对于制度本身的表面理解和无休止的争论,从而证明,最大限度地体现人民的利益、意志和要求,最大限度地实现民主决策和科学决策,这就是民主集中制的全部意义所在。

（原载《光明日报》1991 年 10 月 7 日）

论中国社会公共政治的形成与实现①

社会公共政治,其内涵指称政治的内在属性和基本价值取向,外延指称特定的政治形态,即以公共利益的形成、丰富、巩固、发展和优先实现为内容的政治形态。社会公共政治的形成和发展,在社会基础方面,涉及社会不同群体社会属性的共同性,体现为不同社会属性群体的共同根本利益的形成和发展;在政治和法理层面,涉及政治权力的公共化、社会成员权利发展公民化;在社会政治生活层面,具体体现在社会政治实际活动、制度机制、文化价值等多方面公共性的形成和发展,由此构成社会政治总体形态的公共性演化。所谓中国社会公共政治的形成和实现,即指中国社会公共性政治形态的形成、发展和实现。

一、中国公共政治的形成过程及其特征

从1978年至今,中国政治发展的三十多年,正是中国改革开放和现代化建设的历史阶段。从三十多年中国社会政治的实际演进过程看,可以把这一过程具体区分为先后继起的诸多变迁环节,其构成包括:

1. 社会公共政治形成的起点:以阶级斗争为纲的政治。1978年中国社会政治重心,是从以阶级斗争为纲的政治形态,转向以经济建设为中心的政治的。以阶级斗争为纲的政治形态把人的阶级属性唯一化,把马克思主义关于人的本性是社会关系的总和的论断,简单化为唯一的阶级属性论断,从而

---

① 本文为国家哲学社会科学重大项目《科学发展观与政府管理改革研究》(04&ZD015)研究成果。

把人的社会属性简单化和绝对化为阶级属性。与此同时,反过来,把人的阶级属性无限泛化,以人的阶级属性和阶级关系代替一切社会关系和社会属性,把复杂多样的人的社会关系和社会联系,简单化绝对化为阶级对立和斗争关系。这一政治形态的内在逻辑,必然导致绝对冲突政治,其现实表现是持续的大规模运动政治和斗争政治,由此形成阶级斗争为纲的政治形态。

2. 社会政治重心的根本转变:人民内部的同一性政治。十一届三中全会之后,全党工作的着重点和全国人民的注意力转移到社会主义现代化建设上来。以经济建设为中心的中国社会政治,在社会关系意义上首先体现为人民内部的同一性政治形态,基本特征在于:政治重心从对立阶级之间的对抗和冲突关系转向人民内部的社会关系和政治生活。在经济建设这一人民根本利益及其实现的基础上,中国社会政治的主导思想确认人民内部具有根本的同一性,因此,在社会主义社会,除了一定范围的阶级斗争之外,社会政治主要呈现为人民内部多样性的统一性,呈现为人民性与阶级性的同一性。

3. 中国社会政治方式的演进:人民内部的协调性政治。社会政治重心的转变,使得正确处理人民内部利益要求和利益矛盾,合理相应调整社会政治关系,成为社会政治生活的主要内容。而人民内部社会属性和利益要求的本质同一性,则为政治权力解决人民内部矛盾提供了社会基础,规定了运行前提。在这一背景下,以社会政治运行方式的变化为标志,社会政治演进为协调性政治,这种政治形态的基本特征主要体现为:人民内部多重社会关系和利益要求的本质同一性,决定了这些矛盾属于人民内部矛盾,因此,确认人民内部的利益矛盾和其他矛盾主要应该通过社会政治协调途径予以解决,协调原则因此成为社会政治的主导原则,协调方式成为政治运行的主导方式。

4. 中国社会公共政治的形成:非均衡性公共政治。1992 年邓小平的南方谈话和中国共产党十四大确立建立社会主义市场经济体制的决定,进一步推动了中国改革开放事业的发展。在社会结构方面,公共领域与私人领域的分野逐步形成。在不同经济成分共存及其多种分配方式的经济结构下,社会呈现多重阶层,尤其是形成了新阶层,社会阶层结构及其相互关系由此发生变化,在政治上,这些社会阶层被认为“是中国特色社会主义事业的建设者”。同时,在市场经济机制作用下,不同阶层的社会活动分化为公共领域与私人领域,社会利益结构演变为公共利益与私人利益,因此,“制定和贯彻党的方针政策,基本着眼点是要代表最广大人民的根本利益,正确反映和兼顾不同方面群众的利益,使全体人民朝着共同富裕的方向稳步前进"。①

5. 中国社会公共政治的发展:均衡性公共政治。中国政治从非均衡性公共政治向着均衡性公共政治发展的标志体现在:国家政治的目标在于全体人民的共同幸福。政治"以人为本",即以全体人民的根本利益为社会政治之本,以全体人民的幸福和尊严的生活为社会政治目标。② 国家发展的战略趋向于公共生活的均衡性。国家建设的任务趋向于公共政治的均衡性。国家治理的目标注重社会公共价值的均衡,尤其关注公平正义等价值,关注不同价值及主张这些不同价值的社会阶层之间的政治和谐性。政府全面履行职能,承担社会公共生活的全面建设任务。所有这些,标志着中国社会政治逐步趋向于均衡性公共政治,或者说,"代表了一种特殊而且出色的利益平衡方式"。③

中国社会公共政治形成的过程,从其总体的历史过程来看,可以将这一过程的基本特征大致概括如下:

1. 社会公共政治形成的根本动因,在于社会生产力与生产关系、经济基础与上层建筑之间的矛盾运动。在现实性上,这一基本矛盾集中体现为人民群众不断增长的物质文化需求与落后的生产力之间的矛盾。因此,根据社会生产力发展的要求,改革"一大二公"的所有制关系和计划经济生产方式,抛弃以阶级斗争为纲的政治,代之以适应生产力发展需要的所有制关系和市场经济方式,代之以人民根本利益和共同利益的实现为内容的公共政治形态。

2. 中国社会公共政治形成的主导力量,是社会政治权力。中国社会公共政治的形成,是社会生活与政治权力体系之间相互适应与推进的辩证运动过程。其中,政治权力体系对于社会发展和政治发展的牵动,具有主导性作用和影响。就其过程来看,是社会公共利益的形成和要求促使政治权力公共性

① 江泽民:《全面建设小康社会,开创中国特色社会主义事业新局面——在中国共产党第十六次全国代表大会上的报告》,《江泽民文选》第 3 卷,第 540 页,北京,人民出版社 2006 年版。

② 朱镕基:《政府工作报告——2003 年 3 月 5 日在第十届全国人民代表大会第一次会议上》,北京,人民出版社 2003 年版。

③ 潘维:《当代中华体制——中国模式的经济、政治、社会解析》,载潘维主编:《中国模式:解读人民共和国的 60 年》,第 9 页,北京,中央编译出版社 2000 年版。

的形成和发展,而政治权力的公共性,反转来主导和推进着政治形态的公共化,促进政治生活诸要素的公共性的发展。

3. 中国社会公共政治形成的社会经济前提,是政治与社会的分化、政府与市场的分化。政治与社会的分化,形成了社会生活的公共领域与私人领域;政府与市场的分化,形成了经济生活的公共领域与私人领域。经济和社会生活不同领域的形成,为中国公共政治的形成和发展提供了经济和社会结构性基础,创造了公共政治形成的经济和社会条件。

4. 中国社会公共政治的形成过程,是中国政治格局中主体和方式属性的变革过程。在中国政治变革的过程中,"将各民族资产阶级和城乡小资产阶级从社会主义革命的'消灭'对象转为社会主义社会的当然成员,将'团结——批评——团结'公式从人民内部进行阶级斗争的工具转为在人民内部进行阶级合作的工具,将无产阶级专政的国家转为人民民主专政的国家机器,将执政党的性质从仅仅代表工人阶级的阶级利益转为同时代表全体中国人民的共同的根本利益,将各民主党派的政治性质从执政党的政治异己转为执政党的政治伙伴"。[1] 由此,中国政治回归了人民共和国应有的异质同一共同体属性。

5. 中国社会公共政治的形成和发展,是政治生活和治国理政的多方面举措辩证结合的结果,这一过程典型地体现着东方大国建设和发展社会主义和现代化建设的实际历史进程中"辩证结合政治"的特点。[2]

6. 中国社会公共政治的形成和发展的路径,呈现从治国思维——理政战略——治理政策——体制机制转换递进传导的特点。中国政治形态的变迁,始于社会经济文化政治等诸多因素及其相互矛盾运动,这些矛盾运动集中突出体现为经济社会问题,社会政治权力主体回应经济和社会矛盾和发展要求,承担相应治国任务,在实践中不断更新治国思维,制定相关理政战略,根据这些战略方针及其变化,制定相应政策,并且以此作为操作工具,解决经济

---

[1]   万高潮、魏明康:《从同质共同体到异质共同体——当代中国的政治发展与政治稳定》,第237—238页,北京,华商国际出版有限公司2004年版。

[2]   见胡锦涛《高举中国特色社会主义伟大旗帜,为夺取全面建设小康社会新胜利而奋斗——在中国共产党第十七次全国代表大会上的报告》,北京,人民出版社2007年版。在报告中,胡锦涛把我国改革开放的历史经验概括为十个方面的结合,2008年,胡锦涛在纪念党的十一届三中全会召开三十周年大会上的讲话中,再次阐述了这"十个结合"。

和社会改革和发展问题,推进政治和社会的变迁。在这一过程中,我们尤其重视经济社会和政治的制度化建设,因此,中国社会公共政治的变迁路径,在政策操作基础上,逐步沉淀为规则和制度,推进体制和机制的转换创新发展。由此可见,应对社会和经济政治问题,通过解放思想促进政治思维变迁,促进理政战略创新,进而形成政策创新,并且在此基础上沉淀和落实为体制机制创新,这一发展路径,构成了中国社会公共政治的形成路径和发展轨迹。

7. 中国社会公共政治的形成和发展过程,呈现渐进演变性。同时,在政治形态变迁与不同形态的替代转换意义上呈现历史进程的交叉辩证法,这就是说,不同形态的政治在发展过程中呈现交错性和交叉性,在特定时期和历史阶段的特定政治形态发展过程中,同时萌发着另一政治形态,因此,不同形态的政治之间实际呈现辩证发展关系。

8. 中国社会公共政治的发展和实现是客观和长期的历史过程,是社会公共利益逐步形成、明确、实现的过程,是公共规则和制度创立、运行和完善的过程,是公共利益与私人利益的实现制度和机制创立、运行和完善的过程,是公共政治与公共治理、公共管理的互动过程,更是政治权力公共化与社会成员公民化的互动过程。当前,中国社会政治仍然处于这个转变和发展过程中。

二、中国社会公共政治的实现途径

中国社会公共政治与公共治理、公共管理形成紧密关联性,由此构成了社会公共政治和政治公共性实现的治理途径和管理途径。

(一)公共治理:中国社会公共政治的实现途径之一

中国公共政治实现的第一层次的途径是公共治理。在公共政治的意义上,所谓公共治理,就是按照公共政治的特性和规定运行治权,实现社会政治形态的本质要求和基本价值的途径。从这个意义上来讲,中国社会治理模式,实则是中国社会公共政治实现的基本政治方式。在中国公共政治形成过程中,中国治理模式随之发生转型和变化,分析和提炼中国公共政治形成和发展过程中形成的有效和优效治理典型实践,可以看出中国公共治理模式具有如下特点：

1. 党政一体的治理主体主导国家治理。在治理的主导力量方面,中国治理模式体现为统一的公共治理主体。这种统一的公共治理主体,在社会政治生活中体现为中国共产党领导和统筹协调的公共权力和政治体系。在国家治理实践中,党政一体的治理主体主导是中国治理的根本原则。按照这一原则,形成了强有力的权威性治理主体权力体系。中国公共治理主体的统一的党政主体,在国家治理中居于主导地位,在治理实践中具有领导和引领功能,是国家治理的中心。这就使得中国治理模式实际区别于所谓多中心治理模式,由此形成的治理权力结构实际是一元主体主导、多种主体参与的共治模式。在中国的治理实践中,并不存在多中心意义上的多个治理主体,而仅仅存在多个治理主体。从这些主体的相互关系来看,统一的执政党与政府治理主体形成了一个中心主导、其他主体参与、共同合作治理的公共治理主体结构。

2. 在治理主体的权能配置方面,根据社会经济发展的要求,回应性和适应性地逐步调整权力、职能和责任结构。中国公共治理主体的权能配置的结构,是在回应社会经济转型过程中形成的,是在社会主义市场经济发育和发展过程中不断调整的,也是在中国公共政治的形成中演化而成的,其权能、职能和责任的边界,实际是以公共政治的发展边界为边界的。从发展的角度看,这样的边界还在不断调适过程中。就此而言,中国政府的职能转变,实际是按照政府调控市场、治理社会的适切性、科学性、合理性和有效性来进行的,并非按照纯粹理论上的市场缺陷或者公共管理理论阐述确定的。

3. 在治理出发点方面,奉行公共利益优先的治国要领。这种公共利益要领具体体现为国家本位、集体本位和公共性优先的选择。在国家治理的意义上,这种优先性集中体现为在国家建设和社会发展中坚决捍卫国家主权和利益;治理的正当性基础从阶级斗争转变到经济建设,再进一步全面转化为公共性的实现;治理的公共性优先,意味着政治实现和归宿并非个人性和个人权利优先;治理的公共性优先,在价值取向和出发点上意味着治理的公共本位,而不是自由主义或新自由主义主张的个人本位或者权利本位。

4. 在治理国家的基本精神方面,弘扬"和而不同"与不同而合的政治精神,以"和合"作为治理的追求境界。"和而不同"体现为科学发展基础上的和谐社会建设,"社会和谐是中国特色社会主义的本质属性,是国家富强、民族振兴、人民幸福的重要保证"。① 按照和谐社会建设的要求,中国公共政治的治理实现,贯彻"和而不同"的复合共和原则和精神,体现中国共产党人一贯主张的人民民主与共和精神,它既不同于前苏联等国家的单一阶级民主原则,也不同于西方国家的资产阶级精英共和原则。

5. 在治理战略方面,中国社会公共政治的公共治理实现,选择和贯彻的是"优化治理优先"的战略。在这一优先性下,根据社会经济生活和公民权利的发展,在保障国家和社会优化治理的前提下,回应性、渐进性、适切性和有效性地发展和建设民主政治。治理优先的战略选择,意味着在实际政治发展过程中,治理而非选举民主作为政治发展战略的优先考虑和逻辑起点;治理优先要求优化治理优先的本质,必然要求强化"责任政府"、"能力政府"和"绩效政府"的建设。同时,在治理优先的战略选择下,采取国家治理法治优先、优化制度和优化机制优先的实施步骤,并且辅之以社会主义核心伦理和道德治理。

6. 在治理方略制定和实施方面,在优化治理优先战略选择的前提下,中国社会公共政治的实现,选择的是逐步发展"治理型民主"。这就是说,"如何有效地代表和实现公共利益,取代保护公民权利和自由,成为民主治理的首要目标"。② 就其基本内容来看,中国公共治理中实施的"治理型民主",典型地体现为以公共治理的"治理民主"和"民主治理"作为发展民主的重点选择,其具体形态表现为协商民主、参与民主、共识民主、监督民主、政务公开、行政问责、服务行政、听证论证等。

7. 在治理评估标准方面,对于中国公共政治的公共治理实现来说,关键是绩效优秀的战略和政策,因此,检测和评估治理的标准,是根据治理过程的后果,而不是治理过程之先定价值。因此,在中国公共治理发展中,绩效标准及其发展变化,起着调节和控制治理方式、构建治理模式的重要作用,绩效管理逐步成为治理的主要方式。这一评估标准和方式,实际形成了对于治理主体和制度机制的决策力和执行力的要求。这种绩效管理先以经济发展为标

---

① 《中共中央关于构建社会主义和谐社会若干重大问题的决定》,第1页,北京,人民出版社2006年版。

② 赵成根:《民主与公共决策研究》,第27页,哈尔滨,黑龙江人民出版社2002年版。

准,进而以全面协调可持续的科学发展为战略予以实施。绩效评估标准亦以此战略为依据予以建立和运行,在此基础上,逐步发展形成了中国治理的绩效管理方式。

8. 在治理体制和机制方面,维护和保证根本制度的优化和稳定。与此同时,积极鼓励和开创多种治理体制机制,鼓励和开创制度创新、机制创新、政策创新和管理创新。同时,由于中国公共治理对于制度的高度重视,中国的治理及其发展的出发点和归宿常常指向制度的变迁。因此,通过政策创新实现制度和机制创新,被视为治理的路径选择,正因为如此,在公共治理实践中,解放思想,不断创新体制机制,成为中国公共治理的重要特征。

9. 在治理价值方面,奉行一元价值主导,多种价值共存的政策取向。同时,以核心价值引领社会多种和多重价值。在国家治理的实际运行中,以政治稳定有序和运行优效为表现形式的合理性和科学性作为支配价值。中国公共治理意义上的"善治",首先是针对公共政治的"良政"的这些价值意义的。与此同时,治理过程允许和开放多种价值生成和发展。在均衡性公共政治的实现过程中,努力实现理性、民意、效率、公平、正义、公正这些公共价值的均衡和结合。中国公共治理价值形态,在国家主流意识形态方面,集中体现为一元主导、多元并存,以一元主导主流意识形态整合和统领多元社会价值的价值治理结构。这个一元主导意识形态,集中体现为社会公共利益要求的核心价值体系。"政治观念,即政府与人民间权力关系的观念,是'为政之道',能'塑造'或'建构'社会共同利益,因此,是政府权力正当性的来源,是政治体制的生命线。"①

10. 在治理目标方面,以社会经济发展的科学性、合理性作为总体目标,以人民根本利益的维护、实现和发展为根本目标,其他目标,比如民主、效率、适切、有效、良政、善治等,则以这一目标为前提,并且受到这一目标支配。由此可见,中国治理模式,实际是在政府优化管制与民主渐进发展之间的平衡选择和结合推进。而从改革、稳定和发展的结合意义上,从发展和科学发展是硬道理的意义上,无论是政府优化管制,还是民主渐进发展,所具有的都只是工具价值,它们都围绕着经济发展这一中心任务,围绕着良政善治、实现社

---

① 潘维:《当代中华体制——中国模式的经济、政治、社会解析》,载潘维主编:《中国模式:解读人民共和国的60年》,第5页,北京,中央编译出版社2009年版。

会公共利益的根本宗旨和目标价值运行的。这就使得中国的公共治理既避免了传统计划经济条件下过分集权的、全能主义的、单纯的政治与行政精英决策,也避免了这种治理陷入表面激进民主主义、实质"民粹主义"的陷阱。

(二)公共管理:中国社会公共政治的实现途径之二

中国社会公共政治实现的第二层次的途径是公共管理。公共管理机制涉及政治权力体系运行的内部机制和外部机制。所谓政治权力体系运行的内部机制,即政治权力运行的过程动力和规则,所谓政治权力体系运行的外部机制,则是作为社会利益和价值分配的权威机制与其他机制的关系问题。政治权力体系的内部机制及其改革,集中体现为中国执政党与政府关系的构造和调整,公共权力体系的横向和纵向权力关系及其运行机制,政府权力职能和结构调整,政府行政流程调整和变革。这些内容,广泛涉及中国改革开放以来的政治体制和行政管理体制改革。政治权力体系的外部机制,实际是选择政治权威机制、市场机制、自治机制,或者三者的交错组合与相互有机结合,以实现社会公共利益,进而实现社会公共政治。从相关理论研究和中国公共管理的实践来看,政府、市场和社会这三种机制对于公共政治的实现各有短长。在中国公共治理实践中,公共管理作为不同机制采用或者结合采用的实践特征,主要体现为:

1. 政治权力机制是承担公共管理,提供公共物品,实施公共服务的主要机制。在中国公共管理实践中,理论上作为公共管理主体的公共权力机制,特别是政府权力体系,在实施公共管理、提供公共产品与公共服务方面,发挥着主要作用,因此,是公共管理实施的主要机制。

2. 市场机制逐步成为提供公共产品和公共服务的重要机制。在这其中,作为市场机制主体的企业,主要着力于提供准公共产品,以高效率地实现公共利益。随着中国改革开放的发展,社会主义市场体制逐步完善,市场主体提供公共产品的领域,正在从一般公共利益实现领域,逐步发展到自然垄断性公共利益领域。

3. 社会自治机制不断发展,成为公共利益实现的主要途径。一方面,中国乡村的村民自治、城市的社区自治不断发展,成为公共管理和公共服务供给的主要基层机制。另一方面,在公共服务实施方面,中国的社会组织和民间组织逐步发育和发展,发挥日益重要的作用。在这其中,尤其值得指出的是,新型的公共服务社会提供机制,即社会志愿者机制,在中国公共服务提供过程中正在形成和发展,逐步成为值得瞩目和广泛有效的社会机制。

4. 混合机制的形成和发展,逐步成为公共管理实施的重要机制。这种混合机制,由政治权力机制、市场机制和社会自治机制交叉组合形成,呈现的具体形态多种多样,包括政治权力机制与市场机制的结合,即政府与企业的结合和合作,共同提供公共产品,形成公私合作伙伴关系提供公共产品与公共服务的 PPP 机制结合模式,包括政府与社会组织结合与合作,共同提高公共产品和公共服务,形成政府与社会形成伙伴关系共同提供公共产品与公共服务的 PPS 机制结合模式,也包括政治权力机制、市场机制与社会组织机制合作形成的多机制有机结合提供公共产品与公共服务的 PPPs 机制结合模式。

5. 在所有的机制中,执政党主导的权威机制起着领导和主导作用,在这其中,执政党自身权威机制的运行范围、运行程度、运行能力和运行方式,对于公共管理绩效的合理性、科学性、有效性和适切性,无疑具有至关重要的作用。

三、结语:中国社会公共政治面临的挑战及其应对

随着社会经济的深入发展,中国社会公共政治从非均衡性向均衡性的历史转变过程中,面临着巨大的挑战,其主要体现在:

1. 政治权威决策力、执行力与治理效能的矛盾。目前,"党的执政能力同新形势新任务不完全适应",[①]尤其体现在政治权威的决策力和执行力不适应社会频繁变化和急剧发展的要求,相关的治国战略、政策措施难以深入贯彻和落实。另一方面,治理效能的标准转变向着科学发展、全面发展和协调发展的方向演进,迫切需要调整治理的有效性和优效性的标准。

2. 政府权威与公民认同及其政治合法性的矛盾。随着社会政治向着公共政治的急剧转变,政治权威由以建立的基础的政治正当性和合法性随之向着社会公共价值改变。由于政治权威与社会成员政治认同之间的巨大差异,

---

① 胡锦涛:《高举中国特色社会主义伟大旗帜,为夺取全面建设小康社会新胜利而奋斗——在中国共产党第十七次全国代表大会上的报告》,第 3 页,北京,人民出版社 2007 年版。

使得社会政治生活出现政治信任和认同的危机性,政治运行的社会资本因此严重缺乏,制度运行和政策执行的社会和政治成本加大,社会和政治稳定成为政治生活的重要任务。与此同时,政府信用完善面临难题,政府政策效度和信度受到挑战。

3. 以众意形式出现的民意与公共理性的矛盾。以民意、网络民意形式出现和发展的社会公众的意见,形成了公共政治的新的舆情、民情和政情环境,就目前看,这些意见大多是以分散的、流变的众意形式出现和发展的,固然一定程度上反映了公众意愿,但与公共理性之间也经常存在相抵牾关系。因此,在制度机制建设和政策方针贯彻实施过程中,正确合理地把握民情、民意,协调民意与公共理性之间的关系,既不断完善和实现人民民主,又实现公共理性和国家的有效治理和发展,日趋成为社会政治生活凸显的课题。

4. 政治权力公共化、制度化与公民参与政治的要求之间的匹配矛盾。在这方面,尤其是社会公平正义的发展要求,逐步汇聚形成民主政治建设的巨大动力和压力,从而使得不同的民族、阶层、群体、地区在社会政治中的利益表达和实现形成空前强烈的民主要求,相形之下,相关现代国家制度建设、体制改革和机制完善出现巨大的不适应和不匹配性,从而使得政治有序参与超出制度机制承受范围。

5. 公共政治和公共利益要求与部门、区域、地方利益的矛盾。在改革和经济发展过程中形成的不同地区、不同区域、不同政府部门之间的差异性,使得政府部门利益、地区利益、区域利益得到凸显,这些利益与社会公共政治和公共利益的要求之间存在矛盾性,平衡和协调这些利益,克服利益差异性形成的社会政治公共性实现的障碍,成为实现和发展公共政治的挑战性课题。

6. 政治制度和机制的公共化与社会成员人格和文化价值的公共化匹配矛盾。中国社会公共政治的形成和发展过程以体制机制等规则变迁为基本路径,使得社会政治呈现公共性的制度特色。与此同时,对于制度改革和制度化的依赖,也使得人的公共化、社会价值的公共化等滞后于制度的公共化进程,呈现出制度变迁与人的变迁的不匹配,造成公共治理和公共管理中的人与制度、价值与规则的矛盾与冲突。核心价值和公共伦理的缺失,甚至在社会生活的某些方面,击穿了公共道德的底线,因此,公共伦理和核心价值建设和信守,成为国家和社会治理的重要问题。

7. 公共性政治得以实现的不同机制的合理分离与合理结合问题。政府与市场、政府与企业、政府与社会事业单位、政府与社会组织的合理分离,是中国社会主义市场经济体制发育和发展中的重要问题,就中国社会实际情况看,这一过程尚未完成。在分离的内容方面,政府与企业的关系得到分离,但是,政府与社会事业单位、社会组织的分离远未完成。在分离的合理性方面,政府与企业、事业、社会、市场分离的合理性需要不断得到调整实现。另一方面,在公共物品供给和公共利益实现中,实现政府权威机制与市场机制、社会机制的合理结合,形成多机制合作供给和实现结构,是实现中国政治公共性方兴未艾的重要课题。

8. 政治权力与不同的社会群体的关系及其公平正义问题。政治权力及其执掌者在社会经济政治生活中的公正性亟需维护与保障。社会强势利益集团对于政府权力的俘获、人情裙带关系以及特定权势集团等对于公共利益的扭曲,成为实现社会公平正义的重大障碍。"特殊利益集团绑架公共政策特别是国家的发展政策后所造成的负面结果,却是要全社会、尤其是弱势群体去买单。"[①]另一方面,社会弱势群体的利益和要求需要积极回应,社会基本公共利益需要得到实现和保障,在权利、机会和利益分配的公平正义中,不断实现和发展均衡性公共政治。

9. 政治权威体系与社会自治的协调,尤其是国家政治权力体系与基层社会自治的对接和协调问题。中国政治权威体系与在基层社会重构过程中形成的社会自治结构如何合理对接,是当今中国实现基层民主与基层有效治理的关键环节。为此,在优化政治权力和权威体系、优化基层自治的同时,设计和建构政治与社会的合理接口,使得基层民主释放的社会公众的积极性,与国家发展、建设和治理的有效性有机结合,使得基层社会民主与人民代表大会制度、中国共产党领导的政治协商制度、民族区域自治制度相互有机结合、良性互动,成为中国公共政治进一步发展的重要命题。

面对这些挑战,首先需要在认知上明确的是,历史是人们在既定约束条件下创造和推动的,"人们自己创造自己的历史,但是他们并不是随心所欲地创造,并不是在他们自己选定的条件下创造,而是在直接碰到的、既定的、从

---

① 丁学良:《利益集团绑架国家政策》,《英国金融时报》中文网:http://www.ftchinese.com。

过去承继下来的条件下创造的"。① 按照这一思想方法,应对挑战和推进中国政治发展的方式,必然是历史的和实践的,在中国政治既有基础上的推进,而不是空中楼阁式的建构主义设计;必然是以现实政治的问题、矛盾甚至危机的解决和应对为路径的推进,而不是某些学术概念范畴、外来模式套用、既有模式袭用的推进;必然是以公平正义价值的实现要求与现实生活之间的矛盾性作为动力的推进,而不是某种外部价值目标甚至外部力量的推进。面对这些挑战,核心战略对策在于党领导人民有效治理国家。就其社会政治层次而言,对于社会发展和政治发展面临的挑战的应对之策,应该继续遵循和贯彻中国公共政治发展的内在逻辑,在这一前提下,进一步推进公共政治形成的完善和发展。在中国社会公共治理层次上,对于社会发展和政治发展问题的应对之策应该继续奉行强化主体、刚柔相济、相机调整、结合辩证的总体思路。在中国社会公共管理层次上,基本任务在于以机制设计、分离、分类和理性复合,以在管理运行层次上达成公共政治的实现。

　　(原载《国家行政学院学报》2010 年第 4 期,《新华文摘》2010 年第22 期全文转载)

---

① 《马克思恩格斯选集》第 1 卷,第 585 页,北京,人民出版社 1995 年版。

论当代中国地方政府的法律定位

地方政府的法律定位,是一国基本政治制度在国家结构形式上的法律体现,也是现代法治国家中地方政府权力形成和实际运行的法律依据。因此,把握地方政府的法律定位,实乃把握一国国家结构形式和地方政府权力状况的重要途径。同理,把握当代中国地方政府法律定位,亦是优化和改进地方政府管理,推进法治政府建设的法律前提,对于了解中国政府和政治现状,亦具有重要意义。正是本着这一出发点,本文对于当代中国地方政府的法律定位问题作一论析。①

政府本质上是一社会公共权力组织。在现代法治国家,公共权力组织的法律地位,通常都是由公法规定的,换言之,政府的法律定位,是以公法作为法律渊源的。因此,本文采用制度分析方法进行当代中国地方政府法律定位论述,其分析依据主要是中国现行的《中华人民共和国宪法》(1982 年),《中华人民共和国全国人民代表大会和地方各级人民代表大会选举法》(修正本)(1986 年),《中华人民共和国全国人民代表大会组织法》(1982 年),《中华人民共和国人民法院组织法》(修正本)(1983 年),《中华人民共和国人民检察院组织法》(修正本)(1983 年),《中华人民共和国民族区域自治法》(1984 年),《中华人民共和国地方各级人民代表大会和地方各级人民政府组织法》(修正本)(1986 年),《中华人民共和国香港特别行政区基本法》(1990 年),《中华人民共和国澳门特别行政区基本法》(1993 年)。

按照《中华人民共和国宪法》规定,中华人民共和国的行政区域划分是,

---

① 政府一般有广义和狭义之分,前者指包括立法、行政和司法机关在内的政府,后者仅指行政权机关的政府。本文论述的地方政府,是广义的政府。

全国分为省、自治区、直辖市；省、自治区分为自治州、县、自治县、市；县、自治县分为乡、民族乡、镇；直辖市和较大的市分为区、县。自治州分为县、自治县、市。国家在必要时得设立特别行政区。《宪法》同时规定，省、直辖市、县、市、市辖区、乡、民族乡、镇设立人民代表大会和人民政府。① 因此，当代中国地方政府，即是指在这些行政区域划分基础上设立的权力机关。限于篇幅，本文论述的地方政府，是针对这些不同层级的政府的共性而确定的，而不对这些不同层级的政府的个性作逐一具体的分类分析。

一、当代中国地方政府法律定位的政治制度前提

相对于一国的公共权力来说，地方政府是国家权力结构中的层级权力设置。由于一国的公共权力是按照国家政治制度规定形成和运行的，因此，作为层级权力设置的地方政府，实际是"以一定的具有权威性的制度所规定的地方政府组织形式及关系模式"，②它必然是在国家政治制度的总体框架内形成和运行的。就此而言，一国的政治制度，构成了地方政府权力形成和运行的制度基础和制度约束，因此，要明确地方政府的法律地位，必须首先明确法定的政治制度框架。

从中国现行政治制度来看，直接影响和决定地方政府法律地位的制度主要有人民代表大会制度，国家政权组织的民主集中制，国家结构形式的单一制度，民族区域自治制度以及特别行政区制度。

1. 人民代表大会制度

按照《中华人民共和国宪法》规定，中华人民共和国的一切权力属于人民。人民行使国家权力的机关是全国人民代表大会和各级人民代表大会。全国人民代表大会是最高国家权力机关，地方各级人民代表大会是地方国家机关。③

由此可见，人民代表大会制度是当代中国根本的政治制度，这一根本制

---

① 见《中华人民共和国宪法》（1982 年）第三十、三十一、九十五条。

② 谢庆奎等：《中国政府体制分析》，第 85 页，北京，中国广播电视出版社 1995 年版。

③ 见《中华人民共和国宪法》（1982 年）第二、五十七、五十九、九十六、九十七条。

度体现了中国政治权力的基础是全体人民,人民代表大会的权力是国家权力的根本性权力。按照人民主权的原则,全国人民代表大会是中华人民共和国国家主权形成和贯彻的制度保障,由此形成的国家主权,是国家统一的和最高的权力。

人民代表大会制度是地方政府法律定位的基础性制度,全国人民代表大会代表着全国人民的意志,由此形成的国家主权是各级地方政府必须遵行和维护的权力。全国人民代表大会制定、修改和中止宪法和法律的权力,决定了地方政府权力的来源、规则和职权范围。同时,各级人民代表大会决定着同级地方政府的权力来源和特定规则。正因为如此,有学者认为,中央与地方的权限划分首先和集中表现在"最高人民代表机关包括其常设机关与地方各级人民代表大会机关之间的权限划分,其他最高国家机关和其他地方国家机关之间的权限划分相对而言处于从属的地位"。①

2. 国家政权组织的民主集中制

根据《中华人民共和国宪法》,中华人民共和国国家机构实行民主集中制的组织原则。民主集中制的组织原则在国家机构设置上具体要求是:第一,全国人民代表大会和地方各级人民代表大会都由民主选举产生,对人民负责,受人民监督。这就在国家权力产生的过程中体现了民主原则。第二,国家行政机关、审判机关、检察机关都由人民代表大会产生,对它负责,受它监督。这就突出了人民代表大会的权力地位,体现了人民主权不仅高于其他权力,而且是其他权力的渊源。第三,中央和地方的国家机构职权的划分,遵循在中央的统一领导下,充分发挥地方的主动性、积极性的原则。这就在强调下级服从上级、地方服从中央的前提下,赋予地方国家机关以必要的权力。②

民主集中制的组织原则,是中国国家政权的根本原则,它对于地方政府的法律地位具有重要的确定作用,它不仅规定了地方政府权力的基本渊源和形成方式,而且规定了地方政府权力的权限范围和约束性的制度条件。

---

① 童之伟:《国家结构形式论》,第 369 页,武汉,武汉大学出版社 1997 年版。
② 见《中华人民共和国宪法》(1982 年)序言和第三条。

3. 国家结构形式的单一制

关于国家结构形式,在《中华人民共和国宪法》序言中规定,"中华人民共和国的全国各族人民共同缔造的统一的多民族国家"。在该《宪法》第三条论及中央与地方国家机构职权划分时又规定,"遵循在中央的统一领导下,充分发挥地方的主动性、积极性的原则"。这里所说的"统一的多民族国家"的国家结构特征和"在中央的统一领导下"的分权原则,确定了中国在国家结构形式上实行单一制。

国家结构形式的单一制的基本特征在于,"国家权力行使权纵向配置和运用的过程中,中央政府单独享有全部主权权力,区域性政府分享其他国家权力行使权",因此,在单一制下,地方政府权力是一种从属性权力。① 中国国家结构形式的单一制,决定了地方政府的权力是从属于中央政府的分享性权力。这就是说,地方政府权力具有中央授权的性质,地方政府权力是中央划分给地方政府的权力。

4. 民族区域自治制度

鉴于中国是多民族国家,因此,在实行单一制的国家结构形式的同时,中国实行民族区域自治制度。《中华人民共和国宪法》就此规定,"各少数民族聚居的地方实行区域自治,设立自治机关,行使自治权。各民族自治地方都是中华人民共和国不可分离的部分"。"民族自治地方的自治机关是自治区、自治州、自治县的人民代表大会和人民政府"。②《中华人民共和国民族区域自治法》也明确规定,"民族区域自治是国家的一项重要政治制度。民族区域自治是在国家统一领导下,各少数民族聚居的地方实行区域自治,设立自治机关,行使自治权"。③

由此可见,民族区域自治制度是中国的基本政治制度,它使得中国在单一制的国家结构形式之下,不仅具有一般地方行政区的地方政府,而且具有民族区域自治的地方政府。这两种类型的地方政府的法律地位具有相同之

---

① 谢庆奎等:《中国政府体制分析》,第 197—198 页,北京,中国广播电视出版社 1995 年版。
② 见《中华人民共和国宪法》(1982 年)第四、一百一十二条。
③ 见《中华人民共和国民族区域自治法》(序言)。

处,也具有差别之处。

5. 特别行政区制度

特别行政区制度,是根据"一国两制"的基本原则进行的行政区设置。为此,《中华人民共和国宪法》规定:"国家在必要时得设立特别行政区。在特别行政区内实行的制度按照具体情况由全国人民代表大会以法律规定。"①按照该《宪法》规定,全国人大先后通过了《中华人民共和国香港特别行政区基本法》和《中华人民共和国澳门特别行政区基本法》。

《中华人民共和国宪法》关于特别行政区的规定和两部《基本法》的规定,使得中国地方政府在单一制下形成了第三种实际类型,即特别行政区地方政府。由于特别行政区享有比普通行政区乃至民族区域自治地方大得多的自治权,这种自治权"在许多地方比联邦成员国的权力还要大"。② 因此,特别行政区的法律定位又有不同于其他地方政府之处。

二、当代中国一般地方政府的法律地位

当代中国地方政府的法律地位正是在中国政治制度的基本框架中确定的。在这些政治制度作用下,当代中国地方政府的法律地位,可以确定为一种基本类型,即中国政治制度下的地方政府;三种实践模式,即一般地方政府模式,民族地区地方政府模式和特别行政区地方政府模式。出于分析的方便,我们论述地方政府的法律定位,将遵循从一般到特殊的思路,即首先厘清一般地方政府的法律地位,尔后论及特殊地区地方政府。

地方政府的法律定位,通常是通过法律对于地方政府权力性质、权力形成、权力范围和职能以及权力约束和监督的规定来体现的。因此,我们论述和分析地方政府的法律定位,将根据现行法律,就地方政府权力的这些方面展开进行。

---

① 见《中华人民共和国宪法》(1982年)第三十一条。

② 肖蔚云:《论一国两制下中央与香港特别行政区的法律关系》,《北京大学学报》(哲学社会科学版)1991年第4期。

1. 地方政府权力来源的法律确定

《中华人民共和国宪法》规定,"中华人民共和国的一切权力属于人民",这就表明,中华人民共和国的一切政府权力来源于人民,中华人民共和国政府具有人民主权特性。由此可知,中国地方政府的权力来源于人民,是人民主权在区域公共秩序维护和公共事务管理方面的体现。

由于地方政府具有区域性特点,由此产生的进一步的问题是,地方政府的权力是来源于其区域范围内的人民,还是来源于国家范围内的全体人民?

从《中华人民共和国宪法》、《中华人民共和国地方各级人民代表大会和各级人民政府组织法》、《中华人民共和国全国人民代表大会和地方各级人民代表大会选举法》等法律的有关规定来看,当代中国地方政府的权力来源于全国人民的权力。《宪法》规定,中国"地方人民代表大会是地方国家权力机关","地方各级人民政府是地方各级国家权力机关的执行机关,是地方各级国家行政机关"。[①] 这些规定确定了地方政府的性质,即地方政府的宪法定位是地方性的国家权力,或者说是国家权力在地方的配置。由于国家权力来源于全体公民,因此,宪法对于地方政府权力性质的这一定位,表明地方政府权力来源于国家全体公民。

此外,《中华人民共和国宪法》和《中华人民共和国地方各级人民代表大会和各级人民政府组织法》还规定,地方政府若干权力要素形成的决定权在中央权力,这些权力要素包括地方政府权力区域的建置,[②]地方政府职权内容和范围的确定,[③]地方政府权力运行的价值限度,[④]地方政府权力运行的规则[⑤]以及特别行政区域的设置及其制度规定。[⑥] 因此,地方政府的权力是全体公民权力在特定区域管理上的权力授予和委托,它来源于国家全体公民。

---

① 见《中华人民共和国宪法》第六十二条第(十二款)、第八十五条第(十五)款。

② 见《中华人民共和国宪法》第八十九条第(四)款;《中华人民共和国地方各级人民代表大会和地方各级人民政府组织法》第二章第八条第一款、第九条第一款。

③ 见《中华人民共和国地方各级人民代表大会和地方各级人民政府组织法》第二章第七条、第三章第五十一条第一款。

④ 见《中华人民共和国全国人民代表大会和各级地方人民代表大会选举法》和《中华人民共和国地方各级人民代表大会和地方各级人民政府组织法》有关地方政府产生和运行规则的规定。

⑤ 见《中华人民共和国宪法》(1982 年)第三章第六十二条第十三款。

⑥ 见《中华人民共和国宪法》(1982 年)。

对于特定区域范围的人民来说,由于国家全体人民中同时包含着该区域范围的人民在内,因此,确定地方政府的权力来源于全体人民的权力,也就表明,地方政府的权力来源于包含该区域人民在内的全体人民的权力。另一方面,特定区域范围内的人民除了形成全体人民权力,从而作为地方政府权力赋予者的构成群体成员之外,在中央权力授权的前提下,特定区域范围内的人民还具有以选举方式选择地方政府权力执掌者的权力。按照《中华人民共和国宪法》和《中华人民共和国地方各级人民代表大会和各级人民政府组织法》规定,地方政府权力经由特定区域内人民通过直接或者间接选举产生,并对他们负责。①

不过,这一过程形成的地方政府权力实际是过程性权力而不是本源性权力,它是在本源性权力基础上对于特定的权力执掌者的选择和委托过程,所以不能视为地方政府的权力来源。关于地方政府权力来源的法律规定,既是国家政权组织实行民主集中制和国家结构形式实行单一制的法理渊源,也是这些制度的法律体现。

2. 地方政府产生的法律依据

地方政府的产生具有两方面的法律规定,一方面是国家权力对于地方政府基本权力要素的决定,在《中华人民共和国宪法》和相关法律中,关于这些决定权都有实在法的规定。② 另一方面是特定区域公民对于地方政府权力的代表者和执掌者的选择和权力委托,在《宪法》和相关法律中,这种选择和权力委托及其规则是以程序法来规定的。鉴于在地方政府权力来源中已论述了国家权力对于地方政府权力的授予权和决定权,因此,在此,我们着力从程序规则的角度论述地方政府产生的法律依据。

从《中华人民共和国宪法》和《中华人民共和国全国人民代表大会组织法》、《中华人民共和国地方各级人民代表大会和地方各级人民政府组织法》等法律规定来看,在特定区域范围内,地方政府的产生具有两类选举和两次

---

① 见《中华人民共和国地方各级人民代表大会和地方各级人民政府组织法》、《中华人民共和国全国人民代表大会和各级地方人民代表大会选举法》和《中华人民共和国地方各级人民代表大会和地方各级人民政府组织法》、见《中华人民共和国宪法》(1982 年)。

② 见《中华人民共和国地方各级人民代表大会和地方各级人民政府组织法》第二章第五条;并参见《中华人民共和国全国人民代表大会和地方各级人民代表大会选举法》第一章第二条。

委托的规则特点。

所谓两类选举,是指不同区域范围的人民按照直接和间接两种不同的方式,选举产生地方政府。按照《中华人民共和国宪法》和相关法律规定,这种直接和间接的划分,以县级作为基本界限,"省、自治区、直辖市、设区的市、自治州的人民代表大会的代表由下一级人民代表大会选举;县、自治县、不设区的市、市辖区、乡、民族乡、镇的人民代表大会代表由选民直接选举"。①

所谓两次委托,是指特定区域的人民在把自己的权力委托给人民代表以后,地方人民代表大会的代表以选举的形式,把由此形成的公共权力中的行政权、审判权和法律监督权委托给特定公职人员。《中华人民共和国宪法》和相关法律就此规定,地方各级人民代表大会分别选举相应级别的行政正职和副职。同时,由于在县以上地方才设置法院和检察院,因此,法律规定,县以上各级人民代表大会选举产生相应级别的法院院长和检察长。不过,需要特别指出的是,由于法律监督权的特殊性,有关法律特别规定,在县级以上人民代表大会选举产生检察长以后,必须报上级检察院检察长提请该级人民代表大会常务委员会批准。②

关于地方政府产生的这些规则的法律规定,集中体现了国家权力实行的人民代表大会制度,体现了国家权力来源于人民,人民权力高于一切其他权力的原则,同时,也确定了国家组织实行民主集中制和国家结构形式实行单一制的法理前提。

3. 地方政府职权的法律确定

在《中华人民共和国宪法》和相关法律中,地方政府的职权是按照立法机关、行政机关、审判机关和法律检察机关的分类,通过列举法来规定的。从研究的角度着眼,我们可以从职权区域范围、职权的价值原则、职权权项等方面分析地方政府职权,以凸显地方政府法定职权的基本特点。

(1)地方政府职权的区域范围。

《中华人民共和国宪法》和相关法律对于地方政府职权的规定,一般是将

---

① 见《中华人民共和国宪法》(1982年)第一百零一条,《中华人民共和国地方各级人民代表大会和地方各级人民政府组织法》第二章第八条第五、六款,第九条第六款。

② 见《中华人民共和国地方各级人民代表大会和地方人民政府组织法》第二章第八、九条。

地方政府职权的区域范围限定在其管辖区域之内,换言之,地方政府的法定职权行使范围,是自己的辖区,其管辖的事务一般也是自己辖区内的事务。不过,从法律的规定来看,在特定的事务方面,地方政府的职权也及于其辖区之外,如对于上一级人民代表大会的选举,使得地方政府的职权及于更大行政区域范围的公共事务代表的产生。① 又如地方政府应当援助设立在本行政区域内不属于自己管理的国家机关、企业、事业单位进行工作,并且监督它们遵守和执行法律和政策,②这就使得地方政府权力的管理事务和对象超出了区域范围。

(2)地方政府职权的价值原则。

《中华人民共和国宪法》和相关法律对于地方政府职权的价值原则有两个相互联系的确定。其一,价值限度性规定。即地方政府立法机关和行政机关制定的一切地方性法规和行政性规章,都必须以"不同宪法、法律和行政法规相抵触"为基本价值前提,这就表明,与全国性法律规定"不抵触",是地方政府职权及其行使的基本价值尺度。③ 其二,价值取向性规定。即地方政府的职权不仅在行使中与全国性法律不抵触,而且必须保证全国性法律在本行政区域内达到遵守和执行,④保证上级国家行政机关的决定和命令得到执行。⑤ 这就说明,贯彻全国性法律和上级国家行政机关意志,也是地方政府职权的重要价值尺度。

(3)地方政府职权的权项。

第一,地方立法机关职权权项

①限定立法权。中华人民共和国实行两级立法,即全国人大和特定的地方人大拥有立法权。不过,地方人大的立法权是限定立法权,这种限定主要体现在:在立法层次上,1982年《宪法》限定在"省、直辖市的人民代表大会和它们的常务委员会",1984年《中华人民共和国地方人民代表大会和地方人

---

① 见《中华人民共和国地方各级人民代表大会和地方人民政府组织法》第四章第五十八条。

② 见《中华人民共和国宪法》第九十九条,《中华人民共和国地方各级人民代表大会和地方人民政府组织法》第二章第七条。

③ 见《中华人民共和国宪法》第九十九条,《中华人民共和国地方各级人民代表大会和地方人民政府组织法》第二章第八条第一款,第九条第一款。

④ 《中华人民共和国地方各级人民代表大会和地方人民政府组织法》第三章第五十一条第一款。

⑤ 见《中华人民共和国宪法》(1982年)第一百条,《中华人民共和国地方各级人民代表大会和地方人民政府组织法》第二章第七条。

民政府组织法》则扩大到"省、自治区的人民政府所在地的市和经国务院批准的较大的市的人民代表大会";在立法价值原则上,省、直辖市的立法"不同宪法、法律、行政性法规相抵触",而省和自治区政府所在地的市和经国务院批准的较大的市的立法除此以外,还不得与本省、自治区地方性法规相抵触;在立法形式上,地方立法只有法规形式,没有法律形式;在立法权限上,省、直辖市的立法要报全国人大常委会和国务院备案,而省和自治区所在地的市和经国务院批准的较大的市的立法,须报省、自治区的人大常委会批准后实施,并由省、自治区人大常务委员会报全国人大常委会备案。①

②地方重要事项的决定权。地方各级人大讨论和决定本行政区域内重大和重要公共事务;审查和批准本行政区域内的国民经济和社会发展计划、财政预算及其执行情况的报告;改变和撤销本级人大常委会和本级人民政府不适当的决议、决定和命令。②

③保障权。地方人民代表大会有权保障在本行政区域内,宪法、法律、行政法规及其常务委员会决议的遵守和执行,保障国家计划和预算的执行。同时,它有权保护本行政区域内公有制的财产,保护公民私人所有的合法财产,维护社会秩序,保障公民人身权利、民主权利和其他权利;保障农村集体经济组织应有的自主权,保障少数民族的权利;保障宪法和法律赋予妇女的男女平等、同工同酬和婚姻自由等权利。③

④选举和罢免权。地方人大的选举职权一方面是对于上级人大代表的选举权,另一方面,是对于本级行政机关的正、副职首长,本级审判机关即法院院长和法律监督机关即检察院院长的选举权。不过,选举出的检察院院长需报经上级检察院提请该级人大常委会批准。地方人大的罢免权针对本级人大选举产生的这些民意代表和公职人员而设。与检察长的任命同样,罢免本级检察院院长也需经过选举任命报批的同一程序。④

---

① 见《中华人民共和国宪法》(1982年)第九十九条,《中华人民共和国地方各级人民代表大会和地方人民政府组织法》第二章第八条第二、三、八、九款,第九条第二、四、五款。

② 见《中华人民共和国地方各级人民代表大会和地方人民政府组织法》第二章第八条第一、十二、十三、十四、十五款,第九条第一、九、十、十一、十二款。

③ 见《中华人民共和国宪法》(1982年)第一百零一条、一百零二条。

④ 见《中华人民共和国宪法》(1982年)第一百条。

⑤监督权。地方人大有权监督本级行政机关、审判机关和检察机关的工作,①县以上人大有权监督本级人大选举产生的上级人大代表。② 同时,各级地方人大有权监督本行政区域一切组织和公民遵守国家宪法、法律和行政法规和本行政区域法规。

第二,地方行政机关职权权项

①特定行政立法权。《中华人民共和国地方各级人民代表大会和地方各级人民政府组织法》规定,"省、自治区、直辖市以及省、自治区的人民政府所在地的市和经国务院批准的较大的市的人民政府,还可以根据法律和国务院的行政法规,制定规章"。③ 这就说明,地方行政机关有特定的立法权。其特定性在于,它是一般性授权立法权,它是立法机关委托给行政机关的特定立法权;它仅仅授予省级和特定的市的行政机关;它形成的是只适用于本行政区域的行政性规章;它的立法重要依据是国家法律和国务院行政法规。

②行政执行权。即执行本级人大及其常委会的决议,执行上级国家行政机关的决定和命令,执行国民经济和社会发展计划、预算,执行上级国家行政机关交办的其他事项。

行政领导和管理权。领导所属各工作部门和下级行政机关的工作,改变或者撤销所属各工作部门和下级行政机关不适当的决议、命令和指示。管理本行政区域内的公共行政事务和行政工作,依法管理国家机关行政工作人员。

③保障权。保护本行政区域内公有制的财产,保护公民私人所有的合法财产,维护社会秩序,保障公民人身权利、民主权利和其他权利;保障农村集体经济组织应有的自主权,保障少数民族的权利;保障宪法和法律赋予妇女的男女平等、同工同酬和婚姻自由等权利。

第三,地方审判机关职权权项

地方审判机关即地方人民法院由三级构成,即基层人民法院、中级人民法院和高级人民法院。地方人民法院拥有法律规定的独立审判权。按照层级不同,地方人民法院有不同的职权权项。

---

① 见《中华人民共和国宪法》(1982 年)第一百零二条。

② 见《中华人民共和国地方各级人民代表大会和地方人民政府组织法》第三章第五十条。

③ 见《中华人民共和国选举法》(1986 年)第九章第四十条。

第四,地方检察机关的职权权项

中国的地方检察院分为三级,即省、自治区、直辖市人民检察院,省、自治区、直辖市人民检察院分院和自治州、省辖市人民检察院,县、市、自治县和市辖区人民检察院。地方检察院按照法律独立行使检察权,其职权包括:

①重大案件的检察权。即对于叛国、分裂国家和严重破坏国家政策、法律、法令、政令统一行使的犯罪案件行使检察权。

②公诉权和抗诉权。有权对于刑事案件提起公诉,对于认为有错误的本级法院的判决和裁定,按照上诉程序抗诉,对于发现确有错误的下级法院已生效的判决和裁定,按照审判监督程序抗诉。

③审查监督权。有权审查公安机关侦查的案件,决定是否逮捕、起诉和免予起诉。监督公安机关的侦查活动是否合法。监督法院的审判是否合法。监督刑事案件判决、裁定的执行和监狱、看守所和劳改机关的活动是否合法。

④保障权。保障公民对于违法的国家工作人员提出控告的权利,追究侵犯公民人身权利、民主权利和其他权利的人的法律责任。

4. 地方政府受约束和监督的法律确定

就《中华人民共和国宪法》和相关法律的有关规定来看,中国地方政府权力受到的约束和监督,可以从两个维度上来分析和把握。一是纵向的维度,这主要是从地方政府权力与特定区域公民的关系,与中央权力和上级权力的关系来分析和把握地方政府权力受到的约束和监督。二是横向的维度,这主要是从地方政府内部立法机关与行政、审判、检察机关的关系来分析和把握地方政府权力受到的约束和监督。

按照《中华人民共和国宪法》和相关法律的规定,地方政府的权力在纵向上受着公民权力、下级权力和全国性权力、上级权力的双重约束和监督。

公民权力对于地方政府权力的约束和监督,一方面体现在公民拥有对于地方人民代表的法定选举权、监督权和罢免权。定期的选举,尤其是县以下的直接选举,使得选举过程形成了对于人民代表以及地方政府的监督和审查过程。在人民代表产生后,选举单位和选民有权监督这些代表,并且可以按

照法律规定罢免代表。① 另一方面,也体现在公民拥有对于地方国家机关和
工作人员的法定批评、建议、申诉、控告、检举权。② 1989 年 4 月 4 日,全国人
大通过的《中华人民共和国行政诉讼法》,进一步明确具体地规定了公民、法
人和其他组织对于包括地方政府在内的政府行为的约束。

下级权力对于上级地方政府权力的约束和监督,主要体现在下级人民代
表大会拥有对自己选举产生的上级人民代表大会的代表的监督、撤换或者罢
免权。③

公民权力和下级权力对于地方政府权力的约束和监督,是对于地方政府
权力的自下而上的约束和监督。另一方面,地方政府权力还受着自上而下的
约束和监督,即中央权力和上级权力对于地方政府权力的约束和监督。

中央权力和上级权力对于地方政府权力的约束和监督因地方政府权力
机关的不同而有所不同。按照法律规定,对于地方和下级立法机关的约束和
监督是一种权力要素的约束和行为规则的约束和监督。如前所述,中央权力
掌握着地方政府立法机关产生和运行规则的制定权,设置特别行政区的批准
权及其实行制度的规定权,要求地方政府实行宪法、法律和行政法规的要求
权。同时,地方上级立法机关对于下级立法机关也具有在相应行政区域范围
和层次的这些权力,而且省、自治区、直辖市的人民代表大会根据本行政区域
的具体情况和实际需要,在不同宪法、法律、行政法规相抵触的前提下,可以
制定和颁布地方性法规,报全国人民代表大会常务委员会和国务院备案。
省、自治区的人民政府所在地的市和经国务院批准的较大的市的人民代表大
会根据本市的具体情况和实际需要,在不同宪法、法律、行政法规和本省、自
治区的地方性法规相抵触的前提下,可以制定地方性法规,报省、自治区的人
民代表大会常务委员会批准后施行,并由省、自治区的人民代表大会常务委
员会报全国人民代表大会常务委员会和国务院备案。④

---

① 见《中华人民共和国地方各级人民代表大会和地方人民政府组织法》第三十八条,《中华人民共
和国选举法》(1986 年)第十章第四十六条。

② 见《中华人民共和国宪法》(1982 年)第四十一条。

③ 见《中华人民共和国地方各级人民代表大会和地方人民政府组织法》第二章第三十八条,《中华
人民共和国选举法》(1986 年)第十章第四十六条。

④ 见《中华人民共和国宪法》(1982 年)第五、三十一、六十二、九十九条,《中华人民共和国地方各级
人民代表大会和地方人民政府组织法》第二章第七条。

对于地方和下级行政机关的约束和监督是一种行政性领导、管理和行政规则的约束和监督。中华人民共和国国务院是最高国家行政机关,全国各级行政机关都在国务院统一领导下,都服从国务院。国务院具有县级以上地方行政区域划分和设置的批准权,有对于地方各级行政机关的统一领导权,有规定中央和省级行政机关之间工作职权的划分权,有对于地方行政各级行政机关不适当的命令和决定的改变和撤销权,有审定行政机构编制,依法任免、培训、考核、奖励行政人员的权力等,①这些权力都是对于地方政府的法定约束和监督。1997 年 5 月 9 日,全国人大常委会通过的《中华人民共和国行政监察法》,使得中央行政机关对于包括地方行政机关和工作人员在内的政府机关和工作人员的行政监察更加具体。地方政府的上级行政机关亦在相应行政区域范围和层次上拥有对于下级行政机关的这些行政约束权。②

对于地方和下级审判机关的约束和监督是一种双重业务性约束和监督,一重是法院系统本身的约束。法律规定,最高法院有权解释审判过程中应用的法律、法令;地方下级法院的审判工作受上级法院监督。③ 最高法院和地方上级法院有权对于发现确有错误的地方各级法院的已生效判决和裁定进行提审或者指令下级法院再审;地方上级法院可以改变下级法院一审判决和裁定。另一重是检察系统的约束,最高检察院发现地方各级法院,上级检察院发现下级法院判决和裁定确有错误,拥有按照审判监督程序的抗诉权。④

对于地方和下级检察机关的约束和监督则是工作领导和人事的约束和监督。最高检察院领导地方各级检察院的工作,上级检察院领导下级检察院的工作。⑤ 地方各级检察院检察长由同级人大选举和罢免,但是,其任免的批准,则需要上级检察院检察长报请该级人大常委会批准。⑥

地方政府行政、审判和检察机关除了受纵向约束和监督之外,还受到横向的约束和监督。从有关法律规定来看,这种横向的约束和监督也有两重:

一重是受地方立法机关的约束和监督。地方行政机关、审判机关和检察

---

① 见《中华人民共和国宪法》第八十九条,《中华人民共和国国务院组织法》第三条。
② 见《中华人民共和国行政监察法》第二、三、四章。
③ 见《中华人民共和国法院组织法》(1983 年)第一章第十七条。
④ 见《中华人民共和国人民检察院组织法》(1983 年)第二章第十八条。
⑤ 见《中华人民共和国人民检察院组织法》(1983 年)第一章第十条。
⑥ 见《中华人民共和国人民检察院组织法》(1983 年)第三章第二十二、二十三条。

机关对同级地方人大负责,①受地方人大的约束和监督。地方人大对于同级行政机关正、副职首长,法院院长和检察院检察长有选举权和罢免权,对于行政、审判和检察机关工作有监督权。②

另一重是检察权对于行政权、审判权的约束和监督。检察院对于行政机关中的公共安全部门的工作具有法律监督权。③ 对于同级或者下级法院审判有抗诉权,对于法院判决有监督权。④

从对于地方政府权力约束和监督的法律规定可以看出,地方政府外部受着纵向的双重约束,这其中,公民权力的约束和中央权力及上级权力的约束是相当强的,而下级权力对于上级权力的约束则相对较弱。地方政府内部立法权对于行政、审判和检察权具有横向的强约束,而检察权对于行政、审判权则具有业务性约束的特点。

三、民族自治区域自治机关的法律地位

民族区域自治机关指的是民族区域的自治区、自治州和自治县,不包括这些区域的乡级政府。

民族区域自治机关的法律地位,是《中华人民共和国宪法》和《中华人民共和国民族区域自治法》在一般地方政府法律地位的基础上,针对民族区域特点而确定的一种民族区域自治机关法律地位实践模式。民族区域自治机关的法律地位在国家基本制度前提和上述地方政府一般法律地位的诸方面,与一般地方政府都是相同的。而两者的不同之处,在于民族区域自治机关享有法定的自治权,这些自治权主要包括:

1. 制定自治条例和单行条例的自治权

民族区域自治地方的人大有权根据当地民族特点,制定自治条例和单行条例;自治区的自治条例和单行条例报全国人大常委会批准后生效;自治州、

---

① 见《中华人民共和国地方各级人民代表大会和地方人民政府组织法》第三章第四十八条,《中华人民共和国法院组织法》(1983 年)第一章第十七条,《中华人民共和国人民检察院组织法》第一章第十条。

② 见《中华人民共和国宪法》第一百零一、一百一十一条。

③ 见《中华人民共和国人民检察院组织法》第二章第十三、十四条。

④ 见《中华人民共和国人民检察院组织法》第二章第十七、十八、十九条。

自治县的自治条例和单行条例报省或自治区人大常委会批准后生效,并报全国人大常委会备案。民族区域自治地方政府可以根据本地情况贯彻执行国家法律和政策,上级国家机关的决议、决定、命令和指示,如不适合当地情况,这些地方自治政府可以报经该上级经过批准,变通执行或停止执行。

2. 人事的自治权

民族区域自治地方的人大常委会中应有实行区域自治的民族的公民担任主任或副主任;民族区域自治地方国家行政机关的首长由实行区域自治的民族的公民担任;自治地方政府工作人员应尽量首先配备区域自治的民族和其他少数民族人员;自治地方政府应从当地民族中培养干部和专业技术人员。

3. 财政的自治权

自治地方政府有管理地方财政的自治权,凡是依照国家财政体制属于民族自治地方的财政收入,都由该自治机关自主安排使用;自治机关在执行预算过程中,有权自行安排使用收入的超收和支出的节余资金;自治机关有权对本地方的各项开支标准、定员、定额,可根据国家规定的原则结合本地实际制定补充规定和具体办法,但须报上一级国家行政机关备案或批准。在执行税法时,除应由国家统一审批的减免项目外,对使用地方财政收入的某些需要从税收上加以照顾和鼓励的,自治机关有权实行减税或者免税,但须报上级政府批准。

4. 安排和管理本地社会、经济、文化和教育等事务的自治权

这方面的自治权涉及广泛,主要有:自治机关有权依照国家的军事制度和当地实际需要,经国务院批准,组织本地维护社会治安的公安部队;有权在国家计划指导下,自主安排和管理地方经济建设事业;有权自主管理隶属于本地的企事业单位,并进行经济管理体制的改革;有权依照国家法律,保护和管理本地各种自然资源;有权自主发展民族地方教育、文化和科学事业。①

---

① 见《中华人民共和国民族区域自治法》(1984 年)第三章。

　　由此可见,就民族区域自治机关的法律地位来讲,其基本属性在于,它们是中国民族地区地方政府。这一属性决定了,一方面,中华人民共和国的基本政治制度对于这些自治机关具有完全的适用性,这些自治机关对于中央政府具有从属性,它们具有中国一般地方政府法律地位的基本特征。另一方面,它们又是民族自治区域的地方自治机关,根据民族自治地方的特点,这些自治机关又具有法定的自治权。

四、特别行政区地方政府的法律地位

　　特别行政区地方政府的基本性质,是根据特别行政区的基本属性确定的。

　　特别行政区是在中华人民共和国国家主权统一和至上的前提之下,按照"一国两制"的方针和香港、澳门等特别地区的实际情况,由全国人民代表大会确定其设立及其制度的地方行政区域。《中华人民共和国宪法》和两个《基本法》根据特别行政区的这一性质,规定特别行政区地方政府是在中华人民共和国统一主权和中央权力领导下,由中央权力授权、管辖和监督,遵行《中华人民共和国宪法》、法律和中央权力,在全国人民代表大会制度和单一制国家结构形式下运行,同时享有高度自治权的地方区域型权力。

　　《中华人民共和国宪法》和两个《基本法》对于特别行政区政府性质和法律地位的这些规定,决定了它在权力来源方面与内地地方政府并无不同,而在特别行政区政府的产生、职权和所受约束和监督等方面,与内地地方政府都有所不同,这些不同主要体现在:

1. 在政府产生方面,特别行政区的行政官员和法院院长任免有特别的法律确定

　　内地地方政府实行人民代表大会制度和民主集中制,在中央政府授权下,地方政府的行政、审判和法律监督首长和机关均产生于立法机关,并由立法机关罢免。而特别行政区不实行地方人民代表大会制度和民主集中制,其行政长官在当地通过选举或者协商产生,由中央人民政府任命,行政机关的

主要官员由行政长官提名或建议,由中央政府任免。① 特别行政区法院的法官,根据当地法官和法律界及其他方面知名人士组成的独立委员会推荐,由行政长官任命,而特别行政区的终审法院(在香港包括高等法院)的首席法官则在此基础上要报全国人民代表大会常务委员会备案。② 香港特别行政区法院的法官在无力履行职责或行为不检的情况下,行政长官可根据终审法院首席法官任命的不少于三名当地法官组成的审议庭的建议,予以免职。香港特别行政区终审法院的首席法官在无力履行职责或行为不检的情况下,行政长官可任命不少于五名当地法官组成的审议庭进行审议,并可根据其建议,依照法定程序,免去其职务。③ 澳门特别行政区法官在无力履行其职责或行为与其所任职务不相称的情况下,行政长官才可根据终审法院院长任命的不少于3名当地法官组成的审议庭的建议,予以免职。终审法院法官的免职由行政长官根据澳门立法会议员组成的审议委员会的建议决定。终审法院法官的任命和免职须报全国人民代表大会常务委员会备案。④

2. 在政府职权权项和程度方面,对于特别行政区政府有特别的法律确定

按法律规定,特别行政区政府具有高度的自治权,其主要是:

①行政管理的自治权。除了《基本法》规定的外交、国防防务、紧急状态决定等权力之外,特别行政区政府有权处理该行政区的一切其他行政事务。

②立法权。特别行政区具有广泛的立法权。在《中华人民共和国宪法》中直接适用于特别行政区的有关规定和《基本法》附件三规定的在特别行政区实施的全国性法律之外,特别行政区具有对该区一切事务的立法权。特别行政区所立法律需要报全国人大常务委员会备案,但是,备案不影响有关法律的生效。

③独立的司法和终审权。特别行政区法院独立进行审判,不受任何干涉。特别行政区法院除了继续保持原有法律制度和原则对法院审判权的限

① 见《中华人民共和国香港特别行政区基本法》第四章,并见《基本法》附件一;《中华人民共和国澳门特别行政区基本法》第四章,并见《基本法》附件一。

② 见《中华人民共和国香港特别行政区基本法》第四章第四节第八十八、九十条;《中华人民共和国澳门特别行政区基本法》第四章第四节第八十七、八十八条。

③ 见《中华人民共和国香港特别行政区基本法》第四章第四节第八十九条。

④ 见《中华人民共和国澳门特别行政区基本法》第四章第四节第八十七条。

制之外,对该区所有案件都有审判权,终审法院具有终审权。同时,特别行政区各级法院根据全国人民代表大会常务委员会授权,在审理案件时对特别行政区自治范围内的条款有自行解释的权力。①

④自行处理有关对外事务的权力。特别行政区有参加外交谈判、国际会议、国际组织,签订国际协议,与外国设立官方、半官方机构签发特区护照和旅行证件的权力。

3. 在政府权力受约束和监督方面,对于特别行政区政府有特别的法律规定

从约束和监督机制来看,特别行政区地方政府权力也受着纵横两个方向的约束和监督。

在纵向上,特别行政区居民依法以选举权、被选举权和起诉行政部门和行政人员的权力,约束和监督地方政府,这与内地并无不同。而中央政府对于《中华人民共和国宪法》和《基本法》的制定、修正权,对于特别行政区设置及其制度的规定权,对于适用于特别行政区的全国法律的规定权,对于特别行政区政府的授权,对于有关事务涉及的《基本法》条款的最高解释权,对于特别行政区行政长官和主要行政官员的任命权等等这些对于特别行政区政府的约束和监督,则不同于中央对于内地地方政府的约束和监督。

在横向上,特别行政区地方政府权力内部具有行政与立法的相互制衡。内地实行人民代表大会制度,行政、审判和法律监督权都产生于同级人民代表大会,对它负责,受它监督。立法权与其他权力之间是产生被产生,监督被监督的关系,由此形成了立法主导的权力关系。而特别行政区实行立法与行政相互制衡、司法独立的体制。行政与立法的相互制衡,一方面表现在行政长官对于立法会有制衡权,立法会通过的法案须经行政长官签署、公布才能生效;在基本法规定的条件和程序下,行政长官可以拒绝签署立法会通过的法案,并可在3个月内将法案发回立法会重议;如果行政长官拒绝签署立法会再次通过的法案或立法会拒绝通过政府提出的财政预算案或其他重要法

① 按照两个《基本法》的规定,特别行政区地方法院在审理案件时涉及中央政府事务以及中央与特别行政区关系事务条款,并且该条款的解释又影响案件的判决,在对该案件作出不可上诉的终审判决前,由特别行政区终审法院提请全国人大常委会解释。

案,经协商仍不能取得一致意见,行政长官可以解散立法会,但在其任期内只能解散一次。另一方面,这种制衡表现为立法会对于行政长官的制衡,行政长官发回重议的法案,如获立法会以不少于全体议员 2/3 多数再次通过,行政长官必须在一个月内签署公布,否则行政长官可以解散立法会。而立法会可以在两种情况下迫使行政长官辞职:一是行政长官因两次拒绝签署立法会通过的法案而解散立法会,重选的立法会仍以全体议员的 2/3 多数通过所争议的原案,而行政长官仍然拒绝签署;二是行政长官因立法会拒绝通过财政预算案或其他重要法案而解散立法会,而重选的立法会继续拒绝通过所争议的原案。此外,如果行政长官有严重违法或渎职行为,立法会可以按照法定程序提出弹劾,报中央政府决定。立法机关与行政机关的这种相互制衡,形成了不同于内地地方政府的对于政府权力的横向约束和监督。

五、结论

以上笔者在当代中国人民代表大会等五项政治制度的基本前提和框架内,按照当代中国地方政府权力的来源、地方政府的产生、地方政府的职权以及地方政府权力所受的约束和监督等方面,对于地方政府的法律地位进行了分析和论述。通过以上分析和论述,可以得到以下结论:

1. 就其基本性质来说,当代中国地方政府是在国家主权统一和中央权力领导下的地方行政区域性权力,中央政府独立行使国家主权,并授权地方政府行使特定区域的管理权。在国家主权的形成、授予和权力规则的制定和实施等方面,各地方政府具有共同的民主基础,因此,地方政府具有中国政治制度条件下的基本共同特征,正是这些共同基本特征,使得各地方政府都属于单一制国家结构形式中的地方政府这一基本类型。

2. 由于不同地区的差异性,使得中国地方政府在基本类型下具有三种实践模式,即一般地方政府模式,民族区域自治机关模式和特别行政区地方政府模式,从而形成了不同地方政府模式在其权力诸方面的法律规定和法律定位的差异。就这些差异来看,一般地方政府模式的法律定位构成了地方政府法律定位的基本模式,而民族自治区域地方机关和特别行政区地方政府的法律定位是在一般地方政府模式基础上的衍生模式。

相比起一般地方政府模式来,民族自治区域机关模式在政府产生、主要职权的确定、政府所受的约束和监督等基本方面是相同的。其改进之处主要在于:

(1)政府公职人员任职身份的限定。即特定职位对于民族公民的专属性和一般职位对于民族公民的倾斜性。

(2)立法权的层次下放和内容附加。在一般地方区域,立法权限于省级人大,而民族自治区域立法权可以放到县级人大。同时,民族区域自治机关可以专门针对自治地方情况制定自治条例和单行条例。

(3)财政和行政管理权的附加。与一般地方政府职权相比,民族区域自治机关附加了更多的财政和行政管理的自主权。

比起一般地方政府模式来,特别行政区地方政府模式在政府产生、政府职权和政府受约束和监督等方面则有比较大的改进:

(1)行政长官、行政主要官员和法官不由立法机关产生,而是推选基础上由中央政府任命产生。

(2)拥有附加而广泛的行政管理权。

(3)拥有附加而广泛的立法权,并且有立法生效权。

(4)拥有司法终审权和对于基本法的特定解释权。

(5)横向权力制约的双向存在。

3. 在三种地方政府模式中,无论地方政府权力是一般既定的,还是附加而广泛的,地方政府拥有的始终只是特定地方区域的治理权,而不拥有哪怕是部分的国家主权。由于地方政府的这种治理权是国家主权授予的,因此,地方政府的这种治理权也可以看作国家主权在特定地方区域的治理运行权。这就是说,国家主权的所有权专属于中央政府,其在特定区域的治理使用权不同程度地授予地方政府。

4. 对于地方政府权力的约束和监督,就中央权力的约束和监督来说,中国"地方政府既隶属于同级的立法机关,又隶属于上级的行政机关,在这种隶属关系下,地方政府实际上受双重领导和制约"。[①] 这种双重性实际包含了两部分含义,一部分是对于中央划分给地方的权力限度的约束和监督,这部分

---

① 林尚立:《国内政府间关系》,第17页,杭州,浙江人民出版社1998年版。

实际内含着中央政府与地方政府的分权范围和权项；另一部分是对于地方政府权力运行状况的约束和监督，这部分主要是对于地方权力运行绩效和遵循规则状况的约束和监督。

为进一步明确这些结论，在此有必要对上文的分析和论述作几点补充性说明和看法：

第一，当代中国政治制度对于地方政府法律地位具有一般适用性，但是，对于特定区域则具有选择性的适用性。

如前所述，直接影响当代中国地方政府法律地位的中国政治制度有五项，这些制度中的前三项对于中国一般地方政府的法律定位无疑具有普遍适用性，是这些区域地方政府法律定位的制度前提和基础。对于民族自治区域来说，除了这三项制度具有普遍适用性之外，第四项制度即民族区域自治制度适用于民族自治区域，但是，不运用于一般地方区域。

对于特别行政区域来讲，人民代表大会制度具有其适用的一面，即特别行政区作为国家的组成部分，参加全国性事务和管理，是通过按照法定规则和程序选举产生全国人民代表大会代表来进行的，因此，全国人民代表大会制度在这个层面上对于特别行政区具有适用性。而在特别行政区的政治体制上，由于不实行人民代表大会制度，因此，地方人民代表大会制度不运用于特别行政区。

同时，由于特别行政区并不实行民主集中制和民族区域自治，因此，这两项制度不运用于特别行政区。但是，考虑到民主集中制在国家组织机构设置方面的具体要求，在特别行政区地方政府与中央政府的关系上，民主集中制还是有其适用的特定内容。至于国家结构形式的单一制和特别行政区制度，则对于特别行政区具有完全的适用性。

除此之外，《宪法》和中央制定的全国性法律，除涉及特别行政区和《基本法》附件规定的之外，其他内容和法律基本也不运用于特别行政区。

第二，当代中国国家结构形式仍然是单一制国家。

由于特别行政区作为具有高度自治权，甚至具有比某些联邦制国家的地方政府更多的自治权，因此，有观点认为，特别行政区的形成，改变了中国的国家结构形式，使得中国国家结构形式具有联邦制的特征。但是，从以上我们对于当代中国地方政府法律地位的分析和论述来看，这种看法是不准确的。实际上,特别行政区的形成,并没有改变中国国家结构的单一制形式。一方面,学者对于联邦制与单一制的区分标准有不同的看法,比如认为"区分单一制与联邦制的主要标准,要看地方权力是源自中央授予还是地方本身固有。换句话说,地方权力由中央授予,则属单一制;中央权力由地方让与,则属联邦制",比如认为根据"一国国民具有统一国籍还是双重或多重国籍"来区分单一制和联邦制,如此等等,同时,学者对于两种国家结构形式的特征也有不同的概括,但是,在这些观点中,以主权权力是由全国性政府独占还是由其与区域性政府分享作为根本标准的看法,①是笔者赞同的观点。根据这一标准,由全国性政府独享受主权权力的国家是单一制国家,由全国性政府与区域性政府分享主权权力的国家是联邦制国家。按照《中华人民共和国宪法》和两个《基本法》,中国特别行政区的建立,并没有使得特别行政区地方政府与中央政府分享主权权力,国家主权仍然归中央政府独享和行使。因此,中国仍然是单一制国家。另一方面,联邦制国家的成员邦一般保留退出联邦的权力,而中国的特别行政区是中华人民共和国不可分离的部分,不存在退出统一国家的权力。就此也说明,特别行政区的形成,并没有改变中国单一制国家的形式。

第三,当代中国地方政府具有受中央权力主导的基本特点。

当代中国地方政府是具有两重性的政府,"从政治关系的社会利益基础上来讲,地方权力是特定地方和区域共同利益的代表者和权力体现,就此而言,中央权力与地方权力的关系,是社会共同利益与各地方区域不同利益之间关系在政治权力关系上的体现。另一方面,在社会政治权力形成以后和运行过程中,地方权力又是中央权力在特定地方区域层次上的配置,就此而言,中央权力与地方权力的关系,又是社会公共权力在其权力主体内部不同层次之间的纵向关系。这就是说,地方政府既是中央权力在特定行政区域的配置,又是特定行政区域公共利益的代表者。"②正是地方政府的这两重性,使得地方政府权力的形成既需要中央的授予,又需要选举产生具体的公共权力担任者;地方政府既需要向中央负责,又需要向当地公民负责;地方政府权力运行既接受和服从中央的领导,又必须具有自己的特定职权范围和权项;地方

---

① 童之伟:《国家结构形式论》,第146页,武汉,武汉大学出版社1997年版。
② 王浦劬等著:《政治学基础》,第82页,北京,北京大学出版社2006年版。

政府权力既受到中央的约束和监督,又受到本区域公民的约束和监督。

不过,就当代中国地方政府一般模式和民族区域自治模式来看,地方政府的这两重性以及由此引起的地方政府权力的两重性,并不是同等并列的。在这其中,全国性利益要求要重于地方特殊利益要求;中央权力授权地方政府对于地方政府权力的形成具有首要的和前提性的意义;中央权力对于地方政府具有最高权威性的领导权;中央权力对于地方政府具有强有力的约束和监督权。地方政府这两重性中的非并列性,正是中国国家结构形式单一制和国家组织民主集中制的体现。

在中国的特别行政区,虽然地方政府具有高度广泛的自治权,但是,关系国家主权和行政区政府设立、运行及其规则制定和解释的根本性权力属于中央政府,特别行政区行政长官和行政主要官员的任命权在中央,对于地方立法的监督权在中央,因此,特别行政区地方政府也是以中央政府授权的地方政府为首要特征,而不是以区域自治政府为首要特征。

（原载《海峡两岸地方自治研讨会文集》,1999 年 9 月台湾高雄中山大学）

现代西方政治学的批判和吸收问题浅析

近些年来,我国政治学界在建设和发展我国政治学的过程中,介绍和引进了不少西方政治学的现代研究成果。如何在马克思主义指导下,对这些成果进行认真的分析、批判和吸收,已成为我国政治学界面临的重要任务,本文试图就此做一粗浅的尝试。

列宁在谈到人类文化与无产阶级文化的关系时曾经指出:"应当明确地认识到,只有确切地了解人类全部发展过程所创造的文化,只有对这种文化加以改造,才能建设无产阶级的文化。"①根据这一精神,分析现代西方政治学,有两个基本的程序和环节,一是应该弄清现代西方政治学内容的基本特征,二是必须把握现代西方政治学与马克思主义政治学之间的关系。因此,我们的分析将遵循这两个基本程序。

一、现代西方政治学的基本内容特征

现代西方政治学,即 20 世纪以来西方非马克思主义的政治学说、理论和方法。从这一定义出发,我们的分析将把一些带有马克思主义标签的现代西方政治学说和理论置于视野之外。按照现代西方政治学家的划分,这个范围内的现代政治学主要可以分为两类,即政治哲学和政治科学,我们的分析也将主要按照这两类进行。

---

① 《列宁选集》第 4 卷,第 347—348 页,北京,人民出版社 1972 年版。

1. 现代西方政治哲学的基本内容特征

政治哲学,又称为"规范性政治理论",西方政治学家对此有种种不同的解释和定义,总起来说,大致可以分为广义和狭义两种。广义的定义认为,政治哲学是人们用哲学思辨的方法对政治现象、政治学说及政治研究方法本身所进行的研究;[①]狭义的定义则认为,政治哲学就是人们用哲学思辨的方法对政治现象进行的研究。[②] 为了分类分析的方便,我们在此将采用狭义的定义。

按照政治哲学的狭义定义,现代西方政治哲学的内容主要应包括现代西方哲学家和政治哲学家对于政治现象的一般性论述和专门性论述。前者主要指生命哲学、新黑格尔主义、新托马斯主义、人格主义、存在主义、弗洛伊德主义等人文主义哲学流派的政治观,后者则以约翰·罗尔斯的《正义论》、罗伯特·诺齐克的《无政府、国家和乌托邦》等政治哲学专论为代表。尽管现代西方政治哲学观点分散庞杂,可是,它们之间也存在着若干共同的基本内容特征,概括起来,主要是:

第一,现代西方政治哲学都是在唯心主义世界观基础上研究政治现象和政治价值的。现代西方政治哲学在论述政治观点时,"大多都自觉地把本体论作为他们的理论基础"。[③] 从本体论的意义上来看,可以把现代西方政治哲学分为主观唯心主义和客观唯心主义两类。主观唯心主义包括生命哲学、存在主义、弗洛伊德主义等的政治观,它们或是把人的生命及其冲动视为政治的本因,或是把由主观感受决定的某种"存在的状态"、人的某种生物本能看作政治的本原。客观唯心主义包括人格主义、新托马斯主义以及一些新黑格尔主义政治观,它们或是从"最高的人格——上帝"、上帝赋予的"理智之光"出发,或是从"永恒哲学的伟大传统"出发阐述政治问题。罗尔斯、诺齐克等新自然法学派的政治哲学以 17、18 世纪西方政治思想家创造的"自然状态"、"社会契约"作为理论基础,显然也是客观唯心主义的。

第二,现代西方政治哲学研究政治的出发点大都是人的内心感受或人的

---

① 参见(美)杰克·普拉诺:《政治学分析辞典》,第 114—115 页,北京,中国社会科学出版社 1986 年版。

② 参见(美)詹姆斯·A.古尔德和文森特·V.瑟斯比:《现代政治思想》,第 61—62 页,北京,商务印书馆 1985 年版。

③ (联邦德国)克劳斯·冯·柏伊姆:《当代政治理论》,第 16 页,北京,商务印书馆 1990 年版。

本性。20 世纪西方人本主义哲学的最大特点是反理性主义,因此,现代西方政治哲学也大多着力从人性中的非理性因素出发来分析和说明政治现象,如尼采、柏格森的"权力意志冲动说",萨特关于政治起源于人们本身内心以及相互间的绝望、恐惧和冲突的论述,弗洛伊德泛性论中关于"政治人"形成于人的性压抑的观点以及他关于暴力和统治是人类共同的生本能与死本能的外在表现形式的论述等等,尽皆如此。同时,现代西方政治哲学也仍然保存或力图恢复早期人本主义的理性传统,如新黑格尔主义力主从"共同的理性"出发分析政治问题,新托马斯主义政治哲学家马利旦认为国家体现的是理性,是一种没有人格的、持久的上层建筑。而标志着西方政治哲学复兴的罗尔斯的《正义论》则完全秉承了西方政治学的理性主义传统,并把它提高到一个新水平,罗尔斯的正义原则不过是关心自己利益的自由理性的个人在原始平等基础上订立社会契约时所商定并接受的原则。这表明,现代西方政治哲学实质上并没有偏离哲学人本主义的轨道。

第三,现代西方政治哲学基本上都是以个人作为政治分析的本位,进而把政治英雄史观奉作圭臬的。尽管现代西方政治哲学自认为是揭示了人的政治的"类"本质,可是,它们在阐述政治观点时,却基本上是以唯我主义、个人主义为核心的,这一点在以反社会为特征的非理性主义政治哲学中体现得尤其突出,诸如尼采的"我是唯一的裁决者"的妄言呓语,萨特关于个人自主性的实现在于个人意志的绝对自由的观点,弗洛伊德关于个人的生物本能的满足是从本我到超我的必然途径和目的的论述,无一不是其个人主义政治观的真实写照。与这种个人本位主义政治联系在一起,现代西方政治哲学大都夸大个人、领袖在社会政治生活中的作用,而认为人民不过是供驱使和被统治的对象。如新黑格尔主义者克罗齐认为,群众"没有任何思想和活动的能力,他们是天才人物的思想和活动的对象"。① 而弗洛伊德则认为:"人民群众中的大多数人都有崇尚权威的强烈需要,他们需要一种能够崇拜、能够归顺的权威,以便受它统治,甚至受它虐待。……它是那种人们自幼就具有的对父亲的渴望。"② 这就使其政治英雄史观与精神分析学说达到了高度的

---

① (意)贝奈戴托·克罗齐:《历史的理论与实际》,第 26 页,北京,商务印书馆 1982 年版。
② (奥)西格蒙德·弗洛伊德:《摩西与一神教》,第 98 页,北京,生活·读书·新知三联书店 1989 年版。

一致。

第四，现代西方政治哲学都带有浓重的伦理或价值色彩。西方政治学家认为，政治哲学本质上是一种关于政治的价值取向或追求，"如果人们把获得美好的生活和健全的社会的知识作为他们的明确目标，政治哲学也就应运而生了"。① 因此，现代西方政治哲学都以积极的或消极的方式阐述着自己的政治价值取向，如权力意志论者认为，政治的最高价值在于实现权力意志；存在主义者认为，人类摆脱绝望等"真实状态"的出路在于无条件、无根据、无理由的选择自由；②弗洛伊德主义者认为，人类的一切伦理和政治价值取向，本质上都是潜意识的反动，都是对于"本我"的压抑。20 世纪最有影响的政治哲学家罗尔斯则以"正义"作为其政治哲学的核心取向，由此出发阐述了"自由"、"平等"、"权利"等基本政治价值。从逻辑上看，现代西方政治哲学的这些价值取向不过是其哲学前提和政治观点的正向或负向的演绎和延伸。

第五，现代西方政治哲学基本上都是与马克思主义阶级分析方法和阶级斗争学说相对立的。这其中又可以分为两类，一类是公开声言反对阶级斗争学说的，存在主义的代表人物萨特认为，"政治事件使我们把'阶级斗争'的图式当作一种暗码来使用。这样做与其说是为了真理不如说是为了方便"。③另一类则表现为其政治哲学本质上是与阶级学说对立的，比如用抽象的政治人格取代政治人的阶级本质，用"俄狄浦斯"情结冲突或死本能的攻击来解释政治冲突，而取代政治冲突的阶级原因等等。总起来看，现代西方政治哲学基本上都具有这种反马克思主义特征。

第六，现代西方政治哲学大都主张在保存资本主义现行政治秩序和制度的前提下，对资本主义政治进行修补完善。尽管一些现代西方人文主义哲学家对政治问题的看法带有极端个人主义和激烈的反权威反社会色彩，可是，他们并不主张彻底改变资本主义政治制度，如存在主义哲学家认为，政治应当培养人的自由感和责任感，由此来实现命令和服从，这就需要国家的存在，而国家必须保卫现有生活秩序；弗洛伊德主义者主张以"教化"来提高人的素

---

① （美）詹姆斯·A.古尔德和文森特·V.瑟斯比编：《现代政治思想》，第 59 页，北京，商务印书馆 1985 年版。

② （法）萨特：《存在与虚无》，第 321 页，北京，生活·读书·新知三联书店 1987 年版。

③ （美）詹姆斯·A.古尔德和文森特·V.瑟斯比编：《现代政治思想》，第 301 页，北京，商务印书馆 1985 年版。

质,完善人的"本性",消除资本主义社会中的政治紧张状况。保守主义政治哲学家诺齐克更是认为资本主义社会现存的持有状态是合理的,这种历史形成的持有权利意义上的"正义"应该予以维护,①实质是在为现实业已形成的资本所有方式和分配方式辩护。自由主义政治哲学家罗尔斯虽然揭示了资本主义社会中的不公正现象,可是也并不主张彻底改造这个社会,而主张从分配入手改变社会的不平等。②

2. 现代西方政治科学的基本内容特征

政治科学的概念与政治哲学一样,在现代西方政治学家的词典中定义也是多样的。最广义的政治科学指的是人类文明史以来有关政治的知识,③这种政治科学实际上是政治学。稍为狭隘一些的定义认为,政治科学是独立于哲学伦理学的政治学,它始于古希腊的亚里士多德,经过16世纪的马基雅弗利,在19世纪末的国家主义政治学中逐步成熟,在20世纪的行为主义政治学中得到充分发展。④ 更为狭隘的定义则认为,政治科学就是运用现代科学方法对政治现象、活动和过程展开的研究。⑤ 从与政治哲学的对应关系及20世纪政治学发展的特点考虑,在此采用第三种政治科学的定义是相宜的。按照这一定义,现代政治科学主要指的是行为主义和后行为主义政治学。

比起现代西方政治哲学来,行为主义要"庞杂得多"⑥,如同德国政治学家柏伊姆所说的那样:"行为主义是'一把雨伞',其大小足够给不同性质的集团——仅仅由于对传统政治科学不满而结合在一起的集团——暂避风雨。"⑦ 因此,行为主义政治学更多地是被人们称之为一场运动。尽管如此,作为现代西方政治科学的主干,行为主义政治学在其理论前提、研究对象、方法、内容及政治观点方面,还是有些基本特征可把握的:

---

① 参见(美)R.诺齐克:《无政府、国家和乌托邦》,第156—159页,北京,中国社会科学出版社1991年版。

② 参见(美)约翰·罗尔斯:《正义论》,北京,中国社会科学出版社1988年版

③ 德·沃尔多:《政治科学:传统、学科、职业、科学、事业》,《国外政治学》1985年第2期,第20页。

④ Donald M. Freeman, *Foundation of Political Science*, New York: Free Press, 1977, p. 8.

⑤ (美)David L. Sills ed. al., *International Encyclopedia of the Social Sciences*, "Political Science", Vol. 12. p. 288, Macmillan Publishers Ltd. And Free Press, 1968.

⑥ (联邦德国)克劳斯·冯·柏伊姆:《当代政治理论》,第23页,北京,商务印书馆1990年版。

⑦ (联邦德国)克劳斯·冯·柏伊姆:《当代政治理论》,第76页,北京,商务印书馆1990年版。

第一,行为主义政治学的哲学前提是科学主义,尤其是第一次世界大战之后西方科学主义的最重要的流派——逻辑实证主义。逻辑实证主义有三个基本命题:A. 人类的一切科学研究活动都应采用自然科学的方法;B. 人类的一切科学研究对象都应是经验事实,研究手段应是实证性分析;C. 人类的一切科学研究活动都应以统一、精确的物理语言来表述,因此,科学更重要的任务是对表述语言进行逻辑分析。行为主义政治学的研究方法、途径和理论,基本上都是按照这三个命题展开和得出的。

第二,行为主义政治学的基本研究对象是政治行为的互动。行为主义政治学的"目的在于用已观察到的和可能被观察到的人的行为的角度来阐明一切政治现象"。[①] 因此,人的内在政治思想、心理和外显政治行为,都是其研究对象。同时,行为主义政治学认为人的政治行为总是以互动方式存在的,因此,研究政治行为,实际上是要研究政治行为的互动。

第三,行为主义政治学注重研究形式和手段的精确化,并在很大程度上以此作为理论研究的目标和任务。从逻辑实证主义出发,行为主义政治学家认为互动的政治行为具有可以量化处理的统一性,它构成了政治科学精确研究的基础,因此,行为主义政治学家偏好科学技术手段,重视数据资料;强调分析语言的单义化、精确化、操作化;主张进行定量分析和量化的相关分析,并因此而大量运用量化的概念——变量,而抛弃定性分析;力图把总体互动方式归结为某种模式或范式,以此作为政治分析的框架,来图解政治生活和政治现象。

第四,行为主义政治学强调以经验分析为核心内容的实证性研究方式,认为"价值判断和事实判断,必须从概念上加以区别;只有事实判断才能被承认为科学陈述"。[②] 因此,它拒斥"价值判断","或者至少不能把价值视作科学上需要下功夫研究的部分",[③]声称自己的理论是价值中立的、经验性的和描述性的。

第五,行为主义政治学大量吸收自然科学和社会科学其他领域的研究方

---

① (美)詹姆斯·A.古尔德和文森特·V.瑟斯比编:《现代政治思想》,第155页,北京,商务印书馆1985年版。

② (联邦德国)克劳斯·冯·柏伊姆:《当代政治理论》,第23页,北京,商务印书馆1990年版。

③ (联邦德国)克劳斯·冯·柏伊姆:《当代政治理论》,第78页,北京,商务印书馆1990年版。

法和理论,对于互动的政治行为展开多种方式、多种角度、多种层次的研究,构成了形形色色的政治理论,也大大拓宽了政治学研究的领域。在理论方面,行为主义政治学家采用系统论、信息论、控制论及功能主义理论和方法,形成了一般政治系统、政治结构——功能分析、政治沟通、政治决策等宏观理论;采用社会学的团体分析方法和经济学的理性选择方法,形成了政治团体分析、政治理性选择等中观理论;采用社会心理学、文化人类学的方法,形成了政治学习、政治人格等微观理论。显然,这些理论是与其采用的方法紧密相联、相互对应的。在研究领域方面,行为主义政治学不仅提出了诸如政治文化、政治发展等新的研究方向和内容,而且促成了政治研究跨学科的发展,从而形成了诸如政治社会学、政治心理学、政治地理学等大量的边缘学科。

第六,行为主义政治学在对政治学的传统课题展开研究时,都赋予了这些课题以新的理论面目。行为主义政治学家或是对传统的政治学命题进行了行为主义式的验证和论述,比如美国行为主义政治学家罗伯特·达尔对于拉斯基提出的多元主义民主理论的发展,行为主义政治学家利用个案分析、抽样分析、角色文化分析对于意大利政治学家莫斯卡和帕累托提出的精英民主学说的丰富和充实,都使这些传统学说有了全新的理论形态;或是从新的角度研究传统课题和概念范畴,提出了一些全新的理论内容和定义,如美国政治学家安东尼·唐斯从经济学的市场理论出发,以等价交换的模式分析政党行为、选民行为及政党与选民的关系,形成了一整套的市场民主理论;又如行为主义政治学家从政治心理的角度把政治权力重新定义为一种心理影响力,从结构功能角度把政党重新定义为一种利益表达和聚合结构,如此等等。

第七,行为主义政治学所从事的基本上是一种衡态维系分析和西方本位分析。行为主义政治学给自己规定的分析任务是"是什么"(to be)而不是"应该是什么"(ought to be)的问题,在其政治现实性上,它表现为从技术的角度看,怎样进行最合理的统治和权力配置的问题,而不是统治本身为何是合法的问题,因此,行为主义政治学是从运行和过程的角度对资本主义现有统治体系展开衡态维系分析的。同时,由于受其西方价值观的影响,也限于实证主义研究的技术要求和实际条件,行为主义政治学大都是以西方社会的政治体系、政治关系和政治发展历程为蓝本的,即如行为主义政治学中最抽象的、号称"最一般"理论的一般政治系统论,其建构的理论框架和现实参照系其实就是西方资本主义国家政治体系,其中的某些结构机制和要素、规则,在社会主义国家根本就不存在。再如综合了行为主义政治学若干研究方法和理论的政治发展理论,对于发展过程的描述和发展指标的确立,也基本上是西方政治发展史和政治现状的临摹。

从60年代开始,西方行为主义政治学逐渐向"后行为主义"政治学嬗变,行为主义政治的某些特征和内容发生了变化,如主张放弃"价值中立"原则,使"价值判断"回归政治学研究;放弃"追求科学主义的狂热",注意研究政治现实,展开政策分析等等,可是,其分析对象、分析方法、分析领域等等,并未背离行为主义政治学的总轨道。

二、关于现代西方政治学的分析

概括了西方现代政治学的基本内容特征,我们的分析将转向现代西方政治学与马克思主义政治学之间的关系。分析这种关系,就是要运用马克思主义的基本立场、观点和方法,分析现代西方政治学的哲学前提、研究方法和内容特征,摒弃其与马克思主义对立的部分,改造吸收其有益的部分。

1. 关于现代西方政治哲学分析

就现代西方政治哲学来看,它们与马克思主义政治理论的对立是十分明显的:

第一,现代西方哲学的本体论立场基本上都是唯心主义的,认为政治现象不过是特定的心灵感受或臆造的某种存在的合理延伸。而马克思主义政治理论以物质第一性、意识第二性的唯物主义作为自己的本体论立场,强调一切政治现象不过是隐藏于其背后的现实客观关系的外化和体现。

第二,现代西方政治哲学在政治分析的方法论层次上都是从抽象人的本性或本能出发的,无论是反理性主义的政治哲学,还是以理性主义的社会契约为逻辑起点的新自然法学派的政治哲学,都没有脱出西方17、18世纪以来传统政治哲学的人本主义窠臼。而马克思主义政治分析的基本方法是从人

们的经济和阶级关系出发的,强调人的本质是社会关系的总和,①否定抽象的
人性论和人本主义。

第三,现代西方政治哲学大多根据个人本位来说明政治现象,进而鼓吹
英雄史观,鼓吹"超人"统治。马克思主义政治学说以社会和集体本位即无产
阶级和绝大多数人的利益要求来分析政治现象,进而认为人民的利益和要求
才是政治的本质和发展动力,领袖人物只有在此基础上才能推动历史和政治
的前进。

第四,现代西方政治哲学都是根据某种所谓"抽象伦理"提出或推演出自
己的政治价值观的,其实内含的大都是资本主义社会中占统治地位的大资产
阶级及其统治集团或中小资产阶级的社会政治取向或渴求,而马克思主义政
治理论把社会政治价值分析与政治关系及其发展规律紧密相联,并以无产阶
级和广大人民的利益与意志作为最大的政治价值取向。

第五,现代西方政治哲学都以不触动资本主义社会政治制度为理论限
度。在这个总前提下,它们或者以维护这个制度为职志,提供资本主义政治
统治合法性的哲学基础,或者提供变换统治手法,调节阶级矛盾和政治矛盾
的哲学思路。而马克思主义政治理论强调必须以阶级分析方法揭示资本主
义政治的本质,以阶级斗争的手段,推翻和改造资本主义政治和社会制度,而
代之以无产阶级的政治统治。

另一方面,不可否认,对于马克思主义政治理论来说,现代西方政治哲学
中也具有某些积极的内容和因素:

其一,现代西方政治哲学提供了一些马克思主义理论可以吸收的观点。
如罗尔斯在《正义论》中提出正义有两个方面,一是制度的正义,二是个人的
正义,而前者比后者更加重要,因此,正义的对象是社会的基本结构——即用
来分配公民的基本权利和义务、划分由社会合作产生的利益和负担的主要制
度,这就把"正义"这种抽象的政治价值与社会政治制度联系到了一起,这与
马克思主义关于"民主"等政治价值首先是一种国家制度的观点有着某种相
合之处,应该可以吸收进马克思主义政治理论。

其二,现代西方政治哲学提供了马克思主义政治理论可以批判采用的某

---

① 《马克思恩格斯全集》第46卷(上),第220页,北京,人民出版社1985年版。

些政治分析途径,如弗洛伊德主义的政治哲学,摒弃其唯心主义和非理性因素,实际上提出了心理分析的重要政治分析途径,对此加以唯物主义的改造,应该可以成为马克思主义政治理论的重要分析途径。

其三,现代西方政治哲学为马克思主义政治理论分析现代西方社会政治现象提供了必要的思想资料,如存在主义政治哲学对于人的绝望的"政治存在状况"的勾勒,事实上反映了资本主义社会某些阶级和阶层的政治处境和政治心理,无疑有助于马克思主义政治理论对当代资本主义政治展开分析。

2. 关于现代西方政治科学的分析

比起现代西方政治哲学来,现代西方政治科学与马克思主义政治理论的关系要复杂一些,它有与马克思主义政治理论对立的内容,又有不符合马克思主义基本立场、观点与方法但并非反马克思主义的内容,也有与马克思主义政治理论相符合的某些观点和方法,因此,应对之展开认真的分析和扬弃。

总起来看,现代西方政治科学中与马克思主义政治理论的对立之处主要表现在如下方面:

第一,现代西方政治科学带有严重的形而上学的思想方法论色彩,而马克思主义政治理论的哲学方法论却是以强调辩证法为特征的。现代西方政治科学的形而上学方法与马克思主义的唯物辩证法的基本对立在于:

是否承认绝对真理的存在。现代西方政治科学以逻辑实证主义作为自己的哲学前提,逻辑实证主义的代表人物波普尔以其认识论上的"证伪"原则而著称,而"证伪"原则的核心哲学精神就是不承认存在着绝对真理,而认为人类的一切认识内容都是相对的,因而需要不断地予以"证伪",只有"证伪"才是认识的真正发展途径。马克思主义认为,人们的认识过程是一个从相对真理向着绝对真理不断接近的过程,而绝对真理又存在于每一个相对真理之中,"无数相对的真理之总和,就是绝对的真理"。①

是否承认政治现象具有本质的规定性及其意义。现代西方政治科学以现代自然科学的长足进步为依据,认为科学研究的对象不应是政治现象的本质,而应是经验层次上的表象,对于政治本质的强调不过是一种"本质主义",

---

① 《毛泽东选集》合订本,第272页,北京,人民出版社1968年版。

是一种虚幻,由此得出的知识和结论是不可靠的。马克思主义认为,政治不仅作为一种表象和现象存在着,而且更重要的是作为一种本质和实质的规定而存在的,表象只不过是其本质的一种外在表现,因此,对于政治的本质的把握方能使我们到达政治认识的彼岸。

是否承认理性认识的意义。现代西方政治科学认为,既然只有经验的政治表象是可靠的,那么,政治学的研究就应抛弃抽象的、思辨的哲学分析,而应倡导实证的、经验的和描述的研究方法,以量化的和过程的研究获得知识。马克思主义认为,虽然一切真知都是从直接经验发源的,但是感觉材料"仅是片面的和表面的东西,这种反映是不完全的,是没有反映事物本质的。要完全地反映整个的事物,反映事物的本质,反映事物的内部规律性,就必须经过思考作用,就必须从感性认识跃进到理性认识"。① 这才是认识的真正任务。

是否承认历史和政治的发展是有规律的。现代西方政治科学在哲学意义上是否定历史和政治发展的规律性的,在它看来,人类的历史和政治的所谓规律是不可验证的,这种"规律"充其量不过是一种哲学思考,"马克思所相信的有关自然的和历史发展的规律,……可以说是某一时期的迷信"。② 正因为如此,历史和政治都是不可把握和预测的,"我们不可能预测人类历史的未来进程","没有一种科学的历史发展理论能作为预测历史的根据"。③ 马克思主义认为,人类社会的历史和政治发展的规律客观地存在于社会和政治现象的本质联系中,它决定着社会政治发展的进程和方向,而这些规律又是可以认识和把握的,在此基础上对于人类社会和政治未来的预测是科学的。当然,马克思主义同样认为,社会和政治的发展过程是逐步展开的,因而人们对其规律的认识必然是逐步加深的,这两者都统一于人们的政治实践。

是否承认认识内容对于认识形式的决定意义。现代西方政治科学片面强调语言分析、逻辑结构等认识形式对于政治学的重大意义,认为锻炼这些形式才是政治学的首要任务,从而"造成了一种枯燥死板的状况"。④ 马克思主义认为,认识的形式不过是认识的工具和手段而不是目的,同时,认识的形

---

① 《毛泽东选集》合订本,第267—268页,北京,人民出版社1968年版。
② (英)Karl Popper, *The Open Society and Its Enemies*, London, Routledge, 1945, p.652.
③ (英)波普尔:《历史决定论的贫困》,第1页,北京,华夏出版社1987年版。
④ (美)戴维·伊斯顿:《政治生活的系统分析》中文版序言,第9页,北京,华夏出版社1989年版。

式是由认识的内容所决定的,因此,马克思主义主张认识的内容与形式的高度一致,惟此,政治学研究才是活生生的。

第二,现代西方政治科学的价值立场是采取中立主义态度,强调不偏不倚的"价值祛除",这种价值立场实际上不过是哲学折衷主义在政治学领域中的反映和体现。而马克思主义政治学说强调鲜明的政治价值取向,强调无产阶级和人民大众的政治立场,认为在基本立场和价值问题上采取折衷主义立场是一种"无聊的伎俩","不过是玩弄'调和派的骗人把戏'而已",[①]因而解决不了任何现实问题。

第三,现代西方政治科学主张"泛自然科学主义"原则,把社会科学与自然科学同一化,并生硬地搬用自然科学的逻辑、模式、方法、标准和符号语言取代社会科学的逻辑、方法和标准。而马克思主义认为,自然科学的研究对象是被动的,而社会科学的研究对象是能动的,两种科学虽有共同之处,但又各具独立的性质,任何机械、片面的搬用都是错误的。

第四,现代西方政治科学都是在肯定资本主义社会既有政治体系的合法性的前提下展开政治分析的,是以揭示资本主义政治内在机制为内容,调节其政治关系为目的的,因而政治上极具保守性。而马克思主义政治理论是以揭示资本主义政治本质为内容,以摧毁和改造资本主义政治体系为目的的。

第五,现代西方政治科学基本是以西方资本主义政治体系为本位建立一般政治分析框架的,而马克思主义政治理论则认为西方政治体系有其历史的阶段性和区域的局部性,只有从经济基础与上层建筑、生产力与生产关系的矛盾运动中建立起来的科学理论体系才具有普遍真理性,才是分析政治现象的一般框架。

正因为现代西方政治科学有上述种种与马克思主义政治学说的相悖之处,所以,尽管现代西方政治科学中包含着不少合理因素,可是,它们"却是生长在活生生的、结果实的、真实的、强大的、全能的、客观的、绝对的人类认识这棵活生生的树上的一朵不结果实的花"。[②] 在实际生活中,它对战后西方的一系列社会政治问题的无能为力,正说明了这一点。这就需要我们根据马克思主义政治学说的基本原则对这些合理因素加以改造和吸收。

---

① 《列宁选集》第 2 卷,第 344、347 页,北京,人民出版社 1972 年版。
② 《列宁选集》第 2 卷,第 715 页,北京,人民出版社 1972 年版。

在政治学研究对象方面,现代西方政治科学主张研究人的政治行为及其互动,马克思主义政治学并不反对研究人的政治行为及其互动,相反,它历来主张社会科学应该研究人的行为及其交互作用,①而且事实上列宁就明确提出过"政治行为"的概念并作过论述。② 不过,马克思主义政治学同时强调应该从人们的社会政治关系出发来研究人的政治行为及其交互作用。

在政治学研究方法方面,现代西方政治科学主张实证、定量并吸收自然科学和社会科学其他领域的研究方法。马克思主义政治学对于这些研究方法的态度是:

其一,马克思主义并不反对实证性研究,而是主张把政治价值、目标、取向等抽象的思辨与实际的验证结合起来,一方面,承认"物质的抽象、自然规律的抽象、价值的抽象及其他等等,一句话,那一切科学的(正确的、郑重的、不是荒唐的)抽象,都更深刻、更正确、更完全地反映着自然"。③ 另一方面,认为"思辨终止的地方,即在现实生活面前,正是描述人们的实践活动和实际发展过程的真正实证的科学开始的地方"。④

其二,马克思主义政治学并不反对定量的分析方法,而是认为,"一种科学只有成功地运用数学时,才算达到了真正完善的地步"。⑤ 但是,马克思主义政治学同时认为,对于政治的定性分析是首要的,定量分析只是对于政治的状态和程度的描述和确定,它的基础应该是定性分析。

其三,马克思主义并不反对政治分析形式和语言的统一化精确化,而是认为这种统一化精确化是必要的,但是,马克思主义政治学认为政治分析的首要任务在于揭示政治的本质内容而不在于造就分析手段。

其四,马克思主义政治学并不反对把自然科学和社会科学其他领域的研究方法引进政治学领域,而是认为这种引进必然会大大丰富政治学研究的角度和内容,不过,马克思主义政治学强调在辩证唯物主义和历史唯物主义的基础上,在唯物辩证法的指导下,运用这些方法对政治现象展开不同层次和角度的研究。

① 《马克思恩格斯选集》第4卷,第320页,北京,人民出版社1972年版。
② 《列宁选集》第1卷,第516页,北京,人民出版社1972年版。
③ 《列宁全集》第38卷,第181页,北京,人民出版社1963年版。
④ 《马克思恩格斯选集》第1卷,第31页,北京,人民出版社1972年版。
⑤ 保尔·拉法格:《忆马克思》,见《回忆马克思恩格斯》,第73页,北京,人民出版社1973年版。

在政治学研究领域方面,现代西方政治科学在传统的国家、制度等政治学研究领域之外,开辟了诸如政治文化、政治发展、理性选择、政策分析等大量新的研究领域。就这些领域与马克思主义政治学说的关系来说,可以分为三类,一是马克思主义经典作家曾明确提及并作过论述的,如政治文化;[①]二是马克思主义经典作家未曾明确提出,但是对此领域曾作过大量论述的,如政治发展;三是马克思主义经典作家从未涉及过的。就此三类关系及目前国内研究状况来看,第一、二类研究领域可以列入马克思主义政治理论体系并以马克思主义的立场和方法加以研究论述,第三类则有待进一步研究。至于现代西方政治科学促成的大量政治学边缘学科,可以经过马克思主义的立场和方法的改造,纳入马克思主义政治学学科体系。

在政治学研究范畴和概念方面,现代西方政治科学从描述性、过程性定义的原则出发,提出了大量新的范畴和概念,如政治心理、政治社会化、政治角色、政治态度、政治认同、政治合法性、政治冲突、政治稳定等。马克思主义政治理论认为,一切政治范畴、概念的确定和运用首先必须从概括和定义对象的本质特征出发即进行本质定义,在此基础上进行描述性和过程性定义,因此,这就需要用马克思主义的立场和方法明确并赋予上述新范畴和概念以本质性内容,进而补充进马克思主义政治理论的总体范畴和概念框架。

在政治学研究课题方面,现代西方政治科学主要运用统计学的数量相关分析,提出并研究了大量新的课题,如不同层次的政治亚文化所具有的特征;不同政治文化背景下公民的政治参与问题;政治文化与政治发展的相关度问题,教育与民主政治的关系问题等。这些问题,有一些马克思主义经典作家曾作过某些原则性论述,如文化教育与民主政治建设问题,可是绝大多数是马克思主义经典作家未曾涉及或未曾充分展开论述的。这就需要在进行统计学相关分析的同时,运用马克思主义的立场和方法,对这些课题进行辩证唯物主义和历史唯物主义的哲学因果关系分析、矛盾运动分析和两点论中的重点论分析,以揭示其相关的内在机理,由此丰富和充实马克思主义政治学的理论内容。

在政治学理论观点方面,现代西方政治科学的理论观点内容,除了其哲

---

① 《列宁选集》第 4 卷,第 368 页,北京,人民出版社 1972 年版。

学方法论前提外,主要来自于运用各种分析方法分析政治现象的假设和验证。这些理论观点极其庞杂,需要对这些观点展开马克思主义的深入分析。

根据这些看法,我们认为,现代西方政治科学中可以改造和吸收进马克思主义政治理论体系的内容主要有:

① 作为分析对象的互动政治行为,包括政治决策、政治沟通、政治参与等政治行为。

② 作为分析途径的研究方法,包括政治体系途径、政治角色途径、政治精英途径、政治心理途径等等。

③ 作为分析方面的研究领域,主要包括政治文化和政治发展。

④ 作为分析基本要件的范畴和概念,包括政治情感、政治认知、政治认同、政治合法性、政治社会化、政治稳定、政治冲突等等。

⑤ 作为分析内容的课题,包括政治文化的形成和发展规律,政治文化的构成及其功能,政治心理的基础及其社会政治作用,政治思想的特征及其与政治生活的关系,政治社会化的基本途径和方式,政治决策的方式和作用,政治沟通的途径,政治监督的基本机制及其作用方式,政治文化与政治发展的关系,影响政治发展的诸要素和主要素,政治稳定与政治发展的关系,政治民主化与政治参与等。

现代西方政治科学中可以改造和吸收进马克思主义政治学学科体系的内容主要有工具性的研究方法,比较研究方法,以及政治社会学、政治心理学等边缘学科的合理内容。

(原载《北京大学学报》〔哲学社会科学版〕1991 年第 3 期;《高等学校文科学报文摘》1991 年第 5 期摘登)

当代西方政治冲突理论述评

　　"政治冲突"是西方政治学研究的古老课题。早在公元前 4 世纪,亚里士多德就在其名著《政治学》中探讨了特定的政治冲突——政治革命的缘由、方式及其消除途径。20 世纪五六十年代以来,随着西方社会政治矛盾的发展和世界范围内政治动荡的加剧,政治冲突分析继政治衡态分析之后,再度成为西方政治学家和社会学家关注的重要研究领域和分析途径,并逐步形成了比较系统的理论观点。了解和分析当代西方政治冲突理论,对于我们把握政治冲突的基本特点和发展规律,建设我国社会主义政治学,无疑具有重要意义。

一、政治冲突的涵义及特性

　　在当代西方政治学中,"政治冲突"与其他基本范畴一样,其定义是多样的,总起来看,其中比较有代表性的主要有:

　　① 心理对立说。美国社会心理学家冯克提出,一切人类冲突,都是"两个或两个以上社会基元的一种极端的心理对立关系形式"。[①]

　　② 价值观对立说。这一定义认为,包括政治冲突在内的社会冲突,"是指价值观念的较量"。[②]

　　③ 权位或利益争夺说。美国政治学家科布和埃尔德根据社会学家对于社会冲突的定义,提出政治冲突实质正是一种互动模式,是对于权力、地位等

[①]　(美) C. F. 冯克:《社会冲突的几个概念难点》,*Conflict Resolution*,No. 4,1968,Vol. 12.

[②]　"Conflict Resolution,Conflict:Political Aspects",in David L. Sills ed. al. :*International Encyclopedia of the Social Sciences*,Vol. 3. p. 232,Macmillan Publishers Ltd. And Free Press,1968.

稀缺资源的争夺。①

④ 有机体—环境互动说。美国政治学家 J. C. 戴维斯从生态学角度提出,冲突行为不过"是有机体与环境之间互动的函数或产物,即 B ＝f（OE），……冲突不过是环境的互动"。②

这些定义虽然角度各异,可是其中却包含着若干共同的要素,如冲突发生在两个以上的方面之间,冲突是围绕一定目标展开的,冲突具有不可调和性等。根据这些共同要素,美国著名政治冲突理论家 T. 罗伯特·格尔为政治冲突作了更为宽泛的定义,他认为,所谓政治冲突,就是围绕特定目标展开的,"敌对的集体的明显的,强制性的互动"。③一般认为,格尔的定义是目前有关"政治冲突"的比较具有一般性价值的定义。

从定义"政治冲突"出发,当代西方政治学家和社会学家探讨了"政治冲突"的基本特性,按照他们的看法,这种基本特性主要体现为以下几个方面:

第一,互动性。互动性是政治冲突得以发生和存在的条件性特征。西方当代政治冲突理论认为,政治冲突必然发生和存在于一定的政治关系之中,这种关系由两方面或诸方面构成,政治冲突不过是这些政治方面相互作用的一种状态或方式。显然,政治冲突的范围、规模、强度取决于政治互动的诸方面的范围、规模及其内部构成。

根据政治冲突的这一特性,西方政治学家在"政治冲突"与个人内心的"政治心理冲突"之间作了区别,他们认为,单个的政治人在"相互排斥的价值之间遇到选择困难",这只是一种个人的政治心理冲突,而不是政治冲突,政治冲突必须"是指某个人或其他个人或组织集团之间的不相容性"。④

第二,对抗性。对抗性是政治冲突的强度特征。美国政治学家 M. 多伊奇认为,"只有当两个或两个以上的个人、团体或国家之间产生互不相容的行

---

① Roger W. Cobb, Charles D. Elder, *Participation in American Politics*: *the Dynamics of Agenda – building*, Johns Hopkins University Press, 1983. p. 83.

② （美）J. C. 戴维斯:《关于人类冲突的生物学观点》,载:Ted Robert Gurr ed. , *Handbook of Political Conflict*: *Theory and Research*, New York: Free Press, 1980, p. 19.

③ Ted Robert Gurr: "Introduction", in Ted Robert Gurr , ed. , *Handbook of Political Conflict*: *Theory and Research*, New York: Free Press, 1980, p. 1.

④ "Conflict", in David L. Sills ed. al. , *International Encyclopedia of the Social Sciences*, Vol. 6. p. 6, Macmillan Publishers Ltd. And Free Press, 1968.

为时,才会发生冲突"。①这就表明,当政治互动发展成为互不相容的对抗时,政治冲突即告存在。

对抗性是区分政治竞争与政治冲突的重要标尺。政治竞争与政治冲突的区别在于:其一,政治竞争是可妥协的,因而是可调节的,而政治冲突是不妥协的,所以也是不可调节的;其二,政治竞争的目标仅限于争取所求的政治目标,而政治冲突不仅以所求的目标为目标,而且以摧毁或打击对手为目标;其三,政治竞争是遵循社会公认的政治规则进行的,政治冲突则越出这些规则之外;其四,政治竞争的结果一般具有建设性,而政治冲突的结果破坏性大于建设性。②

第三,可见性。可见性是政治冲突的形态特征。对于这一特征,西方政治学家有不同看法。部分人认为政治冲突应包括一切形态的政治对抗和斗争,其中既有显性可见的,也有隐性潜在的。不过,大多数学者认为,政治冲突应该是明显可见的。

西方政治冲突理论家进一步分析认为,人们外显可见的政治冲突活动,不仅应该包括构成行为状态的政治对抗活动,如暴动、政变、战争等,而且还应包括人类政治意向的表达等活动,如威胁、警告、挑战等具有强制特征的"虚假攻击"(mock attacks),因为它们"常常与行为本身具有同样的效果",③所以,应是政治冲突的题中应有之义。

第四,政治性。政治性是政治冲突的内容特征或手段特征。在社会生活中,冲突是普遍的、多方面的,为了使政治冲突与其他社会冲突区别开来,当代西方政治冲突理论家引进了著名政治学家戴维·伊斯顿的"政治"定义,即政治是对于社会价值的权威性分配。据此,以 H. 埃克斯坦为代表的政治冲突理论家认为,政治冲突是与公共权威相关的社会冲突,它既包括围绕政治权威展开的冲突,也包括需要以公共权威为手段加以实现或解决的冲突。

---

① (美)M. 多伊奇:《冲突之解决:建设性和破坏性过程》,New Haven:Yale University Press,1973,p. 10.

② 参见(美)R. W. 马克和 R. C. 斯奈德:《社会冲突分析:概览与综合》,载: Conflict Resolution,No. 1,1957.

③ Ted Robert Gurr:"Introduction", in Ted Robert Gurr ed., Handbook of Political Conflict:Theory and Research,New York:Free Press,1980,p. 3.

二、政治冲突的起因

人类社会为何会发生政治冲突,这是当代西方政治冲突理论集中关注的另一重要问题。当代西方政治学对于这一问题的分析大体有两个角度,一是静态分析的角度,其基本着眼点在于政治冲突发生的横断面原因;一是动态分析的角度,其分析的背景在于政治发展的过程。前者比较有代表性的主要是多因并列论、资源稀缺论、资源分布不均论,后者的代表主要是相对剥夺论。

1. 多因并列论

多因并列论有两个基本点,一是认为政治冲突是多种因素交互作用造成的,而把政治冲突的发生归结为一个原因的做法是简化主义的。二是认为酿成政治冲突的多种因素作用是同等的。

当代西方政治冲突理论家认为,促成政治冲突的因素有社会的、经济的、文化价值的、心理的、生理的、生态的等等。从社会角度看,政治冲突起始于人们改变社会处境的努力;从经济角度看,发达国家经济增长的缓慢,发展中国家技术的进步和工业化带来的政治经济秩序的变动,都是政治冲突的温床;从心理角度看,人们心理的排他性和受挫补偿需求,构成了政治冲突的心理基因;从生理角度看,人既是自然生物体又是政治生物体,生物体的需求和期望发展规律在政治生活中同样有效,需求与需求之间、期望与期望之间的差异,是政治冲突的基础;从生态角度看,人与环境的互动应该是平衡的,由于双方的变动而造成的失衡,会诱发政治冲突。

2. 资源稀缺论

在当代西方政治冲突理论中,"资源"既是有形的,如生产资源、生活资源,又是无形的,如权力、地位、荣誉等。西方政治学家和社会学家认为,资源的稀缺和匮乏,不敷分配,是导致政治冲突的重要原因。美国马里兰大学政治学家 D. C. 皮拉兹指出,人类历史的特点就是周而复始的资源短缺,"当适于分配的资源随着时间起伏时,政治当局的命运也会随之起伏"。① 因此,政治冲突就会反复发生。

当代西方政治冲突理论家认为,绝对资源稀缺或匮乏,以及相对资源稀缺都会酿成政治冲突。

资源的绝对稀缺或匮乏,一般是指一个社会的极度贫穷、落后,缺乏用来满足人们基本生活需求的资源。这种资源的极度缺乏,会使人们产生极为强烈的社会不满和政治斗争,从而使政治当局面临巨大的政治压力,也可能在社会成员之间引起相互仇视,使之为了生存而展开激烈争夺,形成政治冲突。

资源的相对稀缺,又可以分为两类,一类是相对社会总体需求来说稀缺的资源,如政治权力和地位等。这类资源在任何社会任何时候都是有限的,而人们对它们的需求是无限的。另一类则是相对社会需求的变动来说稀缺的资源。随着社会的进步和技术的发展,社会的总体需求不断提高,于是,新开发的资源不可能迅速满足人们的要求,因而形成了另一种无限和有限之间的对立。这两类资源相对稀缺以及由此造成的无限和有限的对立,都是政治冲突的催化剂。

3. 资源分布不均论

埃克斯坦、格尔等人认为,社会政治冲突的重要起因在于资源分布的不均等。在现实生活中,这种不均等主要表现为结构性资源分布不均等和分配性资源分布不均等。

结构性资源分布不均等,皮拉兹称之为社会中的"不对称关系",它是与人类社会内在的结构联系在一起的。在社会结构方面,人类社会中存在着阶层、民族、种族、地域、集团等等差异,这些差异的存在,不仅意味着社会构成内容的非统一性,而且标志着社会成员获取资源的能力的不均等,这就造成了资源在社会范围内分布的不均等。这种"对于不对称社会结构的存续,提出了冲突处理的深层问题"。② 在政治结构方面,政治权威、权力和影响的分

---

① D. C. 皮拉兹:"政治稳定与冲突处理",载:Ted Robert Gurr ed.:*Handbook of Political Conflict: Theory and Research*,New York:Free Press,1980,p.430.

② Ted Robert Gurr ed., *Handbook of Political Conflict: Theory and Research*,New York:Free Press,1980,p.437.

布不对称,是任何社会中固有的,它不仅表明政治权力和政治地位的不均等,而且直接影响到其他资源的分布,这就为政治冲突创造了前提。

分配性资源分布不均等是与社会的分配制度和实际分配联系在一起的。社会分配制度的过分倾斜,势必增强社会内部不同所得者的互相对峙,加大社会成员对于政治权威的期望,这种社会紧张和政治紧张往往是社会政治冲突的前奏。"当涉及到资源分配的意见不一致时,冲突就会发生。"①

4. 相对剥夺论

政治冲突的相对剥夺起因论,最初起源于美国社会学家 J. 戴维斯的社会冲突学说。戴维斯认为,任何社会的发展既有上升时期,又有下降时期,"在一个特定的社会中,对于人们思想的一切主要影响将在前一时期(上升时期)产生一种持续满足需求的期望——这种需求也会持续产生在后一个时期(下降时期),当明示的现象与所预期的现实相分离时,就会产生一种焦虑和受挫的心态",②这就是相对剥夺感。当这种心态到达无法忍受的程度时,社会冲突和政治冲突就会发生。显然,戴维斯是从社会现实和社会心理的双方变动出发分析相对剥夺的,而且他认为社会政治冲突在社会发展的下降阶段。

70 年代,美国政治学家格尔和亨廷顿进一步发展了戴维斯的学说。格尔把相对剥夺抽象为人们自认为的"应得之物"与"实得之物"之间的差距所造成的一种心理效应。"虽然客观的观察者并不认为他们是贫乏的,可是,他们的主观期盼却遭到了剥夺。"③这种相对剥夺是政治冲突发生的重要动因。亨廷顿则从政治制度与政治参与的关系上分析了相对剥夺问题。他认为,在发展中国家,随着经济增长、社会动员和政治发展,人们政治参与的要求和期望必定大大提高,可是,现存的政治体制和制度却难以满足和实现这种要求和期望,这就造成了现存制度对于政治需求的相对剥夺,进而造成政治冲突。由此可见,亨廷顿是从变动迅速的政治需求和相对静止的政治制度的不相适应中把握相对剥夺问题的,而且他认为社会的政治冲突发生在社会政治经济

---

① (美)M. G. 奎特和 R. W. 奎特:《政治分析的概念与方法》,New Jersey:Pretice – Hall Inc,1981,p. 100.

② (美)J. 戴维斯:《革命理论研究》,载:*The American Sociological Review*,No. 2,1962.

③ Ted Robert Gurr, *Why Men Rebel?* Princeton:Princeton University Press,1970,p. 24.

迅速发展和上升时期。

三、政治冲突与政治稳定

当代西方政治冲突理论家关于政治冲突与政治稳定问题的研究主要集中在两个方面：一是分析政治冲突与政治稳定之间的关系，二是探讨消除政治冲突的途径。

1. 关于政治冲突与政治稳定的关系

当代西方政治学家对于政治稳定有种种不同的诠释。归纳起来，主要有五种说法：其一，在一个政治共同体内部没有任何冲突和暴力行为（I. K. 费瑞本德、R. L. 费瑞本德）；其二，政治体系没有结构性变化（B. M. 罗赛特）；其三，政府不发生非常态变更（M. 塞勒、V. M. 赫尔曼）；其四，某一宪法秩序的长期存在（S. E. 利普塞特）；其五，社会总体的基本制度的稳定（L. 赫维茨）。美国政治学家 L. 赫维茨认为，这五种途径，实际正是从不同角度概括了"政治稳定"的特征，总起来看，政治稳定就是指某一政治共同体内现有宪法秩序、政治制度和组织结构的持续存在。①

根据政治稳定的这些含义，当代西方政治冲突理论家分析认为，政治冲突与政治稳定都只不过是一个社会的政治状态，它们都受着复杂的社会和政治因素的影响。就两者的关系而言，它们之间并无因果联系，而只有功能方面的某些相关性，即政治冲突只有从其对于社会政治的影响和后果方面对政治稳定起作用。因此，当代西方政治冲突理论家大多在这一意义上，从政治冲突的程度、范围、类型、价值及价值取向等角度，分析了政治冲突与政治稳定的关系.

从政治冲突的程度来看，激烈的、极端的政治冲突行为，如恐怖、起义、革命等等，对于政治稳定具有极大的破坏性，它必然改变政治的现状，引起激烈的甚至是持续的政治危机或震荡，因此，它对政治稳定呈现完全的负功能。而低度的政治冲突，如威胁、要挟、反驳等等，尽管也会对政治稳定造成一定

---

① （美）L. 赫维：《政治稳定的当前研究途径》，载：*Comparative Politics*，No. 5，1973.

危害,可是一般难以从根本上动摇或改变现有政治秩序。不仅如此,由于这种低度的政治冲突还可以宣泄社会内在的政治紧张和压力,因而在一定条件下还可能对政治稳定造成正功能。

从政治冲突的范围来看,当代西方政治冲突理论家把政治冲突的发生范围分为中心范围和边缘范围、局部范围和全局范围等类型。他们认为,一个政治共同体政治中心区域发生的政治冲突"可能具有直接毁灭性",其全局范围内发生的政治冲突具有高度震撼性,这些政治冲突无疑会葬送政治稳定。而一个政治共同体的边缘区域、局部范围的政治冲突则难以取代政治稳定。不仅如此,它们还可能标示政治冲突的作用范围和内容,在一定条件下有助于政治稳定。

从政治冲突的类型来看,当代西方政治冲突理论家认为,按其作用对象来看,政治冲突可以分为内部冲突和外部冲突。内部冲突是指一个政治共同体内部的政治冲突,外部冲突是指一个政治共同体与其他政治共同体之间发生的政治冲突。一般来说,内部冲突会破坏共同体内部的政治稳定,而"外部冲突会增强内部凝聚力,因而造成内部和平",①进而巩固政治稳定。按其目的来看,政治冲突可分为现实性冲突和非现实性冲突。现实性冲突是冲突者为了获取某种利益或社会价值的冲突,而非现实性冲突则是冲突者为了消除内心紧张或发泄情绪的冲突。前者因为目标本身的价值和实现这些目标的困难,会造成激烈的政治动荡,使社会失去政治稳定,而后者则因为冲突目标的有限和实现目标的途径的简单,因而对社会政治稳定的破坏相对有限。按其方向来看,政治冲突可以分为纵向冲突和横向冲突。纵向冲突是一个政治共同体内政治成员与政治当局之间的冲突,横向冲突则是政治成员相互之间的冲突。纵向冲突直接指向政治当局,最低限度会使政治当局面临重大政治压力。因为政治当局在政治稳定中扮演着至关重要的角色,所以,纵向冲突对于政治稳定具有极大的危害。横向冲突并不对政治当局造成直接政治压力,而且为政治控制提供某种张力,所以反而会为政治稳定创造机会。

最后,从政治冲突的价值或价值取向来看,当代西方政治冲突理论家认为,在其现实性上,无论政治冲突还是政治稳定,都必然是与人们的价值或价

---

① M. 斯托尔:《国内冲突与国际冲突的关系》,载 Ted Robert Gurr ed. , *Handbook of Political Conflict*: *Theory and Research*, New York: Free Press, 1980, p. 297.

值取向联系在一起的,政治冲突对于政治稳定的影响,应该放在特定的价值背景下来理解和考察。当社会政治的稳定与人们的价值取向和要求吻合一致时,政治冲突无疑会破坏人们的价值目标;当政治稳定与人们的价值取向不一致甚至完全相悖时,政治冲突则对社会政治价值的实现具有正功能,而对现有政治秩序的稳定具有负功能。①

2. 关于政治冲突的防止和消除途径

防止和消除政治冲突,是保持政治稳定的重要环节。对于如何防止和消除政治冲突,当代西方政治学家作了不少论述,概括起来,主要是:

① 政治文化同质化途径。政治文化包括共同体成员对于政治的认知、情感、信仰、态度等,政治文化是启动和制约人们政治行为的重要因素,因此,当代西方政治学家认为,改变政治文化是改变政治行为的杠杆,而"政治文化的同质化是消除政治歧异和冲突的强大途径"。②

当代西方政治冲突理论把政治文化同质化分为两个基本层面:一是政治社会化的过程层面,即是通过长期的、多方面的政治社会化机制,形成统一的、同质的政治认同、政治信仰。二是政治共识的形成层面,即是在具体政治问题上形成统一的政治认知和政治态度,它们往往是通过讨论、协商获得的。

② 政治沟通途径。当代西方政治学家认为,当"政治冲突尚未发生,或者发生后尚未走向死境时,政治沟通是与冲突发生与否、发展与否联系在一起的枢纽"。③ 卡特赖特等人指出,政治沟通对于防止和消除政治冲突的功用在于:其一,政治沟通可以发现政治冲突的缘由;其二,政治沟通可以消除政治共同体内的紧张和对峙,其三,政治沟通可以改变政治冲突的指向,其四,政治沟通可以以温和的方式阻止政治冲突的发展或解决冲突。④

卡特赖特等人进一步分析认为,政治沟通对于政治冲突的防止和消除的作用毕竟有其限度,当革命、起义等激烈的、大规模的政治冲突发生时,政治

---

① 　D. C. 皮拉兹:《政治稳定与冲突处理》,载 Ted Robert Gurr ed. , *Handbook of Political Conflict*:*Theory and Research*,New York:Free Press,1980,p. 426.

② 　D. C. 皮拉兹:《政治稳定与冲突处理》,载 Ted Robert Gurr ed. , *Handbook of Political Conflict*:*Theory and Research*,New York:Free Press,1980,p. 436.

③ 　P. 卡特赖特:《民族政治发展:量度与分析》,*The American Sociological Review*,No. 28,1963,p. 262.

④ 　P. 卡特赖特:《民族政治发展:量度与分析》,*The American Sociological Review*,No. 28,1963.

沟通便失去其功用。

③ 目标和手段替代途径。美国政治学家 T. C. 谢林认为,政治冲突的目标实际上有两重含义,一重是指政治冲突的参与各方所要达到的目的,另一重是指政治冲突参与的某一方的对抗对象。因此,消除政治冲突的目标替代途径相应也有两个:一是以其他目标来替代冲突双方原本试图达到的目标,比如以某种经济利益来替代某种政治权力等等,由此使冲突的参与者得到某种满足,从而缓解、消除政治冲突;二是以其他政治对象替代原有的政治对象,从而改变政治冲突的指向,以此转移政治冲突造成的压力并化解政治冲突,"当政治冲突指向政治当局时,尤其需要这种目标替代途径"。[1]

至于政治冲突的手段替代,C. 史密斯认为,当运用非冲突的手段也可以满足政治冲突参与者的要求时,就可以将消除政治冲突的手段替代途径提上日程了。

④ 改变资源状况途径。皮拉兹、埃克斯坦、格尔等政治学家根据自己对政治冲突产生原因的分析,认为消除和防止政治冲突的途径,还是在于改变政治共同体内的资源状况。显然,要改变政治共同体的资源状况,首先须使资源极大丰富,同时须使资源分布合理。而实现资源丰富的途径在于工业化和社会现代化,实现资源分布合理的途径则在于经济政治民主化。

⑤ 强权控制途径。这是以亨廷顿等为代表的西方当代保守主义政治学家解决政治冲突的主要途径。亨廷顿认为,政治共同体依赖于社会中政治组织和秩序的力量,这就需要保持政治权威对于社会的控制。尤其在发展中国家,这种控制起码有三种功能:一是可以抑制政治要求和政治欲望,从而消除相对剥夺感,二是可以防止和克服政治衰败,使政治权力保持有效运转,三是可以促进政治制度化,从而有效地满足社会成员的政治要求。[2]

L. 赫维奇则从政党制度与政治稳定的关系着手,论证了以强权控制消除或防止政治冲突的途径。他指出,在任何一个国家尤其是发展中国家,政党数目往往是与政治稳定成反比例的,"政党数目越多,稳定比率越低",政治冲

---

① Thomes C. Schelling, *Strategy of Conflict*, Harvard University Press, 1960, p. 234.

② Samuel P. Huntington, *Changing Patterns of Military Politics*, New York, Free Press, 1962, p. 157.

突的可能性越大。因此,"政党制度与政治稳定之间存在着最强有力的联系"。①赫维奇同时指出,对于发展中国家来说,"民主与稳定之间存在一种负面关系,较高水平的民主运行与较大的不稳定有某种联系"。② 根据这些观点,赫维奇也赞同以一定的强权手段抑制政治冲突。

四、西方当代政治冲突理论评价

总起来说,西方当代政治冲突理论中具有积极意义的内容是:

1. 当代西方政治冲突理论推进了当代政治学的研究。这种推进和发展主要体现在三个方面:其一,当代西方政治冲突理论使当代政治学的研究对象和理论出发点有了新的变化。20 世纪二三十年代兴起的西方行为主义政治学是以政治共同体内的政治均衡状态为假定前提展开分析的,政治矛盾、对立和冲突往往被其摒斥于视野之外。20 世纪五六十年代以来,现实政治矛盾的客观存在和发展,使得政治衡态分析的前景十分暗淡。当代西方政治冲突理论以社会和政治的矛盾与对抗作为自己的研究对象和内容,以政治共同体内的非衡态作为理论前提,从而使当代政治学的研究回到了现实主义的轨道。其二,当代西方政治冲突理论使政治分析的着眼点从政治心理转移到了政治关系方面。以政治行为分析为特征的现代政治学,首先是以政治心理分析为基础的。可是,单纯的政治心理分析往往带有强烈的主观意识色彩。而作为外部对抗行为的政治冲突,必然要求其研究者从政治主体相互间的关系着手进行政治分析,这就使政治学研究把自己的着眼点从人的内心世界转移到了外在于人本身的世界,从主观感受的领域转移到了现实政治的领域。其三,当代西方政治冲突理论明确提出在政治分析中必须重视价值问题。与极力提倡"价值中立"、"客观主义"的西方科学主义政治学有所不同,当代西方政治冲突理论主张把价值问题引进政治学研究,认为政治冲突研究实际上面对着两个方面的价值问题,一是研究对象的价值目标,二是研究者本身的价

---

① Ted Robert Gurr ed. ,*Handbook of Political Conflict*:*Theory and Research*,New York:Free Press,1980,p. 437.

② Ted Robert Gurr ed. ,*Handbook of Political Conflict*:*Theory and Research*,New York:Free Press,1980,p. 436.

值取向,政治学研究应该把它们列为重要的研究内容。

当代西方政治冲突理论对于当代政治学研究的这些推进和发展,对于我们准确分析和吸收当代西方政治学的成果,无疑具有重要的认识意义。

2. 当代西方政治冲突理论在一定程度上反映了政治冲突的现实原因。当代西方政治冲突理论家把政治冲突与社会政治资源及其分布状况联系到一起,这就促使他们脱离纯粹抽象思辨的构造和纯粹形式主义的研究,转而研究、分析政治现实和社会现实,因此,当代西方政治冲突理论在一定程度上反映了资本主义社会两极分化、分配不均、政治矛盾和社会矛盾不可调和的社会政治现实,这对于我们认识资本主义社会政治状况具有一定的现实意义。

3. 当代西方政治冲突理论关于政治冲突对于政治稳定的影响的分析,关于防止和消除政治冲突的途径的探讨,对于我们认识政治冲突与政治稳定问题,具有一定的理论启发意义。尽管当代西方政治冲突理论家分析政治冲突和政治稳定问题的价值取向与我们有本质的区别,可是,他们从政治冲突的非本质方面如冲突的强度、范围、类型等所作的关于政治冲突与政治稳定的关系的分析,对于我们从这些方面来把握政治冲突的特点及其与政治稳定的关系,探求政治稳定的途径,是有积极启发意义的。

另一方面,由于其政治分析本位的偏见,政治分析方法的缺陷,西方当代政治冲突理论明显存在着消极的、片面的甚至反动的内容,主要体现在:

1. 当代西方政治冲突理论并没有准确地把握政治冲突的本质。尽管当代西方政治冲突理论涉及社会政治利益和利益关系,可是,它并没有着力从社会经济关系及其决定意义出发来分析政治矛盾和政治冲突,因此,当代西方政治冲突理论对于政治冲突本质的分析有两个明显的缺陷:

其一,它没有根据不同的社会经济关系和利益关系区分不同性质的政治冲突,而是对政治矛盾和政治冲突作了同一抽象,混淆了不同性质(阶级之间的冲突和阶级内部的冲突)的政治冲突,因而降低了其认识价值和理论意义。

其二,它没有对阶级社会中的政治冲突作出阶级分析。马克思主义认为,在阶级社会,只有从阶级对抗和阶级斗争出发,才能准确把握政治冲突的本质。可是,西方当代政治冲突理论极力回避资本主义社会中政治冲突的阶级性,或是从抽象的利益、权力等角度来定义政治冲突,或是从政治冲突的某些外在特征来描述政治冲突,实际上掩盖了阶级社会中政治冲突的本质。

2. 当代西方政治冲突理论没有深刻地揭示政治冲突,尤其是阶级社会中的政治冲突的根本原因。当代西方政治冲突理论把政治冲突与社会的资源状况联系到一起,无疑是选择了分析政治冲突的现实主义角度。尽管如此,当代西方政治学家和社会学家并没有深刻揭示造成社会资源现实状况的原因。因此,他们对于社会政治冲突原因的分析只是停留在抽象的社会资源的供求矛盾上,而没有深入到这种供求矛盾的社会阶级背景上;只是停留在社会的阶层、民族、种族、区域等结构性差异上,而没有深入到社会的阶级结构性差异上;只是停留在社会的分配制度上,而没有深入到社会的所有制度上。马克思主义认为,一切政治冲突,其深刻的根源在于生产力与生产关系、经济基础与上层建筑的矛盾运动中,在阶级社会中,这种矛盾运动突出体现为阶级之间的矛盾和斗争。显然,经济关系和阶级关系决定和主导着政治关系和政治冲突,其他的因素和关系则处于次要的、服从的地位。相形之下,当代西方政治冲突理论对于政治冲突原因的分析就显得肤浅了。

3. 当代西方政治冲突理论没有从政治冲突本身的发展变化来分析政治冲突与政治稳定的关系。尽管当代西方政治冲突理论家对于政治冲突与政治稳定的关系作了独到的、细致的分析,可是,他们没有能从政治冲突本身的发展变化来探讨这种关系。一方面,他们没有指出政治冲突的内容会发生变化,比如冲突会由经济要求的对抗,发展成为政治权力和社会制度要求的对抗,没有分析这种变化会对政治稳定产生何种影响;另一方面,他们也没有就政治冲突的不同程度、范围、类型等相互之间转变的可能及其对政治稳定的影响作出分析。

从马克思主义的观点来看,一切政治冲突、政治冲突的一切方面,都会在一定条件下发生量变或质变,这种变化必然会影响甚至改变政治冲突的方向、范围、类型以及与政治稳定的关系。显然,当代西方政治冲突理论家在这方面的缺失,使他们的理论带上了形而上学的阴影。

4. 当代西方政治冲突理论具有以西方政治价值为本位,为资产阶级政治统治服务的特点。

当代西方政治冲突理论家在分析政治冲突的防止消除途径和政治稳定

的理想模式时,常常是以西方资产阶级民主政体为预设的价值前提的。如同皮拉兹指出的那样,这些理论家常常在"把民主政体定义为政治稳定方面有着固执的、难以解释的偏见"。① 因此,他们常常自觉不自觉地按照西方社会的政治价值、政治体制、政治方式来设计政治冲突的解决办法和政治稳定的目标模式,并以此作为政治冲突和政治稳定的一般理论。可是,事实上,当代西方政治冲突理论的政治分析本位只有空间上的区域性和时间上的阶段性,因而,这一理论难以成为政治冲突的一般理论。只有马克思主义所揭示的人类社会基本矛盾运动规律,才为政治冲突的分析提供了放之四海而皆准的理论阐述。

当代西方政治冲突理论中关于防止和消除政治冲突途径的论述,明显带有维护资产阶级政治统治、反对无产阶级革命的特色。而其中关于以目标替代和手段替代抑止政治冲突、关于利用横向冲突实现政治控制的论述,更是具有反人民的性质。这些糟粕,理应被马克思主义政治学说批判和抛弃。

(原载《学术界》1991 年第 6 期)

---

① Ted Robert Gurr ed. ,*Handbook of Political Conflict*:*Theory and Research*,New York:Free Press,1980,p.436.

一般政治系统理论基本特点刍议

戴维·伊斯顿(David Easton)教授是当代美国著名政治学家,行为主义政治学代表人物,后行为主义政治学主倡者,一般政治系统理论的创立者。他1917年6月24日出生于加拿大多伦多市,先后在多伦多大学获得硕士学位,在哈佛大学获得政治学博士学位。1943年成为美国公民,20世纪40年代后半期起执教于美国芝加哥大学政治科学系,80年代至今执教于美国加州大学。戴维·伊斯顿是美国国家科学院院士,1968—1969年担任美国政治学会主席。

戴维·伊斯顿学术著述颇丰,涉及政治学、管理学、心理学、决策学等多个领域。在创立一般政治系统论方面,其标志性著作为相互联系的三部作品,即《政治系统:政治学现状研究》(1953)、《政治分析的框架》(1965)、《政治生活的系统分析》(1965)。其中,第一部著作主要是对于美国当时政治学研究和发展状况的反思,认为缺乏一般性、分析性和科学性政治理论,是美国政治学的重大缺陷,因此,主张在经验性行为研究基础上,创立一般政治系统理论。此后,戴维·伊斯顿在《世界政治》期刊发表文章《政治系统分析的方法》(An Approach to the Analysis of Political Systems),正式提出一般政治系统理论的初步模型。第二部著作是戴维·伊斯顿对于自己创立的一般政治系统理论的框架或者说"骨骼"(伊斯顿语)的概述。第三部,即《政治生活的系统分析》是对于政治系统理论的详细阐述。由此,戴维·伊斯顿创立了完整的一般政治系统理论。

一般政治系统理论产生于行为主义政治学对于传统政治哲学围绕价值问题展开的无休止争论的反思和批评,也形成于对于包括政治学在内的社会科学的科学主义①的努力。戴维·伊斯顿采用并且改造自然科学的系统理论,建构了用于分析社会政治和公共决策现象的系统理论。政治系统理论以社会价值的权威性分配这一政治和公共决策的根本特征为分析基准,以政治行为之间的互动为分析单元,以政治系统的环境与系统之间的作用和权威当局的约束性决策流程为研究对象,以包括需求和支持在内的输入、包括权威当局决策和执行在内的输出和输出后的反馈为分析变量,以政治系统对于环境的适应及其存续为研究目标,建立了联系政治和公共决策与社会和自然环境循环往复的一般政治系统分析模式。

从一般政治系统理论的内容来看,它既是政治分析理论,又是权威性公共政策的分析理论。以政治系统内在的机制调节输入的压力和反馈反应的压力,以约束性决策及其执行和调整,使得政治系统适应环境要求,维持政治系统的存续,是政治系统理论分析的核心所在。因此,输入、调节、决策、执行和反馈实际构成了政治系统的核心环节。切实分析伊斯顿的政治系统理论,可以发现,一般政治系统理论所分析的政治生活全流程,实际几乎等同于政治和公共决策全流程,因此,一般政治系统分析,实际也是以社会价值权威性分配为主旨的公共政策分析。一般政治系统理论提供的分析框架,实际也是公共政策分析框架,而一般政治系统理论对于约束性决策的过程分析,实际构成了以政治系统和过程为特征的公共政策过程理论。在这一博大而复杂的公共政策过程理论中,行为、制度、权威、文化、价值结合一体,时间、空间、数量、容量结合一体,对于人们认知和把握政府的政策过程具有重要价值。

一般政治系统理论创立后,获得美国政治学和决策学界的巨大赞誉,被认为是对于政治学和公共决策问题的重要突破性贡献,"伊斯顿的政治理论富有创发性,他在美国政治学界占有一席之地"。② 此后,戴维·伊斯顿当选为1945年以后对于美国政治学具有巨大贡献的十大杰出政治学家之一。20世纪80年代,戴维·伊斯顿的一般政治系统理论作为当代西方政治科学和决策科学的代表性理论被介绍进我国学界,不仅成为我国政治学、公共行政

---

① 科学主义主张以自然科学和技术作为认识论和认识方法的哲学基础,并确信自然科学和和技术能够解释和解决一切自然和社会问题。由此可见其把自然科学的方法论和研究成果简单地推论到社会生活,建构社会科学的理论和分析框架。

② 林嘉诚:《政治系统的工程师:伊斯顿》,第221页,台北,允晨文化实业股份有限公司1982年版。

学、公共决策学的重要理论研究对象,而且成为这些学科专业领域展开政治分析和公共决策分析的重要框架。

在近三十年的过程中,随着对外开放进程的发展,我国学界对于当代西方政治学和决策学的了解和理解逐步深化,在这一过程中,我国政治学者、公共行政、公共管理和公共政策学者对于戴维·伊斯顿的一般政治系统理论展开多方阐述、探讨、评析和验证,形成了见仁见智的许多独特见解。尽管如此,近三十年后的今天,鉴于"政治学科需要探求一些直接与人类需要和公共政策有关的基础性问题",①当我们累积政治学、公共行政学和决策学的理论、知识和方法的训练和习得,再度审视一般政治系统理论,不仅对于这一理论的特性和特点可以获得新颖认知,而且深感通过辩证唯物主义科学思想方法论指导下的不断学术反省,努力廓清有关一般政治系统理论的某些似是而非的看法和评价,应该是进一步推进和深化我国政治学和公共决策理论和方法基础研究的特定路径。

1. 一般政治系统论既是政治分析方法和框架,更是概括性的一般政治学理论。戴维·伊斯顿创立和阐述的一般政治系统论,设置概要性变量需求与支持,把这些变量进一步概括为政治系统的输入,以此作为环境——包括系统外部环境与内部环境——与权威当局之间的相互作用或者交互作用体系,由此力图建构统揽全局和高屋建瓴的政治学一般分析框架,形成基于行为而不是国家制度的政治体系,并且以此为纽带建立社会与政府、行为与制度之间的联系。就此而言,一般政治系统论的确创立了政治分析的新的方法和框架。近三十年来,我国学界经常在这个意义上把握和运用伊斯顿的一般政治系统理论。

今天,结合戴维·伊斯顿对于当年美国政治学状况的学术批评与学术建设,不难了解到,戴维·伊斯顿积极创立和建构一般政治系统理论,实是以创立高度抽象和高屋建瓴的一般性政治学理论为职志的,如同他自己所说:"我将致力于在最具有包容性的层次上阐述理论,这种理论也可以称为一般理论。"②为此,有学者评价认为:"伊斯顿个人的理想是想归纳所有政治现象的

---

①　叶丽娟:《行为主义政治学方法论研究》,第56页,武汉,武汉大学出版社2005年版。
②　David Easton, *An Analysis of Political Life*, Chicago:University of Chicago Press, p.3.

共通之处,建构统一性理论,以同时解决政治学理论问题与事实问题。"①这种一般性政治学理论,不同于概括特定政治现象的通则性单一政治学理论,也不同于抽象特定类现象的局部政治学理论,而是最具抽象性和一般性的政治学理论。由此观之,一般政治系统论不仅是分析方法和框架,更是一般性政治学理论,而抽象人类社会政治现象,创立具有高度解释力的理论体系,才是戴维·伊斯顿的研究用意和学术出发点。

　　一般政治系统理论之所以既能够成为政治和公共决策高屋建瓴并统揽全局的分析框架,又能够成为政治学和决策学高度抽象而具一般性的理论,其间决定性关键枢纽,即是行为主义政治学和科学主义所主张的理论和方法建构过程中的"价值中立"。一般政治系统理论使人们看到,经验抽象和概括的一般性理论,只有在建构理论的工具理性和目标理性结合意义上奉行"价值中立"原则,才能实现理论性与方法性的有机结合。而且这种"价值中立"的原则,在理论建构的工具理性与目标理性方面的结合程度,与所建构的理论作为理论与方法的双重特性程度是成正比关系的。因此,虽然包括一般政治系统理论在内的行为主义政治学主张的学术研究"价值中立"原则饱受诟病,学者或者认为在研究者与研究对象为同类主体即人本身的前提下,价值中立不可能实现;或者认为价值中立反映出典型的政治上的保守倾向和意识形态问题上的相对主义倾向。② 但是,一般政治系统理论在一般政治理论与分析框架方法双重意义上的实现,却不由得引导人们重新思考"价值中立"的可能性和现实性,准确把握一般政治系统理论建构理论贯彻价值中立原则的意义。实际上,如果人们在学术研究和建构理论的规范意义上,要求尊重客观事实和尊重客观规律,要求严格划清确立经验事实与研究主体主观评价判断的界限,那么,"价值中立"原则只不过是这一应然要求的另一说法。这一原则在理论和方法建构和运用中可能贯彻的程度,与学术研究能够达到的科学性程度实际成正比关系。尽管休谟铡刀③的两重性使得这一规范目标难以实现,但是,一般政治系统理论在事实判断与价值判断之间的区分努力,由此

---

① 林嘉诚:《政治系统的工程师:伊斯顿》,第217页,台北,允晨文化实业股份有限公司1982年版。
② 参见叶丽娟:《行为主义政治学方法论研究》,武汉大学出版社2005年版,第二编第三章、第三编第五章对于价值中立的批评以及其他相关文章。
③ 英国哲学家戴维·休谟认为,学术研究中存在"实然"与"应然",所以,需要在两者之间进行划分,这种划分被称为"休谟的铡刀"。

形成的理论与方法在客观描述性经验主义主张下实现的结合效用,至少证明,科学有效地在限定意义和学术研究不同阶段区隔"价值中立"与"价值关联",①有可能成为通向科学研究的路径。

2. 一般政治系统理论既是对于社会政治生活的宏观分析,更是对于社会政治生活的微观分析。戴维·伊斯顿20世纪50年代对于美国政治学理论状况的反思和当时显示的勃勃学术雄心,集中体现为建构涵盖包容和解释阐明一切政治生活和政治现象的理论体系,因此,一般政治系统论作为统揽社会政治生活的体系性政治理论,以输入、输出、反馈的简练架构,高度抽象地显示了其结构宏大、博采兼容、论涉宽广的理论特点,由此无疑使人感到,一般政治系统理论属于宏观眼光和视角的政治分析。近三十年来,诸多学者也是以宏观政治来看待和类归一般政治系统理论的。②

今天,再度领悟和理解一般政治系统理论,却可以体会到,从三个方面来看,一般政治系统理论也具有微观政治分析的显著特征和属性:其一,一般政治系统理论被公认属于行为主义政治学,而行为主义政治学是以政治生活中人们的行为这一微观现象作为研究对象的,这一特点,使得一般政治系统理论在具有宏观理论外形的同时,却具有微观分析的行为主义内在基本特性;其二,一般政治系统理论的出发点和分析单元是社会成员对于政治权威结构的心理欲望和态度,正是在此基础上,形成了作为政治系统输入的需求与支持。这一特点使得一般政治系统分析在系统建构的逻辑起点和分析单元意义上具有典型的微观特性;其三,政治系统调节、转换、决策和执行的内容,实际是社会成员的需求和支持,其反馈和调整的归宿是社会成员的需求和支持输入。由此观之,政治系统理论实际上具有从微观出发,逐步发展,经由中观,最后达到宏观,并且由宏观再归之于微观的理论分析的路径。通过这一路径,一般政治系统理论实现了宏观博大框架建构与微观精深细微分析的结合。而就其分析单元和归宿而言,实也可以看作微观起点的政治学理论。

3. 一般政治系统理论既是对于政治生活的静态分析,更是对于政治生活

---

① 马克斯·韦伯语,意即学术研究选择命题过程中不可避免是价值关联的,而研究过程中则应该奉行价值中立原则。

② Heinz Eulau, *Micro – Macro Political Analysis*, Chicago, Illinois: Aldine Publishing Company, 1969, pp. 1—22;林嘉诚:《政治系统的工程师:伊斯顿》,第189页,台北,允晨文化实业股份有限公司1982年版;严强、张凤阳、温晋锋:《宏观政治学》,南京,南京大学出版社2008年版,第三章相关内容。

的动态分析。政治系统适应多重复杂和变动不居的环境,以确保政治系统面对这些环境产生的需求与支持及其变化时,实现自身的存续。正因为如此,一般政治系统理论常常被认为更具静态分析特点,是相对保守的政治学理论。今天,重新详细审察戴维·伊斯顿一般政治系统的理论构成,却不难发现,一般政治系统理论确实是以已确立的政治系统作为预设前提,来分析政治系统结构和运行的,因此,这一理论并不包含或者涉及政治冲突、政治革命的理论。但是,一般政治系统理论的预设分析对象其实是政治系统与环境之间的互动行为及其变化,是政治系统决策和政策的形成和调整,就这一分析来看,一般政治系统理论在分析系统运行时,实际采取的是动态政治分析,其关于变动的需求与支持性输入的分析,关于输入与权威当局的行为互动,其关于输入、输出和反馈流动循环的过程分析,其关于政治系统如何在对于环境、需求、支持的适应、变化和持续的分析,实际是在既定的分析域值内展开的动态分析,就此准确地说,一般政治系统理论可以看作政治体制规则改革和渐进变迁的动态理论分析。

4. 一般政治系统理论既是对于社会政治生活的结构性分析,更是对于社会政治生活的过程和机制性分析。戴维·伊斯顿在创立和论述政治系统时,首先提供给人们的是政治系统分析的框架,由此使得人们常常把政治系统看作政治行为互动关系构成的政治结构,因此,一般政治系统理论常常被看作是政治结构分析理论。用今天中国政治学研究的经常性术语来讲,就是政府与社会之间的治理体制。

但是,今天重新回味一般政治系统理论,尤其当我们把探究的目光从政治系统关于社会成员与权威当局关系构成的结构,深入到政治系统流程时,不难发现,一般政治系统理论着力进行的理论论述,更多的却是政治系统的流程和机制。从政治系统流程和过程看,包括期望、公众意向、动机、意识形态、利益及偏好等等在内的欲望,转换成为需求的流程;需求转换为议题的流程;支持成为系统输入的流程;输入转换为约束性决策的流程;输出对于社会成员的反馈流程;对于反馈的反应流程和再输入流程,如此等等,构成了政治系统和政治生活内外部行为互动过程和信息流动的全流程图景。与此同时,一般政治系统理论着力分析了政治系统内在机制,这些机制包括政治系统成员的需求和支持的表达机制;这些需求和支持在数量、容量和时间维度上的聚合调节机制;政治系统环境对于系统的信息沟通机制;权威当局的决策机制;权威当局的决策输出和执行机制;权威当局决策的反馈机制和反馈反应及其调整机制,如此等等。而在这些机制中发生作用的文化要素、制度规则要素和意识形态价值要素等等,同样得到了展开分析和阐述。由此可见,一般政治系统理论实是结构性分析与机制性分析的结合,体制性分析与过程性分析的结合,如同美国学者奥斯丁(J. D. Astin)评价的那样,从一般政治系统理论看,实际存在着两个伊斯顿,即"伊斯顿 I"和"伊斯顿 II",前者是机械主义的伊斯顿,后者是有机主义的伊斯顿,而一般政治系统理论则是机械主义的结构分析与有机主义的机制分析的结合。①

5. 一般政治系统理论既是规范性理论,更是经验性理论。长期以来,高度抽象意义上的一般性政治学理论,经常被认定为是政治哲学的特有禀赋。换言之,人们习惯于认为,只有如同政治哲学一般的规范性政治理论,采用哲学辩证和逻辑证成,才能达成对于粗糙的经验政治现象的理性思考和抽象,构成一般性政治学理论。以此推知,既然政治系统理论声称是高度抽象的一般政治学理论,因此,它必定是规范性理论。

然而,令人困惑之处在于,在《政治生活的系统分析》一书中,戴维·伊斯顿开宗明义,声称其着力研究和建构的是"描述性的、经验取向的、行为的、操作的或因果性的理论"。② 那么,戴维·伊斯顿的一般政治系统理论,是规范性理论,还是经验性理论? 换言之,经验性理论是否能够构成一般性政治学理论? 今天,重新审视和研究戴维·伊斯顿的一般政治系统理论的结构性因果关系,可以使我们领悟到:从戴维·伊斯顿的努力来看,从政治生活经验提取和概括变量,预设为体系性理论,在理论构成的每个要件方面,以经验确证假设,而每个验证都依赖另一个验证,这样构成的一般性政治学理论,并非是按照典型的假设—验证的实证主义逻辑路径构成的。何况戴维·伊斯顿本人也公开声称自己并非实证主义者,他说道:"我从未认为自己是个严格的实证主义者,我历来把这一大号用来描述那种对于科学的取向。……起步伊始,我所纳取的科学事业概念,就比实证主义者对于科学的阐释中有关科学

---

① J. D. Astin, "Easton I and Easton II", *Western Political Quarterly*, No. 4, Vol. 25, (December, 1972), pp. 726—736.

② David Easton, *An Analysis of Political Life*, Chicago: University of Chicago Press, p. 5.

事业的特定概念要活泛得多。"①尽管如此,戴维·伊斯顿的一般政治系统论的理论基础和范畴抽象却是按照逻辑实证主义的原则进行建构的,这些原则主要有二,"即:一是知识只能用经验事实来证实;二是凡不能被经验事实证实的都是没有意义的陈述,而不是科学知识。根据这样两个原则,逻辑实证主义主张,一切理论都要有经验上的根据,由直接或间接的验证予以证实或推翻"。② 因此,可以认为,一般政治系统理论是经验基础取向的。

实际上,如果按照政治学经验理论的分类,一般政治系统理论从经验出发,对于复杂纷繁的政治现象进行理论抽象和概括,形成概念和范畴框架后展开逻辑演绎,这样的理论构造特点,使得一般政治系统理论即使不是典型的经验性理论,也是建构主义的经验性理论,这种"建构类型不代表经验世界中的实际存在,也不能以事实来证明其真假,它只是根据经验上的可能性,或者抽离可以经验的某些成分,加以强调,并通过逻辑上的推理性,而设制的一种心智建构"。③ 由此观之,一般政治系统理论实际是经验性理论,至少也是建构型经验理论。从这个意义上讲,一般政治系统理论在具有一般理论目标取向的同时,还具有经验研究的工具取向,政治系统"表示的不仅仅是一个新的术语,它还反映了一种转换方式,通过它,政治学者能够建立自己的学科理论,并从事经验性的考察"。④

从经验性理论的角度重新审视一般政治系统理论,令人感到需要进一步澄清的是,戴维·伊斯顿的一般政治系统理论参照和由以验证的是哪个政治系统的政治经验?国内学者关于一般政治系统理论研究的一般看法认为,戴维·伊斯顿的一般政治系统理论的经验参照系是西方政治系统,因此,这一理论是西方本位的政治学理论。实际上,仔细省察一般政治系统理论,很显然,戴维·伊斯顿的政治系统理论的经验性验证支持,并非仅仅是西方政治系统,而且很多地方和很大程度上,戴维·伊斯顿采用的是发展中国家的政治系统。进而言之,一般政治系统理论的多处经验性支持,却是国际政治系统。因此,关于一般政治系统理论的所谓"西方本位"评价,实际并不切合戴

①　戴维·伊斯顿:《政治生活的系统分析》中文版序言,第9页,北京,华夏山版社1989年版。

②　叶丽娟:《行为主义政治学方法论研究》,第36页,武汉,武汉大学出版社2005年版。

③　林嘉诚:《政治系统的工程师:伊斯顿》,第207页,台北,允晨文化实业股份有限公司1982年版。

④　戴维·米勒、韦农·波格丹诺:《布莱克维尔政治学百科全书》,第575页,北京,中国政法大学出版社1992年版。

维·伊斯顿的一般政治系统理论。

6. 一般政治系统理论既是以政治心理为基础的政治行为互动模式分析，更是政治心理与政治规则、政治行为与政治国家和制度的结合分析模式。政治系统中的人与制度的关系，构成了政治生活和公共决策的基本关系。行为主义政治学在人与制度的关系中，竭力主张和选择的是对于政治生活主体的人，即政治人的心理和行为的研究，为此，在行为主义政治学研究中，国家和政治制度或者被看作无关宏旨的因素而受到忽视或者排斥，或者被看作既定的外在或前提性变量而受到藐视。由于一般政治系统理论以政治心理和政治行为互动为政治分析的基本对象和单元，由此被归入行为主义政治学之列，进而被认为仅仅是对于政治行为互动及其模式的分析和论述，而忽视、藐视甚至彻底抛弃"国家"或者"政治制度"要素的。有些极端的看法甚至认为，在一般政治系统理论等行为主义理论中，"'国家'或者因其被吸收进更具抽象性和普遍性的理论概念之中而消亡了自身，或者被作为一种假设性的概念而不再成为经验研究的重点"。而"作为政治学领域行为主义思潮的主要代表性人物之一，大卫·伊斯顿（David Easton 1917—）①是西方政治学界第一个通过建立起一整套完整的理论体系而给予'国家'在政治学研究中的地位以毁灭性打击的政治学家"。②

但是，切实细致研究戴维·伊斯顿的一般政治系统理论的结构性因果关系和约束性决策流程，可以发现，所谓"国家"和"政治制度"与一般政治系统之间并不存在紧张甚至对立关系，事实上，一般政治系统理论并非仅仅关注政治心理和政治行为互动关系的分析，而且也关注"国家"或者"政治制度"要素在政治过程和决策过程中的影响和功能，如同戴维·伊斯顿指出的那样，"系统分析概念化伊始，所谓'国家'便担任着至关重要的角色。不过，鉴于系统整体设计的着眼点，国家未曾成为这样一种中心范畴，而是被分成了几个组成部分，其中之一即是'政治当局'。举凡熟谙系统分析的人都知道'政治当局'这一概念是何等的重要，其原因特别在于：为政治系统制造并实施政治输出、充任政治系统和其他社会系统之间中介行为者的，正是政治当局"。因此，在一般政治系统理论中，"国家"原本就"是政治分析的一个内在

---

① 引文汉译名不同，实际与戴维·伊斯顿为同一人。
② 吴清：《国家范畴与西方政治学的变迁》，《中国社会科学》1994 年第 5 期。

组成部分"。①

　　结合戴维·伊斯顿的解释,重新审视一般政治系统理论,可以认为,一方面,一般政治系统理论并非人们以往所认为的那样,是以互动联系的政治行为系统代替了传统的"国家"范畴,并且就此彻底抛弃"国家"范畴或者"政治制度"范畴,而是以一般政治系统包容了"国家"这一政治权威结构,在政治系统理论中,它不过被换称为"政治当局"而已;以政治心理和行为结合了政治制度和规则,其关于政治系统输入和输出过程中典章制度规则结构和功能的强调和阐述,充分体现了一般政治系统理论对于政治制度的高度重视和强调。另一方面,与20世纪80年代西方政治学"国家"回归形成的理论和新制度政治学不同,作为行为主义政治学的代表作,一般政治系统理论至多把国家或者政治制度设置为先定或者既定前提性变量,而并未从国家和制度的产生、发展和变迁去把握和解释政治制度,因此,并未把国家和制度看作政治过程和决策过程的内生变量和影响变量。正因为如此,一般政治系统理论在系统成员的政治心理与规则、政治行为与政治制度之间的关系中,仅仅分析了政治当局结构和典章制度规则对于需求、支持、输出、反馈等环节的调节功能,而并未把国家权威机构和典章制度规则本身的变化对于系统输入、决策、输出和反馈的影响考虑在内,因此,在一般政治系统理论中,人们确实看不出政治当局或者典章制度规则作为政治生活内生变量的产生和发展,看不出它们独立于系统环境和输入、输出及反馈的作用和功能,正因为如此,伊斯顿也承认:"社会学领域中的许多人都忽略了国家或者政治当局的独立影响。人们大多把它们视作社会力量作用的结果,而并不认为它们自身即是政治的及其他各种政治性影响之渊薮。"②也许正因为如此,以行为主义政治学为代表的"政治科学在预期制度重要性方面并没有取得非常好的成果"。③

　　由此可见,一般政治系统理论既是以政治心理为基础的政治行为互动模式分析,在准确的意义上,它更是政治心理与政治规则、政治行为与政治国家和制度的结合分析模式。只不过,这种结合是政治系统对于"国家"的替代物

---

　　①　(美)戴维·伊斯顿:《政治生活的系统分析》中文版序言,北京,华夏出版社1989年版。
　　②　(美)戴维·伊斯顿:《政治生活的系统分析》中文版序言,北京,华夏出版社1989年版。
　　③　(澳)罗伯特·古丁,汉斯－迪特尔·克林格曼主编:《政治科学新手册》(上),第417—418页,上海,生活·读书·新知三联书店2006年版。

"政治当局"的包容性结合,是政治典章制度规则与政治心理和行为的单方面结合,即政治系统理论仅仅设定以政治心理为基础的政治行为对于政治当局和政治典章制度的单向度影响,而忽视了政治当局和典章制度规则对于系统成员以政治心理为基础的政治行为的辩证影响。也许,正是对于这样的结合的补充和推展,才促使后行为主义时期"国家"回归政治学研究,"构成了经验政治科学和政治思想的中心联结点",进而使得国家理论从以往典型的规范理论和法律制度机构分析,演变为国家与社会关系分析架构,因此,如同英国伦敦经济学院学者 P. J. 邓拉维指出的那样,"国家理论和政治思想的部分重叠,在当代主要是由'经验政治理论'促成的。这一理论力图使经验分析的发现系统化,并把这些发现同关于政府目的和人类本性结构的根本价值分歧联系起来"。①

戴维·伊斯顿的一般政治系统理论问世以来,在得到学界赞誉的同时,也引起东西方学者的诸多争议。今天重新审视这一理论,并非是要清理或者仲裁这些争议和毁誉。不过,在重新回味和审视的同时,自然也会在近三十年的政治理论与政治历史发展中,在不同的政治学理论比较中,除了看到人们对于作为政治行为主义代表理论的一般政治系统理论若干弱点的批评之外②,还会看到一般政治系统理论在其他方面可以进一步发展的明显空间:

1. 一般政治系统理论以包括理性与非理性在内的社会人的主观取向,即戴维·伊斯顿概括建构的两大变量:需求和支持,作为社会存在的既定和政治系统社会环境的内容,作为政治系统输入的理论概括和社会政治生活分析的逻辑起点。这种设定,具有从社会出发分析政治现象,发现社会与政治之间因果关系的政治社会学特点,因此,相对于西方近代自然法理论以自然状态和孤独的自然人的作为政治演绎的逻辑场景和主体起点的假设,相对于当代西方新政治经济学以理性经济人作为公共政治生活逻辑推导和演绎的主体设定和理论建构起点来,确实具有很大的近似社会性。尽管如此,相对于以历史的、具体的经济关系和社会关系作为政治分析逻辑起点的马克思主义

---

① （美）戴维·米勒、韦农·波格丹诺编辑:《布莱克维尔政治学百科全书》,第 569、570 页,北京,中国政法大学出版社 1992 年版。

② 有关批评参见林嘉诚:《政治系统的工程师:伊斯顿》,台北,允晨文化实业股份有限公司 1982 年版,第 191—204 页的相关归纳。

政治分析理论和学说,其效用性、现实性和科学性无疑会相形见绌。

2. 一般政治系统理论具有政治变量之间、政治过程和环路之间因果关系的分析,比如,关于需求与支持的正面与负面的两重性分析;关于权威当局应对需求与支持的因果关系适应做法;关于反馈对于政策的动态调整;关于需求数量与质量互变;关于通道数量与质量互变。但是,一般政治系统理论缺乏关于政治系统内部要素与输入、输出、反馈的变量之间的结构性辩证,比如缺乏需求对于政治共同体、制度规则和权威当局的发展变化的辩证相互影响,比如缺乏环境与行为对于政治心理的辩证关系的分析,因此,在一般政治系统理论中,人们看到的只是政治系统的设置、结构和机制对于输入、输出和反馈中的种种变量的影响,而难以见到这些变量对于政治系统设置本身变化的反作用影响的分析。也许,这就是西方政治行为主义和决策过程分析之后,"国家"范畴回归和新制度主义政治学大行其道的理论原因之一。

3. 一般政治系统理论在建构政治系统的框架结构,概括系统变量进而分析系统流程和机制时,对于社会政治的核心因素即政治权力和权威的来源,对于这些权力和权威的决策结构,对于输入转换为约束性政治决策的权力运行和作用过程,对于这些权力和权威的发展变化,缺乏详细的展开分析和阐述,使得政治系统无论对于政治过程的分析,还是对于公共政策过程的分析,都留下了很大空白,"他对许多问题保持缄默。而这些问题对任何理论工作通常被认为是中心问题",[1]因此,作为一般政治系统理论,其阐述的理论建构的确是一般性理论框架,虽然这一理论范围广泛并且与许多理论模型相关,但是,其中很大的理论留白却不得不由相关理论,比如结构功能理论、政治沟通理论、政治决策理论、政治团体理论、多源流政策过程理论等等加以补充。另一方面,一般政治系统理论关于政治冲突、政治系统质变和政治革命分析的缺乏,也使得一般政治系统理论对于宏观历史意义和不同社会性质的政治发展的理论效用受到极大限制。

4. 一般政治系统理论对于政治系统结构和流程的建构,遵循着严格的因果律,由此构成了高度抽象而逻辑严密的理论架构。从政治系统成员行为互动联系出发,以社会价值的权威性分配作为衡量标准的一般政治系统理论,

---

① 保罗·克雷斯:《评伊斯顿的系统分析》,见(美)詹姆斯·A.古尔德、文森特·V.瑟斯比编:《现代政治思想》,第283页,北京,商务印书馆1985年版。

虽然结构和机制符合形式逻辑的因果律,能够得到不同政治系统的经验支持。但是,其关于环境与政治系统之间关系的分析、关于系统成员需求和支持与政治当局的关系的分析、关于系统成员以政治心理为基础的政治行为与政治典章制度规则、政治人与政治当局为代表的国家之间的关系的分析,却因为缺乏辩证分析,不符合辩证律而被政治实践和政治学发展历史验证显示出具有片面性和缺陷性,从而使得一般政治系统理论力图建构涵盖所有极其复杂而广泛、深邃而久远的社会政治生活的一般理论的宏大志向和实际进程,透现出依旧漫长久远的气象和图景。

(原载《科学决策》2010 年第 8 期)

第二部分　治道之探索

中国治理模式导言[①]

　　鉴于中国改革开放以来持续几十年经济社会发展所取得的举世瞩目的成就,20 世纪 90 年代中期,各国学界尤其是经济学界热烈讨论"中国奇迹"。当时所关注的重点是经济改革的策略、发展战略以及各种改革的初始条件、外部参数,等等。2004 年 5 月,美国学者乔舒亚·库珀·雷默在伦敦《金融时报》上提出"北京共识"的概念,企图探讨中国成功的制度原因。

　　从"中国奇迹"到"北京共识",这反映了学者们认识到,中国的成功,并不仅仅缘于经济层面上的因素,更有政府和政治方面的原因。显然,有必要以一种更具有包容性的概念来进行讨论,治理模式便是这样的一个概念。应当看到,讨论中国治理模式这样一个具有宏观历史意义的概念,必须将它置于一定的历史背景之下,才有可能获得深刻的理解与应有的意义。以现代化为背景,探讨中国治理模式的基本内涵以及独特意义,无疑是认识与理解中国道路的基本课题。本文将针对该课题提出一个基本的分析框架。

一、治理模式与现代化

　　治理模式指的是在既定的历史背景下,为实现特定目标而选择的政府管理社会的权力与权利结构以及运行机制。这一概念包含三个方面的要素:

　　(1)既定的历史背景。这是治理的起点,也是治理的约束条件。历史背景是讨论治理模式时所必须考虑到的因素,否则抽象地谈论某种治理模式是

---

　　① 　本文为王浦劬、李风华合作完成,王浦劬为第一作者。

毫无意义的。

（2）特定的目标。相对于其他性质的政治现象而言，政府治理具有强烈的目的性与选择性。对任何一种治理结构，存在着多种可能的评价标准。脱离各种标准来谈论模式的优劣，是毫无意义的。而在研究的过程中，必须对某些标准予以舍弃，而强调其中的一些标准，并对这些标准加以提炼，从而构成研究的基本维度。

（3）权力与权利结构以及运行机制。描述一种治理模式，最基本的要素是权力与权利结构，这构成了区分各种治理模式的基本标准。在此基础上，政府的运行机制也得到了考虑，彼得斯的解制型政府、市场型政府，显然就是在运行机制的意义上概括的。①

根据这一概念，我们可以在现代化背景下描述与讨论治理模式所应确立的维度。但在此之前，首先必须澄清本文所使用的现代化的含义。

现代化是一种宏大的叙事，它泛指资本主义生产方式诞生以来，世界各国在政治、经济、社会、文化等各个方面发生转型的一个过程。现代化过程渗透了人类社会的方方面面，比如资产阶级与工人阶级走上舞台中心，民族国家的崛起，城市化的出现，大工业制造方式的出现，科技在经济中获得越来越重要的地位，等等，所有这些，说明现代化存在着多方面加以描述与概括的可能，也意味着探讨分析的多种可能。但对于研究讨论来说，过于宽泛的界定将超出人们的分析能力。我们必须将各种现代化的叙事要素加以抉择，构成一个基本的历史背景，在此基础上讨论治理模式。

如前所述，描述治理模式的基本要素是权力与权利结构，而对这种权力与权利的描述必须回到它的主体：人或群体。在现代化过程中，阶级与利益群体构成了一个重要的社会经济现象，也成为政治生活中最重要的内容之一。为了简化讨论，我们以社会力量（包括阶级与利益群体）为中心来描述现

---

①　显然，彼得斯对治理模式的着眼点仅注重运行机制，亦即权利与权力的实现方式，而不是权利与权力结构本身。这使得他更多地关注政府机制实施的微观效率，而忽略了政府治理与社会结构的宏观效率。从整个社会的发展角度来看，权利与权力的分配结构有着更为重要的意义，它表征着社会福利水平的整体高下，将体现为社会无差异曲线的不同水平。一个经济发展水平很低而且两极分化的社会的政府能够通过引进市场机制来改进效率（即帕累托改进）。而一个经济发达的社会的政府通过政府机制实现社会收入均等，虽然可能违背了帕累托改进，但社会福利水平无疑是远远高于前者的。参见（美）B. 盖伊·彼得斯：《政府未来的治理模式》，吴爱明、夏宏图译，北京，中国人民大学出版社2001年版。

代化对于治理模式所构成的历史背景:传统社会是以农业作为基础产业,同时还容纳部分手工业、商业的社会。在此基础上,地主或封建主成为社会的统治阶级。现代化之初,随着商业的扩展与工业制造方式的变革,资产阶级兴起,要求进入政治体系,分享政治的决定权。随后,工人阶级作为一种社会力量,也登上了政治舞台。而原有的地主阶级或封建主阶级由于经济势力的消长,面临着丧失权力的可能。在这一过程中,军人、知识分子、市民阶层也向政治领域提出了要求,他们或者作为一种独立的力量,或者作为一种代表力量,也构成了治理体系所面临的重要背景。简言之,就治理模式的讨论而言,可以将现代化简化为:随着经济社会的发展,各种新兴社会力量纷纷要求进入治理体系,这一历史进程构成了治理体系在现代化过程中所面临的基本挑战。针对社会力量纷纷继起的历史事实,治理体系所应面临的基本目标,或者说构成评价治理模式的基本维度又是什么呢? 我们可以从社会力量本身的性质来分析。

首先,社会力量本质上是一种兼具经济性与社会性的力量,是经济社会发展的主体,各种社会力量之间如果得到妥善配置,也就意味着各种经济社会资源得到恰当的配置,从而促进经济社会的迅速发展。因此,针对现代化所提出的挑战,治理的一个基本目标就是实现经济资源的最优配置。[①] 由于政府的资源配置本身也包含着成本,因此该治理目标就是以尽可能小的决策成本实现最大限度的经济社会发展。如果其他情况相同,我们可以把这一维度简化为决策成本最小化的问题。

其次,社会力量通常都希望进入政治领域,获得发言权。也就是说,社会力量还希望自己成为一种政治力量,在政治领域取得更有利的地位。每一种社会力量都希望在政治领域中取得更多的东西,因此各种社会力量之间(尤其是占据既有权力的社会力量与新兴的社会力量之间)存在着相互冲突的利益。治理体系必须能够解决这个问题,让社会力量基本上相安无事,从而实现政治的稳定与有序。

---

① 马斯格雷夫指出,最优税收与支出和经济资源的最优配置在本质上属于同一个问题,必须同时做出决定(见 Richard Abel Musgrave, *Public Finance in a Democratic Society*: *Collected Papers of Richard A. Musgrave*, Sussex:Harvester Press,1986, pp.47—48)。马氏此说的隐含意义是,政府必须肩负着经济资源的配置,而不可仅仅就政治而政治。

概言之,在现代化过程中,治理模式的选择面临着两个基本目标:

(1)吸纳新的社会力量或阶级阶层,或在社会力量此消彼长时,予以调整,从而实现政治稳定;

(2)以尽可能少的政治决策成本最大限度地推动经济社会发展。这两个目标也构成了描述与评价治理模式的基本维度。如此,在现代化过程中,治理模式选择的基本问题就是:如何选择一种既具有吸纳能力同时又减少决策成本的治理模式。

二、两种模式的比较

前面指出,治理模式存在两个基本维度,一个是决策成本的减少,一个是政治结构体系的吸纳能力。这两种能力都有着重要的价值,好的治理模式最好能够在这两个方面都能够取得高分。不过,这两种目标又存在一定的矛盾:一种广泛吸纳社会力量的政治制度往往在决策成本方面比较高,而决策成本低的政治制度,又往往不具有广泛吸纳的能力,从而导致政治不稳定。

从治理模式偏重角度的差异中,我们可以区分两种对立的治理模式:政府—市场模式与政府生产者模式。在政府—市场模式中,政治本身构成了一个市场,而政党与政客则构成了这个政治市场上的拍客,为各种社会力量代言。社会力量可以自由地进入其中,提出自己的要求,为公共物品定价,并且尽可能地推卸或逃避所承担的成本。当某种社会力量通过政府,而将其他社会成员的收入转移到自己囊中,其他社会力量或者为保护自己的利益,或者为谋求更多的利益而进入政治领域。治理体系在本质上不阻拦任何社会力量进入政治市场,当各种社会力量都进入政治市场后,彼此之间进行讨价还价,其讨价还价的结果将实现资源配置的改变。

政府—市场模式的最大优点是政治稳定,它实现这一目标的途径是允许任何社会力量进入政治领域。至于经济社会的发展与社会力量的此消彼长,政府基本上不起任何作用,而是经济社会发展的自然结果。比如在欧洲一些国家中,封建主阶级的消亡,并不是国家强制力量的结果,而是经济社会的发展所产生的自然结局。但政府—市场模式的决策成本较高,对经济社会发展的推动作用较小。当一个社会需要集中对付一些利益矛盾比较尖锐的社会经济问题时,政府—市场模式往往无法达到预期的效果。

从现实来看,美国与印度的政府治理与政府—市场模式较接近。以美国的治理模式为例,其基本特征是:

(1)立法、司法、行政三权分立,最大限度地防止权力集中,但同时也使得政府在推动经济社会发展上的作用大大减小;

(2)两党制或多党制竞争,并且利益集团具有强有力的游说传统,也就是说,社会力量可以自由地进入政府市场;

(3)联邦制分权,联邦政府对于各州政府的控制程度不若单一制国家;

(4)城市与基层自治,不承担实施联邦政府的目标的职能。

这种治理模式具有最大的吸纳新生社会力量的能力,如果有新的社会力量进入政治领域,政治结构无须做大的变动,就可以吸收进来。比如美国的民权运动,英国的上、下议院,都是在既定的政治结构中逐步吸收新的阶级、阶层来进入政治。政府在基本上没有剧烈的变动情况下,实现了对新兴社会力量的吸收。美国由于在现代化过程中先行,在该模式上取得比较大的成功,而印度由于是现代化的后来者,虽然在保持治理体系的稳定性上做得不错,但在推动经济社会发展方面显然落后于实行另一种治理模式的国家。

在政府—生产者模式中,政府既是一个独立的生产决策者,也是一个独立的社会福利加总者。独立的生产决策者意味着,政府认定存在某个最优的生产可能性曲线,为实现最优生产,有必要的情况下,政府可以对资源重新进行配置。而独立的社会福利加总者意味着,政府自认为知道社会福利的最优分配模式,政府有责任为实现社会福利的最大化而采取相应的行动,包括确定产权归属,干预经济,收入再分配,甚至主动承担起生产的责任。在该模式中,政府认为社会力量不应介入政治,因为这将干扰政府的决策,使社会的资源配置偏离最优水平,而社会福利将得不到实质性的改善。政府—生产者模式最大的优点是政府决策成本小。由于社会力量无法自由进入政治领域,各种力量讨价还价的空间大大缩小。这使得许多社会力量没有动机利用政府来获得收入转移,他们惟一能够改善自身福利的方式便是市场。① 政府根据自己认定的社会福利函数,来干预经济与社会。如果政府能够比较恰当地配置好资源,社会力量看到介入政治无望,就只有全力投入生产,发展经济与社会。而如果政府在配置资源时失当,社会力量就可能会起而颠覆政府,如此政治将陷入不稳定,并最终影响经济社会的发展。可见,政府—生产者模式中,政府承担了较多的责任,主动干预经济与社会,其缺点是:如果一着不慎,可能导致政治社会的失序。这是政府—生产者模式所面临的最大危险。

在现实政治中,东亚与拉美的治理模式接近于政府—生产者模式。其典型的政治结构有以下特征:

(1)威权政府,社会力量进入政治领域的门槛较高,而且通常也不容有反对者;

(2)一党制或一党独大制,这使得决策推行较少有反对的声音,从而迅速地推进经济社会政策;

(3)在国家结构形式上实行中央政府集权,地方政府必须执行中央政府的命令;

(4)基层自治程度低,国家深入基层社会,并可以调动各种资源来实现政府所设定的经济社会发展的目标。

以韩国和中国台湾为代表的东亚治理模式由于成功地控制了农村,从而有力地实现了对其他社会力量的压制与抵抗,取得令人瞩目的成功,而拉美则是该模式的失败者。②

总之,在政府—市场模式中,政府仅仅成为各种利益集团的拍客,在本质上政府是无为的,政治是各个利益集团展开角逐和竞争的场所,但治理体系比较稳定;弊端在于对社会发展与经济增长的推动力比较弱。而在政府—生

---

① 这里所说的是一种理想的模式,现实社会中,处在该模式中的社会力量往往也会表达其偏好与意见,但是这种偏好与意见仅仅构成政府决策的依据。而在政府—市场模式中,社会力量的谈判实力(bargaining power)已经构成一种政策的决定力量之一。用 Jon Elster 的话来区分,前者是一种理性讨论,而后者则属于讨价还价。

② 董正华认为,东亚的专制政权与拉美主导工业化的军人政府都有鲜明的非民主色彩,这是它们的共同特点。两者的差别在于后者与大地产大庄园主关系密切,并与跨国公司、城市大资产者结盟来压迫工农劳动者,而前者则通过土地改革和维护小农制,在一定程度上与广大的农民结为同盟,取得了维护自身生存的最大安全系数(见董正华:《小农制与东亚现代化模式——对台湾地区和韩国经济转型时期农业制度的考察》,《北京大学学报》〔哲学社会科学版〕1994 年第 3 期)。

产者模式中,政府不愿仅仅作为政治市场中的拍客,而是主动介入市场,承担起社会生产者与社会福利加总者的责任。在此基础上,政府以发展为导向,强力推行经济与社会的现代化。两种模式的概括仅仅是一种抽象的概括,现实中各国的治理模式总是兼具两方面的因素,①把这两种模式抽象概括出来,目的是为概括与描述中国模式确定一个坐标系。

三、中国治理模式的时段外延

在展开讨论之前,有必要先行确定中国治理模式的时段外延,这也就是说,以哪个事件或年度作为时间起点,将此后直到现在的发展视为一个整体,并认为存在具有同一性的治理模式:1949 年? 1956 年? 或者 1978 年?

1978 年我国开始实施改革开放,这是中国当代发展历史上的重大转折点。从同一性角度来看,判定自 1978 年以来的整个新时期存在着一致的治理模式,是没有疑问的。但是这一处理虽然有利于把握中国治理模式的基本特点:比如运行机制的逐步市场化,服务导向,渐进改革,等等。但是,我们应该看到,以 1978 年为界来讨论中国治理模式对于现代化的独特含义恐怕还是不够的,其理由有二:

(1)现代化指一个传统社会在经济社会各个方面转变到现代社会的过程。而在改革之初,中国社会显然已经具备了相当的现代因素。

(2)改革开放的实施本身,实际上是社会主义体系的完善,是中国特色社会主义治理结构的发展和探索,因此,就其本质而言,这一历史进程是对于社会主义国家和社会治理实现方式的选择,而不是在颠覆既有治理结构之后,推出全新的治理体系。

1956 年,我国完成社会主义改造后,开始进入社会主义初级阶段。我国现在处于并将长期处于社会主义初级阶段,这构成了当代中国的基本国情。以国情作为依据来判断中国模式的起点,其优势是,它使得理论逻辑更加严密。在政治哲学中,一个为不少学者所接受的论证策略是,假定某个自然状

---

① 以美国为例,虽然大多数人的眼中,美国政府本身是自由放任政策的典范。但是,D. F. Noble 指出,所谓美国制造体系的崛起,从根本上说,恰恰就是美国政府有意介入市场的结果(见 David F. Noble, *Forces of Production*: *A Social History of Industrial Automation*, New York: Alfred A. Knonf, Inc. 1984)。

态(或原初状态),在此基础上进行思想实验,并推导出某种具有必然性的政治结构。"国情"这个概念,在理论逻辑上也许与自然状态具有相当功能,既然 1956 年将中国的国情划分成两个不同的阶段,那么假定此前的治理模式与此后的治理模式存在着质的区别,似乎不无道理。但是,这一划分和设置却存在重大缺陷:

(1)政治结构与此前七年没有大的变化,建国之初已经确立的以工农联盟为基础的人民民主专政一直是中国的国体。

(2)从治理体系的目标来看,中国早在 1949 年就已经确立的以发展为导向的目标,在 1956 年以后并没有发生根本的变化。如果 1956 年与 1978 年无法作为区分中国治理模式的事件,那么最合适的分期,无疑是以 1949 年中华人民共和国的成立作为标志,将建国以来几十年的治理体系作为一个整体来描述与概括。但是,由于建国以来的经济社会发展出现过曲折与反复,从技术上又如何处理这些问题,尤其是"文革"期间某些制度、政策与改革开放后的不一致呢?

对此,笔者认为,可以考虑的研究和分析策略有:

第一,以几十年发展实践中具有同一性的要素为主,设定存在着一个中国独有的治理体系与模式。由于我们讨论的治理模式是针对现代化这样一个长时段的大历史,对于前后不一致的制度,必须予以忽略或者在描述中加以修正以符合总体判断。在此,可以考虑借鉴罗尔斯的证明策略。我们的各种判断往往存在多种一般性的层次,包括具体行动上的判断、社会政策和制度上的判断以及最终达到非常一般的信念。各个层次的判断往往不一致,而要明确正义原则的论述,必须在道德原则和判断之间进行来回往复的校对和修正,并最终达到原则与判断之间的平衡。"它是一种平衡,因为我们的原则和判断最后达到了和谐;它又是反思的,因为我们知道我们的判断符合什么样的原则和是在什么前提下符合的。"[①]如此,虽然某个时期所实施的制度与政策似乎与我们所概括的治理模式存在着不尽一致之处,但总体而言,治理模式的描述仍然符合总体判断。

---

① 罗尔斯将这种证明方法称之"反思的平衡"。见(美)约翰·罗尔斯:《正义论》,何怀宏译,北京,中国社会科学出版社 1988 年版。参见李风华:《政治共识是如何可能的:罗尔斯方法论述评》,《哲学门》2004 年第 5 期。

第二,以当代的成熟形态为主。现在的事物形态往往是过去所发展的结果,而且是更为成熟的发展,因而更有资格代表治理模式的特征。比如,现在许多学者已经指出,中国地方政府之间的竞争构成了当前中国治理结构的一个重要特点,[①]但是,事实上,中国公有制企业的多级和多种形式所有,早在改革开放前就已经构成中国治理模式独特于其他国家的地方,它对于改革开放后地方政府财政的独立性有着重要的意义。因此,虽然改革前中央与地方政府关系上尚无法以地方政府竞争来概括,但将前后几十年的治理实践视为一个整体时,却无妨将地方政府竞争视为中国模式的一个特征。诚如马克思所言,"人体解剖对于猴体解剖是一把钥匙。反过来说,低等动物身上表露的高等动物的征兆,只有在高等动物本身已被认识之后才能理解"。[②]

四、中国治理模式的基本特征

笔者从历史背景、目标以及政治结构三个方面对中国治理模式的基本特征给予大略的概括:

1. 历史背景:贫穷与落后。贫穷主要指的是生产资料和生活资料趋向于极度匮乏的一种状态,而落后则是将该社会与外部世界作比较后得出的结论。这种贫穷与落后的背景事实上规定了社会发展的目的是共同生存与和谐发展。

在经济结构上,中国形成了一种以工业和农业为主体的典型二元经济。在社会力量构成上,以工农两大阶级为主体,其他阶层为辅。中国在1949年以后消灭了官僚资产阶级、资产阶级,只留下了工农两大阶级。改革开放后,出现新的社会阶层,但总体上仍然没有改变这工农两个基本阶级的事实。

2. 以发展为导向的目标。目标具有层次性,包括基本目标以及次要的其他目标,其中基本目标对于其他目标是一种主要矛盾与次要矛盾的关系,它们有别于罗尔斯式的词典式序列,也不是功利主义的权衡。

---

　① 比如钱颖一、周业安:《地方政府竞争与经济增长》(载《中国人民大学学报》2003年第1期),刘汉屏与刘锡田:《地方政府竞争:分权、公共物品与制度创新》(载《改革》2003年第6期),谢晓波:《地方政府竞争与区域制度转型》(载《财经论丛》2004年第2期)等等。

　② 《马克思恩格斯选集》第2卷,第23页,北京,人民出版社1995年版。

基本目标是迅速推进经济社会的发展,实现中国相对于发达国家的赶超。

在基本目标的前提下,根据治理所面临的历史背景,又可以在各个层次上展开为许多彼此依赖与影响的目标:

第一,经济方面尽可能迅速地实现积累,建立独立而完整的工业基础;

第二,社会福利方面,由于资源的贫乏,在保证共同生存的基础上,以效率优先,再兼顾公平;

第三,在社会关系方面,构建社会力量之间的和谐。

3. 在政治结构方面,可以从议会制度、政党制度、国家结构形式以及基层治理四个角度概括中国治理模式的基本特征:

第一,人民代表大会制度,构成国家的基本政治制度。人民代表大会制度的特点是:国家权力机关领导与监督其他国家机关;社会基础方面,是以工农联盟为基础的,工人阶级领导的社会力量组成的结构;广泛吸取新兴社会力量,及时调整人民代表的组成,主动反映社会力量的现实。

第二,以中国共产党为领导的多党合作与政治协商制度。多党合作制与政治协商制度的特点是:坚持中国共产党的领导,确保社会主义发展的方向;民主党派参政协商,团结一切积极力量,推动经济社会事业;咨询,而不是讨价还价构成多党合作制与政治协商的运行机制。

第三,单一制下的地方政府博弈与合作。在国家结构上,中央集权的单一制,确保经济社会的稳定与中央政府的纠错能力;在单一制范围内,地方政府具有强烈的主观冲动;财政制度、考核制度的安排使得地方政府在市场经济环境下构成了一种地方政府竞争与博弈的态势;同时,地方政府在中央政府统筹协调下,又具有合作的必须和必要,而地方政府与私人的互动,则推动着经济政策的演进,从而使得中央政府的决策更符合经济社会发展的实际需要。

第四,基层自治组织的双重授权。实行基层自治,让群众自我教育、自我管理和自我监督,实现民众对自治组织的授权;政府对基层组织也具有授权作用,使得基层自治组织在自治职能之外,还负有实施上级政府政策的目标,承担起国家动员的职责,比如实施计划生育政策,或执行房屋拆迁、土地的征补,等等。

　　如果上述描述可以成立或者说基本成立的话,那么可以说,中国模式存在许多有别于美国、印度以及东亚、拉美的地方,在以政治决策成本与政治吸纳性为维度而构成的二维空间里面,中国模式显然更倾向于政府—生产者模式,但其中又有许多东亚与拉美所不具备的因素。也许可以认为,恰恰正是这些区别于美、印、东亚、拉美的独特之处,才使中国发展能够取得当前的成就。

五、研究方向

　　确定并分析中国治理模式的特征是一项极其繁重的研究任务,以上的讨论仅仅是提出一个基本框架。而接下来的研究方向就是证实该治理模式的有效性,也就是说它对于经济社会发展以及实现政治稳定的作用,这是该研究的重点,它包括两个方面的内容:

　　(1)解释它的作用机制,即从理论层面解释它的有效性。治理模式与经济政治结果的相关性,显然并不是一种简单的是与否式的性质判断,而是包含某种数量关系的相关性。可以想见的是,在这个层次的研究应更多考虑比较静态的判断。

　　(2)以事实证实理论判断。完成上述研究目标,仅仅是解释了中国模式的成就。下一步,更有意义而更为困难的是,如何提取中国模式中对于其他发展中国家具有普遍意义的因素。如果学术上能够在这个层次上取得突破,并且在实践上,中国模式也为其他发展中国家所效仿并取得成就的话,那将是中国学术与实践的世界性成就。

（原载《湖南师范大学社会科学学报》2005 年 9 月第 34 卷第 5 期）

公共管理中的公共性问题探讨

公共管理中的公共性问题,既是认知公共管理学科专业属性的基本依据,又是认识现代社会公共管理职业特性和实践运行的基础。因此,公共性问题,构成了公共管理学科以及其他相关学科专业研究的核心问题。

一、公共性的研究意义和价值

概括地说,讨论公共性问题的必要性大体有三个方面:

1. 明确政治学与公共管理学科主题的需要

任何一个学科只有具备特定的研究对象和研究主题,才具有其存在的必要性和存在价值。政治学科和公共管理学科之所以存在,有它特定的研究对象和研究主题。我们知道法学的研究对象是关于权利和义务问题,经济学的研究主题是社会资源的分配问题,政治学、公共管理学特有的研究主题的基本要素之一是公共性,另外一个要素是权威性,所以,公共权威现象,构成政治学学科的基本研究对象和主题。对于公共管理学科专业来说,显然,其基本构成要素一是公共性,二是管理性,所以,从最简单的字面意义上理解,公共管理即是"公共"加上"管理"。如果说其中的"管理"属于组织、行为、体制、机制、程序和技能等方面的问题,具有科学主义和管理主义的含义,那么,其中的"公共"则是公共管理学的灵魂和哲学,是公共管理学科的专属特性和价值规定。由此可见,对于政治学、公共行政学、公共管理学、公共政策学以及公共经济等学科专业来讲,公共性本身是它们特有的学科主题。只有深入理解和把握这一主题,才能深入理解和把握学科专业。

2. 认知社会政治形态和社会生活的需要

公共性问题,首先体现在我们的生活的政治层面,尤其是宏观政治层面上。从宏观政治层面上来看,中国政治的发展,1978 年以前是绝对冲突政治、阶级斗争政治;以阶级斗争为纲的政治形态把人的阶级属性唯一化。与此同时,反过来,把人的阶级属性泛化,以人的阶级属性和阶级关系代替一切社会关系和社会属性,把复杂多样的人的社会关系和社会联系,简单化绝对化为阶级对立和斗争关系。这一政治形态的内在逻辑,必然导致绝对冲突政治,其现实形态是持续的大规模运动政治和斗争政治,由此形成阶级斗争为纲的政治形态。

1978 年以来,我国的政治形态发生变化,阶级斗争不再是社会政治的首要任务,经济建设成为政治的中心任务,政治形态从阶级斗争政治转向人民内部协调的政治。随着社会主义市场经济的发展,公共领域与私人领域的社会结构性分化,政治形态进一步从人民内部协调的政治,转向人民内部的公共政治。

公共政治形态的形成和发展,使得公共性成为社会政治形态的内在规定性,比如,执政党明确论述必须立党为公、执政为民;我国政府确立服务型政府、责任政府、法治政府和民主政府,政府的主要职能是提供公共产品和公共服务;社会政治权力由此形成公共权力,在此背景下,公共行政、公共财政、公共政策等等,成为我国新时期科学发展的政治形态的重要政治现象。显然,在这其中,把握"公共性"是把握政治形态和内在规定性的枢纽。

研究公共性的必要,还体现在社会现实层面。社会集体生活,在特定意义上就是社会公共生活,古希腊政治学家亚里士多德的著名言论——人是天生的政治动物,其中就包含着人的社会性和社会公共性的意蕴。因此,公共性一直是社会集体生活方式及其制度设计和运行的核心问题。

今天,在我们的社会生活中,公共性几乎触手可及,比如,公共产权问题(物权中的公共部分)——公共财产的所有权、享有权、使用权、转让权和继承权;比如,公共物品问题——高速公路、制度规章、国防治安;比如,公共服务问题——医疗卫生、义务教育。如此等等。比如在制定我国《物权法》的过程中,公共利益的公共属性就是涉及公共利益与私人利益边界及其相互关系的焦点问题。而在我们生活的社区,公共区域的公共性、公共物品的公共性等都是现实、普遍而经常性的问题。

3. 认识和分析不同的政治体制、政府管理模式以及各种政治思潮的枢纽

公共性既是政治和社会生活中的现实问题,也是社会历史和学术研究由来已久的问题。早在两千多年前,中西方思想家关注或研究政治现象时,就关注到公共现象的存在。不仅如此,在实际的政治制度设计和公共管理职能确定方面,公共性又是研究中西方不同政治思想和公共管理思想,研究按照这些思想设计的不同政府和公共管理模式的中心环节和关键枢纽。这就是说,公共性可以帮助我们建构观察和分析社会政治与治理现象的方法坐标系。

从认识方法的角度来看,主要可以运用公共性的两个指标,构成划分和评价不同政治制度和治理模式的标示坐标系:

(1)按照社会成员和社会生活的公共性程度,建构分析坐标。

设定公共性程度为 0—1,由此得到以下(数集)连续统一集:

$$0\text{————}\text{I}\text{————}\text{I}\text{————}\text{I}\text{————}\text{I}\text{————}\text{I}\text{———}1$$

在该谱系中,左边一极设置为零,右边一极设置为百分之百。左边一极表示社会的公共性为零,即社会中不存在公共性,右边一极表示社会的公共性为百分之百,大到覆盖到整个社会。我们运用公共性的这样一个谱系来分析不同的政治制度主张、政府治理模式以及意识形态主张。由此可以发现,实际上,按照公共性程度的不同,不同的政治体制、政府治理模式甚至各种各样的主义主张,都可以标示在这一数集上。比如,当设定公共性在最左边即为零时,相关的政治意识形态主张典型地体现为无政府主义。在社会集体生活和公共性方面,无政府主义有一个前提性预设,即社会成员之间没有公共性,所以不需要以国家和政府这些具有公共性的组织和制度来实现和维护社会的公共性。但是,当人们设定另一种极端情况,即公共性状况在最右边,即为百分之百时,这就意味着公共性涵盖了所有社会成员的所有利益要求,在

这一公共性理解基础上形成的政治思想、政治哲学、意识形态及其政府管理模式，往往是所谓"全能主义政治和政府"。就其表现形式来看，它意味着政府和公共权力对社会生活的全面覆盖，社会生活的一切方面都具有公共性，公共权力具有无限权力，也具有无限责任和职能。

在公共性的这两种极端设定以及由此产生的政治体制、治理模式、意识形态之间，其他各种各样、形形色色的政治模式、政体设制和政治哲学主张，按照对于社会生活公共性程度的认定作为基本要素，实际上都分布在这个数集和谱系上。比如说，所谓"自由主义"，实际上就是只承认社会生活中存在公共性，但是公共性程度很低的政治主张。按照自由主义的经典说法，在社会集体生活中，大体上只有三件事具有公共性：第一，时间同一性意义上的公共性，这就需要使大家统一知晓和掌握准确的时间；第二，预警管理，基本内容即防火防盗等；第三，报警和应急管理，比如失火失窃后紧急报警。这些公共性构成的公共事务，也就是自由主义所说的守夜人的基本职能，实际上生动而深刻地体现着自由主义对于社会生活中公共性程度的认可。虽然古典自由主义和新自由主义在论述自己的政治主张和政府治理模式时，理论和理解看起来很复杂，其实从公共性程度的意义上讲，古典自由主义和新自由主义主张和阐述的就是这个出发点，它所说的政府最低限度，其实就是公共性的最低限度。由此可见，从这个连续统一集的谱系来看，对于公共性程度的不同认知，可以成为认知不同政治体制、政府治理模式和意识形态、政治思想主张的标尺和工具。人们可以据此把握不同政治体制和政府管理模式的政治思维出发点和方法论。当然，特定国家和社会在特定时期采取什么样的范围的公共性，其实并没有固定的通用的有效模式。分析表明，不同国家和历史时期的政治模式与治理模式，往往与这一时期和相关国家的人们的主观偏好有关，是这种偏好决定的，这是从历史文化角度进行的分析。但是，按照辩证唯物主义和历史唯物主义，不同国家和历史时期人们的不同偏好实际上是生产力与生产关系的体现，根本上是从生产力和生产方式的物性转化而来的。

（2）按照社会生活和社会价值观中公共性的优先性，建构分析坐标。

在设定公共性程度的基础上，人们可以运用公共性的第二个指标，即社会生活和社会价值观中公共性的优先性程度，把握不同的政治体制、治理模式甚至意识形态。按照社会生活和社会价值观公共性的优先性程度,我们也可以建立起一个 0—1 的区间和(数集)连续统一集。

$$0 \text{———} I \text{———} I \text{———} I \text{———} I \text{———} I \text{——} 1$$

在这个区间的左边,公共性的优先性几为零,个人性具有极度的优先性,也可以理解为个人本位的体制、治理和价值原则;在这个区间的右边,公共性具有极大的优先性,也可以理解为集体或者公共本位的体制、治理和价值原则。

从人类社会政治历史和现实政治、政府和公共治理实践以及意识形态来看,不同的政治体制设计和运行原则、不同的社会生活治理模式和不同的意识形态价值观,对于社会生活中的公共性存在和发展的程度的设定和看法,与其对于公共性在社会生活和社会价值观中的优先性程度,在逻辑上是高度吻合的,两者之间呈现正相关性的关系。

由此可见,采用公共性作为分析工具,可以建构起我们认识和把握不同政治体制、治理模式和意识形态的坐标系。公共性由此可以成为人们认识和分析不同的政治体制、政府管理模式以及各种政治思潮的枢纽。

此外,在学术研究的意义上,关注和研究公共性的意义,还在于回应国内外学术探讨进展,就相关问题给出正确的学术方向和深入研究结果的需要。公共性问题近来得到中国学术界的广泛关注,目前,它是政治学、公共管理学、公共行政学和法学都十分关注的问题。在西方学术界,对于公共性的探讨已有时日,并且形成了相关的理论。在西方学者中,20 世纪研究公共性具有代表性的学者,一位是美国犹太学者汉娜·阿伦特,另一位是德国的社会思想家 J. 哈贝马斯。这两位学者的作品传入我国以后,在学界产生了一定影响。我国学界,尤其是政治学、法学、哲学的学者,需要在正确思想指导下,通过严肃认真深入严谨的研究,回应这一具有重要理论和实践意义的问题。

二、公共性的基本含义

如上所述,公共性问题具有非常重要的意义和价值,它不仅是一个学科的支配性主题,也是理解相关政体、各种政府管理模式和政治哲学主张的核心要素和关键枢纽。紧接着,人们首先面临的、需要穷追究问的问题常常是,所谓"公共性"究竟是什么? 或者说,公共性的基本含义是什么?

应该说,关于公共性的基本含义,在抽象意义上实际上是社会哲学问题。但是,它实际上并不纯粹是哲学意义上的世界观和方法论问题,而且也是很现实的政治和治政问题。因此,围绕这个问题的探讨,尤其需要关照现实政治和治理。但是,由于不同学者观察问题的角度不一样,因此,对于什么是公共性迄今并没有一致和权威的结论。鉴于这种情况,我们对有关公共性含义的主要理论和确定作一些介绍。

1. 公共性是个人性之和,公共利益是每个社会成员的利益加总

关于公共性是个人性之加总,公共利益是个人利益之加总,是对于公共性内涵规定性的重要看法。在这其中,有两种出发点不同的认知:

(1)西方学者、尤其是自由主义学者的基本看法

纵观西方社会的发展历程,近代自由主义的始祖亚当·斯密在其《国富论》中就是按照个人利益之和理解公共利益的,他认为,社会生活中每个人的利益得到实现和发展,就是公共利益得到实现和发展。因此,自由主义一般认为人类社会生活中并不存在所谓广泛的共同性和一致性因素,社会只是以原子化的个人形式存在的。社会的"公"、"公共性",是一种个人之"私"的加总和集合,"公共性"根本指向和维护的是一种"私人性","公"和"私"是同一的。就其本质而言,个人利益的实现,就是公共利益的实现,个人利益的增加,就意味着公共利益的增进;个人的幸福的总和,则是最大化的公共利益,公共性就是按照这样的逻辑构成的。除此之外,公共性只具有形式上的差异。

(2)传统计划经济体制下的全能主义政府管理和社会治理观

在传统的计划经济体制下,人们对于公共性的政治哲学、体制原则和治理机制的理解,也认为公共性是所有社会成员的个人性的加总。实际上,正是在这一基础上,形成了全能主义的政府管理和社会治理观。基于这种认识和看法,在传统计划经济体制和治理方式下,不存在公共领域与私人领域的分野,个人的一切利益都具有公共性,甚至都与公共生活和国家利益高度相

关,由此产生的必然的管理和治理结论,就是无限责任、职能和权力政府,对于个人利益的管理具有充分正当性和合理性。

实际上,在公共性的程度与公共性的优先性方面,自由主义与传统计划经济无论在体制设计原则、治理模式,还是在意识形态方面,都是截然相反的。但是,为什么两种截然相反的政治观和治理观点公共性的含义竟然具有同样的看法呢? 深入的分析可以使我们知道,从本质上来讲,这两者的出发点和着眼点是不同的,自由主义的出发点是个人本位,其着眼的是个人的重要性,而传统计划经济体制和全能主义政府治理模式的出发点是集体本位,其着眼点是整体的优先价值。

在公共认知和公共意识方面,这种把公共性等同于所有社会成员所有利益之和的看法,基本等于把卢梭的"众意"等同于"公意"。

2. 公共性是个人的不同社会属性之差,公共利益是社会成员不同利益内容之差

对于公共性和公共利益的这种看法,并不认为公共性是社会所有成员的所有个人利益的加总,而是认为,所谓公共性,实际是社会成员利益中的相同部分。

按照这种看法,社会生活中的个人利益和要求分为两块,一块是各别的、自己的和特殊的利益,另一块是与别人或者全体社会共同体成员共同的利益和要求。而所谓的公共性,就是公共利益的特性,是社会成员在社会生活中与他人的共同利益部分。这部分利益是一个人的利益减去与他人不一样的利益部分,剩下的与别人同样的部分,因此,公共利益实质上是指特定社会共同体中特定社会成员与他人相同的共同利益。就单个人的利益来看,它是单个人的总体利益减去与他人相同的利益部分而得到的利益之差,而非所有单个人利益的加总即所有人利益之和。

在其现实性上,公共利益具有明显而具体的体现,比如说在特定社会共同体中,几乎所有社会成员都有安全的要求,这种安全要求实际上是共同体成员的共同要求,因此,它具有公共性。在日常生活中,社会成员对于共同安全的要求通常表现在两个方面:对外,表现为国防安全;对内,表现为治安安全。这种公共安全就会要求国防和治安的存在和运行。当然,在现实生活

中,社会成员之间又有与他人不同的利益要求,这部分要求构成了每个人各别的利益主张和要求。

显然,这种对于公共性的解释,实际是从利益要求的内容出发,对公共性加以解释和确定的。但是,人们很快就会发现,实际上,公共性并不是内容相同这样简单,因为在现实社会关系和社会生活中,人是社会关系的总和,因此,并非任何社会关系中的社会成员之间在利益内容方面都会形成共同性,比如本质对立的阶级之间,在利益内容方面基本不存在共同性。因此,公共性还会有其他的表现,这涉及其他的对公共性的理解。

3. 公共性是社会成员对于特定社会规则的共同认同和认可

对于公共性的第三种解释是,公共性本身未必表现为社会成员之间利益内容的共同性,比如上述社会共同体成员对于社会公共安全的共同要求,再比如社会共同体成员对于清洁环境的共同要求,如此等等。

但是,如上所述,在社会生活中,并非所有社会成员之间都具有内容共同的利益,因此,有学者认为,社会成员对于社会生活的共同性,除了社会成员利益要求的内容之外,还可以体现在规则认同和认可层面上,这种规则认同和认可层面的共同性,构成了所谓公共性。因此,公共性实际上也可以仅仅是规则和程序意义上的共同性。这就是说,在社会生活中,社会成员之间广泛认可的共同性,仅仅限于社会活动和行为规则的共同,比如,公共交通规则等等。除了共同认同和认可的规则之外,社会成员在社会生活的利益内容上并没有共同性。

这种关于规则相同或者对于规则的认可即为公共性的看法,大大扩展了公共性的范围,使得公共性不仅简单地存在于公共领域,而且存在于表面看起来属于私人领域的地方,即个人与他人利益要求的内容不同的领域。比如到市场上买东西,怎么买,什么时候买,原本都是社会成员个人自己的选择和主张,但是,如果我们以规则共同来理解公共性,就不难发现,这里实际上也存在着公共性,这种公共性就是市场规则的公共性。事实表明,只有市场规则是共同认同和认可的,作为市场主体的个人或者法人之间的交易才是可能和可行的。

马克思主义对于公共性的解释,是运用历史唯物主义和阶级分析方法,按照内容与形式的两分法进行的。马克思主义认为,在剥削阶级社会,社会存在着不可调和的阶级关系,根本利益对立的阶级之间以及社会群体包括阶层、集团之间不存在利益内容或者制度规则上的共同性,因此,对立阶级之间的公共性无从谈起。在这样的社会生活中,如果存在特定的社会运行的公共性,那么,这种公共性并非不同社会群体、阶级或者阶层之间的利益内容的共同性,也不是制度规则意义的共同性或者共同认可性,而是利益内容和利益实现制度规则上的阶级对立、冲突和斗争。尽管如此,在阶级对立的社会,形式上也会存在着由国家或者公共权力以中立形式表现的公共性。在这里,所谓社会共同性,仅仅表现在不同的社会阶级力量及其隶属于这些阶级的不同个人在相互的冲突与对峙之中形成的形式上的妥协性。尽管如此,统治阶级往往把这种形式上具有妥协性的公共性说成是内容和实质上的公共性,如同恩格斯在揭示国家本质时所说的那样:"国家是社会在一定发展阶段上的产物;国家是表示:这个社会陷入了不可解决的自我矛盾,分裂为不可调和的对立面而又无力摆脱这些对立面。而为了使这些对立面,这些经济利益互相冲突的阶级,不致在无谓的斗争中把自己和社会消灭,就需要有一种表面上驾于社会之上的力量,这种力量应当缓和冲突,把冲突保持在'秩序'的范围以内;这种从社会中产生但又自居于社会之上并且日益同社会脱离的力量,就是国家。"[1]正因为如此,马克思、恩格斯指出:"每一个企图代替旧统治阶级的地位的新阶级,为了达到自己的目的就不得不把自己的利益说成是社会全体成员的共同利益。"[2]

对于马克思和恩格斯的阐述需要深入理解。在阶级社会中,对立的阶级、阶层或者集团之间的对抗以及形式的妥协,是理解为它们共同存在于同一共同体中,还是理解为社会集体生活规则共同性的一种变异形式?他们在社会生活和阶级对抗中的某些妥协,无论是内容意义上、权利意义上,还是规则或形式意义上的妥协,其实际功能是形成一种自然的或人为的边界,形成社会成员行为的边界,而这种边界实际就会变为规则,包括法律、规范和制度等,还是某种斗争策略,都需要深入的理论分析和实践验证。

---

[1]　《马克思恩格斯选集》第4卷,第170页,北京,人民出版社1995年版。
[2]　《马克思恩格斯选集》第1卷,第53页,北京,人民出版社1995年版。

公共性由于其复杂性和多样性,还存在其他一些解释,比如还有学者把公共性理解为长远利益和根本利益,其实长远利益只是共同利益在时间跨度上实现的一种显示,根本利益只是说明公共利益在整个社会利益结构中的基础性和重要性,所以,这种解释实际上是对于公共利益某些特性的解释,而并非对于公共性为何物的解释。除此之外,西方学者对于公共性的研究也具有阐述公共性基本含义的内容,但是,实际上并没有深刻阐述和明确界定它,比如汉娜·阿伦特所认为的公共性首先是社会成员生活的特定空间和领域,即公共空间或公共领域,以相对于私人空间或私人领域,社会成员在这个空间中的生活及其共同认知,形成了公共性;又如 J. 哈贝马斯认为的公共性空间,其实就是市民社会的代名词。对公共性含义的这些众多解释,使人们看到,公共性的解释是多角度、多方位和多样性的,它们体现着不同学者对公共性的不同理解,也体现着这些学者的不同政治立场、社会主张、政治理念和制度设计。

在这众多的解释中,在给定条件下,即除了对抗阶级和敌对势力之外,就特定阶级和合法社会成员内部来看,把公共性作为共同性来理解,应该相应简单明确一些。这就是说,公共性是社会成员在社会生活中与别人相同的部分,而不同的部分则不构成公共性。这样,问题实际在于,在社会生活中,社会成员在社会生活中的相同之处和不同之处是什么。

三、公共性的基本特性

在社会生活中,公共性有哪些基本特性呢？相关内容,在既有的教科书和学术文章中已经有不少分析和论述。尽管如此,我认为,分析和把握公共性在社会生活中的基本特性,必须运用矛盾对立统一的方法,在这其中,首先是社会生活中人的共性与个性问题,或者说就是单个人与他人的共同性和不同性,这是公共性的社会特性的基本特性。

其次,公共性具有高度复杂性,这种高度复杂性,常常表现为社会成员在社会生活中的共同性和特殊性之间的矛盾统一关系。比如,在政治和公共管理方面,人们常常讲到有三种可能利益因素会冒充甚至扭曲公共性:一、政治领袖或者领导集团的利益;二、特定利益群体的利益和要求;三、政府官员自己的利益和要求。在制度不完善的情况下,这些利益和要求都可能冒充公共利益或者以公共性的名义加以实现。而在实际生活中,人们往往比较难以辨识这些利益是否真正具有公共属性。

更深入层次的问题还在于,在政治学和公共管理学中讲到的公共性问题,往往还有这些因素相互之间的关系问题。实际上,以上所述特定利益与公共利益之间的关系是错综复杂的,在现实性上,它们之间并不呈现简单的非此即彼的对立、排斥或者反对关系。不可否认,在社会生活和政治生活中,这些利益在本质属性方面与公共利益和公共性是相异的,它们之间存在着紧张、反对甚至对立关系。但是,在实际政治过程和公共管理运行中,这些利益与公共利益和公共性之间未必一定都呈现紧张、反对、排斥甚至对立关系。在特定条件下,它们与公共利益和公共性之间也可能呈现重合或者部分重合关系。这就为这些利益与公共领域和公共利益提供了相当复杂的组合可能,从而使得公共性在现实性上呈现高度复杂性。

第三,公共性在社会生活中是有结构和层次的。论及社会生活的公共性,未必一定就是全社会的公共性。实际上,公共性在最微观意义上,可以存在于两个人之间,即两个人之间的公共性和共同性,而在最宏观的意义上,也可以说是整个社会共同体的公共性,比如中华人民共和国全体人民的公共性。因此,公共性在社会生活中是具有多层次结构的公共性。正因为如此,论及公共性,需要先行限定和给出范围和层面,因为在特定层次上的公共性,在更高层次上可能就不是公共性,而只是个体性。同时,以现实主义的眼光看,在社会生活现实中,公共性的实际表现未必是理论规范设定的社会成员的共同性,其实,它往往更可能是多种利益和力量经过反复博弈形成的合力复合结构。按照这样的看法,在社会政治过程和历史进程中,所谓的公共性,实际是多种利益和力量相互之间的关系结构。此外,公共性还是主观与客观的关系结构。社会科学涉及人们的利益和要求,虽然具有客观规定性,但是,相当程度上也是一种主观认知。这种主观认知,在现实生活中常常表现为:作为社会成员的公民对于公共性的认知结构存在差异性,人们不难发现,我国社会不同群体、所层等公民对于公共性以及由此而来的公共事务和公共政策的认知常常是不同的。除了这种主观认知结构外,公共性又有客观内容,而主观性和客观性之间实际存在着差异性,从而构成了公共性的又一重复杂结构性。

第四，公共性以多种形态和状态而存在。从对于公共性的分析论述中可以发现，它的存在形态具有多要素性，它可能是以内容的共同要素存在的，如刚才所说的社会广大成员对于国防的要求；但也可能是以形式方面的共同性而存在的，如政府的公共政策至少在形式上是作为共同政策而存在的。此外，公共性还可以作为规则共同、规则认可，甚至不同力量之间的妥协而存在。这些都构成了公共性存在的可能状态。所以，一讲到公共性就要进行分析，我们所讲的是什么形态的公共性。

第五，公共性存在构成价值的公共性。如安全、公平、效率、公正、秩序、平等等，都是公共生活中的公共价值，这些价值明显区别于非公共性事物，如市场经济条件下的企业组织这类私人事物。同时，需要明确的是，公共性又有多重价值。正因为如此，以任何单一价值去解释、分析或者实现公共性，都可能妨碍其他公共价值的实现。之所以如此，因为公共性内含的多重价值具有自己的独特性：其一，它是多重复合构成，并且同时主张和要求实现的；其二，对于社会成员的社会生活来说，对于稳定有序良好的公共生活来说，公共性内含的多重价值中的每一种价值的权重基本相当；其三，不同的公共价值之间实际上存在着紧张关系，比如通常所说的公平与效率之间，再如公共安全与个人在社会生活中的自由之间，实际上都存在紧张关系。在深入贯彻实践科学发展观的过程中，其重要取向应该就是在社会发展过程中实现公共性多重价值之间的均衡，所以，从公共性的价值内涵来考虑，和谐社会不妨可以解读为多重公共价值平衡实现的均衡社会。

公共性的多重价值及其特点，使得从事公共管理事业的决策者和管理者经常可以体会到公共性的多重价值特性造成的困境。在公共生活的管理实践中，管理者会发现，相关公共决策、决策执行、公共决策评估和管理者的绩效评估，都会受到公共性内含的多重价值的交叉影响，管理者和决策者常常需要在公共决策和公共管理过程中对多种公共价值中的不同价值要素进行取舍。实际上，在现实政治和公共生活中，经常性的现象是，任何一项政策都不可能得到百分之百的人的百分之百的满意，任何一个管理者或领导人都不可能得到辖区百分之百的公民对他的百分之百的肯定和支持。为此，公共管理的绩效评估和政策执行，需要实事求是地考虑到公共性的多重价值复合构成特点。

四、公共性的识别标准

在社会生活中,如何识别公共性呢? 或者具体地说,人们如何区分哪些事物具有公共性,哪些事物不具有公共性呢? 实际上,有些事物的公共性是显而易见的,比如公共安全,比如公共交通,比如公共工程等等,但是,许多事物是否具有公共性,却是非常难以识别的。

人们在研究公共性的识别标准方面做出了许多努力,提出了不少识别公共性的方法和标准:

1. 规范性识别标准

规范性识别标准,实际上是从理论规范意义上对于公共性的阐述,准确地说,这种识别方法,本质上是意思识别。有学者从公民权利的角度出发,就此提出识别公共性的六条规范性标准:[①]

(1)合法合理性

"财产权是公民不可侵犯的基本权利,只有在法定条件下才可出于公共利益的考虑依法对基本权利加以限制,故须坚持法定与合法原则,也即法律保留和法律优先。……此外,关于公共利益的考虑,还应符合比例原则,具有必要性与合理性。如果征收征用之目的可通过其他代价较小的方式实现,则无必要征收征用。"

(2)公共受益性

"凡国家建设需要、符合一般性社会利益的事业,都被认为具有'公共性',例如国民健康、教育、公共设施、公共交通、公共福利、文物保护等公共事业发展的需要。"

"公共利益的受益范围一般是不特定多数的受益人,而且该项利益需求往往无法通过市场选择机制得到满足,需要通过统一行动而有组织地提供。"

---

① 该六条标准由中国人民大学法学院的莫于川教授于 2004 年在"海峡两岸行政法学学术研讨会"综述中提出并且阐述,后来,莫于川教授撰文加以论述,具体内容见莫于川:《私有财产权的保护与行政补偿法制的完善》,《浙江工商大学学报》2005 年第 2 期。

（3）公平补偿性

"运用公共权力追求公共利益必然会有代价，这就造成公民权利的普遍牺牲（损害）或特别牺牲（损害）。有损害必有救济，特别损害应予特别救济，才符合公平正义的社会价值观，这是现代法治的一个要义。这种救济主要表现为法定条件下的公平补偿和事先补偿，它体现了现代法治的基本要求——实体公正。"

（4）公开参与性

"以公共利益为由采取强制规划、征收、征用等特殊行政措施，会严重影响到公民的基本权利，必须做到决策和执行全过程的公开透明，依法保障行政相对人的知情权、听证权、陈述权、申辩权、参与决策权等程序权利和民主权利的有效行使。"

（5）权力制约性

"以公共利益为由强制克减和限制公民权利，极易造成政府与人民之间的紧张关系，尤其是在出现公共危机而行使行政紧急权力时更易于以公共利益之名越权和滥用公权力，因此，必须进行有效的监督制约。""除了把行使公权力纳入舆论监督、社会监督等民主监督视野之外，更需要加强对于这一公权力行使过程的违宪审查、司法审查、上级监督、专门监督等国家权力性监督。"

（6）权责统一性

"如果行使公权力后不承担责任，那么任何公权力掌控者都会滥用权力，故须完善相应的责任机制。当某个公权力掌控者以公共利益为由克减和限制公民的基本权利，之后通过监督机制判定所谓公共利益之理由不成立，则应严格追究且能够追究其责任，包括法律责任、政治责任、道义责任、社会责任，使其付出相应代价。"

2. 操作性识别标准

公共性的规范性识别标准，实际上是意思识别，因此，在实践操作层面，难以直接采用。为了在操作层面上实现公共性的识别，人们创设了公共性的操作性识别方法。这种操作性识别方法在相关法律、法规和政策规定中予以参与，"各国立法中关于公共利益的表述，主要有概括规定、列举规定、概括与

列举相结合的规定等三种方式,其共性是必须具有公众的或与公众有关的使用之内涵"。① 在具体规定和实施中,其主要体现为:

(1)概括性方法:对于公共利益的一般概括性定义,具有抽象性和概括性的特点。

(2)列举性方法:按照公共利益的具体内容进行列举,这是目前实体法操作中的经常性方法。比如,2011 年 1 月,我国国务院公布施行的《国有土地上房屋征收与补偿条例》第八条对符合公共利益的具体内容作了列举式规定。

(3)概括方法加上列举方法。

3. 不同学科类型和方法的公共性识别

所谓不同类型的公共性,主要是指从不同学科和方法出发,根据特定的机制和特征形成的公共性的识别方法和标准。

(1)政治意义上公共性

其一,民主政治意义上的公共性。特定事务、特定决策、特定规则和特定结果是否具有公共性,甚至在多大程度上具有公共性,通过民主政治的方式来确认和确定。就现代社会组织生活来看,这种民主政治的确定和识别方式,主要是多数人的意志要求,通常采取投票或者表决方式予以确认和形成,据此可知,多数决的结果是公共性的识别标志。与此同时,在现代社会政治生活中,协商民主也是民主政治的重要方式,协商民主以公共决策、民主管理和民主监督作为切入点,以公开公平的公众有序参与和多种意见表达协商作为运行形式,由此达成共识。因此,协商民主达成的共识,也是政治上识别公共性的标准。

其二,多元主义民主意义上的公共性,多个利益集团的谈判和妥协,形成公共性。

其三,公民权实现意义上的公共性,即公民正当的权利,通过实体正义和程序正义得到维护和实现,实际上体现着社会公共价值得到实现,所以,也可以认为社会公共性得到了实现。

---

① 　莫于川:《私有财产权的保护与行政补偿法制的完善》,《浙江工商大学学报》2005 年第 2 期。

（2）治理意义上的公共性

治理意义上的公共性的理论阐述，以中山大学的王乐夫教授等为代表，据其阐述，治理意义上的公共性主要体现在如下方面：

其一，治理主体的公共性。政府和社会公共组织共同构成治理主体。特定市场主体也可以成为公共性实现主体。治理主体具有不同于其他私域组织的根本特征，主要表现在组织的代表性、行为的公务性、宗旨的公益性、权力的法定性等方面。

其二，治理价值的公共性。与一般意义上的管理把如何经济地和富有效率地实现管理目标不同，公共治理的价值观更主要体现在平等、正义、公平、民主、伦理以及责任心等方面。

其三，治理手段的公共性。公共治理是管理主体运用公共权力实现管理目标的社会活动，因此，公共权力是公共管理活动的后盾和基础，公共权力的公共性充分体现了治理手段的公共性。

其四，治理对象及目标的公共性。治理客体或对象是公共事务，即国家公共事务、政府公共事务和社会公共事务，无疑它们均具有鲜明的公共性。[1]

（3）经济学消费意义上的公共性识别

其一，按照经济学的公共产品理论，公共产品消费的非竞争性、非排他性两大指标的排列组合，形成公共性与私人性的区别。

所谓消费的非竞争性，是指在总量既定的情况下，新增一个消费者不会减少原有消费者对该物品的消费水平，新增一个消费者的边际成本为零。这意味着，许多人可以同时等量消费这种公共物品，任何一个人对该物品的消费水平就等于该物品的总体水平，个体的消费是以公共物品这个整体为单位进行的，而不是把整体切割成像私人物品那样的个别单位进行消费。

消费的非竞争性和收益的不可分割性可用如下公式[2]表达：

---

[1]　王乐夫、陈干全：《公共性：公共管理研究的基础与核心》，《社会科学》2003 年第 4 期。

[2]　有关纯公共物品消费的非竞争性、效用的不可分性有多种数学表达方式。前一种表达（即 X = Xi）可参阅（美）萨缪尔森的《公共支出的纯理论》一文，以及国内学界的概括，如许云霄编著：《公共选择理论》，第 74 页，北京，北京大学出版社 2006 年版。

$$X = X_i ; 或者$$
$$F(X) = F(x_1) = F(x_2) = F(x_3) = \cdots\cdots = F(x_n)$$

所谓消费的非排他性,是指无法或难以排除(包括不付费者在内的)任何人享用该物品,这或许是因为排他技术不可行,或许是排他技术可行但由于成本太高而不值得,也或许是没必要排他。

其二,根据某一物品所具有的非竞争性和非排他性程度,人们常常把不同物品区分为纯公共物品、准公共物品、混合物品和私人物品。

纯公共物品是严格地具有消费的完全非竞争性和非排他性的物品和服务,如国防、法律、大气保护、治理规则和制度、社会秩序。

纯私人物品在理论上是指具有消费的完全的竞争性和排他性的物品和服务,如衣服、家用电器、食品、化妆品、私人汽车等等。

准公共物品介于二者之间,它具有外部效应,但只在一定程度上(非严格地)具有非竞争性和非排他性,或者只具有其中一个特征。据此,人们一般把准公共物品主要区分为(但不限于)两类:排他性较强而竞争性较弱的俱乐部物品;竞争性较强而排他性较弱的共有资源。

五、公共性的实现途径和机制

在社会生活中,公共性如何加以实现呢?

从人类社会发展的历史过程来看,人们会在两种状态下实现利益要求,即有序状态和无序状态。在政治学或法学中,所谓无序状态其实就是所谓"自然状态",即非人为设计的状态,在这种状态下,不存在人为设计和强制实施的制度规则。虽然不少西方近代自由主义学者把自然状况描绘成理想的美好状态,但是,实际上,在这种无序状态下,社会生活中的公共性是不可能得到实现的。不仅如此,历史和现实经验还表明,无序状态下的社会价值、资源和成果的分配是混乱和不公平的。在这种状态下,谁能够得到社会财富的较大份额呢?研究表明,主要有三种人可以得到社会财富和劳动成果的较大份额,主要包括强势阶级、阶层或者集团、具有区位优势的群体和善于利用欺诈手段的人们。今天,在我们的社会和管理制度不完善的某些地方,就存在着强势群体、据有区位优势和依靠欺诈手段获得额外利益的人。

既然在无序状态下社会成员不可能公平公正地获得利益,公共利益或者社会的公共性也就更加得不到实现,这就需要设计秩序状态,以人为设置的制度规范和机制,实现公平性和公共性。所以,人类社会的有序状态是人为的制度和机制设置造成的,是人类智慧和文明的体现,这种文明其实是制度文明形成的社会文明,即以制度和规则来规范社会成员的行为,实现社会成员的利益要求和社会公共性。

由此可见,公共性只有在社会有序状态下才能得到实现,就人类设计的秩序制度和机制来看,迄今为止主要是政府、市场和社会自治机制。

1. 政府方式和和机制

实现公共性的政府方式就是政治权威方式。所谓政治权威方式,用政治学的语言来说,就是合法强制方式。这就是说,它是依靠外在社会的力量进行强制的方式,但是,这种强制又是得到社会公众(至少是绝大多数社会成员)认可和同意的,所以,这种强制是合法的强制和权威性强制。

政府机制是实现公共性的天然和法定的承担,政府具有政治合法性、正当性、巨大的公共资源、强有力的公共权力和国家信用意义上的公共权威,所有这些,都使得政府具有实现公共性的巨大优势。所以,社会生活中的公共性的实现首先和主要依赖于政府。政府实际上是公共权力的组织体现,政府权力之所以被称为公共权力,政府之所以被称为天下公器,其中主要原因之一,就是它以公共利益作为自己建立合法性的基础、有效运行的依据和努力实现的目标。

但是,经验性的研究表明,在实际生活中,运用政府的政治权力实现公共性,也存在着不足之处,这就是人们通常所说的政府的缺陷问题。在公共性的实现意义上,归纳起来,这些缺陷主要有五方面:其一,公共权力的决策存在缺陷。政府的决策主要有政治或者官僚等精英决策、大众决策和利益集团决策等形式。就这三种公共决策方式看,无论逻辑的分析还是经验的分析都显示,切实全面真正实现公共性都存在问题。精英决策无法保证分配是公正的,因为如果让一个人或者几个人去分蛋糕,就产生了政治中所说的委托和代理关系,保证这种委托和代理关系的公共性,是政治生活的重要难题。实际上,这一问题迄今为止并没有得到很好解决。大众决策就是通过投票方式决策,即通常说的直接民主方式。投票理论的研究和分析表明,这种票决民主也存在着非公共性缺陷:公民投票原本是民主的机制设计,但是,在投票过程中,存在着违背其制度设计初衷的许多悖论,比如利益相关者互投赞成票等等。其二,政府掌握的信息存在缺陷。政府掌握的信息或者不充分,或者由于权力导向或者政府层级约束,而使得政府的信息失真甚至严重扭曲。其三,政府公共决策和决策实施效率低下。公共性事务的处理,具有垄断性和排他性,因此,政府权力提供公共产品和公共服务、实现公共性的活动,常常是高成本而低效率的。其四,政府机制使得权力存在寻租机会。其五,政府机制具有内部性。所谓政府组织的内部性,就是政府部门具有扩大组织的内动力,趋向使部门预算最大化、部门利益最大化、部门组织机构与权力不断扩展。

2. 市场方式和机制

市场方式,就是平等自主的交换方式。以市场方式实现公共性,实际是把市场机制引进公共领域。时下时髦的新公共管理理论,其基本取向实际上在于以市场机制实现公共性。按照这种理论,可以把政府的管理行为看作企业的市场行为,按照市场规则和方式,要求政府和政府官员设计政府运行机制。与此同时,对于政府内部组织结构、运行机制和工作流程进行企业化的改造。

实践表明,市场机制可以由政府用来实现社会生活的特定公共性。市场机制对于公共性的实现具有特定效用,尤其是特定的公共事务,比如准公共事务,可以通过政府运用市场机制予以实现。而准公共产品的供给,也可以由市场主体即企业承担。

但是,人们很快就会发现,把市场机制用于实现公共性仍然有其重大缺陷。市场机制本身是一种私人理性机制,而公共性要求公共理性机制,私人理性不可能提供和实现公共理性。同时,市场机制不能而且不会提供纯粹的公共产品以实现公共性。此外,市场只有效益一种价值,而公共性需要实现民主、公平、正义、公正等多种公共价值。如果以市场机制改造政府,固然可以实现它的经济价值,但无法实现社会公平和正义等价值。至于作为市场主体的企业缺乏公共服务和公共产品供给的政治合法性,缺乏可以进行公共责任追究的属性等等,更加使得市场具有实现公共性的天然缺陷。

3. 社会组织自治方式和机制。

既然政府和市场方式和机制都存在缺陷,于是,人们创设和发明了实现公共性的第三种方式和机制,即社会组织自治方式和机制。社会组织和社会自治方式的核心运行特征是社会成员,尤其是当事人和利益相关者以协商的方式达成共识,进而实现社会的公共性。正因为如此,社会组织和社会自治机制实际上是社会内部的自组织和自运行行为。社会组织自治的优势主要在于,它们贴近社会成员的日常生活,相当了解特定公共利益的内容和实现方式,具有一定的公共专业服务知识和能力,公共服务供给的效率相对较高。但是,它在实现社会公共性的同时,对于社会自身也有着较高的要求。首先,它对于庞大的政治共同体,有其规模和层次上的要求;其次,社会组织和社会自治机制需要基本的预设条件,即社会资本条件,也就是人与人之间形成合约前后必须建立和维持信用关系、社会存在人们正常交往的社会联系网络。此外,以社会组织和社会自治机制实现公共性,在运作过程中也需要公共资源和相关社会资源的支撑。

除此之外,目前,社会实现公共性的途径还有志愿者方式和机制,不过,就目前情况看,志愿者方式和机制还只是其他三种方式和机制的补充。

以上三种方式和机制是目前人们设计的实现公共性的基本途径选择。理论分析和实践经验都表明,这三种方式和机制各有千秋,也各有缺陷。所以,在当今社会,供给公共产品和公共服务以实现公共性的运行过程中,基本上三种方式和机制都采用,同时,又把三种方式和机制限定于其特定功能限度范围内,并且对于其相关的不足之处给予一定的弥补。比如,人们一般认为政府方式和机制的缺陷和不足,可以通过市场方式和机制加以弥补,其具体体现为以市场提供准公共产品,而由政府提供纯公共产品。而针对市场方式和机制的不足,把市场限定在其特定功能限度范围内,运用政府或者社会自治方式和机制弥补其不足。对于社会自治方式和机制的运行,在特定公共利益要求和特定历史阶段上,往往也会把社会自治方式和机制的作用限定在特定范围、特定层次和特定产品方面,而因为社会自治需要特定社会条件、资本和规则的支持,所以通常用于特定公共性实现方面,比如公共资源,如森林、草场、河流等的保护和开发方面。

与此同时,现代社会力图把三种方式和机制有机结合起来以实现公共性,由此就产生了政府与企业的公私合作提供公共产品和公共服务的伙伴机制、政府与社会组织合作提供公共服务的机制、政府把公共服务的生产和提高外包给企业或者社会组织的机制,如此等等。当然,这些组合方式和结合机制对于公共性实现的效果,还需要实践的检验和不断的发展。

（原载《集思录》,知识产权出版社 2008 年版,收入本文集时进行了补充和修订）

以治理民主实现社会民生①

——我国行政信访制度政治属性解读

一、行政信访制度属性不同看法辨析

行政信访，是指公民、法人或者其他组织采用书信、电子邮件、传真、电话、走访等形式，向各级人民政府、县级以上人民政府工作部门反映情况，提出建议、意见或者投诉请求，依法由有关行政机关处理的活动。② 规范这些活动的制度，即为行政信访制度。

行政信访制度是我国特有的政治制度，"信访是具有中国特色的民主实现和权益救济制度，信访制度所依托的政治文化、意识形态以及信访制度的设计、运作、功能都具有中国特色。"③

在我国，行政信访制度自建立至今已经具有长达 60 年的历史。1951 年 6 月 7 日，政务院颁发《关于处理人民来信和接见人民工作的决定》，④作为第一部规范信访活动和信访工作的行政法规，对于行政信访制度的建立具有奠基价值。《决定》颁布后，各级党委政府制定了一系列有关信访工作的指示、办

---

① 本文是北京市信访研究中心项目《信访工作的定位、性质和作用的再审视和深度研究》（2011XF01）和国家哲学社会科学重大项目《科学发展观与政府管理改革研究》（04&ZD015）研究成果。

② 国务院：《信访条例》（2005 年），第一章第二条。

③ 薄钢：《新形势下首都信访工作的理论探索与实践思考》。见北京市信访矛盾分析研究中心：《信访与社会矛盾研究》（创刊号），第 41 页，2010 年。

④ 中央人民政府法制委员会编：《中央人民政府法令汇编》（1951 年），第 23—24 页，北京，法律出版社 1982 年版。

法等规章,作为制度体系的信访制度逐步得以确立。此后,信访制度经历了曲折发展,至今成为中国政治制度体系的重要组成部分。

尽管如此,关于我国行政信访制度的政治属性,无论在历史的变迁过程中,还是在当前的理论认知中,都存在着不小的差异和分歧。

从历史发展的过程来看,行政信访制度自建立至今,经历了若干不同的历史发展阶段,其政治属性也随之不断嬗变:起初,各地方政府的信访机构虽然有不同的名称,如"信件组"、"秘书科"、"问事处"、"人民接待室"等,但是,其基本政治属性大都被认定为"传达室"、"收发室",担当着领导与群众之间沟通信息的"秘书"角色。此后,在运动政治的背景下,信访制度曾经被定位为传达政治领导意图,激发人民群众的政治积极性,发动人民群众展开和参与政治斗争、揭发他人政治问题的运动政治机制。"据统计,1979 年中央联合接待室接待来访 18 万余人次,中办国办受理群众来信 108 万余件,创历史最高纪录。"[1]改革开放后,信访成为复查"文化大革命"冤假错案,平反纠正恢复干部群众名誉和待遇的特殊"政治遗案复审复核"的重要接办机构。20 世纪 80 年代以来,信访制度逐步得到健全,其功能不断调整,有学者将其称之为"安定团结型信访"。[2]

随着我国社会改革开放的深入发展,社会矛盾和问题凸显,2003 年以来,信访活动多次出现高潮,由此引发了人们对于信访制度的研究和讨论,并就这一制度的政治属性形成了多种看法,[3]其主要包括:

1. 行政信访制度是"党与政府联系人民群众的桥梁",[4]是"密切联系群众的重要渠道"。[5]

---

①　周梅燕:《中国信访的制度困境及出路》,中国选举与治理网,http://www.chinaelections.org/Print-News.asp? News。

②　应星:《新中国信访制度演变》,《山东人大工作》2004 年第 1 期。

③　田文利认为信访制度具有四方面属性:1. 相对于人民而言:信访是综合的、建构形态的民主机制;2. 相对于国家权力机关体系:信访是三位一体的"免疫"机制;3. 相对于法治运作过程:信访是"反思—改错"的"再处理"机制;4. 相对于国家整体功能:信访是国家伦理的检验标尺。见田文利:《信访制度的性质、功能、结构及原则的承接性研究》,《河北法学研究》2011 年第 1 期。

④　陈昂辉、耿艳苹:《对当前热点信访问题的冷思考——论党和政府联系人民群众"桥梁"的重构设想》,《法制与社会》2010 年第 7 期。

⑤　左芷津:《加强信访研究　化解社会矛盾》,载张宗林主编:《首都信访创新与实践》,第 166 页,北京,中国民主法制出版社 2011 年版。

2."信访制度本质应当是收集和传达老百姓民意的一种制度设计,相当于一个秘书的角色。"①

3. 信访是社情民情的"晴雨表",在社会政治生活中的功能主要在于,显示社情民情实际状况,显示社会生活焦点、难点、重点。为此,"应当把深入了解民情、充分反映民意、广泛集中民智,作为信访工作的方向以保证信访民主渠道的畅通"。②

4. 信访制度是实现公民权利,尤其是实现公民权利救济的制度。③

5. 信访制度是民主政治的有机组成部分,"信访制度不仅是公民的一种权利救济手段,也是其监督、制约国家权力的手段"。④ 同时,信访制度也是通过信访人的权利主张和要求,实现相关公共政策制定和调整的机制。因此,"信访是综合的、建构形态的民主机制"。⑤

由于行政信访制度的政治属性是这一制度的地位功能确定、体制机制变革甚至废立除留的基本前提和基础,因此,正确解读这一制度的政治属性,不仅对于正确认识行政信访制度的特点及其发展具有现实意义,而且对于藉此把握我国治理方式具有重要价值。

就其基本视角来看,关于信访制度政治属性的这些看法,实际可以归结为两个方面:一是从政府对于社会的有效治理出发确认信访制度的政治属性,以上第1、2、3点看法秉持这一视角,它们实际体现着"国家中心"的立足点;二是从社会和公民对于公共权力运行的民主主张出发确认信访制度的政治属性,以上第4、5点看法的基本视角具有"社会中心"的特点。

马克思主义认为,"辩证法在考察事物及其在观念上的反映时,本质上是从它们的联系、它们的联结、它们的运动、它们的产生和消逝方面去考察的"。⑥ "统一物之分为两个部分以及对它的矛盾着的部分的认识……是辩

---

① 魏金广、李建胜、刘佳:《信访制度何去何从》,中国法院网 2005 年 1 月 30 日,http://www.china-court.org/public/detail.php? id=148708。

② 肖萍、胡汝为:《信访性质辨析》,《法学杂志》2008 年第 4 期。

③ 董鑫:《从信访的权利性质看制度定位》,《理论学刊》2006 年第 6 期;李俊:《从公民权利救济角度看我国信访制度改革》,《求索》2007 年第 6 期;周永坤:《关于信访的对话》,中国选举与治理网,http://www.chinaelections.org/NewsInfo.asp? NewsID=208544。

④ 陈红梅:《解读信访制度》,《学术界》2005 年第 6 期。

⑤ 田文利:《信访制度的性质、功能、结构及原则的承接性研究》,《河北法学研究》2011 年第 1 期。

⑥ 恩格斯:《反杜林论》,见《马克思恩格斯文集》,第 27 页,北京,人民出版社 2009 年版。

证法的实质。"①据此可知,包括政治制度在内的社会现象的本质属性,通常存在于相关社会现象的对立统一的联系中,只有对这些联系展开分析,才能确认特定社会现象的本质属性。就此而言,"国家中心"与"社会中心"的考察视角,都失之偏颇和片面,而从国家与社会的辩证关系出发,方是准确解读我国行政信访制度的政治属性的正确途径。

二、行政信访制度的政治属性解读

基于国家与社会关系的分析视角,笔者对于我国行政信访制度的制度基础、基本功能和内含价值进行辩证分析,由中求证和解读我国行政信访制度的政治属性。

首先,关于行政信访的制度基础的辩证分析。

相关研究表明,行政信访制度具有建立和运行的思想、法律、政治、社会和文化等多方面基础,其中包括党的群众路线理论;我国现行《宪法》第41条和相关行政法规的法律基础;②保证社会政治稳定,强化执政党执政基础和合法性,实现有效治理的政治要求;解决社会矛盾和问题,协调各种各样利益关系的社会基础;行政信访制度相比立法、司法等其他制度的良好预期比较成本收益;我国传统政治制度中的直诉制度形成的传统政治文化基础,如此等等。③

综合这些研究,并且把这些诸多要素置入国家与社会辩证关系的结构性视角,则可以发现,信访制度的基础实则可以归纳为国家和政府需求、社会和

---

① 《列宁专题文集(论辩证唯物主义和历史唯物主义)》,第148页,北京,人民出版社2009年版。

② 《中华人民共和国宪法》第41条规定:"公民对于任何国家机关和国家工作人员,有提出批评和建议的权利;对于任何国家机关和国家工作人员的违法失职行为,有向有关国家机关提出申诉、控告或者检举的权利,但是不得捏造或者歪曲事实进行诬告陷害。对于公民的申诉、控告或者检举,有关国家机关必须查清事实,负责处理。任何人不得压制和打击报复。"这一规定通常被认为是信访制度建立和运行的宪法依据。

③ 关于信访制度建立和运行基础和原因的分析,参见耿瑞珍:《现阶段信访制度存在的合理性研究及改革构想》,《决策探索》2006年第9期;易虹:《宪政体制下我国信访制度功能的重构》,《求索》2007年第4期;张曙光:《信访制度存在的基础及其功能定位》,《经济研究导刊》2011年第2期;何宇欢:《行政信访制度基础初探》,《哈尔滨学院学报》2011年第4期。

公民需求这两个相互辩证联系的基本方面：

从执政党和政府需求的角度来看，建立和运行信访制度的政治出发点是为了党和政府应人民利益要求有效地治理社会。这种治理的有效性集中体现在，信访制度的建立和运行有助于深化执政党执掌政权和政府实现治理的政治合法性，有助于强化社会成员对于党和政府这一公共权力主体的政治认同，有助于强化政治体制机制运行和方针政策的实施效度。与此同时，这种治理的有效性还在于，维护社会政治稳定和秩序，化解社会冲突和矛盾，消除社会风险和危机。

从社会和公民需求的角度来看，行政信访制度存在和运行的根本出发点，在于公民的民生需求，在特殊历史条件下，这一需求还会发展为公民私人权利救济的民生需求。信访制度为社会成员和公民的民生需求和权利救济提供了公共权力期望寄托和代理委托，因此，在信访制度上，与公民民生要求和私人权利实现相伴随的，是公民对于公共权力治理运行的民主要求，尤其是对于与其民生要求和权利主张直接相关的政府体制机制、行为和方针政策的公民政治权利要求。

就其相互联系来看，国家与社会的这两方面需求既是相互矛盾的，又是相互统一的。它们的矛盾性体现为国家治理的公共性与社会成员要求的私人性之间的矛盾、国家实现需求的权力性与公民实现要求的权利性之间的矛盾。而它们的相互统一性则在于，国家治理权力的公共性，是通过公正合理地实现社会成员权利的私人性而体现的；而公民权利的私人性，则是通过要求国家权力遵循治理规则的公共性而实现的。在此，国家与社会呈现相互依赖、相互印证、相互转变、相互即是的同一性关系。这种辩证关系，奠定、造就和巩固了我国行政信访制度的结构性复合基础。在此基础上，政府从治理社会出发，遵循公民民主权利要求，藉由这一具有治理民主特性的制度，转化乃至归宿为包含公民权利救济在内的社会民生的实现。而在此基础上，公民从民生要求和权利主张出发，通过信访制度的治理民主，达成私人权利和社会民生要求，并且表达或者实施了公民的特定政治权利。

其次，关于行政信访制度基本职能的辩证分析。

我国的行政信访制度建立之初，承担的基本职能是党和政府联系人民群众、了解社情民意、满足人民正当合理要求、监督政府工作。在漫长的岁月中,我国行政信访制度的职能发生了多次变迁。①

进入新世纪以来,我国的行政信访制度已经承载着多重复杂的职能和功能,其中包含着维护政治稳定、实施综合治理、化解社会矛盾、表达民意要求、实施权利救济、监督政府工作等。显然,就其基本属性来讲,这些职能组合中既包含着党和政府领导和管理国家的政治、行政和社会职能,也包含着公民政治和社会权利的主张和实现职能;就其范围和领域来看,这些职能涵盖了公共权力体系内部职能与外部职能;就其实际内容来看,这些职能汇合了立法、行政、司法的广义政府政治职能;此外,这些职能还在一定程度上包含了参政党和政治协商的职能。

为厘清信访制度的这些职能,学者对于我国行政信访制度的职能进行了学理划分,在这其中,相关研究指涉十项职能、②四项职能③或者五项职能。④此外,也有学者把信访制度的功能概括为两个方面,即政治参与和权利救济。⑤ 关于信访制度职能的这些划分和论述,具有不同的角度和合理性。不过,在确定行政信访制度职能时,需要明确的是,作为特定行政制度,行政信访制度并非简单和传统意义上以行政理性效率为单一取向的行政制度,因此,人们不应以传统的政治与行政两分法的眼光来确定行政信访制度的应然职能,也不应把民主、效率和公正等价值分别圈限于立法、行政和司法体系并且以此作为单一标尺,来衡量行政信访制度的多维职能。实际上,如上所述,

---

① 倪宇洁:《我国信访制度的历史回顾与现状审视》,《中国行政管理》2011 年第 11 期;胡双:《历史视角下的信访制度变迁与信访制度改革》,《法制与社会》2011 年第 21 期。

② 这些职能包括利益表达功能、利益综合功能、利益和信息沟通功能、政府协调功能、问题解决功能、工作督查功能、社会公民监督政府工作职能(行政监督)、参与决策与政策制定、调整、变更和中止职能(民主决策)、社会民情预测和预警功能、危机处理功能。相关研究参见张修成:《1978 年以来中国信访工作研究》,中共中央党校博士论文;肖萍:《信访制度的功能定位研究》,《政法论丛》2006 年第 6 期;湛中乐、苏宇:《论我国信访制度的功能定位》,《中共中央党校学报》2009 年第 2 期;崔卓兰、王欢:《行政信访制度的功能定位与制度完善》,《广州大学学报》2009 年第 2 期。

③ 有学者认为信访制度的职能包括:实现民主,理性反思,高度整合社会,保障制度安全,防范风险,保守国家伦理价值,参见田文利:《信访制度的性质、功能、结构及原则的承接性研究》,《河北法学研究》2011 年第 1 期。

④ 有学者认为,信访制度具有政治参与、权利救济、权力监督、信息沟通和调节矛盾的职能,参见尹达:《论信访制度的功能、挑战及思考》,复旦大学硕士学位论文,"第二章信访制度功能变迁及理性分析"。

⑤ 于建嵘:《中国信访制度批判》,《中国改革》2005 年第 2 期;胡星斗、任华:《废除信访制度的建议书》,http://www.huxingdou.com.cn。

既然我们把行政信访制度本身视为国家与社会的特定联系方式,那么很显然,行政信访制度是国家与社会、政府与公民的双边授权制度,其职能本质上是国家与社会、政府与公民辩证关系的逻辑延伸,是行政信访制度对于这种关系的双边政治效用,由此出发,行政信访制度具有如下基本职能:

(1)国家公共权力与公民权利的双边代表和代理职能。作为具有国家与社会、政府与公民双重人格和特性的制度安排,行政信访制度本身既是国家和政府的代表,又是社会和公民的代表,因此,具有公共权力与公民权利的双重代表和代理职能。相对国家和政府,信访制度代理公民民生要求和民主主张,相对社会和公民,信访制度代理国家和政府的民主治理要求。

(2)国家公共权力与公民权利的双边显示和映现职能。行政信访制度具有镜现、反映和直射社情民意和党情政情的双重功能。执政党和政府通过这一制度真实确切地了解社会关系、社会矛盾和社会管理的重点、热点、焦点和难点,藉此把握社会的脉动,并且通过这一制度所反映和体现的社会民生问题,透析和知晓自身民主政治和权力运行的实际状况和发展方向。而社会和公民则藉由这一制度及其实现社会民生的实际状况,切身感受和了解党和政府治理社会的政策方针和民主程度,直接触摸我国社会主义民主法治的程序和实质正义,悟知政治运行的真实。

(3)国家公共权力与公民权利的双边联系和对接职能。首先,信访制度具有国家与社会之间的联系职能,主要体现为两者之间的双边沟通、协商和吸纳职能;其次,这一制度安排具有国家与社会主张和要求的转换职能,通过这一制度安排,把国家、政府的主张要求转换为对于公民的行为要求,又把公民的权利要求和主张转换为国家和政府的行为和政策方针;第三,这种联系和对接体现为国家与社会关系藉信访制度实现相互促进的职能。从本质上讲,我国行政信访制度的规范要求和取向,在于优化国家与社会之间的关系,因此,多方面促进两者之间的良性互动,即是这一制度安排的重要职能。

(4)国家公共权力与公民权利的双边规范和约束职能。通过信访制度,国家与社会、政府与公民实现相互约束,使得公民以信访形式,监督政府、事业单位或者社会组织的公务人员相关职务行为,实现政治权利,约束政府公共权力,使得政府以治理民主实现公民民生要求。由此,"作为国家权力主体的公民直接参与到政府行使政权的过程中,以防止行政权的滥用便是一种历史演进的必然逻辑"。① 与此同时,国家要求"信访人在信访过程中应当遵守法律、法规,不得损害国家、社会、集体的利益和其他公民的合法权利,自觉维护社会公共秩序和信访秩序",②以此约束公民的权利实现行为。此外,信访制度对于政府工作人员与公民的双边约束,还体现在信访的双边究责方面。③信访制度正是通过政府与公民两者之间的双边规范和约束制衡,逐步实现治理的民主和法治化,培育公民精神,达成公民民生要求和权利主张及其行动的理性化。

（5）国家公共权力与公民权利的双边均衡和适配职能。通过行政信访制度,不仅促进公共权力的民主和法治发展,促进公民民生和权利的成长发育,同时积极促进两者之间在发展过程中的均衡和适配性,使得国家治理与民主同步成长,公共权力有效程度与公民权利实现程度同步发展,公共治理的民主程度与民生达成的程度同步实现。

由此可见,我国行政信访制度正是以对于国家与社会、政府与公民关系的这些双边辩证互动职能,使得我国的治理民主与社会民生得以有机结合和交互促进。

再次,关于行政信访制度内含价值的辩证分析。

政治制度不仅是政治权力或者公民权利主体运行的规则依托,而且是政治权力或者公民权利的内在价值主张的规范体现和汇集。据此可知,行政信访制度不仅是国家与社会、政府与公民的双边授权制度,而且是其双边赋值制度,其政治属性也蕴含在其内在价值及其相互关系方面。

关于行政信访制度的内含价值,相关研究亦有不同探讨。有学者分析了信访制度作为中国特色社会主义法治的制度安排,认为其价值取向应该是"以人为本"的民主理念、"程序正义"的法治理念和"方便快捷"的效益理念。④ 有学者分析信访制度功能的主导性价值时认为,信访制度的价值主要

---

① 孙学玉、杜万松:《政治民主向行政民主拓展的逻辑与保障》,《中共中央党校学报》2004 年第 3 期。

② 国务院《信访条例》（2005 年）,第三章第二十条。

③ 国务院《信访条例》（2005 年）,第六章法律责任。

④ 卿红:《法治中国信访制度之价值取向》,《法制与社会》2010 年第 6 期。

在于权利的保障、秩序的维持和正义的实现。① 也有学者认为,"公正价值是信访制度建设的根本和灵魂",为此,"公正价值观的确立是信访制度合理性存在的重要支点"。②

就这些观点来看,它们对于行政信访制度内含的价值确认,明显存在着特定的预设性前提,即认为行政信访制度是特定的法治制度。正因为如此,它们对于信访制度内含价值的确认,只是在法制精神和原则意义上进行的。这些观点对于人们认识行政信访制度的法治属性和价值无疑具有重要意义,不过,作为中国特色的政治制度,行政信访制度内含的并不仅仅是法制意义上的价值,而作为具有公共性的行政管理制度,行政信访制度也不仅仅具有单一价值,因为在公共生活中,"一项制度可以兼容多种价值,多项制度产生合力又对多元价值的实现有着更大的助推"。③

拓展行政信访制度内含价值的分析,需要把法制价值分析视角转换为国家与社会关系分析视角,在社会公共政治生活管理意义上,从国家与社会两个维度的双向叠加赋值、相互矛盾而又相互协同出发,辩证分析行政信访制度的内含价值。由此分析,行政信访制度内含价值具有如下辩证统一的构成内容和特点:

(1)公益与私益价值的矛盾统一。在社会公共政治的背景下,作为公共行政制度构成的行政信访制度,具有根本的公共利益价值属性。另一方面,作为满足和实现公民权利诉求的特定行政制度,行政信访制度在实现公民关于公益诉求的同时,更多地是满足和实现公民的私益诉求。在这其中,公共利益与私人利益的矛盾性是显而易见的。不过,公益性与私益性之间也存在同一和促进关系,公益性按照公共性规范予以实现,往往是私益性得到合理实现的前提。而私益性的合理实现,又会成为公益性得以强化的基础。实际上,这种矛盾统一关系的核心,在于两者合理平衡于制度化的公共理性,这就使得公益价值与私益价值的矛盾统一联系,复合内含于代表和体现公共理性的行政信访制度,要求信访工作"正确处理最广大人民的根本利益、现阶段群众的共同利益和不

---

① 凡飞:《从信访制度价值看其制度功能》,《今日湖北(理论版)》2007年第5期。
② 孙仲阳、翁晓会、王文菲:《公正价值视野下我国信访制度的发展与完善》,《湖南工业大学学报》(社会科学版)2011年第2期。
③ 谭波:《论〈信访条例〉的多重价值解读》,《重庆科技学院学报》(社会科学版)2009年第10期。

同群体的特殊利益的关系,统筹兼顾各方面群众的利益"。①

（2）秩序与自主价值的矛盾统一。一般来说,秩序和稳定是政治权力治理社会的内在价值取向和要求,作为行政管理权力制度体现的行政信访制度,在政治制度安排和设置意义上,天然具有秩序和稳定的价值追求和内含。不过,行政信访制度的独特性在于,它同时又是民主和民生权利实现意义上的治理制度,从社会和公民的维度出发,可以发现,社会和公民赋予这一制度以实现其法定范围内权利主张和要求的自主价值。

权力治理的秩序与权利实现的自主,在特定条件下具有相互矛盾性,在公正合理方面存在某些缺陷的政治秩序,可能妨碍公民权利的自主价值实现,由此使得治理的秩序价值也难以得到实现。另一方面,这两者之间又具有彼此促进和强化的联系,公正合理地保障、促进和维护公民权利自主价值实现的政治秩序,通常也会不断得到强化和实现。因此,公正合理的信访制度的设置和运行,实际正是双边价值理性互动的机制。

（3）权威与民主价值的矛盾统一。作为以科层制原则构建的行政管理制度,行政信访制度天然地具有权威的价值内涵,具有权威与服从的价值导向和运行规则。但是,作为政治权力与公民权利双重复合的制度,行政信访制度同样天然地具有民主价值,具有公民政治权利平等实现的民主导向和民意达成价值,诸如行政信访中吸纳公民政治建议和监督意见机制、对于信访问题的及时回应机制、接访和处理信访问题的责任机制等,无疑都是这些价值的制度体现。

相互排斥和矛盾是权威与民主价值的经常联系方式,但是,在现代社会政治和治理中,政治权力的权威又恰恰来自于社会公众的政治认同和民权的平等实现。与此同时,民主的实现同样需要权威的达成和贯彻,在民主的运行中,"民主制度必须是包容性的:它们必须接纳所有的利益、理念和认同……而且它们必须是权威性的:它们必须提供一个有效的机制,达成和贯彻共识"。② 选举民主、代议民主和法治民主固然是这样的机制,以沟通、协商、

<hr />

① 中央文献研究室编:《中共中央、国务院关于进一步加强新时期信访工作的意见》,载《十六大以来重要文献选编》(下),第961页,北京,中央文献出版社2008年版。

② John Gerring and Strom C. , Thacker, *A Centripetal Theory of Democratic Governance*, New York:Cambridge University Press, 2008, p.18.

监督为主要特征的治理民主,同样也是这样的民主机制。而在治理民主中,核心问题是"如何把对于民主的追求与对于权威的需求协同起来"。① 行政信访制度,则是这种价值协同的制度建构。

(4)效率与公正价值的矛盾统一。作为奉行效率为支配性价值的行政管理制度,效率和效益无疑是行政信访制度的重要价值内涵。行政信访制度中关于接访、处理、转达、督办机制、信访事宜"属地管理、分级负责、对口办理"、"谁主管、谁负责"、"依法、及时、就地解决问题与疏导教育相结合"的原则和信访绩效考核制度,如此等等,都在不同意义上体现着行政管理的效率效益价值。与此同时,行政信访制度也是公民权利实现的法律制度,为此,只有奉行和信守公正价值,才能达成信访制度的管理有效和优效性。

行政效率效益的价值与公正价值的相互排斥性,无论在程序正义还是在实质正义意义上,都客观存在于其相互关系中。行政运行的效率效益价值,常常具有忽视或者超越程序正义处理和解决问题的内在冲动,同时,它们也具有为了自我实现而销蚀实质正义的蔓延趋向。与此同时,在现代社会,行政效率效益不仅意味着成本/收益之比,而且包含着行政运行公平正义与否之比,失去公平正义的行政,其效率和效益也就失去了核心价值。就此而言,行政效率效益与公平正义又是相互依存和彼此促进的。行政信访制度的有效管理和依法治国的双重特性,实际荟萃了行政效率效益与公平正义的矛盾统一关系。

公益、秩序、权威和效率,构成了人们判别行政信访制度内含的治理价值依据,而私益、自主、民主和公平正义,则是人们识别行政信访制度内含的公民权利价值标志。在治理的意义上实行民主,在社会的意义上实现民生,是国家与社会、政府与公民赋予行政信访制度的双边复合意蕴,也是这些价值通过行政信访制度交汇形成的政治意义结构,正因为如此,有学者深刻指出,"信访制度是政府的良心机制之一"。② 因此,行政信访制度,既是这两组相互矛盾统一的价值的载体,又是实现其相互良性协调和统一的转换和合成机制。"价值是抽象的,但制度却是具体实在的,通过制度的设定达到价值的共

---

① Dwight Waldo, "Development of Theory of Democratic Administration", *American Political Science Review*, 46(1):82—103.

② 田文利:《信访制度的性质、功能、结构及原则的承接性研究》,《河北法学研究》2011 年第 1 期。

处是可行的、有效的。"①

综上所述,国家与社会、政府与公民的相互关系在行政信访的制度基础、基本职能和内含价值层面的互证和辩证显示,这一制度具有如下政治属性:

首先,行政信访制度是具有政治性格的行政制度。

从相关法律法规来看,行政信访制度原本是一项行政管理制度,是政府治权运行和实现的制度。但是,从实际情况来看,行政信访体系实际是执政党与政府合一的权力体系,我国党政关系的特点,使得行政信访体制并非纯粹的行政体系,而是具有政治性格的行政治权系统,这种政治性格集中体现在:行政信访制度是执政党实施科学民主依法执政,贯彻国家治理战略,维护社会政治稳定、安全和秩序的制度载体,因此,它是执政党的执政机制和政府行政机制的合成,是社会主义政治民主与行政民主的统一。另一方面,行政信访制度的政治性格,也体现为这一制度是信访人的民主民生权利主张和实现的制度安排,是信访人权利主张沟通执政党和政府制定、运行和调整相关政策过程,监督公职人员行为的政治途径。

由此可见,行政信访制度虽然是行政管理制度,但是,它却是负载着我国政党政治、政府政治和公民政治的特殊行政制度。民主政治与民生政治的双重互动和辩证作用,使得这一制度成为治理民主与民主治理交汇的制度,成为治理的政治和政治的治理融通的制度。因此,行政信访制度既是政府行政管理制度,也是国家政治管理制度。

其次,行政信访制度是具有国家与社会、政府与公民双重属性和人格的制度。

我国的行政信访制度位于政府与公民、国家与社会之间,以社会的公共治理与公民的权利实现作为制度基础,这就使得其具有国家与社会双边制度联系和对接的特点,具有政治权力与公民权利的双重政治属性。进而言之,信访的制度结构既是社会和公民的代表者和代理人,也是执政党和政府的代

---

① 谭波:《论〈信访条例〉的多重价值解读》,《重庆科技学院学报》(社会科学版)2009 年第 10 期。

表者和代理人,因此,信访制度和机构具有国家与社会双重人格合一和相互实现的政治特性。

新世纪以来,信访工作奉行以人为本的科学发展观,适如执政党所强调的那样,信访工作者应该"始终把人民利益放在第一位,切实把信访工作作为党的群众工作的重要组成部分、把信访问题作为现实的民生问题,带着对群众的深厚感情,更加积极地回应群众提出的合理诉求,更加主动地解决好群众的现实困难,使改革发展成果更好地惠及广大普通群众"。① 在不断发展和完善过程中,行政信访制度中的公民权利实现面向实际上正在得到逐步加强。

再次,行政信访制度是以治理民主实现社会民生的政治制度。

行政信访制度的双重政治属性和政治人格,在制度属性上是怎样有机结合为一体的呢? 对于行政信访制度的制度基础、基本功能和内含价值的辩证分析可以看出,行政信访制度具有公共权力的治权特性和承担功能的公共治理特性,同时也具有信访人私人权利期望通过公共权力得以维护、实现和救济的特性。② 在这其中,作为治权的行政信访制度的运行内容主要是实现社会民生,而公民在通过公共权力实现其主要体现为民生内容的私人权利时,又要求和约束政治权力的运用和运行遵循公民对其的民意要求、民主规则和公共价值,即实现民主的治理。如同政治学家罗伯特·A. 达尔(Robert A. Dahl)所论述的那样:"民主国家的一个重要特征,就是政府不断地对公民的偏好做出响应,公民在政治上被一视同仁。……为了让一个政府在一段时间里持续地对(政治上一视同仁)公民的偏好做出响应,所有的成年公民都必须拥有以下充分的机会:1. 明确阐述他们的偏好;2. 通过个人和集体行动向其他公民和政府表明他们的偏好;3. 使他们的偏好在政府行为中受到同等的重视,也就是说政府在考虑这些偏好时不因其偏好的内容或偏好由谁提出而加

① 周永康:《高度重视积极回应群众合理诉求　解决信访突出问题》,2011 年 7 月 21 日,国家信访局网站,http://www.gjxfj.gov.cn/gzyw/2011-07/25/c_131006643.htm。

② 需要说明的是,即使信访中存在特定组织或者群体维权的活动,其所维护的权利,相对社会公共利益而言,也是特定范围内的私权,在法律及其权利实现意义上,这些权利实际上现实地体现为私人权利。

以歧视。"①

需要指出的是,从实际情况来看,我国行政信访制度实现的社会民生,目前大多是公民权利救济形式的民生。而通过行政信访制度维护和实现公民的政治权利和其他社会权利方面,还存在很大发展空间。不过,行政信访制度的某些向度功能运行的实施绩效,并不会从根本上改变其政治属性。

三、行政信访制度:以治理民主实现社会民生的理论意蕴

对于行政信访制度政治属性的求证和解读,为解析民主与民生及其相互关系的关键性理论命题提供了基础和依据:

1. 民主与民生的基本含义

行政信访制度政治属性表明,所谓民主,实际是公民或者法人对于公共利益的主张权利的平等实现,而所谓民生,实则是公民或者法人、其他组织对于涉及其私人利益的权利的主张、维护、实现和救济。

行政信访制度的政治属性还表明,民主涉及政治领域和政治生活,民生涉及社会领域和社会生活。民主与民生虽然都是公民或者法人、其他组织这一主体的不同利益要求,但是,公民或者法人、其他组织在主张和要求民主和民生时,其政治法律意义上的角色实际是不同的。为此,可以认为,主张民主的权利行为与主张民生的权利行为,实则是同一主体的不同权利主张行为。

按照社会生活公共领域和私人领域两分法,民主与民生涉及的内容,分别分布于社会公共领域和私人领域。不过,在民主政治的制度设置条件下实现民生,实际上使得公共领域与私人领域的利益要求,呈现为同一公民主体的不同利益要求。在政治与法律层面,所谓民主与民生,不过是社会公民的政治权利与经济社会文化权利的主张、实现、维护和救济。而我国的行政信访制度,则以特殊的制度设置和运行机制把两者联系起来,合成建构的同一复合制度机制。

---

① Robert A. Dahl, *Polyarchy: Participation and Opposition*, New Haven, MA: Yale University Press, 1971, p.1.

2. 民主与民生的关系

对于行政信访制度政治属性的求证和解读,为人们理解民主与民生的关系提供了特定样本和依据。

民主与民生的关系,在社会利益构成和利益关系意义上,是公共利益与私人利益之间的关系;在法律和政治层面上,则是公共权力民主运行与公民私人权利合理维护、实现和救济之间的关系。

从本质上讲,行政信访制度是以公共权力实现、维护和救济个人权利和利益的制度安排。需要指出的是,行政信访制度首先并非社会成员实现公共利益要求和政治民主权利的制度安排,而是公民私人权益和社会民生要求得到实现的制度安排。行政信访活动分析显示,社会民生问题是信访的主要内容,"信访难点大部分都是民生热点,抓住了保障和改善民生这个关键,就抓住了群众工作和信访工作的现实着力点"。① 根据北京市信访矛盾分析研究中心的统计分析,"十一五"期间,北京市信访办信访量排名前十位的问题分别是:城市管理、拆迁安置、劳动社保、涉农问题、住房问题、社会建设、社会秩序、投诉举报、社会纠纷和环境保护,"有关这十类问题件批次占信访总量80%以上,人次占信访总人次的90%以上,在此期间持续不减,涉及民生、公共政策在各类问题中占比大"。②

与此同时,基于行政信访制度政治属性的解读,可以发现,如果作为公民私人权利维护、实现和救济的民生要求需要通过公共权力来实现,那么,民生要求的实现则需要以公民关于政治生活的民主权利主张及其实现为前提。

在社会生活中,民生作为公民私人权利的实现,并非都是需要通过社会政治机制或者治理民主机制实现的,民生也可以通过市场或者社会自治机制实现。不过,当社会民生需要通过政治机制来实现时,只有政治机制的民主运行,才能真正保障社会民生的充分实现。由此可见,通过民主实现民生,是通过公共权力实现公民私人权利的一种方式,而通过治理民主实现社会民

---

① 《周永康在全国用群众工作统揽信访工作经验交流会上强调,贯彻胡锦涛总书记关于群众工作重要讲话精神,使信访工作在更好地服务群众中发挥更大作用》,《人民日报》2010 年 11 月 24 日。

② 北京市信访矛盾分析研究中心:《"十一五"期间市信访办信访数据分析报告》,《北京市信访矛盾分析研究中心专题报告》2011 年第 1 期第 6 页。

生,则是这种方式中的特定路径,我国的行政信访制度,即是这种路径的制度安排。

3. 治理民主与社会民生的关系

从执政党和政府方面来讲,治理民主包含着优效治理和民主治理的权力要求。就行政信访制度来看,执政党和政府的治理,本质上是公共权力的治权行为和运行过程,是公共权力寻求的公益、秩序、权威和效率等政治价值的社会实现方式。另一方面,治理民主是以执政党的执政民主和政府的行政民主的方式来设置和运行的,或者说,行政信访制度是以民主管理为政治逻辑起点,在民主管理、民主决策和民主监督的环节上,在有效和优效治理的导向下,以党和政府执掌的治权及其运行的民主取向、民主规则和民主方式来实现社会民生要求的。这就是说,治理民主既不是以直接民主方式来实现公民的政治意志和要求的,也不是以代议者、执政者或者决策者的选举民主和票决更替的间接民主来实现公民的政治要求的,而是以执政民主和行政民主的有机结合,贯彻回应性、协商性、协调性、共识性和责任性原则,采行如下方式来实现其政治权利主张和要求的,即公民"对党和政府的工作积极献计献策"、"参与国家事务管理"、①参与和影响执政党和政府治理和行政过程,影响相关政策方针的制定和调整,监督、约束甚至纠正公职人员的行为方式和内容。显然,在这其中,公民的法定政治权利并非作为不可分割的政治逻辑在一次性政治过程中线性实现的,而是在民主治理的意义上,以相关权项选择性方式予以矛盾结合渐次实现的。具体地说,在行政信访活动中,公民启动和实现的政治权利,是公民依宪拥有的若干特定政治权项,包括知情权、参与权、表达权、监督权等权利。

从公民方面来讲,就其内容而言,公民的社会民生权利主张,基本是公民私人利益和要求,因此,在行政信访活动中,公民主张和启动的权利首先和更多的实际上并非主张公共利益的政治权利,而是主张私人利益的经济社会文化权利。不过,恰恰是这些涉及民生、主张私人利益的权利,触发和伸张着公民关于社会公共生活的政治权利,催发、贯彻、弘扬和实施着治理民主。

---

① 中央文献研究室编:《中共中央、国务院关于进一步加强新时期信访工作的意见》,载《十六大以来重要文献选编》(下),第 963 页,北京,中央文献出版社 2008 年版。

　　行政信访制度的政治属性显示,这一制度典型地体现着以治理民主实现社会民生的要求,从公民权利的角度看,治理民主与社会民生的关系,在这一制度运行中,集中体现为公民运用自己的政治权利,约束或者转换成为公共权力行为,进而实现公民的私人权利和利益。因此,行政信访制度,恰恰是同一主体即公民的两种权利在行政过程和社会治理层面上加以实现的机制。由此可见,在治理民主与社会民生的关系中,公民私人利益的实现、维护和救济,并非通过公民的直接权利主张和履行来实现的,而是通过公民对于政治权力的民主激发、推动、约束、监督、督促、督查来实现的。更加准确地讲,是通过对于公共权力中的治权的民主触发、约束和监督来实现的,它"给政治民主的存活与成长提供了坚实的土壤,也为实现民主的原初价值——最大限度地保障公民权利进行了鲜活的制度尝试和路径探索"。① 正因为如此,可以认为,行政信访制度是公共权力公民权利化、公民权利公共权力化的转换机制。

　　在民主政治制度运行和民主政治生活中,民主政治存在于政治运行和政治生活的各环节,"民主制中任何一个环节都不具有本身以外的意义,每一个环节都是全体民众的现实的环节;在民主制中,国家制度本身是人民的自我规定,是人民的国家制度,国家制度是人民存在的环节"。② 由此可知,国家治理过程和治理制度,同样是民主存在和运行的环节和制度,尤其是现代社会,国家政治和社会管理事务日益繁多、程度日益复杂、价值渐趋多元,民主政治不仅在选举制度、代议制度及其相关机构运行方面存在,也必然会在政府治理和行政的各个环节日益呈现,"民主政治的'正当性'基础是人民主权,这种理想具有道德的制高点,但是人民主权无法自行,需要在真实世界中落实的方法与能力,也可以说,除非民意被展现与实践,否则民主政治就会沦为空谈,人民需要有能力的'代理人'来实现民主,因此,民主政治需要另一个以行政管理为出发点的专业价值协助,它包括了专家各种实作知识的提供,以及管理众人之事的'官吏'或是'干部'的存在,作为实践民主理想的基础"。③ 正因为如此,在民主政治运行和公民权利实现方面,治理民主合理合法合成

---

　　① 孙学玉、杜万松:《政治民主向行政民主拓展的逻辑与保障》,《中共中央党校学报》2004 年第 3 期。

　　② 李光灿、吕世伦主编:《马克思恩格斯法律思想史》,第 143 页,北京,法律出版社 2001 年版。

　　③ 陈敦源:《民主治理:公共行政与民主政治的制度性调和》,第 22 页,台北,五南图书出版发行有限公司 2009 年版。

其他方面民主,构成彼此相辅相成的价值实现体系。而以治理民主实现社会民生,较之其他民主方式实现民生,更加具有中国政治特色的独特价值。"特别是对于信访来说,它具有立法、执法和司法都不具有的民主优势,因为信访是由人民自己提起的程序,这一点是实实在在的人民民主机制。"①

由此可以认为,社会民生的实现,重要途径之一在于治理民主的实现,而治理民主的运行,又恰恰是社会民生触发、促成和推进的,并且最终落实为社会民生的实现。政治权力的良政善治与公民权利的维护、实现和救济的相互联动、彼此转变和辩证结合,正是中国特色社会主义民主政治与民生政治互为因果、互动联系、互相转变的治理逻辑和实现特点。

以此反观行政信访制度,可知其政治属性得以通过体制、机制改进和政治实践最终完整证成的现实途径,并不在于行政信访制度的废立除留或者信访机构权能的分割转移,而在于发展完善我国根本和基本政治制度的同时,从建构国家与社会、政府与公民的理性与和谐互动关系着眼,从实现政治民主、治理民主与社会民生的有机结合着力,从执政党执政方式转变和国家治理多维价值的包容协调和均衡达成的体制机制改进完善和复合建构着手,不断完善和发展这一制度。

(原载《北京大学学报》〔哲学社会科学版〕2011 年第 6 期,《新华文摘》2012 年第 9 期全文转载)

---

① 田文利:《信访制度的性质、功能、结构及原则的承接性研究》,《河北法学研究》2011 年第 1 期。

政府培植市场体制职能引论

政府与市场的关系,是人们分析、论证和把握市场经济条件下政府经济职能的基轴。人们根据市场机制运行效应,分析了"市场的缺陷",如市场的外部不经济效应,市场对于供给公共产品的排斥性,市场经济导致贫富两极分化,市场经济对于某些社会价值和伦理的悖逆性等等,从而指出市场机制这只"看不见的手"作用的局限。由此出发,人们不仅论证了政府干预的必要性,指明"市场和政府这两个部分都是必不可缺的。没有政府和没有市场的经济都是一个巴掌拍不响的经济",①并且据此确定了市场经济条件下政府经济职能的具体事项,比如,提供公共产品,规制企业行为,消除市场的外部不经济性,提供经济规则,维护社会价值,提供社会保障,抑制贫富差别等等。检视我国学术界有关市场经济条件下政府职能问题的论述,可以发现,尽管这些论述角度和方法不同,论证材料和论点有异,但是,其基本立论出发点,大都也是遵循着这一分析逻辑和思路着眼和展开的。②

关于政府经济职能的这一分析逻辑和思路,在相当程度表明了人们对于市场和政府两种机制的更为理性的认识,也揭示了市场经济机制的实际运行状况,因而无疑具有其合理性。不过,如果对于这一分析逻辑和思路作进一步的探究,人们不难体会到,这一分析逻辑和思路其实内含着两个基本的前提性设定:其一,市场经济体制和运行机制是既定的存在。既然市场经济条件下的政府经济职能是市场缺陷而导致的必然结果,那么,市场经济体制和

---

① （美）保罗·A.萨缪尔森、威廉·A.诺德豪斯:《经济学》(上),第87页,北京,华夏出版社1999年版。

② 参见国内研究市场经济条件下政府职能的若干著述,限于篇幅恕不一一列举。

运行机制的存在就是分析和推论政府经济职能的既有前提。如果市场体制不存在或者尚未确立,那么,由市场缺陷而产生的政府经济职能亦无从谈起。其二,市场经济条件下的政府经济职能是因变量,是市场缺陷的函数。就其功能而言,在市场经济条件下,政府经济职能不过是市场经济职能的补充,而且这种补充的范围、内容和力度,都是由市场机制的缺陷决定的。换言之,政府经济职能对于市场体制本身是消极的,而仅仅对于市场机制的缺陷才是积极的。根据这两个理论前提设定可知,这一分析逻辑和思路,显然是以市场经济体制已经确立,市场运行机制相当有效,市场经济发育相当成熟,市场与政府已经成为社会资源的两种配置机制的社会经济状态为依据的。

可是,中国社会经济和改革发展的现实表明,中国社会是从计划经济向市场经济齐转型的社会,这种转型意味着市场经济体制从无到有的过程,而建立在这一基础上的政府职能转变的重要内容,则是从计划管制经济的职能转向培植市场体制的职能。显然,对于中国社会转型与政府职能转变的现实历史过程来说,根据以上分析逻辑和思路而确定的政府经济职能,所显示的主要是其目标模式,尽管这一目标模式可以在中国社会主义市场经济发育的不同阶段上程度不同地逐步实现,而在相当程度上忽视了社会经济转型过程中政府培植市场体制的重要职能。

据此,我们认为,在分析中国社会转型和政府职能转变时,不仅需要明确既有的市场经济体制下政府经济职能的终极目标,而且更加需要明确社会主义市场经济建立进程中政府经济职能转变的过程目标。不仅应该根据市场经济机制运行的缺陷确定政府经济职能,而且应该根据中国社会经济转型和建立社会主义市场经济体制的历史任务研究政府培植市场体制的职能。

一、政府培植市场体制职能的必然性

政府培植市场经济体制的职能,具有其逻辑的和历史的必然性。这种必然性产生于市场经济体制、政府机制的特性和中国改革计划经济体制而建设市场经济体制的历史性任务。

首先,市场经济体制的特性决定了这一体制产生的非自发性。在分析市场经济产生的非自发性时,有必要先行把市场行为与市场经济体制作一区分。市场行为本质上是市场主体之间的交换行为，"市场制度源于简单的交换关系"，①这种交换行为，具有自愿性、平等性和互利性的特点，因此，人们就此常常把市场经济与自发性联系在一起，认为"自发性是市场经济形成的基础，是市场机制运转的必需条件，可以说，没有自发性，就不会有市场经济"。②但是，市场经济体制，却是"主要依靠市场机制来组织和调节经济运行或资源配置，以解决一个社会所面临的生产什么、怎样生产和为谁生产的三个基本问题的一种体制"，③这一体制具有规则性、契约信用性、秩序性和统一整体性的基本特性。而作为体制的市场经济的这些特性，却不是市场交换活动能够自发产生的。市场的交换，本质上是产权的交换，因此市场体制的规则性，实际是产权交换的规则性，由于所交换的产权以及交换权本身都是市场过程之前确认的，因此，市场规则的供给和维护，并不产生于自发的市场行为；在市场交换发生时，人们可以遵循契约信用原则，但也可以选择非契约信用行为，因此，约束人们的市场行为，使之遵循契约信用原则，需要市场之外的力量；市场以自由和自主的个体为基础，但是，自由和自主的个体之间的自发性博弈互动，却极难实现合作的秩序，尽管重复博弈的研究表明自利的个体在反复博弈过程中也许会自发形成合作秩序，但是，同样的研究和现实生活也表明，即使在重复博弈状态下，人们仍然会选择不合作，从而使得秩序的自发建立成为不可能；④至于市场体制的统一整体性，更是微观的个体市场交换行为不可能形成的。正因为市场体制产生的非自发性，所以，林德布洛姆明确指出，"市场本身是一个创造物，是人类精心设计而非完全自发的结果。人们之间进行交换是自然的、不可避免的，这种交换在远古时代业已形成，但它并不意味着现代社会，特别是现代工业化社会中高度复杂的市场机制完全是自发形成的"。⑤

　　其次，政府机制的特性决定了政府才能承担培植市场经济体制的职能。

---

① （美）查尔斯·林德布洛姆：《政治与市场：世界的政治—经济制度》，第43页，上海，上海三联书店、上海人民出版社1995年版。

② 刘炳瑛等：《市场经济研究》，第188页，北京，中共中央党校出版社1993年版。

③ 杨再平：《市场论》，第36页，北京，经济科学出版社1997年版。

④ 参见谢识予编著：《经济博弈论》，第147页，上海，复旦大学出版社1997年版。

⑤ 林德布洛姆：《政府与市场：市场化的障碍及其克服》，转引自《北京大学学报》（政治学与行政管理专刊）1995年，第204页。

政府是政治权力组织,对于社会生活的合法成员来说,政府实际上是公共权力基础上形成的公共权威。在社会经济活动中,这一公共权威是特殊的经济组织,"作为一经济组织的政府和其它经济组织相比有很多不同之处;在这些不同之处中,政府有两大显著特性:第一,政府是一对全体社会成员具有普遍性的组织;第二,政府拥有其它经济组织所不具备的强制力"。① 正是政府具有的这两个特性,使得只有政府才能在经济活动中培植市场经济体制。换言之,只有政府以自己特有的普遍强制性,才能塑造市场经济体制的特性;由公共权威组织提供市场主体的产权及其交换规则不仅具有节约交易成本的效应,②而且只有公共权威组织才能以权力强制力作为这些产权和规则的安排和运行的有效后盾;市场的契约倍用精神和原则,需要政府以强制的和普遍教育的方式确立和贯彻;市场体制的秩序,只有在特定的制度环境约束下,人们进行合作才会成为可能,这种制度环境及其约束则有赖于政府以法治的强制力予以建立和维护;市场体制的统一整体性,亦只有政府的强制和普遍性才能实现。由此可见,政府是市场体制从无到有的塑造者。

第三,中国改革的历史特点决定了政府具有培植市场经济体制的重要职能。中国经济改革的既有历史前提是计划经济体制,这就是说,我们是要改革计划经济体制,从无到有地建立、坚持和完善社会主义市场经济体制,按照中国共产党十五大的部署,从1997年到2010年,中国社会改革发展的两大主要课题之一,就是"建立比较完善的社会主义市场经济体制",③这就表明,在中国,市场经济体制并非政府放权后自然形成的,而是政府改革计划经济体制后建立的;中国经济改革是由政府发起和主导的改革,改革具有自上而下的特点,这就表明,在中国社会转型的改革过程中,政府不是仅仅根据市场机制运行的缺陷消极实行功能弥补的政府,而是创立社会主义市场经济体制,并根据这一体制发育的实际状况主导改革的积极政府:中国的改革采用的不是俄罗斯式的"休克疗法",企图通过私有化一步到位地实现从计划经济体制向市场经济体制转变,而是遵循着渐进改革的原则展开和进行的,这就表明,

---

① (美)斯蒂格里茨:《政府为什么干预经济》,第45页,北京,中国物资出版社1998年版。

② 参见思拉恩·埃格特森:《新制度经济学》,第26页,北京,商务印书馆1996年版。

③ 见江泽民:《高举邓小平理论伟大旗帜,把建设有中国特色社会主义事业全面推向二十一世纪——在中国共产党第十五次全国代表大会上的报告》,北京,人民出版社1997年版。

政府应该根据改革的进程和社会发展的实际状况,分阶段有意识地逐步培育市场经济体制。由此可见,正是中国社会转型和经济体制改革的特殊性,决定了政府必然要以培植市场经济体制作为自己的基本职能,决定了中国政府职能转变首先是从计划规制经济转向培植市场经济体制。

二、政府培植市场职能的基本内容

在中国社会主义市场经济体制形成和发育的不同时期,政府培植市场的职能的具体内容是不一样的,就当前来说,由于社会处于转型时期,社会主义市场经济体制处于初创阶段,因此,政府培植市场经济体制的职能具有面广量大的特点,尽管如此,就其基本职能而言,可以概括为如下方面:

1. 培植作为市场主体的企业,以形成市场的微观基础。市场主体,即市场活动中具有独立意志和利益需求的基本单位。企业是市场活动的重要主体和市场经济的微观基础,在中国社会转型,市场从无到有的生成过程中,政府具有培植作为市场主体的企业的重要职能。

就中国当前的企业来说,基本可以分为非公有制性质和具有公有制性质的企业。实际上,政府对于这两类企业,都具有培植其成为市场主体的职能。就非公有制企业来说,政府具有保护其产权和其他合法权利的职能,也具有运用经济等手段积极引导这些企业向着规模化、高新技术化和现代企业化的方向发展的职能。就具有公有制性质的企业来说,核心问题是如何正确把计划经济条件下的国有企业改造为现代企业和市场主体的问题。在这方面,政府应该以多种方式放开对国有小企业的管制,尤其应该以合适的方式改变包括所有权在内的企业产权和治理结构。同时,按照"产权清晰、权责明确、政企分开、管理科学"的要求改造大中型企业,建立现代企业制度。①

由于不同领域的国有大中型企业具有不同的基本功能和价值要求,因此,政府可以考虑按照它们的不同类型进行不同的改造。对于应该而且可以进入市场竞争,以经济效益为基本价值取向的企业,应该着力在现代企业制度和治理结构改造方面放开更大的力度,以造就真正有能力参与市场竞争的

---

① 见江泽民:《高举邓小平理论伟大旗帜,把建设有中国特色社会主义事业全面推向二十一世纪——在中国共产党第十五次全国代表大会上的报告》,北京,人民出版社1997年版。

主体;而对于以提供公共产品和基础设施,保障社会公共生活正常稳定进行为基本价值取向的企业,则应该着力在有效管制和运行机制方面进行改造,而不以市场盈利为衡量标准。

2. 确立和实施市场竞争规则,以造就市场的秩序。

市场竞争规则是市场正常运行的必要条件,因此,确立规则是市场运行的前提,按照新制度主义经济学的看法,市场规则的产生,实际可分为两类,一是在市场主体的利益冲突和竞争中,根据比较成本和收益的理性计算,自发形成的秩序基础上的规则,即诱致性制度。另一类则是市场不能自发形成和产生的规则,需要市场以外的强制力供给,即强制性制度。强制性制度只能由政府提供,因此,在市场发育过程中,政府提供规则的职能实际是提供强制性规则的职能。①

一般来说,由于诱致性规则的确立需要利益冲突和竞争双方和多方长期的反复博弈,需要相对高昂的成本,因此,在市场体制建立初期,往往首先需要的是强制性规则。另一方面,由于诱致性规则具有不稳定和不明确性,因此,即使是诱致性规则,也需要政府以法律的方式予以确认。因此,提供强制性规则和确认诱致性规则,保证市场竞争的公平性、防止和抑制自然垄断的产生以及保证商品质量等,是政府培植市场体制的基本职能。

在提供和确认市场竞争规则的同时,政府更重要的职能是保障规则的实施。虽然规则实施的程度首先与按照市场计算的成本/收益比相关,但是,规则的刚性程度却是其实施程度的重要因素,而只有政府才能保障规则的刚性。

3. 培植中介组织,以形成市场配套系统。

市场经济体制下的中介组织,是政府与市场、市场与社会、政府与社会之间联系的中介环节,因此,它们是建立市场经济体制必不可少的条件。

目前,中国的社会中介组织基本可分为三类:一是政府行政权力的延伸,二是公共服务性组织,三是按照市场原则运行的营利性中介组织。在培植市场经济体制过程中,政府面临的培植适应市场经济体制要求的中介组织的任务主要是:其一,把政府的若干服务性职能和国有企业的若干社会职能逐步

---

① 卢现祥:《西方新制度经济学》,第117页,北京,中国发展出版社1996年版。

转交给中介组织,并且培植相应的中介组织来承接这些职能;其二,逐步减少政府权力延伸性的中介组织,大力发展社会服务性和营利性中介组织,以形成配套系统的市场经济体制;其三,建立中介组织的运行规范,尤其应该实行政府权力与服务性、赢利性中介组织的分离;其四,明确中介组织的功能作用范围,规定其基本职责;其五,逐步引导中介组织以面对社会或者面向生产筹集资金,逐步减少及取消政府对于中介组织的资金投放。

4. 培植市场理性文化和精神,以铸就市场的灵魂。

市场体制作为人为的事物,是特定的社会文化精神的具体体现,就此而言,市场经济的文化和精神,实是市场经济体制的精神基础。由于中国有根深蒂固的与市场经济精神相悖的传统文化和计划经济文化精神,因而培植市场文化精神,是中国政府面临的更为艰巨的任务。

市场文化和精神的本质,是信用基础上的平等契约精神。这就决定了政府培植市场文化和精神的基本价值取向应该是信用、平等、公正、互利精神。在市场经济体制建立初期,政府一方面应该摒弃传统文化和旧有体制形成的不符合市场经济体制要求的文化精神,以"克服市场化的阻力"。[①] 另一方面,则应该以倡导、引导、教育乃至特定合理合法的权威手段,推行市场文化精神,并努力使之内化为社会的基本道德规范和制度价值。

5. 建立和完善统一的全国性市场,以形成完整的市场系统。

作为交换机制,市场具有按照价值规律运行的单一内在要求。市场运行依据的单一性,决定了市场要求统一的体制。因此,排斥非市场国家的分割,形成统一的市场体制,是政府建立和培植市场经济体制过程中的重要职能。

就中国市场经济体制建立的目前状况来看,尤其需要运用政府强制性权力建立统一的全国性市场。在这一过程中,政府应该排除传统的社会关系,如宗族、血缘等关系对于市场的分割,更应该排除地方政府和政府部门对于市场的权力性分割。同时,政府应该按照市场经济规律的要求,确立和实施统一的市场规则。

---

① 卢现祥:《西方新制度经济学》,第206页,北京,中国发展出版社1996年版。

三、政府实施培植市场职能过程中应该把握的若干原则

政府培植市场经济体制,是市场经济体制建立过程中政府特有的职能。而由于中国的市场经济体制是在政府放弃计划经济体制为主导的经济改革过程中建立的,因此,政府培植市场经济体制的职能,是在社会转型和体制转轨过程中实行的,这就使得这一职能的实行面临着诸多的矛盾。

在这些矛盾关系中,政府要正确而准确地实现培植市场经济体制的职能,应该注意把握若干基本的原则和方向:

1. 限定政府培植市场经济体制过程中权力作用的范围和程度,转变权力作用的方式,以防止计划经济体制下政府规制经济的方式的惯性扭曲政府职能。

政府权力作用具有内在的扩展性和惯性,在政府职能从计划经济体制下规制经济转向培植市场经济体制的过程中,政府权力的特性极可能以传统的计划经济方式,全方位地进行所谓市场经济体制的培植职能。这就可能使"诺斯悖论"关于政府在制度变迁中的消极作用得到发挥,从而扭曲政府培植市场经济体制职能的方向。因此,在确定和实施政府培植市场经济体制职能的同时,必须对于政府培植市场经济体制的权力作用范围和程度加以限定,同时,应该转变以单一的直接行政手段作用于经济生活的方式。具体而言,在作用范围和程度方面,政府职能应该限定在提供和实施制度和规则层面,在作用方式方面,政府应该以经济、法律为主,辅之以行政手段的方式实施其职能。

2. 在改变政府作用于经济生活的范围和方式的同时,强化中央政府的权威和能力。

市场经济体制是政治权力系统之外的经济资源配置机制,因此,政府培植市场经济体制的过程,一定意义上就是政府直接管理经济活动范围缩小的过程,但是,"政府权力范围的广泛程度和政府行政权力的有效程度不是一回事……市场化要求限制政府权力的使用范围而非政府行使权力的有效性,在其权限范围之内,政府应拥有不可动摇的绝对权威"。① 因此,在建立市场经

---

① 王焱:《市场逻辑与国家观念》,第 295 页,上海,三联书店 1995 年版。

济体制的过程中,政府应该在缩小直接作用范围的同时,强化自己、尤其是中央政府的权威和能力。

在中国改革现阶段,由于改革主要以中央政府和地方政府为火车头,因此政府权力下放,主要是中央政府把权力下放给地方政府。这种权力下放固然带来了地方外延性扩大再生产的经济发展,但是也相应带来了地方保护主义,地方政府干预经济生活过多等问题。在进一步的改革和培植市场经济体制的过程中,一方面,中央政府放权应该放给企业和社会,而不应该再放给地方政府,另一方面,中央政府应该加强自身的权威和能力,才能有效地培植和维护统一完整的、按照规则运行的市场经济体制。如同亨廷顿认为的那样:"经济改革要求有一个强大的、具有权威的,但未必是威权的政府。经济改革会使社会中的一些集团变得更为艰难,同时,也会带来普遍的不利,诸如在每个实行经济改革的国家都出现了高物价,对经济改革的政治反对势力也会十分强大,而且常常在经济发达的国家比落后的国家更为强大。因此,经济变革需要有一个威权的政府,或者是一个民主的政府。但是,经济变革不在于是威权的政府或是民主的政府,而是需要一个有权力、有能力推行改革的政府……这一论点的逻辑意味着威权政府可能比民主政府能够更好地推进经济改革。它们可能会更有能力抵制住公众的压力和既得利益对改革的反对……不过,在一个威权国家,如果政府能够以其权力来推动经济改革,那将是一件幸事。"

3. 约束政府行为,以使政府按照市场经济体制发育的要求发挥职能。

在社会转型和市场经济体制发育过程中,政府按照市场经济体制发育要求培植市场,不仅要求政府积极主导和介入市场形成过程,而且要求政府积极按照市场发育要求约束自身的行为。由于政府的巨大影响和作用,政府对于自身行为的约束,同样决定着政府能否成功而正确地培育市场经济体制的关键因素。

就目前中国市场经济体制建立的过程来看,约束政府行为,主要应该集中关注的是:

①对于政府行为范围的约束。由于计划经济体制的作用惯性,政府部门在很大程度上仍然以种种方式对于企业和社会经济生活进行超出合理方位的控制和干预,因此,约束政府行为的作用范围,使之让出市场发育的空间,

是政府实现职能转变的重要环节。

②对于地方政府行为的约束。一般理论分析中,常常把地方政府与中央政府的关系,看作互动的博弈关系,实际上,这种看法是片面的。就其权力性质来讲,地方政府具有双重特性,它既是地方利益的代表者,更是中央权力和全局利益在特定地理区域的配置和代表。因此,地方政府权力与中央政府权力不是平等的博弈双方的关系,而是服从与被服从的关系:地方政府具有向中央政府报告地方经济发展要求的义务,但是,并没有与中央政府讨价还价的权力。在培植市场经济体制过程中,中央政府必须约束地方政府行为,保证政令令行禁止。

③对于政府部门行为的约束。部门利益往往支配政府部门权力,造成市场的部门权力分割和部门垄断,从而极大地阻碍完整统一的市场经济体制的形成,阻碍市场机制正常公正地运行。由于政府部门具有实权,又能够以中央政府的名义行为,因此,在政府培植市场的过程中,尤其应该按照市场经济体制的要求约束政府部门的行为。

④对于政府公职人员行为的约束。在形成和培植市场经济体制的过程中,极易发生政府公职人员的寻租甚至创租行为,这些行为对于市场的发育具有极大的危害性,政府应该以极大的精力和多方面手段,把寻租、创租行为降低到最低限度。

（原载《经济体制转型中的政府作用》,新华出版社 1999 年版）

应急管理时期政府管理的双重性分析

——以防治"非典"时期的政府管理为例

作为一场突如其来的自然灾害,非典型传染性肺炎不仅检验着人类认识和驾驭自然现象及其发展规律的能力和水平,尤其是公共卫生技术和科学发展水平和能力,而且对于自身的社会组织、体制和对策提出了严峻的考验和挑战,由此形成了社会的政治、法律、经济、文化、道德和心理等多方面的课题。由于政府具有的权威的合法性、严密的组织体系、高度的动员能力和集中的公共力量,在抗击和防治非典型传染性肺炎过程中,政府管理的对策和行为具有举足轻重的影响,因此,正确把握防治"非典"时期政府管理的特点,并且在此基础上采取具有针对性的有效政策措施,对于准确认识和正确把握政府应急管理的双重性,无疑具有特殊重要的意义。

在政府管理的实践中,其管理体制、行为和政策通常与管理环境有着密切联系,政府管理的体制和机制设定、政策和对策选择以及任务和议程确定,都是在与管理环境的不断互动的过程中实现的。因此,认识和确定非典型传染性肺炎防治时期的政府管理,应该以全面准确把握政府管理的环境和公共事务的特性为前提。

就政府管理的环境而言,人们从不同的角度和标准出发,可以对其进行不同类型的划分,如按照环境的自身属性,可以划分为自然环境、制度环境和人文环境,按照环境对于政府管理影响和要求的层次,划分为政府战略管理的环境和具体管理的环境,而按照政府管理对象和公共事务的特性、状态和影响,又可以划分为非危机环境和危机环境等等。由于非典型传染性肺炎具有的突发性、高度危险性和急迫时间性,因此,应该从非危机环境和危机环境出发,来分析和把握非典型传染性肺炎防治时期的政府管理的环境。

通常所说的政府管理的非危机环境,是政府管理范围内的社会和自然状态处于常态下的管理环境,而政府管理的危机环境,则是自然灾害或者社会冲突等灾难性事件造成的政府管理环境,按照美国危机管理专家查尔斯·F.赫尔曼(Charles F. Herman)和詹姆斯·A.鲁宾逊(James A. Robinson)的定义,对于管理来讲,危机事件具有三个方面的基本要素:(1)威胁主要利益或者造成严重后果;(2)作出反应的时间有限;(3)事出突然,具有意外性。① 当政府管理的范围内出现这一类型的事件时,政府管理的危机环境随之产生。

同时,因为自然和社会生活中的灾害、冲突和灾难性事件对于社会生活的危害和对于政府管理的冲击又有程度上的差异,所以造成了政府管理的不同程度的危机环境。

因此,政府管理环境是否发生危机性以及危机程度和烈度如何,可以在危机环境的意义上构成政府管理环境可能状态的谱系,这个谱系如图所示:

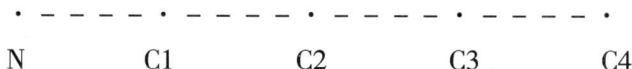

```
•  - - - - •  - - - - •  - - - - •  - - - - •
N          C1          C2          C3          C4
```

在图中,N 表示政府管理的常态环境,C1 表示低度的危机和冲突环境,C2 表示中度的危机和冲突环境,C3 表示高度的危机和冲突环境,C4 表示极度危机环境,比如内外部战争状态和毁灭性的自然灾害。

政府管理的环境状况处于这一谱系的不同位点上时,对于政府管理的体制、行为和政策往往有不同的要求。一般来说,在这个谱系的两极上,政府通常实行的是单一体制管理,这就是说,在 N 这一代表常态环境的位点上,政府管理是以常态的单一体制运行和进行管理的;在 C4 这一代表着极度危机的环境下,政府往往实现管理体制、行为和对策的根本性改变,完全放弃常态环境下的管理体制而转向单一的政府危机体制管理,比如战时军事管制体制或者全面的危机管理体制。而在这两极之间由 C1、C2 和 C3 表示的低度危机环

---

① Charles F. Hermann,"Some Issues in the Study of International Crises", and James A. Robinson,"Crisis:An Appraisal of Concepts and Theories",in Charles F. Herman, ed. , *International Crises:Insights from Behavioral Research*, New York：Free Press,1972.

境、中度危机环境甚至高度危机环境下，社会和公共事务往往呈现常态和非常态并存并且交叉影响的状态，这就要求政府同时承担常态的公共事务和非常态的公共事务的管理，从而要求政府进行两套体制的同时运行，两类管理行为和公共政策的同时采行，由此形成了政府的双重管理。

就非典型传染性肺炎的发生和发展来看，一方面，它在时间上的突发性，对于人民生命和健康的危害性，传染的迅速和广泛性，对于社会正常秩序和政府管理的冲击性，遏止和抗击的巨大资源要求，尤其是其传染的潜在高风险性，使得它成为社会运行的高度威胁和危害因素，造成了政府管理的公共危机环境，从而使得防治和抗击非典型肺炎成为公共事务的重要议题，"要把防治非典型肺炎的工作，作为关系改革发展稳定大局、关系人民群众身体健康和生命安全的一件大事，切实抓紧抓好"。[①] 由此要求政府管理以危机管理的方式和体制对于社会进行管理。另一方面，我们也应该看到，非典型传染性肺炎的传染还是具有区域上的差异性，具有科学意义上的可防治和抗击性，具有（相对于地震、海啸、战争等）时间上的可处置性，以及实际危害的有限度性（相对于其他自然灾害，甚至相对于病毒性流行感冒的实际危害而言），因此，其对于我国整体社会秩序和政府管理尚未形成极度危机的环境和冲突。就此而言，非典型传染性肺炎的发生和发展，虽然形成了政府管理的危机环境，但是，并没有形成和发展为全面极度危机环境，其基本上处于C1—C3 的区间，这就形成了政府在防治和抗击非典型传染性肺炎时期的双重管理的模式。

由于正常的社会公共事务与危机性公共事务的特性及其对于社会的影响具有差异性，因此，在常态环境与非常态环境并存的条件下形成的政府的两种管理，也具有各自的不同特点：就其目标来说，政府的常态管理实现的是社会和政治的稳定和发展，而政府的危机管理实现的是危机及其危害性的消除和限制；就其时限来说，政府的常态管理通常是与社会生活的节奏同步的，而政府的危机管理则由于危机事件的突发性和急迫性，常常特别要求限定时间内政府管理的有效性；就其法律依据来说，一国的大多数法律和法律法规

[①] 胡锦涛广东考察：心系群众安危　全力防治非典，新华网：中央领导防治"非典"指示汇总——始终把人民群众的安危冷暖放在心上。http://news. xinhuanet. com/zhengfu/2003 – 04/18/content_839822. htm。

的大多数规定通常都是针对社会和政治的正常状态制定的,而政府的常态管理通常依据的是这些法律法规的内容和规则。而政府对于危机事件及其造成的危机状态的管理,依据的往往是特定的法律法规或者专门的法律规定,比如宪法和有关法律关于社会和国家的紧急状态及其权限的规定;就其要求的政府能力来说,常态下的政府管理要求的是政府管理的一般意义上的能力,而政府的危机管理要求的是政府在危机事件和环境下的特殊的能力;就其实施的体制和方式来说,政府的常态管理运行的是统分协调的日常体制,而政府危机管理则要求强有力的相对高度集权的体制;就其对于公民的权利限制来说,在常态环境下,政府以最大限度地保障公民的法定权利为原则,而危机状态下,出于维护公共利益和处置危机的需要,在保障公民的最低限度权利的前提下,政府需要依据有关法律法规,从管理、政策和行为等多方面对于公民权利进行限制。①

　　另一方面,在常态环境与非常态环境并存的条件下运行的政府双重管理,相互之间常常又具有高度联系性,这种联系集中体现在双重管理在主体上的同一性、双重管理的互为条件性、双重管理对象的叠合性和双重环境的变动性等方面。从管理主体来看,虽然在管理的体制和运行上,政府可以针对不同的公共事务启动不同的体制和机制,采取不同的政策和方式进行不同的处置,但是,这两类管理的决策者和决策的实施者却都是由同一主体承担和进行的。尤其对于政府的高层决策者来说,政府管理的这两类决策和贯彻实施,常常是由同一领导和决策角色进行的。从双重管理的互为条件来看,在危机性事件发生和发展时,政府有效承担常态的管理职责和任务,是保证社会秩序和政治稳定,保证政府管理体制有效运行和政策措施得到切实实施,进而使危机处理政策和措施得到有效贯彻的基础和前提。另一方面,由于危机事件对于社会经济、政治和心理具有的高度危害性,政府只有迅速果断有效地遏制和消除危机,才能保证社会恢复正常状态。如同温家宝总理在分析防治非典型传染性肺炎的意义时所指出的那样,"预防、治疗和控制非典型肺炎,直接关系广大人民群众的身体健康和生命安全,直接关系改革发展

---

① 　参见许文惠、张成福主编:《危机状态下的政府管理》,第82页,北京,中国人民大学出版社1998年版。

稳定的大局,直接关系国家利益和我国国际形象"。① 从双重管理对象的叠合性来看,虽然在理论上,人们比较容易区分社会的正常公共事务与危机性公共事务,但是,由于政府管理的对象首先是社会成员,在常态环境和危机环境并存的情况下,常态性的公共事务要求和危机性公共事务要求的载体往往是同样的社会成员,这就使得社会成员往往既是政府进行常态管理的对象,又是政府进行危机管理的对象。

从双重环境的变动性来看,在双重管理过程中,政府管理的双重环境不是静止的,而是不断发展变化的,尤其是在危机性事件遏制和控制具有社会和技术上的困难,其具有蔓延发展的可能的情况下,政府管理的常态环境与危机环境在空间、时间、人群分布和程度上都会发生变化,从而引起政府的双重管理在管理幅度、层次、程度上的变动。

政府双重管理的差异性与相互联系性的特点,对于防治非典型传染性肺炎时期的政府管理具有特定的启发意义:

根据政府双重管理的差异性可知,在防治非典型传染性肺炎时期,政府的双重管理应该明确定位,严格区分正常的公共事务管理和防治非典型传染性肺炎这一危机性公共事务管理,并且针对这两种不同特性的公共事务,根据不同的法律法规,运用不同的体制、政策和方式,贯彻不同的管理目标,施行不同的管理和社会规制措施。显然,这种区分是既保障社会稳定发展,又正确有效地遏制和抗击非典型传染性肺炎的管理的前提。只有从这个前提出发,才能"做到既不掉以轻心、又不惊慌失措,既要控制疫情、又要稳定人心,既要广泛动员、又要扎实工作,既要突出重点、又要统筹兼顾"。② 而如果两种管理的错位,或者表现为按照常态管理的体制、政策、方式来管理和防治非典型传染性肺炎这一危机事务,则无疑会造成麻木不仁和懈怠延误,导致危机的发展,从而引起更大的危机,或者表现为把危机管理的体制方式和政策不适当地应用于社会生活的所有方面,从而改变社会发展的总体方向,动摇国本,引起巨大的社会恐慌和对于公民权利的侵犯,妨碍甚至危及社会正

---

① 温家宝:坚决打好同"非典"疫情作斗争这场硬仗,新华网北京 4 月 13 日电。网址:http://news.xinhuanet.com/misc/2003 -04/13/content_829440.htm。

② 曾庆红谈非典防治:既要控制疫情又要稳定人心,中新网北京 2003 年 4 月 29 日。网址:http://www.chinanews.com/n/2003 -04 -29/26/298863.html。

常秩序的运行。显然,这两种后果都是严重的。

与此同时,政府双重管理的互相联系也表明,在防治非典型传染性肺炎时期,要正确定位和实施两种不同的管理,仅仅在理念和宏观体制与政策层次上的区分是不够的,这就要求管理者根据两者相互联系的特点和非典型传染性肺炎危机的特性,在两者相互联系的若干方面明确不同管理的要求,并且进行思想和政策措施上的区分:

1. 在防治非典型传染性肺炎中,尽管双重管理的主体都是政府和决策者,但是,这两种管理的层次是不同的。常态管理的要求、目标和既定的方针,是围绕着社会发展的总体战略制定和实施的,而防治非典型传染性肺炎则具有特定的时效性和突出性的要求。因此,在非常时期,需要把防治非典型传染性肺炎工作上升到政治层次来认识,并且作为当前的重心工作,与此同时,政府的管理和决策者应该在战略管理层次上,坚定地贯彻既定路线和方针政策,"抓好发展这个执政兴国的第一要务,实现全面建设小康社会的宏伟目标",①保证社会和政治的稳定和发展,由此确定不同层次的政策问题和议程。

2. 防治非典型传染性肺炎与经济和社会发展这两重管理任务之间的相互依赖性,也意味着在管理不到位的情况下,两者之间的排斥性。据此,政府管理者需要紧扣两种管理任务的中心环节,消除两者的排斥性,发展两者的互补性。非典型传染性肺炎对于社会常态运行和管理的威胁和危害,主要在其物理属性方面,如威胁生命、传染迅速广泛而难以遏制,因此,在技术水平不能迅速消除的情况下,需要以遏制其传染性为中心任务。而与此并存的政府常态管理,则需要以经济建设为中心。

3. 非典型传染性肺炎传染性强、波及面广且潜在威胁巨大,在这一类灾害造成的管理危机环境,往往使得政府的双重管理对象在区域和人群分布上呈现高度的叠合性状态,从而加大区分两种管理的政策尺度的困难。为此,政府在实施管理中,应该加强管理的评估工作,运用专业科学知识和政策环境的科学评估方法,对于危机事件的已涉及和可能涉及的特定区域、人群和社会生活层面进行科学准确的评估,根据评估结果实施不同的对策。

---

① 胡锦涛:坚决打赢防治非典攻坚战,新华网北京 2003 年 4 月 29 日。网址:http://news. xinhuanet. com/newscenter/2003 - 04/29/content_853743. htm。

4. 作为动态性自然灾害,非典型传染性肺炎造成的危机环境必然是变动的。作为因应之策,政府管理需要采取权变管理方法,实行动态管理,根据危机环境变动的方向、范围和程度,随时调整政府双重管理的范围、层次和程度。

对于特定的社会和管理来说,危机事件具有正反两个方面的功能。就政府管理来看,危机对于社会和管理秩序的危害,对于社会生活乃至人民生命财产的侵害,对于社会、经济和文化发展的阻碍,对于政府管理的正常有序地进行,对于公共财力、物力、人力、时间和机会的大量损耗,无疑具有极大的负面功能。而如果危机造成了对于政府形象的伤害,造成了对于政府管理体制和方式及其发展方向违背社会发展和时代要求的深远影响,则其消极作用和影响更甚。因此,包括政府在内的任何管理者,都应该在可能的范围内,最大限度地控制危机,并且将其损害降低到最低限度。另一方面,在特定的意义上和范围内,危机事件对于特定的政府管理及其发展也具有特定的启发、促进和推动意义。在危机事件的冲击和由此造成的危机环境下,可以比较集中地显示政府管理在能力、体制、政策等方面的优势和不足,从而促进政府管理理念、职能、体制和能力的调整和变革。非典型传染性肺炎的危机防治对于政府管理的要求是多方面的,其所反映的我国政府管理的完善和发展的任务也是多方面的。概括起来讲,其主要是:

(1)政府危机管理体制和机制的建立和完善问题。这其中涉及的内容主要有:政府危机管理的法律和法规的完善问题;政府危机管理系统及其运行机制的建立和完善问题;政府危机管理的权力配置和权限归属问题;政府危机管理的组织体系问题。

从非典型传染性肺炎的危机防治过程来看,我国政府的危机管理体制和机制亟待强化和完善:在法律层面上,与当今世界不少国家和地区都具有的专门的危机管理的法律或者法规相比,我国的法律只有宪法中的战争与戒严状态的规定,因此,制定统一完整的紧急状态法或者危机管理法,应该成为完善政府危机管理的法律依据的重要能力;在体制和机制方面,非典型传染性肺炎的防治显示我国政府尚未建立统一完整的危机管理体制和机制,因此,建立这一体制和机制,是政府管理需要着力的内容,而危机状态下的政府权力配置和组织体系,亦应在有关法律法规和体制设置中予以明确规定。

(2)政府公信力和合法性基础的维护和强化问题。在现代社会,政府的公信力和合法性基础,是政治秩序的基础,也是政府管理效度和信度的前提。政府的公信力和合法性基础,可以通过强化政府权威、有效承担公共服务职能、意识形态的教育和宣传等多方面的途径和方式确立和强化,而从非典型传染性肺炎的危机防治过程来看,确保实际公共事务涉及范围内的公民知情权和政务信息的透明化,是有效而必需的重要途径。

(3)政府及其任职者的公共责任问题。作为公共权力机构,政府承担着公共利益的实现和公共服务的重大责任,与此相应,政府的管理者和任职者对于公共事务和公民负有政治、法律和行政责任。从非典型传染性肺炎的危机防治过程来看,这些责任包括政府及其任职者作为与不作为的责任,正确作为与不正确作为的责任。因此,确立和完善法治化和制度化的政府责任及其奖惩机制,是我国政府管理发展的重要课题。

(4)政府的公共服务职能问题。一方面,从政府管理职能的内容来看,经济与社会的可持续协调发展,是我国确立的长期发展战略,从这个角度出发,随着社会主义市场经济的发展,我国政府实行职能转变,应该既包括经济管理职能的转变,也包含社会公共服务职能的转变。近年来,人们常常是从市场与政府的关系角度思考政府职能的转变,仅仅将政府看作市场失效的补充,而非典型传染性肺炎的危机防治过程表明,政府职能还必须从公共管理和服务的角度予以考虑。另一方面,从公共服务职能的主体来看,政府的公共服务职能及其财政供给需要由政府集中提供。

(5)政府的抗风险能力问题。政府的抗风险能力,是政府能力的重要组成内容,包括政府对于风险和危机的预测和预警能力,风险和危机处置和化解能力,风险和危机处理过程中的决策、协调和动员能力,风险和危机后果的承受能力。显然,这些能力是由政府的财政能力、制度能力和技术能力等多方面因素构成的。从非典型传染性肺炎的危机防治过程来看,除了进一步强化政府抗风险能力中的这些因素之外,进行政府抗风险的能力储备,亦是提高政府抗风险能力的重要途径。

(6)政府的社会管制问题。除了具有经济管制的职能,政府应该而且必须具有社会管制的职能,只有这样,才能形成严密有序的社会秩序,有效实现政府管理的目标。在这其中,政府应该在代表大多数人民根本利益和要求的基础上,对于社会进行有效管制。从非典型传染性肺炎的危机防治过程来看,政府的社会管制弱于其经济管制,这其中,对于大众传播媒体不负责任的言论和公民不负责任的行为,缺乏有效的依法管制。因此,政府有必要有效地强化和实施对于社会的管制。

非典型传染性肺炎的危机对于政府管理提出的这些要求,是对于政府管理的缺陷和教训的总结,无疑具有促进政府管理发展的积极意义。但是,与此同时,我们也应该看到,就危机事件对于特定的政府管理及其发展具有的启发、促进和推动意义而言,人们从危机事件和环境角度出发对于政府管理及其发展的要求和检视,更多地是对于危机环境下政府管理应对的要求,换言之,从危机事件和环境中形成的对于政府管理的要求,通常是对于政府危机管理中诸因素的要求。从以上关于政府管理环境的划分中可知,在政府管理的不同危机环境下,政府管理有极度危机环境下的单一危机管理与非极度危机环境下的双重管理之分,显然,对于进行单一危机管理的政府来说,由危机事件和环境形成的政府管理发展和变化的要求,具有完全的适切性。而对于双重管理的政府来说,由危机事件检测和透视出的政府管理状况及其发展和完善的要求,常常既具有推动政府管理发展和变革的启发性意义,也具有对于政府常态管理的非适切性的内容,因此,需要具体分析和把握。

如前所述,非典型传染性肺炎对于我国政府管理环境造成的是非极度危机环境,由此形成的是政府的双重管理模式。由非典型传染性肺炎形成的公共危机事件对于政府管理的要求,应该置于这一双重管理模式的框架中予以分析和把握,由此确定政府管理改革和发展的方向和着力点。就以上关于非典型传染性肺炎形成的公共危机性事件对于政府管理的要求来看,显然,其中关于政府危机管理体制和机制的建立和完善的要求、关于强化政府的抗风险能力的要求,具有对于政府危机管理的专门针对性。由此形成的政府管理体制、机制和能力,仅仅限于政府危机管理。而关于政府公信力和合法性基础的维护和强化的主张,建立和完善法治化、制度化的政府及其任职者的公共责任追究的要求,加强和发展政府的公共服务职能的要求,实施政府的有效社会管制的要求,则既适用于常态环境下的政府管理的完善和发展,也适用于非常态即危机环境下的政府管理的完善和发展,但是,由于这两种环境下的政府管理具有很大的差异性,因此,在就这些方面完善、改进和发展政府管理时,在其基本的主导价值、相关法律、政策和方式等方面,都应该严格区分进行。

（原载《北京大学学报》〔哲学社会科学版〕2003 年第 4 期）

市场经济体制下政府财政职能探讨

财政职能,即一国政府财政对于社会和经济生活发挥的基本作用。政府财政职能是确定一国财政支出和政府规模的重要依据,因此,它在政府经济和财政研究中具有重要的意义。

政府财政职能,与一国经济体制具有紧密的联系。一般来说,经济体制是政府财政的决定性因素,不同的经济体制具有不同的政府财政职能。就现代经济体制来看,按照截然不同的原则和方式建立和运行的经济体制有两大类,一是计划经济体制,一是市场经济体制。

计划经济体制是依托全能主义治理模式建立的经济体制。在这一体制下,政府与社会具有高度重合性,政府的职能广及全社会,深及每个社会生活层次及每个方面。同时,政府具有"父爱主义"的特点,它对于社会生活的公共生活领域和私人生活领域都具有全方位高度集中管理的权力,也对社会成员承担无限的责任。在这一体制下,政府财政职能与国家统治职能和政府行政管理具有高度的一致性。就此而言,可以说并不存在独立的政府财政职能。

市场经济体制是以交换和契约关系为纽带,按照价值规律并通过价格机制和竞争机制而发挥作用的体制。在市场经济体制下,政府具有特定的经济职能,财政职能由此形成独立的政府职能。因此,只有市场经济体制下的政府财政职能,才具有独特的分析价值。

本文仅就市场经济体制下政府财政职能的若干问题作一引论,以期引起讨论。

一、市场经济体制下政府财政职能的基础

在市场经济体制的总前提和制度约束条件下,政府财政职能还取决于既定经济体制条件下的政府职能和不同的经济体制模式,或者说,市场经济体制下的政府职能和不同的市场经济体制模式,构成了政府财政职能的第二层次的基础。

1. 作为财政职能基础的政府职能

政府是国家为了实现其意志和利益而设置的机构。政府职能,就是为了履行国家赋予的任务而发挥实际作用。作为政府财政职能的基础,政府职能决定政府财政的配置和作用,从而决定了政府财政职能的范围和内容。

在分析政府职能与财政职能的关系时,不少学者把研究眼光集中在市场经济体制下政府的经济职能方面,根据市场机制作用的缺陷,如市场对于非排斥性消费和非竞争性公共产品的排斥、市场经济活动的外部效应、市场机制产生的自然垄断效应、市场造成的社会两极分化等等,确定政府职能的范围和内容,进而据此确定政府财政职能的范围和内容,并由此提出了"公共财政"的概念,认为"公共财政是为市场提供'公共服务'并弥补市场失效的国家财政,它受'公共'的规范决定和制约",[①]"在市场经济环境中,政府及其财政必须服务于市场经济,必须依据市场经济的根本要求行事,这就要正确界定和处理其与市场的关系。"[②]

这种就政府的经济职能来确定政府的财政职能的视角,实际上是有片面性的。其片面性主要在于:

其一,它强调了政府的经济职能,而忽视了政府的其他职能,从而使得对于政府财政职能的分析失之片面。

在市场经济体制下,政府职能是多方面的,概括地说,它主要包含以下四种职能:

政治职能,即维护和巩固政治秩序,维护国家的主权和利益,维护公民的

---

① 张馨:《"公共财政"与"国家财政"关系辨析》,《财政研究》1997 年第 11 期。
② 张馨:《市场经济下不存在公共财政吗?》,《财政研究》1998 年第 8 期。

正当权利,有效行使行政管理。

经济职能,提供公共产品和公共服务,制定和维护特定的法律、经济制度和规则,进行宏观经济调控,保持国民经济稳定均衡运行。

社会职能,即维护正常的社会秩序,保证社会活动的正常进行,并提供特定的社会福利保障。

文化职能,保证文化、教育、科学等事业的正常发展,提供意识形态和其他公共文化产品等。

市场经济体制下政府的这些职能,都需要政府的财政分配和财政供给,因而构成了政府财政职能的基础。而仅仅从政府的经济职能出发确定政府的财政职能,实际上忽视了政府的其他职能,从而使得政府的财政职能也不可能全面。

其二,它忽视了政府作为国家机器的本质,从而把政府财政职能理解为纯粹消极的对于市场缺陷的补充。

政府不同于其他社会和经济组织的特点,在于它是具有公共性和合法强制性的组织。如果说政府的公共性集中体现了政府作为天下公器的特点,那么,政府的合法强制性中则实际包含着统治者和公共权力执掌者的意志。因此,作为政府财政控制者和分配者的政府,必然会按照维护自己的统治地位,贯彻自己的管理意图来分配政府财政。这就使得政府财政不会仅仅为消极弥补市场缺陷而确定和履行自己的职能,而必然具有积极贯彻统治者意图的职能。

根据政府的特点及其对于政府财政的职能要求,可以发现,政府财政不仅是纯粹的"公共财政",而且也是"国家财政",因此,政府财政职能不仅在于作为公共服务和公共产品的财政支撑,而且在于贯彻和实现统治者地位和意志的财政依托。

由此可见,分析和把握市场经济体制下财政职能的政府职能基础,必须考虑到政府的诸方面职能,考虑到政府的属性和特点。只有在把握市场经济体制下政府经济职能的同时,结合考虑政府的政治、社会、文化等方面职能,只有在理解市场经济体制下政府经济职能的公共性的同时,结合考虑政府的统治意志,才能全面准确地确定市场经济统治下政府的职能特点和内容,进而准确分析和确定政府的财政职能。

2. 作为财政职能基础的市场体制模式

在讨论市场经济体制下政府财政职能问题时,不少学者的论述大都从一般意义上确认市场经济体制,从而进一步据此在抽象意义上确定政府的财政职能。无疑,这些论述指明了市场经济体制下政府财政职能的一般性和普遍性,有其理论抽象和一般认知意义。但是,对于人们具体和切实把握市场经济体制下政府财政职能来说,这些论述又是不够的,或者说也具有一定的片面性。

事实上,市场经济体制除了具有一般性和普遍性特点外,还具有历时性和区域性特点,这就是说,在市场经济体制发展的不同时期和不同国家区域,有着不同的特征。

从西方市场经济体制发展的不同时期来看,它大致经过了自由主义时期、资本主义私人垄断时期和政府干预时期。在不同的时期,政府对于社会经济及其运行的干预程度是不同的。在自由主义时期,政府扮演着"守夜人"的角色,基本不干预社会经济生活。

在资本主义私人垄断时期,政府与垄断财团相互作用,逐步成为垄断财团的工具。

在政府干预时期,政府则对于经济活动进行积极的干预。在政府对于社会经济活动进行干预的程度不同的时期,政府的财政职能也有所不同,显然,在分析政府财政职能时,既要看到市场经济体制下政府财政的一般职能,同时,也必须把握市场经济体制发展的不同时期政府财政的不同职能。

从市场经济体制发展的不同国家和区域来看,在当今世界,市场经济体制在各个国家和地区呈现出不同的模式。在对于成熟的市场经济体制的认识方面,德国《明镜》周刊曾载文认为主要模式有三类,即盎格鲁撒克逊模式、莱茵模式和亚洲模式。也有学者作了更为细致的划分,认为当今世界的市场经济体制主要应该包括美国的自由主义模式、东亚的政府主导型模式、德国的社会市场经济模式、北欧的福利经济模式。这些模式的主要区别,在于政府在经济资源配置过程中的作用的不同,这也就决定了政府财政职能的差异。另一方面,当今世界也存在着转型的市场经济体制,如中国大陆的经济体制,就是从计划经济体制向市场经济体制转型过程中的经济体制,它所要建立的市场经济体制,是社会主义市场经济体制。这样的市场经济体制比之其他国家和地区的经济体制,又有其不同的特点。因此,分析市场经济体制下政府财政职能问题,在抽象概括各国和区域的一般特征时,也应该考虑到不同模式下的差异性。

由上可见,分析和论述市场经济体制下政府的财政职能,应该结合市场经济体制发展的一般普遍性和历时性、区域性等方面的特点。就此而言,英国古典学派经济理论体系的完成者约翰·斯图亚特·穆勒在《政治经济学原理及其若干对社会哲学的应用》一书中提出的政府的"必要职能"和"选择职能"的概念,对于我们分析政府财政职能问题具有启发性意义。[①] 据此,我们可以把市场经济体制下的政府财政职能分为"必要职能"和"选择职能"。所谓"必要职能",是指任何时期和国家的市场经济体制下的政府财政都必然具有的一般职能,它们与市场经济体制密切相联和共同存在。而所谓"选择职能"则是依据市场经济体制发展的不同时期、国家和区域而增减的职能。也许,这两类职能的划分,可以使我们不仅在理论上深刻地把握市场经济体制下政府财政的职能,而且可以使我们切实把握实际意义上的政府财政职能。

二、市场经济体制下的政府财政职能职项

政府财政职能的职项,即政府财政职能的具体事项。早在 1662 年,西方古典政治经济学的奠基人威廉·配第在其《赋税论》中就讨论过国家经费使用的六个方面,即军事、行政、宗教、教育、救济、公共工程与公共福利,这一讨论可以看作对于政府财政职能职项的初步确定。20 世纪 50 年代,美国公共经济学家马斯格雷夫提出和论证了市场经济体制下政府财政三职能说,即资源配置职能、收入分配职能和经济稳定职能。[②] 这一划分得到了西方学界的普遍赞同。

随着中国从计划经济体制转向市场经济体制,政府的财政职能发生了重要变化,政府财政职能的职项也就成为学界研究的重要问题,由此而产生了不同的学术观点,其中主要是:

---

① (英)约翰·斯图亚特·穆勒:《政治经济学原理及其若干对社会哲学的应用》,第 736 页,上海,世界书局 1936 年版。

② Musgrave, *The Theory of Public Finace*: *Study in Economy*, MaGraw—Hill, 1959.

1. 三职能说。有学者认为,这三项是分配、调节(或调控)和监督(管理),"分配、调控和监督始终是国家财政的三大基本职能,但在不同的经济体制模式下,三者所处的地位是不同的"。① 又有学者指出,"我国财政的改革开放以来所具有和发挥作用的三大职能,即分配职能、调控职能、监督职能,当前并未发生变化……。"②

另有学者认为,财政三职能应该是资源配置、收入分配、稳定(和发展)。这一看法显然受到马斯格雷夫的影响。代表性的观点,如有学者明确提出:资源的财政配置、公平的收入分配和多方面含义的经济稳定,是财政的三职能。③ 又有学者认为,"资源配置、收入分配和经济稳定"这三项职能是对于市场经济体制下财政职能的最好概括。④

2. 四职能说。其代表性观点认为,这四项职能是筹集资金、供应资金、调节和监督的职能。⑤ 也有学者认为,财政四职能应该是"财政分配职能、价值管理职能、经济调节职能和财政监督职能"。⑥ 又有学者认为,"在社会主义市场经济体制下,财政具有分配、配置、调控和监督四大职能"。⑦

3. 分配职能派生其他职能说。持这一看法的学者认为:财政职能分为基本职能和派生职能。财政的基本职能是分配职能,由分配职能派生出其他职能,这些其他职能或是资金配置调节和监督,⑧或是保证国家机器正常运行和各项公共支出,保证基础产业和重点建设的投入,公平社会分配,调整产业结构,调节社会供需总量以及管理国有资产,⑨或是"筹集资金职能、配置资金职能、调节经济职能、监督管理职能和稳定职能"。⑩

由此可见,迄今为止,关于财政职能具体职项,学界尚缺乏较为统一的看

---

① 齐守印:《试论财政职能的社会主义市场经济化》,《财政研究资料》1993 年第 12 期。

② 姜维壮:《论我国财政在社会主义市场经济体制中的地位、职能和作用》,《财政研究》1994 年第 1期。

③ 参见陈共:《财政学》,第 27 页,四川人民出版社 1994 年版。

④ 朱柏铭:《论财政职能的内涵与概括》,《中央财经大学学报》1997 年第 5 期。

⑤ 叶汉生:《财政职能理论辨析》,《财政研究》1998 年第 1 期。

⑥ 郭代模:《深化财税改革的思考》,《财政研究》1994 年第 4 期。

⑦ 时建龙:《走出财政职能误区》,《财政研究》1994 年第 5 期。

⑧ 贾康:《财政本质与财政调控》,第 187 页,经济科学出版社 1998 年版。

⑨ 财政部科研所财税改革调研小组:《进一步转变财政职能的基本设想》,《财政研究》1993 年第 10期。

⑩ 李松森:《论社会主义市场经济条件下的财政职能》,《财政研究》1997 年第 5 期。

法。笔者认为,学者在确定政府财政职能具体职项时之所以存在如此多样的观点分歧,主要是因为其确定职项的标准不明确和不统一。所以,确定财政职能的职项应该从确定这些职项的标准入手。

一般来说,确定一事物的功能标准,应该考虑制约该事物功能的本质规定性和外在条件约束性。由此出发,我们考虑财政职能职项的确定标准,应该从政府财政职能的内在性质和外在约束条件即财政职能基础的两个方面着眼:

1. 政府财政职能的性质

政府财政职能的性质,是由政府财政的性质决定的。一般来说,所谓政府的财政,"是为满足社会公共需要,以国家为主体,强制地、无偿地参与社会产品分配活动及其所形成的分配关系"。① 因此,政府财政的本质是特定的分配关系。从政府财政的这一性质出发,可知政府财政的分配职能与其他职能并不在同一层次上,分配是财政本质层次的职能,其他职能则是围绕这一本质展开的,或者说,其他职能是财政分配职能的实施体现。正是在这个意义上,政府财政分配职能派生说是比较确切的。而把财政分配职能与其他职能并列的观点,则混淆了财政职能的本质特点与非本质特点。

由政府财政分配职能派生的职能也不是任意和无限的。就以上观点来看,对于这种派生职能的确定显然有两个问题,一是非派生职能与派生职能的混淆。既然政府财政是分配性的,筹集资金的职能就不应该属于财政职能,而应属于政府税收职能,把筹集资金列为财政职能,则会造成不同属性职能的混淆。二是概括性职项和具体职项说明的分歧。从较为抽象的概括层面讲,政府财政分配职能的派生职能应该是资金配置、调节经济、监督管理职能。至于配置、调节和监督管理的具体内容,则属于具体层面的内容,是这些职能的衍生。明确这种分析层次的不同,就可以使我们发现,不同观点之间的分歧不过是论述层次的不同。

2. 政府财政职能的基础

参照本文第一个问题的分析,可知考虑市场经济体制下政府财政职能的基础一方面需顾及政府的全面职能,另一方面需涉及市场经济体制下财政一

① 周绍朋、王健:《中国政府经济学》,第145页,北京,经济科学出版社1998年版。

般必要职能和不同发展阶段和不同模式下的选择职能。这两个方面因素,实际构成了确定政府财政职能职项的外在约束条件。因此,它们是确定政府财政职能职项标准的外在因素。

政府财政职能的政府职能基础,要求人们在确定政府财政职能的具体职项时,必须既考虑政府在市场经济体制下的经济职能,又充分考虑政府的政治、社会和文化职能,考虑政府作为国家机器的统治属性。就此而言,维护统治者的统治地位,保证国家机器正常运行,维护社会的稳定,满足社会成员的社会和文化需求,无疑是财政职能的重要职项。

市场经济体制下政府财政的一般必要职能与不同发展阶段和不同模式下的选择职能的差异,使得人们在考虑政府财政职能职项时,应该辨识和区分这种差异,从而在确定政府财政职能的一般职项的基础上,确定市场经济体制不同发展阶段和不同模式下的选择性职能职项。

从这一角度来看,有些大陆学者所确定的市场经济体制下的政府财政职能的职项,如保证基础产业和重点建设的投入职能,管理国有资产的职能等等,仅仅是中国政府财政在建立社会主义市场经济体制过程中的特有职能,而并非一切市场经济体制下政府财政的职能。

由上分析,可知我们确定政府财政职能的职项,应该从把握政府财政的本质入手,确定本质层次的职能和派生层次的职项;应该发掘市场经济体制下财政的一般职能职项,而甄别非一般职能职项。根据这一标准,市场经济体制下政府财政职能的职项可具体概括为:

市场经济体制下政府财政的一般必要职能		
本质职能	政府财政分配职能	
派生职能	配置资金	调节经济	监督管理
衍生职能	保证统治秩序 保证国家机器运行 提供公共产品和服务 等等	政府之间转移支付 保证经济稳定运行 调整产业结构等等	消除消除经济负外部性 提供社会保障 保证社会公平分配等等
市场经济体制下政府财政的选择职能		
依据市场经济体制不同的发展阶段和不同模式而定		

三、市场经济体制下政府财政职能层级结构

政府财政职能层级结构,是指财政职能在各级政府之间的划分。① 在国家组织中,政府的财政职能的实施,实际上是以各级地方政府为依托,由多级财政实现的。因此,这就产生了地方政府财政职能与中央政府财政职能是否同构的问题。由于地方政府的财政职能涉及中央与地方的权力划分,因此,政府之间的财政职能层级结构就具有特别重要的意义。

在这方面,一种具有普遍性的看法是,财政资源的配置职能主要由地方政府承担,财政收入的分配和经济稳定的职能应该由中央政府承担。有学者明确提出:"在一个多级财政组成的财政体制中,根据效率和公平的原则,财政资源配置的职能主要由地方政府来承担,财政的收入分配和经济稳定职能则应该由中央政府来充当。"②也有学者提出:"不同层次的政府,其财政职能应有不同的分工和偏重,中央财政应侧重于对经济进行宏观调控和进行国民收入再分配,同时保证全国性公共产品的提供,而地方财政则应侧重于进行资源配置,并负担地方性公共产品的提供。"③有学者进行了具体的划分,提出:"中央政府的职责主要应包括三个方面:一是从全国的角度来配置资源;二是进行收入再分配;三是调节经济运行。"地方政府的职能目标是:"达到区域内资源的有效、合理配置,其中尤其是提供健全而有效的区域性公共基础设施。……通过进行二级调控,达到地方经济社会的协调、有序发展。"④

从这些观点来看,学者对于政府财政职能结构的划分基本上是在派生职能层次上进行的。就中央政府与地方政府的权力覆盖面、权力能力、权力责任、政策合理性以及政府与市场关系的一般原理来讲,这种职能结构的原则性划分是有道理的。但是,就财政分配职能所派生的三方面职能来看,还有

---

① 一般来说,政府财政职能结构有两层含义,一是指财政职能在各级政府之间的划分,二是指财政各职能的主次地位。

② 钟晓敏、樊小钢:《财政职能的结构分析——中央和地方政府的财政职能》,《财政研究》1995 年第 4 期。

③ 黄然:《关于中央与地方之间财政关系的一般理论分析和国际经济考察》,《财政研究》1995 年第 4 期。

④ 孙开:《政府间财政关系研究》,第 23、36 页,大连,东北财经大学出版社 1994 年版。

若干需要进一步考虑和讨论的。

1. 在提供公共产品的资源配置职能中,具有经济外部性的地方公共产品和准公共产品是否完全由地方财政进行资源配置?

按照公共经济学的分析,公共产品的外部性效应有正外部性和负外部性。在地方区域性的公共产品中,既存在正外部效应的公共产品,即受益面超出特定地方区域的公共产品,如地方水利工程,地区边界地带的道路、桥梁、病虫害的防治等等,也存在负外部性的公共产品,如公共工程的污染等。

面对这些具有外部性的地方公共产品,如果完全按照理论划分,划分地方政府财政职能,那么,由于外部性在地方公共产品的资源配置中的支配作用,作为理性经济人的地方政府,就可能扭曲其财政职能和行为。在具有正外部性的地方公共产品方面采取消极态度,在具有负外部性的地方公共产品方面,则不顾及其他地方,尤其是相邻区域的受害者。就此而言,应该考虑在具有正外部性的地方公共产品的资源配置方面,由中央政府或者其区域之外的特定受益区域或受益者给予特定的补偿。显然,对于中央政府财政来说,这也是其与地方财政进行职能结构性划分的内容。而对于负外部性地方公共产品,则应由当地政府财政承担治理性职能。

此外,公共产品中包含着准公共产品,即具有一定排他性消费可能的公共产品。对于此类公共产品,应该按照当今国际通行的 BOT 模式运行,而不宜列入地方政府财政资源配置的职能范围。

2. 那么,在调节经济的财政职能中,稳定经济发展和调整产业的职能是否应该全部由中央政府财政承担?

对于一国经济整体来说,国民经济的稳定发展和总体产业结构的调整,无疑是中央政府财政的重要职能。但是,对于特定地方区域来讲,地方政府财政对于本地的经济稳定和产业结构调整也具有重要的责任。有些学者之所以否定地方财政具有稳定地方经济和调整产业结构的财政职能,一般具有两方面理由:一是地方政府的财政政策、产业政策可能与中央的财政政策和产业政策不配套;二是地方政府的政策具有外部效应。[①] 其实,这两点理由都未必能够成立,因为无论是地方政策与中央政策配套的问题,还是地方政府

---

① 钟晓敏、樊小钢:《财政职能的结构分析——中央和地方政府的财政职能》,《财政研究》1995 年第 4 期。

政策的外部性问题,都是制定何种地方政策,即如何实施地方政府财政稳定经济职能的问题,它并不能因此否定地方财政具有稳定经济和调整产业结构的职能。

3. 在监督管理的财政职能中,是否只有中央政府才具有提供社会保障,消除经济负外部性,保证社会公平分配的财政职能?

就社会保障和社会公平分配而言,一方面,中央政府财政确实具有提供全社会成员基本社会保障,保证全社会分配相对公平的责任和职能,因此,在财政职能结构上,把社会保障和社会公平分配划为中央政府基本财政职能,是无可置疑的。问题在于,社会保障和社会公平分配在全社会范围的基础上,往往具有不同的层次性内容,也有区域性的差异,对于不同的地方区域来讲,社会保障和社会公平分配在基本要求之外,还会有其他的特定要求。这些区域性要求,则应该由地方财政来实现和承担其相应职能。

就消除经济负外部性来讲,对于中央政府提供的公共产品的负外部性,无疑应该由中央财政负责消除。对于民营企业的经济负外部性,则由中央政府提供制度制定的财政成本。而地方政府提供公共产品造成的经济负外部性,如前所述,则应由地方政府财政承担。同时,对于中央政府制定的消除经济负外部性的制度的实施成本,部分也应该由地方政府承担。

(原载《政治与行政管理论丛》,天津人民出版社 2000 年版第 16—30 页)

制度变迁模式新析:利益均衡与制度替代①

——以当代中国城市户籍制度变迁为例证

一般来说,制度是在一定的利益关系基础上,支配利益分配格局,体现社会成员之间权利关系、社会成员权利与公共权力之间关系的规则,而制度体系则是这些规则按照特定要求和原则构建起来的完整结构。制度变迁是利益分配格局的调整与变化所引起的社会规则结构的相应调整和变化。制度替代是制度变迁的一种模式。本文主要以当代中国城市户籍制度变迁为典型案例,验证制度替代理论。

一、制度变迁理论的验证空间

新制度主义对制度理论和制度变迁问题进行了广泛研究。不过,新制度主义理论建立的社会基础和经验基础是西方社会,因此,如果我们简单运用新制度主义理论和方法分析中国的相应问题时,无疑会产生理论与现实的落差,这种落差,可以视为制度变迁理论的验证和发展空间。

从中国政府的社会性管制制度,尤其是中国的城市户籍制度及其变迁来看,不难看出,西方新制度主义的制度变迁理论至少存在如下缺陷:

第一,西方新制度主义的基本分析框架基本是基于微观经济学的"供给—需求"关系建立起来的。新制度主义采用其框架分析制度变迁问题时,主要从制度需求出发,发掘和阐述制度变迁的动力,但是,研究表明,这一框

① 本文是国家哲学社会科学重大项目《科学发展观与政府管理改革研究》(04&ZD015)研究成果。论文由王浦劬、王清合作完成,其中王浦劬是第一作者。

架对于中国的社会管制制度变迁的分析并不适用。在新制度主义,尤其是理性制度主义看来,之所以需要进行制度变迁,主要因为人类社会知识增长、技术进步、人们能力和需求的增加①、制度绩效需要改进②。与此同时,新制度主义认为,从理性计算的角度出发,制度变迁的原因往往在于,特定制度变迁具有明显的预期净收益。③ 但是,对于中国城市户籍制度的变迁研究表明,尽管在特定历史时期产生了对于新的制度的大量需求,而且以理性制度主义眼光来看,这种制度变迁有利可图,但是,制度变迁却没有发生。这种现象的原因是什么呢? 基于供给—需求关系的新制度主义理论并不能够回答这一问题。深入的分析显示,作为新制度主义基础的供给—需求理论,是基于市场经济中销售者与消费者平等的经济地位而提炼形成的,但是,中国的社会管制制度的供给,本质上是一项政治供给,在这其中,政府是社会管制制度供给的垄断者,处于供给的强势地位。政府供给这些制度时,其垄断地位决定了它倾向于供给差别性制度。西方新制度主义的理论与中国制度变迁实际的反差,也许可以从中西不同的国家与社会关系加以解释,在西方,国家与社会相互分离,形成二元的独立社会结构,而在中国,实际上呈现"强政府、弱社会"现象。因此,研究中国社会的制度变迁,必须从中国的国家与社会关系出发,切实考虑作为制度的垄断供给者的政府的实际地位和主导作用。本文将从这一视角展开分析。

　　第二,新制度主义认为,制度变迁中所改变的制度往往是无效率或者低效率的制度,因此,制度变迁大多会以一项新的、有效率或者高效率的制度取代旧有制度。但是,对于中国城市户籍制度变迁的研究表明,制度变迁过程中新的制度对于旧制度只是实现了一定程度上的功能替代,新旧制度在同一利益分配领域并存,构成了中国社会转轨过程中的独特现象。基于这一现象,笔者提出制度替代的制度变迁模式。

---

① Vernon W. Ruttan and Yujiro Hayami, "Toward a Theory of Induced Institutional Innovation", *Journal of Development Studies*, Vol. 20, 1984, pp. 204—205.

② North and Douglass Cecil, *Institution*, *Institutional Change and Economic Performance*, Cambridge University Press, 1990.

③ L. E. 戴维斯,D. C. 诺斯,《制度变迁的理论:概念与原因》,载(美)R. 科斯等著《财产权利与制度变迁——产权学派与新制度学派译文集》,第267—294页,上海三联书店、上海人民出版社1994年版。

二、制度替代：一个新的制度变迁理论

制度替代是制度变迁的模式之一，它以社会经济发展和市场发育为动力，在此动力驱动下，政府通过调整或创设新的体制机制，把原有制度附着或者内含的利益转移到新的体制机制上，由此调整原有制度附着或者内含的利益对于不同社会成员的不均衡配置状况，从而使得原有制度附着或内含的利益实现替代性制度分流，进而实现这些利益在社会成员之间的相对配置均衡。制度替代的制度变迁模型是以下理论要素的有机构成体。

1. 地方政府：制度替代的主体

制度替代的变迁模式的主体是地方政府，这包括如下几个基本的涵义：一是，"刺激—反应"的动态性；二是，利益性；三是，垄断性。

第一，"刺激—反应"的动态性。"刺激—反应"的动态性是指地方政府之所以选择制度替代式的变迁行为，并不是地方政府的主动行为，而是在某些力量的刺激和推动下，地方政府"被迫"做出反应，这些力量不断地推动地方政府作为，呈现动态性，因此，我们把这个过程称为"刺激—反应"的动态性。实质上，这些推动力量就是制度替代的动力。按照动力来源的不同，我们把推动地方政府实施制度替代的力量分为两个方面。一方面，市场经济的发展。市场经济的发展是促使地方政府实施制度替代的根本动力。中国制度变迁的一个基本特点是制度环境正在发生转型，即从计划经济到市场经济的转型。计划经济时代产生的制度与市场经济时代的制度在同一时空条件下共存，使制度在经济、政治和社会三方面产生了多重困境与矛盾，这是推动制度变迁的强大动力。另一方面，公民社会的发展。公民社会的发展是指社会中公民个体力量的增强。由于中国公民社会力量微弱，同时，它要发挥动力作用，必须和经济、社会发展要求相一致，才能促使地方政府实行有效的制度替代。因此，公民社会只是促使地方政府实施制度替代的辅助性动力。市场经济和公民社会不断发展，推动地方政府进行制度变迁。

第二，利益性。利益性是指，在中央政府默许或同意的前提下，省政府及其以下层级的政府,为了追逐利益,成为制度替代的实施主体。① 经济和社会的发展推动地方政府进行制度变迁。在这个过程中,地方政府并不是一个消极的、被动的客体,相反,地方政府是一个理性行动者。按照利益的属性,我们可以把地方政府追逐的利益分为两个方面。一方面,公共发展利益。按照利益的内容,地方政府的公共发展利益包括经济利益和社会利益。在制度变迁的初期,地方政府一般以追逐经济利益为主,当制度变迁发展到一定的阶段,地方政府开始追逐社会利益,实现以社会利益促进制度发展。另一方面,合法性利益。在现代社会,政府要长期执政必须基于民众的认可。② 因此,地方政府十分注重自身的合法性基础。在中国,地方政府的合法性既来自下层民众,也来自中央政府的认可。因此,社会秩序和稳定是地方政府在促进经济发展和社会发展的同时,必须考虑和保障的一个前提条件。

第三,垄断性。垄断性是指地方政府垄断着制度替代市场。本文所讨论的制度是利益分配的社会规则结构,它专指政治制度。政治制度的提供者只能是政府,③政府作为制度提供的垄断者,决定着何时、以什么方式、提供什么商品。这是政府理性的深化和具体化。

2. 政策:制度替代的途径

制度替代的变迁模式的变迁方式主要是政策方式。政策具有灵活性,能够保证地方政府按照各地的情况,制定灵活的策略。按照政策是否改变原有制度形态,我们把地方政府实施的政策手段分为两种:一是政策调整;二是政策创新。

第一,政策调整。政策调整是指在原有制度规范基本不变的前提下,地方政府通过政策,分流制度附着的部分利益,调整原有制度内含的利益的一种制度变迁的途径。政策调整具有如下几方面的涵义:其一,政策调整的对

---

① 中国改革的特点是,地方政府先行"试点",进行探索性改革,等"试点"成熟后,中央政府再把经验推广到全国。正是在这个意义上,我们认为地方政府是制度替代的实施主体。

② 这种认可既有明示的认可,如竞争性民主国家的选举,也有暗示的认可,如非竞争性民主国家的民众的心理认同。

③ 新制度主义认为政府、市场和个人都可能是制度的提供者,他们所说的制度是广义上的制度,即一切正式的成文规则和非正式的不成文规则。他们把制度泛化,试图提供一个普遍意义的制度变迁理论,在一定程度上消解了理论的适应性。这可能是我们运用新制度主义分析任何制度都能展开分析,但是却难以恰当地、深入地展开分析的原因之一。

象主要是共同体内的既得利益者预期将享受的潜在的制度利益。制度是进行利益分配的机制,按照原有的制度设计,制度内的成员能够预期自己能获得的潜在利益。政策调整就是要改变部分潜在利益的分配方式,使部分潜在利益从旧制度中分流出去,由新的制度来承担。例如,政府实行就业分配制度时,大学生的预期利益是国家保障,全面就业;但是,实行自主择业制度后,大学生就业的预期利益从国家分配性制度转移和分流到市场的双向选择机制,以前的就业预期利益消失。其二,政策调整的方向是分流制度附着的部分利益,减少既得利益者所获得的利益的种类和每一类制度利益的量。这是一个减少制度利益的过程。其三,政策调整以政府主导的市场化为调整工具。既然政策调整是减少既得利益者的制度利益的过程,如果这个过程由政府强制性地推行的话,必然会遭到剧烈的反对,政策调整难以顺利进行,因此,地方政府一般不会自上而下,强制性地剥离既得利益者的潜在利益。相反,地方政府主要运用政府主导的市场化手段推行政策调整和利益分流。例如,政府通过医疗、养老保险社会化分流城市原住民的部分户籍利益。因此,一般来说,政策调整所产生的替代性制度大多是市场性机制。

第二,政策创新。政策创新是指地方政府通过创设新的制度,承载原有制度的利益,使得原有的非受益者可以受益的一种制度替代的途径。政策创新具有如下几方面的特点。其一,政策创新的对象主要是共同体内的新进入者。从这里也可以看出,我们所讨论的,主要是以城市为一个共同体,城市内部不同群体——城市原住民和外来者之间的利益均衡问题。其二,政策创新的方向是一个利益增加的过程。通过政策创新,地方政府把体制外的人员吸纳到制度分配格局中去,赋予新进入者部分制度利益。因此,对于新进入者来说,其制度利益的增加包括两方面:一方面,从被排斥在制度利益之外,到可以享受部分利益;另一方面,随着政策创新的不断推行,新进入者所获得的利益的种类和数量不断增加。其三,政策创新促使新的制度变体的产生。政策创新的标志是新的政策的产生,当这些政策固化和普遍化时,政策就转化为制度。我们可以把此时形成的这种新制度称为原有制度的制度变种。它具有两方面的特征。一方面,生成性。生成性是指新制度是在原有制度基础之上所产生和形成的制度变体。另一方面,差异性。差异性是指新制度和旧制度之间在对制度利益的分配上,存在鲜明的差别。新的制度变体更有利于实现利益均衡。一般来说,政策创新所产生的替代性制度大多是政府管制性或许可性的制度。

3. 利益均衡:制度替代的效益

制度替代的变迁模式的制度效益是实现利益的相对均衡。按照利益均衡主体的不同,我们可以从两方面来考察这种利益均衡。一是,既得利益者与外来者的利益均衡;二是,制度提供者与制度需求者的利益均衡。

第一,既得利益者与外来者的利益均衡。在一个共同体内,既得利益者和外来者的利益均衡是通过两方面实现的。一方面,政府通过政策调整,降低既得利益者的潜在的制度利益;另一方面,政府通过政策创新,增加外来者的制度利益。这样,通过对既得利益者的利益剥离与对外来者的利益增加,两者的制度利益差距不断缩小。

第二,制度提供者与制度需求者的利益均衡。制度提供者与制度需求者之间的利益均衡是指在某一项调整后或者新创设的政策或制度变体的提供中,只有当制度需求和供给基本持平,制度提供才是有效的。具体来说,一方面,地方政府作为制度的垄断性提供者,它决定何时、何地、以何种方式、何种价格提供新政策或制度变体;另一方面,当需求小于供给时,民众的需求在一定程度上影响制度提供的有效性。当需求小于供给时,政府仍持续不断地供给该类型的制度,此时,新制度的绩效低下,甚至为零。一个典型的例证是暂住证为流动人口提供居住的合法性,满足其安全的需求,但是,当市场经济使得流动人口十分容易在城市生存时,暂住证的制度绩效低下,此时,政府必须调整暂住证或者提供新的制度。

制度替代有利于实现制度提供者与制度需求者之间的利益均衡。一方面,对于政府来说,制度替代的变迁模式的直接经济效果是生产要素被吸纳进入市场,有利于实现市场资源的有效配置,促进经济发展,增加地方政府的财政收入。另一方面,对于制度需求者来说,他们通过政府创设的新的制度变体,进入制度利益的分配范围,分享到以前不能获得的制度利益,因此,对他们来说,制度替代的社会效果是利益及其作为其实现形式的权利或者权力,在社会成员之间的相对均衡。

三、当代中国城市户籍制度的变迁：经验验证

我们以当代中国城市户籍制度的变迁来验证制度替代理论。当代中国城市户籍制度是指对城市共同体内的不同群体的利益进行分配的基础性机制。它至少具有如下两个基本的涵义：一是，城市是我们所讨论的问题的边界。我们以城市为分析单位，讨论作为一个共同体的城市内的不同群体之间——主要是原住民和新进入者——的户口利益的分配问题。二是，户口是进行利益分配的基础性和排他性的机制。基础性是指，城市户口是确定给谁分配利益的首要的资格条件；排他性是指，城市户口获得的排他性，即，个人的城市户口以出生为基础，即一个人的父母是否是城市户口是决定其能否获得城市户口的唯一条件，否则，个人只能通过城市户口迁移制度获得，而后者由政府实行严格的控制。以利益均衡为标准，当代中国城市户籍制度经历了三个历史阶段：利益的初始均衡、利益失衡及其制度性矫正、新的利益均衡。

1. 初始状态：强制性利益分配，实际上的利益失衡

1958 年到 1984 年是当代中国城市户籍制度变迁的初始阶段。[1] 在制度的初始阶段，城市户籍制度是一种权威性的利益分配机制，这种分配制度维持着资源的稳定结构，但是，其实质是城乡利益的严重失衡。城市户籍制度的权威性利益分配功能，主要通过城市户口迁移许可制、户籍与消费品分配票证联系制度和公共权威分配私人利益机制来实现的。[2]

第一，城市户籍制度以行政许可为工具，控制农村人口进入城市。按照变迁前的中国户籍制度规定，农村居民户籍变更为城市居民户籍，必须经过

---

①　很多学者指出，当代中国城市户籍制度从建立开始，没有发生什么变迁，几乎是完好无损（intact）地保存到 80 时代。1984 年，小集镇出现了自理口粮户口，它是户籍制度变迁的第一步。前者参见 Cheng Tiejun, Mark Selden, "The Origins and Social Consequences of China's Hukou System", *The China Quarterly*, No. 139 (Sep. , 1994), p.645;关于自理口粮的研究，参见 Hein Mallee, "Migration, Hukou and Resistance in Reform China", in Elizabeth J. Perry and Mark Selden ed. al. *Chinese Society: Change, Conflict and Resistance*, London, Routledge 11 New Fetter Lane, 2000, p.90.

②　进一步的详细论述，参见王清：《当代中国城市户籍制度的起源——基于政府与社会互动过程的分析》，《山东大学研究生学志》2008 年第 4 期。

政府相关部门的行政许可和批准。而要得到许可和配置,首先必须取得制度规定的效果资格,这些资格主要是成为国家或者国有企业事业单位的招工、招干对象,或者参加军队服役、成功地考上中等职业学校或者高等学校等等,得到国家统一分配或者安排工作的机会,户籍制度由此可以得到行政许可进行变更,成为城市人。行政许可的工具,极其有效地控制了人口从农村向城市的流动,使得户籍制度成为控制性满足城市发展或者选择国家需要人力资源的主要关卡,也使得中国社会的城乡二元分化长期持续存在。

第二,城市户籍制度以户籍与消费品分配票证联系制度,控制农村人口进入城市。所谓户籍与消费品分配票证联系制度,就是在计划经济体制下,人们的日用消费品采取政府统一供给、统一分配的方式进行。为了使得日用消费品的分配简单易行,政府往往制作不同的票证,比如粮票、布票、油票等等,以此作为城市人口日用消费品分配的凭证。而居民获得政府发放的票证的依据,就是城市户籍。由此可见,户籍与消费品分配票证联系制度本质上是计划经济体制下计划分配的工具,也是由政府供给城市户籍人口基本物质生活条件的基本方式。实际上,这一方式有效地从基本物质生活条件的供给方面,控制和阻抑了农村户籍人口进入城市。

第三,公共权威分配私人利益机制,使得社会经济和社会生活更加具有权力经济的特点,无论城市户籍人口还是农村户籍人口,对于行政政府的依附性由此得到大大加强。公共权威分配私人利益机制,高度集中体现在城市生活中个人利益的公共权威性分配方式方面,在计划经济体制下,由权力体系分配和安排个人生活,是城市户籍人口得以进行城市生活的基本方式。而农村户籍人口的生活,在人民公社政社合一体制下,基本也是由政府的公共权威制度来分配个人利益的。在这种机制下,政府控制农村人口进入城市的意志,可以相对容易地通过公共权威对于个人利益的分配机制来实现。

由此可见,政府通过行政许可制、户籍与消费品分配票证联系制度和公共权威分配私人利益机制,有效地实现了整个社会资源和差别性人口的稳定结构,但是,这种稳定结构是以政府的权威强制力为实现基础的,一旦政府的权威强制力放松,利益失衡就会显现出来。

2. 利益失衡的制度性矫正

改革开放后,国家的战略发展思路,从"国家推行的优先发展重工业"调整为市场经济。市场经济的发展要求生产要素,尤其是劳动力的自由流动。在这样的制度背景下,城市户籍制度的户口利益失衡逐渐显现出来。这种利益失衡限制了生产要素的流动和经济的发展,从而限制了地方政府的财政收入。从1984年开始,地方政府开始运用政策的手段,对户口利益失衡进行矫正,产生了大量替代性的制度和机制。按照制度替代的途径的不同,我们从政策调整和政策创新两个方面分析城市户籍制度的利益失衡的矫正和替代性制度的产生。其中,我们把重点放在政策创新。

(1)政策调整——利益均衡——制度替代

对于当代中国城市户籍制度而言,政策调整是指在城市户籍制度作为资源分配的机制不变的前提下,地方政府通过对所分配的物品实行市场化改革,分流户籍制度附着的部分利益,调整原有制度内含的利益的一种制度变迁的途径。按照物品的属性,我们可以把政府对城市户籍制度的政策调整分为两大类型:一是,政府对私人物品分配机制的改革,二是,政府对部分公共物品分配机制的改革。具体来说,第一,政府废除票证制度,使户籍制度不再作为私人物品的分配机制。在所有私人物品中,粮食是最重要的私人物品,因此,我们主要以粮食统销制度①的改革为例来说明这类政策调整。在第一阶段,政府以城市户口为基础,对城市人口实行口粮定量配给制,只有城市户籍居民才能购买商品粮。改革开放后,粮食分配经历了一个从政府到政府和市场的双轨制,再到市场的发展过程。粮食市场的双轨制是指,政府为城市户籍居民提供低价或免费的商品粮,而外来者可以以高于商品粮的价格购买议价粮。比如,1984年出现的"自理口粮户口"可以在城市购买议价粮。议价粮的供应有一定的保障。"1985年,国家正式废除谷物购买和交易过程中的国家垄断,1987年,各个城市开始逐步停止国家对食物的福利分配。"②粮价也逐步放开。③ 在这种情况下,无论是城市户籍居民还是外来者都能以相同的价格在市场上购买到粮食,粮食从户口内含的利益中逐渐消失,以户籍制度为基础的粮食配给制度基本结束。我们可以用下面的表格把户籍制度

---

① 统销制度是粮食统购统销制度的一部分,它是指政府以城市户口为基础,对城市人口进行口粮定量配给的制度。

② Wang, FeiLing, *Organizing through Division and Exclusion: China's Hukou system*, Stanford, Calif.: Stanford University Press, 2005, p.51.

③ 刘仲藜主编:《奠基———新中国经济五十年》,第429页,北京,中国财政经济出版社1999年版。

的粮食分配功能的演变总结如下。

表 1：户籍制度在粮食获取中的功能的演变

	政策调整前	政策调整中（双轨制）	政策调整后
提供方	政府	政府＋市场（黑市＋合法市场）	市场
消费方	城市户籍居民	城市户籍居民＋外来者	全体居民
消费方式	低价或免费	前者：低价或免费；后者：议价	市场价格

第二，政府推动市场化改革，使部分公共物品不再以户口为唯一分配机制。教育、医疗保险、养老保险等是重要的户口利益，这些利益分配领域出现重要的政策调整。以医疗保险为例，城市户口在医疗保险中的获取利益功能降低，一方面，医疗保险的筹资方式从政府财政为主，变为个人融资与再分配并存。另一方面，包括医疗保险等公共服务在内的结构性变化，从纯粹的政府供给，变为政府与市场共同供给。具体来说，原来看病只需要付挂号费等少量费用；在"统筹结合"模式中，门诊的医疗费用主要由个人账户支付，住院医疗费用由统筹基金支付，但个人也必须用现金自付 10% 的住院费用。同时，非户籍居民也可以由用人单位按照上年度职工月平均工资的 2% 交纳费用，进入医疗保险系统。这样，在城市共同体中，非农户籍居民与农业户籍者在医疗保险上的利益差距开始缩小了。① 我们可以把这个政策调整的过程用表格总结如下：

表 2：户籍制度在医疗保险中的作用的演变

	政策调整前	政策调整后	
提供方	政府	政府＋用工单位＋个人	用工单位
消费方	城市户籍居民	城市户籍在职职工居民	外来者
消费方式	低价或免费	个人账户＋统筹基金	统筹基金

---

① 需要指出的是，在这里，我们判断利益差距缩小只是相对于第一阶段而言。事实上，外来者与城市非农户口居民之间的户口利益仍存在很大的差距。

（2）政策创新——利益均衡——制度替代

当代中国城市户籍制度的政策创新是指地方政府在不改变原有户籍制度的制度框架的基础上，以政策的形式，创设新的制度变种，使新进入城市的群体也能不同程度地分享户口利益，从而降低户口利益的排他性的过程。改革开放以来，地方政府所创设的、典型的、与户籍制度有关的替代性制度主要包括三类：暂住证、当地城镇有效户口、居住证。我们可以用吸纳性和利益量两个指标来衡量新创设的制度之间的差别（如下表）。由表可见，三类替代性制度的户口利益依次增加。因此，他们之间存在一个制度演进的过程。我们按照暂住证、当地城镇有效户口和居住证的顺序，分别探讨每一种替代性制度如何实现利益的相对均衡。

表3：基于吸纳性与利益量基础之上的户籍政策创新的三种典型的类型

	吸纳低	吸纳高
利益少	——	暂住证
利益多	当地城镇有效户口	居住证

第一，暂住证制度实际上是地方政府对于户籍制度的一项替代性制度。

调查研究显示，所谓暂住证，主要具有如下功能：

其一，为了使相关地方和区域获得所需要的廉价劳动力。地方政府发放暂住证，主要目的是为了城市和经济发展获取廉价劳动力。廉价劳动力的获取，可以大大增强当地的招商引资的吸引力和经济发展的竞争力，同时，可以满足城市户籍人口在就业行业选择方面的缺口。事实上，凡是实施暂住证制度的城市，都大大提高了劳动力和人力资源的供给量，满足了企业对于低廉劳动力价格的要求，并且填补了劳动力在不同行业之间的失衡。与此同时，在农村人口作为劳动力进入城市和企业，介入城市生活以后，城市的原有秩序受到冲击，治安和管理面临严重局面，这就使得地方政府采用暂住证的方法来加以控制，从而实现对于户籍制度的功能性替代。

其二，为进入城市的农村人口提供政府信用和保障意义上的安全感。进入城市并且获得暂住证的农村户籍人口，实际上通过暂住证获得了地方政府认可变迁予以保障的居住权利和资格。对于在城市工作的农村人口来说，这种权利和资格具有合法性、正当性、政府保障性的意义,因此,可以使他们获得在城市工作和生活的安全感。

其三,暂住证制度是户籍制度进一步变迁的诱发因素。农村户籍人口在城市中的暂住证制度,实际上意味着地方政府认可户籍所在地与社会成员之间的有限分离,认可农村户籍人口有条件进入城市工作或者进行其他合法活动。但是,暂住证的实施实际上诱发了进一步的问题,一方面,暂住证并非是农村户籍人口进入城市的充分条件,暂住证并不能给予这些人员带来安全以外的任何利益。另一方面,机会主义的选择表明,不办理暂住证,也可以在城市找到非政府控制的工作。同时,由暂住证实施带来的政府控制的放松,未办理暂住证者也可以在城市生存发展。这就提出了新的社会管制制度改革课题。

第二,当地城镇有效户口制度也是一项城市户籍制度的替代性制度。在现实运行中,当地城镇有效户口制度主要有两种类型,一种是特大城市和大城市的蓝印户口,另外一种是中小城镇的城镇户口。

就其基本属性来讲,当地城镇有效户口制度本质上也是行政许可制,因此,两种类型的当地城镇户口制度具有同样的本质属性。为此,我们可以特大城市和大城市的蓝印户口为对象,分析和概括当地城镇有效户口制度的基本特点。

其一,对于地方政府来说,其最大化利益是经济发展问题。经济发展在需要劳动力的同时,需要精英人才和资金,只有这样,才能使得技术创新、产业升级和市场扩展得到实现,由此提升国内生产总值,增加财政收入。为此,人才和资金成为地方政府的迫切需求,而户籍则成为地方政府用来交换的制度资本。与此同时,中央政府根据地方经济发展的情况和要求,对于户籍制度的控制政策有所调整,其主要特点是给予地方政府户籍制度变通的政策决定权。所有这些因素,加上暂住证制度的缺陷和效用递减,使得地方政府看到了户籍制度的比较优势,从而采用当地城镇有效户口制度(俗话说的地方粮票)解决问题。

关于当地城镇有效户口制度的特点,可以以上海蓝印户口政策和深圳蓝印户口政策的不同来加以说明。

表 4：上海蓝印户口政策和深圳蓝印户口政策的比较差异①

城市	深圳	上海
发展程度	发展中城市	发达城市
城市基本情况	暂住居民多	永久居民多
城市需求结构	需要人才	需要资金
户改首要目的	吸引人才	吸引资金
户口结构	三维户口结构（暂住＋蓝印＋永久）	二维户口结构（蓝印＋永久）

分析上表可知，作为发展中城市，深圳的暂住居民较多，城市的主要需求是"招收和维持熟练劳动力"，②因此，其蓝印户口是建立在暂住户口之上的，由此形成了三维户口结构。而上海是特大型发达城市，永久居民多，城市发展需要的是精英人才和资金，因此，其当地城镇有效户口制度即上海的蓝印户口政策的首要目标是吸引精英人才和经济发展资金，正因为如此，上海的蓝印户口并不以暂住户口为前提。

其二，分析作为当地城镇有效户口制度的蓝印户口制度可见，实际上，它是一种特定的过渡性户口制度。蓝印户口附着的利益多于暂住证，比如，蓝印户口在购买社会保险和医疗保险、申请营业执照、赴港出国考察等方面，享有与本市常住户口人员相同的权利。③ 与此同时，蓝印户口附着和包含的利益少于永久性常住户口，比如，蓝印户口不能作为参加当地高考的凭证。因此，蓝印户口与常住户口之间仍然存在着不同的利益含量，在城市人口的权利意义上，他们之间还是不平等的。

其三，蓝印户口实际是买卖交易的市场性质物品，并非政府天然认可的法定公民资格。地方政府发放蓝印户口，目的是为了尽快获取经济发

---

① 本表根据 Linda Wong, Huen WaiPo, "Reforming the Household Registration System：A Preliminary Glimpse of the Blue Chop Household Registration System in Shanghai and Shenzhen", *International Migration Review*, Vol. 32, No. 4. (Winter, 1998) , pp. 988—989 整理。

② Linda Wong, Huen WaiPo, "Reforming the Household Registration System：A Preliminary Glimpse of the Blue Chop Household Registration System in Shanghai and Shenzhen", *International Migration Review*, Vol. 32, No. 4. (Winter, 1998) ,p. 990.

③ 深圳市人民政府：《深圳市户籍制度改革暂行规定》，第三章，蓝印户口，1995 年 10 月 24 日。参见 http://www.zhengcefagui.net/cmdp/news/30/dzvom0ttG861ZEM.htm。

展需要的精英人才和资金,采用的方式却是市场交易和买卖方式。这就是说,政府通过某种直接或者变相的买卖,来发放蓝印户口,而蓝印户口的获取者往往也以市场交易的方式直接或者间接购买蓝印户口。在这其中,城市增容费、房地产投资性购买等等,都是这些买卖关系的典型体现,通过这些费用的缴纳或者交易的实施,需求者从地方政府手中获得蓝印户口,而地方政府获得资金。当然,为了获取精英人才,高新技术人才、高学历、获得奥运奖牌的经历、海外留学的经历等都可以作为蓝印户口的交易筹码。

第三,居住证是另外一项户籍制度的替代性制度。它是地方政府为了吸引人才,促进地方经济发展,以许可与申报的方式,满足外来者的安全需要,并实现其部分户口利益的一项替代性制度。居住证是当地城镇有效户口的发展,两者的区别在于外来者的进入条件降低了,新进入者所能享受的户口利益有所增加。研究显示,居住证具有如下基本特征:

其一,地方政府的利益结构是吸引人才,促进地方经济发展。2000年以后,各地经济发展的资源禀赋发生了很大的改变。例如,购房曾是办理蓝印户口的一个重要途径,但是,2005年后,各地房价飙升,房地产市场需求旺盛,不必再依靠户籍制度拉动房地产市场了,此时,地方政府把重心放到解决生产要素,尤其是吸引人才方面。居住证是地方政府吸引人才的途径。我们从文件中发现,就业和人才引进是办理居住证的重要条件。[1]

其二,外来者的利益结构是获得部分户口利益。居住证持有人在择业就业、投资创办企业、科技成果转化、办理社会保险、职称评审、子女入托入学、购买商品房、购车入户、出入境管理以及其他商务活动等方面与当地居民享有同等待遇,持有人可持证办理上述各项相关事务。[2] 居住证持有者比蓝印户口者享有更多的利益。一个例证是,在上海,居住证持有者可申请子女在沪就读,取得高中毕业文凭的可以参加上海卷统一高考,报考上海市部属高校、在外地有招生计划的上海市高校或者民办高校。[3]

---

① 上海市人民政府:《上海市居住证暂行规定》中的"居住证办理条件"内容,2004年8月30日。
② 浙委办〔2004〕75号文件印发:《浙江省实行引进人才居住制度暂行规定》,第四章。
③ 上海市人民政府:《上海市居住证暂行规定》,2004年8月30日。

其三,地方政府与外来者的利益交往方式是许可与申报。居住证由个人申领,人事部门和公安部门核发。其具体申领程序如下:一是,个人申请;二是,人事行政部门自收到申请表和申请材料之日起7个工作日内,完成审核认定。对符合条件的,出具《办理〈引进人才居住证〉通知书》;三是,公安机关核发,即公安机关根据个人出具的《办理〈引进人才居住证〉通知书》,核发《居住证》。①

我们可以把暂住证、蓝印户口、居住证三种类型的政策创新用表格总结如下:

表5:三种类型的户籍政策创新

变迁主体	政策创新	利益均衡			利益交往方式
		制度提供者收益(地方政府)	制度需求者收益(外来者)	既得利益者收益(原住民)	政府与新进入者
地方政府	暂住证	劳动力秩序	安全(合法居住)	日常生活用品非公共化	管制与登记
地方政府	蓝印户口	解决生产和销售问题	安全 + 部分利益	部分社会性公共物品市场化	出售与购买
地方政府	居住证	地方经济发展	安全 + 部分利益	部分社会性公共物品市场化	许可与申报

综上所述,在社会经济发展和市场发育的动力作用下,地方政府通过政策调整或政策创新,把户籍制度内含的利益转移到新的制度或者机制上,由此校正原有制度内含的利益对于城市非农业户口与外来者的不均衡配置状况,从而使得户籍制度内含的利益实现替代性制度分流,进而实现这些利益在城市共同体内社会成员之间的相对配置均衡。这就是制度替代模式。这是一个新旧制度同时存在的过程。新旧制度并存减少了制度变迁的阻力,但是,它也意味着旧制度和新制度下的矛盾与问题并存,如何同时解决两种不

---

① 浙江省公安厅,浙江省人事厅,浙公通字〔2005〕28号文件印发:《关于贯彻执行〈浙江省实行引进人才居住证制度暂行规定〉》的通知,2005年3月15日。

同类型的矛盾？外来者到底能享受到多少公共服务？这种利益均衡能实现到什么程度？新旧制度并存的最终出路是什么？这些是有待进一步探讨的重要议题。

（原载《澳门理工学院学报》2008 年第 4 期，收入本文集时进行了修订）

行政信访的公共政策功能分析[①]

　　信访是中国特色的政治与社会管理制度。从概念的界定来看,信访有广义、狭义之分。广义的信访是指"人民群众向各级党委、政府、人大、公检法机关、人民政协、人民团体、新闻媒体等机构以各种方式反映情况,提出意见、建议、要求和申诉、控告或检举的活动"。[②] 狭义的信访也称行政信访,是指"公民、法人或者其他组织采用书信、电子邮件、传真、电话、走访等形式,向各级人民政府、县级以上人民政府工作部门反映情况,提出建议、意见或者投诉请求,依法由有关行政机关处理的活动"。[③] 本文讨论的信访制度,是狭义的信访即行政信访。

　　信访制度产生于特定的历史背景和社会环境,随着时代的变迁和社会矛盾的变化,行政信访的功能及其在国家政治生活中的地位也相应发生转变,从制度建立之初的信息传达,到"文革"后期的拨乱反正,到改革开放之初服务于经济建设中心任务,再到新时期着力维护社会稳定、化解社会矛盾,信访工作的重心和功能随着社会矛盾的变化而发展。

　　当前,我国社会正处于深入贯彻实践科学发展观的战略时期,在这一时期,社会矛盾的发展呈现新的形态和特点,由此使得行政信访与公共政策形成紧密的关联性,行政信访呈现强烈的政策功能。分析行政信访的政策功

---

　　① 本文是北京市信访矛盾分析研究中心项目《信访工作的定位、性质和作用的再审视和深度研究》(2011XF01)和国家哲学社会科学重大项目《科学发展观与政府管理改革研究》(04&ZD015)研究成果。本文由王浦劬、龚宏龄合作完成,其中王浦劬为第一作者。
　　② 参见张丽霞:《民事涉诉信访制度研究——政治学与法学交叉的视角》,第22—23页,北京,法律出版社2010年版。
　　③ 国务院:《信访条例》(2005),第1章第2条。

能,无论对于深化行政信访工作性质和功能的认知,还是对于提升公共决策的科学性和民主性,都具有重要意义。

一、信访工作的发展:从信诉问题到公共政策

我国的行政信访制度是建国之初创立的。创立之初,行政信访机构只是一个秘书性机构,其主要功能是收发信件、接待群众来访和转达其反映的问题。1951 年,毛泽东在"五月批示"中指出:"必须重视人民的通信,要给人民来信以恰当的处理,满足群众的正当要求,要把这件事看成是共产党和人民政府加强和人民联系的一种方法,不要采取掉以轻心、置之不理的官僚主义的态度。"[①]同年 6 月,政务院颁布《关于处理人民来信和接见人民工作的决定》,明确规定:"各级人民政府是人民自己的政府,各级人民政府的工作人员是人民的勤务员。各级人民政府应该密切地联系人民群众,全心全意地为人民服务;并应鼓励人民群众监督自己的政府和工作人员。因此,各级人民政府对于人民的来信或要求见面谈话,均应热情接待,负责处理。……"[②]这是新中国第一部关于信访工作的规范性法律文件,由此成为信访的制度源头,从而初步奠定了新中国信访制度的基本框架。毛泽东的"五月批示",加上政务院的决定,把信访工作上升到贯彻落实党的群众路线,加强党和政府沟通和联系群众的高度,由此不仅确定了信访工作的性质和价值,而且为信访工作的开展指明了方向。

在长期的历史发展过程中,行政信访制度经历了多次嬗变,在不同的历史时期,信访工作的重心不尽相同,因而具有历时性特点。尽管如此,行政信访也具有共时性特点,即信访工作的重心很大程度取决于当时社会矛盾的主要内容和信访问题的特点,信访工作的基本方式是单独地解决和化解一个个信访问题和矛盾。

新世纪以来,我国社会进入了新的历史发展时期,经济体制、社会结构、利益格局和思想观念发生了巨大变化。这些变化激发了社会发展和进步的

---

①　刁杰成:《人民信访史略》,第 32 页,北京,北京经济学院出版社 1996 年版。
②　中央办公厅信访局、国务院办公厅信访局编著:《信访学概论》,第 360 页,北京,华夏出版社 1991年版。

巨大活力,也使得社会问题和利益矛盾呈现新的特征。从信访工作的角度来看,这些新的特征主要体现在:

1. 社会矛盾行为主体呈现群体性。与过去自发而相对分散的社会矛盾相比,当前社会矛盾的群体性特征显著增强。"随着利益的分化与调整,矛盾个体在利益选择面前,往往会为共同的利益集聚起来,使社会个体矛盾演变为群体矛盾。"[①]据北京市信访办公室和信访矛盾分析中心统计,从2000年到2008年,联名信增长49.6%、年均增长6.2%,集体访增长152%、年均增长20%(见表1,2009年和2010年联名信和集体访数量虽然有所下降,但依然很高)。[②] 联名信和集体访占总体信访量的比重也位居高位,在"十一五"期间,联名信涉及人次占来信总人次比重在65%以上,集体访涉及人次占来访总人次比重的60%以上。[③] 联名信和集体访总量逐年增多,表明社会矛盾的行为主体从个体性逐渐向群体性发展。

表1 2000—2010年北京市信访办受理的联名信、集体访情况

	2000	2001	2002	2003	2004	2005	2006	2007	2008	2009	2010
联名信(件次)	1900	1904	1874	2015	2746	2524	2289	2363	2818	1993	2267
集体访(批次)	545	715	953	1059	1518	1359	1506	1685	1372	1452	1325

2. 社会矛盾所涉问题呈现相似性。重信、重访量是衡量社会矛盾总体态势的重要指标,它显示着社会矛盾的集中程度。根据北京市信访部门的统计,2000年至2008年间,北京市重信数量居前十位的问题是:违法违纪、三农问题、工资福利、城市拆迁、住房问题、城市管理、申诉不满、社会纠纷、历史积案和劳动争议问题;重访数量居前十位的问题分别是:城市拆迁、申诉不满、

---

① 靳江好、王郅强:《和谐社会建设与社会矛盾调节机制研究》,第99页,北京,人民出版社2008年版。

② 中共北京市委、市政府信访办公室:《2000年以来本市群众信访呈现六个特点,集中反映为九类问题》;北京市信访矛盾分析研究中心:《科学编制"十二五"规划 减少经济发展的社会代价》,第74、75页。

③ 中共北京市委、市政府:《"十一五"期间市信访办信访数据分析报告》,北京市信访矛盾分析研究中心,专题研究报告2011年第1期,第4页。

历史积案、住房问题、社会纠纷、违法违纪、工资福利、社会治安和城市管理问题。① 显然，信访人所反映的社会问题具有较高的相似性，表明社会矛盾和问题并非分散和孤立的问题。

3. 社会矛盾发生原因呈现同源性。虽然当前社会矛盾生成的具体诱因形形色色、错综复杂，但是，社会发展与经济发展之间的失衡，却是触发和加剧社会矛盾的基本因素。世界现代化的发展历程表明，经济发展不等于社会发展，单纯的经济发展不等于社会的全面协调发展。就我国来看，收入分配、就业机制、教育事业、医疗卫生服务、社会保障和其他社会事业的建设滞后于经济发展，是当前社会矛盾凸显、社会冲突频发的共同深层根源，也是实现我国经济与社会全面协调进步所面临的共同严峻挑战。

4. 社会矛盾基本属性呈现同质性。"人们为之奋斗的一切，都同他们的利益有关。"②从当前的社会矛盾属性来看，绝大多数属于人民内部的利益矛盾。就其利益关系状况看，从根本上讲，我国人民的利益是一致的，因此，社会矛盾具有可协调性和非对抗性。与此同时，我们也应该认识到，市场经济的发展导致利益主体多元化、社会阶层多样分化和社会成员的利益差别化，由此往往导致和深化利益矛盾。"不同的利益追求容易引发利益主体之间发生更多的矛盾。在今后一个时期里，各社会主体围绕利益问题而引发的矛盾将日益增多和表面化，并以此构成我国一切社会矛盾的基础，成为社会矛盾的主要方面。"③

新时期我国社会矛盾的这些特征，使得社会问题逐步从单独或者孤立的社会纠纷逐步趋向政策化，从而与政府公共政策具有高度相关性，"社会矛盾越来越体现出结构性、群体性的特征，也越来越与领导决策、公共政策紧密相关"。④ 而社会问题和矛盾的政策化趋向，则大大提高了行政信访工作与公共政策的关联性，其主要体现在：

---

① 北京市信访矛盾分析研究中心：《科学编制"十二五"规划　减少经济发展的社会代价》，第76、77页。

② 《马克思恩格斯全集》第一卷，第187页，北京，人民出版社1995年版。

③ 靳江好、王郅强：《和谐社会建设与社会矛盾调节机制研究》，第115页，北京，人民出版社2008年版。

④ 张宗林、刘仁伟、叶明珠：《创新工作思路　转变工作模式　努力推进首都信访工作实现"三个转变"》，《人民信访》2011年第6期。

首先,公共政策内容问题,往往成为触发信访矛盾的政策因素。公共政策在相关社会问题和社会矛盾上缺位,或对于相关社会问题前后政策脱节,可能形成公民权利保障的盲区,使社会矛盾的化解缺乏政策性依据;公共政策内容脱离实际、甚至扭曲社会利益关系,功能不彰,难以实现公民的正当利益诉求,由此使得公共政策本身成为利益矛盾的引发因素;公共政策被束之高阁,或者相应的社会问题和矛盾不能及时有效通过政策调整加以化解,往往容易激起民怨;转型时期,社会不断发展变化,公共政策的前瞻性常常容易转变为滞后性,难以适应迅速变化的社会形势和社会关系,由此延缓或阻滞社会矛盾的有效化解,甚至引发新的信访矛盾和冲突。

其次,公共政策过程问题,常常成为引发信访矛盾的政策诱因。在公共政策制定过程中,信息缺失或者失真,程序缺省或程序不当,都会降低政策的正确性、针对性和公信力,影响预期的政策效果;在公共政策执行过程中,政策执行者的"选择性执行",使不同时期和不同区域的政策受众受到形式甚至实质性差别对待,由此形成滋生社会矛盾的温床,进而引发规模性信访事件;在公共政策调整过程中,某些政策背离既定政策目标,或者缺乏解决相关社会矛盾和问题的有效性,经过公共政策执行和反馈过程,这种政策缺陷未能得到及时正确调整和弥补,由此不仅浪费了政策资源,而且激化了社会矛盾,贻误了解决问题的有利时机。

再次,公共政策议题设置问题,也是信访矛盾发生发展的政策原因。信访实践表明,社会问题没有及时得到政府相关部门高度重视并上升为公共政策议题,经常导致信访矛盾发展甚至激化。在社会生活中,人们每天都会面临各种不同的社会问题,它们各自对公众有着不同程度的影响,但是,并非所有社会问题都能被政府相关决策者察觉并得到足够重视,因而并非所有社会问题都能及时列入政策议程,成为政策议题。就此而言,政策的调控范围实际上难以覆盖普遍存在的社会问题,从而容易产生公共政策制定和调控的盲区,使得相当一部分社会问题游离于政策调控范围之外,难以及时上升为公共政策加以有效解决。在这种情况下,公共政策的盲区性,就会成为社会矛盾的诱发甚至激化的原因。

社会矛盾与公共政策的这种紧密关联性,使得治理社会矛盾和冲突的重要思路之一,在于正确有效地制定和实施公共政策,协调各方利益关系,"加大从政策层面解决信访突出问题的力度,推进群体性利益诉求矛盾解决"。①
这就决定了集中解决社会矛盾和问题的行政信访工作越来越具有政策功能,
由此使得以信访工作从单独解决单个信访问题,逐步向影响公共政策转化,
因此,强化和提升信访的政策功能,以优化信访来优化公共政策,实现信访矛
盾和问题的政策性化解,成为提高信访工作水平,提升公共政策质量,解决社
会矛盾和纠纷的重要途径。

二、行政信访的主要政策功能

行政信访的实践表明,当前我国行政信访的政策功能主要体现在如下
方面:

1. 行政信访反映的民生诉求影响公共政策内容

研究显示,行政信访正在成为社会矛盾的集中反映机制,现实社会的各
种焦点问题和矛盾基本上都可以在信访部门得到体现。② 就当前我国行政信
访的基本内容来看,首当其冲是物质利益矛盾和民生问题,具体地说,就是
"社会生活中的直接物质资源冲突,与民生问题息息相关"。③ 相比于其他类
型的社会矛盾,民生方面的物质利益矛盾对社会的影响更为直接,更容易引
发公众不满情绪,甚至激烈的社会冲突。

从信访人关注的焦点问题来看,主要有"企业改制、劳动及社会保障问
题、'三农'问题、涉法涉诉问题、城镇拆迁安置问题、反映干部作风不正和违
法乱纪问题、基层机构改革中的问题、环境污染问题、部分企业军转干部要求
解决政治待遇和经济待遇问题"。④ 根据北京市信访矛盾分析研究中心的统
计,自 2000 年到 2008 年,北京市信访办信访量排名前十位的问题分别是:城

　　① 国务院办公厅:《国务院关于落实〈政府工作报告〉重点工作部门分工的意见》,国发〔2012〕13
号。http://www.gov.cn/zwgk/2012 – 03/27/content_2100951.htm。
　　② 张勤:《研究信访矛盾　为提升执政水平服务》,见北京市信访矛盾分析研究中心:《信访与社会
矛盾问题研究》(创刊号)2010 年总第 1 期。
　　③ 薄钢、张宗林、范文主编:《北京市"社会矛盾指数"研究报告》,第 19 页,北京市信访矛盾分析研
究中心,2010 年。
　　④ 据《半月谈》报道,国家信访局局长周占顺日前接受采访时表示,群众信访主要涉及八大焦点。资
料来源于"群众信访涉及八大焦点",《扬子晚报》2003 年 11 月 21 日。

市管理、三农问题、工资福利、违法违纪、城市拆迁、住房问题、申诉不满、社会纠纷、社会治安和环境保护,①(见表2②)从2009年北京市的信访情况来看,涉农、历史问题、拆迁、社会治安、卫生等五方面信访问题反映上升,③2010年,六类问题同比上升,按照同比上升的幅度它们依次是城市管理问题、拆迁安置问题、涉农问题、劳动社保问题、住房问题、涉法涉诉问题。④ 这些表明,信访活动集中反映的社会矛盾与学者们提出的当前中国的十大民生问题——"反腐倡廉、安居工程、就业问题、医疗体制、教育问题、文化建设、食品安全、贫富分化、环境污染、社会治安"⑤——具有高度吻合性,据此可以认为,行政信访工作已经进入一个以改善民生为重点的社会良善治理时期。

表2　2000—2008年北京市信访办信访总量居前十位的问题

位次	项目	件次	位次	项目	件次
1	城市管理	75356	6	住房问题	29010
2	三农问题	30769	7	申诉不满	21678
3	工资福利	30741	8	社会纠纷	20302
4	违法违纪	30111	9	社会治安	11911
5	城市拆迁	29346	10	环境保护	10296

　　信访活动的问题特征,映射出当前民众的普遍利益诉求和社会的重要矛盾,由此使得这些问题不仅成为我国政府制定和实施相关公共政策的重要依据,而且成为政府制定和实施相关公共政策的契机和动力。这就表明,信访的民生问题特征,实际上体现的是公共诉求,凝聚的是社情民意,信访人群的显著特征凸显了社会发展滞后于经济发展的实际状况和弊端。显然,这些问题的解决已经"不是一个单纯的经济性社会问题,而是一个需要调整公共政

　　① 北京市信访矛盾分析研究中心:《科学编制"十二五"规划　减少经济发展的社会代价》,第62页。
　　② 中共北京市委、市政府信访办公室:"关于《近几年北京市信访情况分析及对今后工作的建议》的报告",京信〔2009〕37号。
　　③ 中共北京市委、市政府信访办公室:"2009年信访情况报告",京信〔2010〕4号。
　　④ 中共北京市委、市政府信访办公室:"2010年信访情况综合报告",京信〔2011〕22号。
　　⑤ 李爱萍:《中国目前的主要民生问题及其解决措施》,《求实》2010年第2期。

策方向、政府考绩标准和公共财政投入重点,以改善民生为指针去发展社会和管理社会的政治性社会问题",①是政府的公共政策议题,由此也使得信访工作与公共政策具有高度的关联性和契合性,使得行政信访起着汇聚公共政策信息,聚合公共政策议题,反映民生利益诉求的作用,进而对公共决策者准确把握社会矛盾,选择恰当政策方案具有重要的导向和推进作用。

2. 行政信访有助于优化政府部门的公共政策过程

行政信访不仅对公共政策内容具有重要影响,而且对于包括公共政策制定、执行和调整等环节在内的公共政策过程也具有积极优化功能。

首先,行政信访有助于优化公共决策过程。行政信访的实践表明,它对于公共决策具有政策咨询和决策参考功能。行政信访的这一功能主要体现在:一、行政信访有助于提炼政策问题。公共权力运行的基本原理表明,公共部门可供支配的资源是有限的,不可能同时针对每一个具体社会问题采取同等强度的政策措施。一般来说,特定社会问题只有成为政策问题之后,才可能成为正式的政策议程。信访活动中的民意反映和反馈功能和信访工作的亲民特点,使信访制度对社会矛盾、社会问题和冲突具有高度的敏感性,这种敏感性有助于决策者及时察觉和准确诊断政策问题;二、行政信访可以为决策目标设置和政策方案拟定提供参照。公共政策原理显示,特定的政策总是为实现特定的目标而制定的,行政信访工作的特点,使得它在反映和把握社会矛盾方面具有独特优势,因而能够为政府科学合理决策提供独到的参考意见。

其次,行政信访有助于优化公共政策的执行过程。在社会生活中,人民群众的信访活动在某种程度上是因为政策执行不当引发的。行政信访工作显示,在公共政策执行过程中,某些执行人员素质低下,处理问题不当,尤其容易激起当事人的怨愤,从而引发社会矛盾。实际上,原本正当合理的公共政策,如果运作不规范,激发出问题又不能及时妥善解决,很容易引发公众对特定公共政策本身、甚至当政者的逆反情绪。这种抵触和逆反心理积累到一定程度,就会引发信访活动甚至信访矛盾,一旦出现这种情况,相关政策执行

---

① 郭剑鸣:《民生:一个生活政治的话题——从政治学视角看民生》,《理论与改革》2007 年第 5 期。

机构及其工作人员常常会受到来自公众和相关领导的双重压力,从而不得不调整原来的政策执行方案,纠正不合理的政策执行行为。

再次,行政信访有助于促进公共政策调整。当制定和付诸实施的公共政策在不同程度上不符合民众合理诉求,难以解决社会实际问题时,就可能触发信访活动,使得利益相关者通过信访活动来表达自己的意见和利益诉求。社会公众这种定向性的信访行为,虽然主观意愿在于维护或者实现自己的利益,但是,同时也是对既有公共政策效果的信息反馈。一般来说,对于特定政策持续而强烈的反馈,客观上能够增强公共政策对公民意见和诉求的回应性,为公共政策调整提供合理依据,从而促使政府相关部门检讨相关公共政策,调整相关公共政策,优化相关公共政策。就行政信访体现的公共政策反馈来看,其政策调整功能主要在于:一方面,信访能够促进相关部门重新界定政策问题。对政策问题的准确把握,是公共政策科学合理的前提。如果这一前提出现偏差,那么即便政策内容再完善、程序再健全,对于社会问题的解决和信访矛盾的化解都是于事无补。行政信访实践表明,如果社会公众对特定公共政策持不满甚至拒绝态度,那么,行政信访机构往往会收到许多相关民意反馈信息,这些信息具有数量庞大、内容针对性强、表现形式激烈等特点,由此表明相关部门的政策问题界定存在瑕疵甚至偏差。正是通过行政信访渠道,公共政策反馈的信息可以在一定程度上促使政策制定者和相关职能部门重新考虑甚至界定既有公共政策问题。

另一方面,行政信访能够促使决策者和相关职能部门重新审视甚至调整政策目标。公共政策具有明确的方向性,政策的具体目标总是在与相关社会政治价值取向的联系中得到体现的。在深入贯彻落实科学发展观,实施以民生为主题的社会建设过程中,缓解社会资源和财富分配不公导致的民众心理和由此而来的社会稳定隐忧,"实现经济和社会相互促进的协同发展",是制定任何公共政策必须遵循的总体目标。因此,如果特定的政策被实践证明是违背科学发展的战略目标和价值取向的,那么,相关政策主体可能就会受到来自行政信访形成的压力,从而重新审视特定政策的目标定位,甚至重新拟定和实施政策。

3. 行政信访的公众参与特点提升公共政策的民主程度

就其基本表征来看,信访活动不同于公共政策通常具有的公共性特点。

行政信访通常直接和直观反映的大多是公民的私利诉求,是信访人关心的现实利益问题,因此,信访活动通常表现为信访人主张、维护或者要求救济私人权益的公民个体或群体行为。"作为满足和实现公民权利诉求的特定行政制度,行政信访制度在实现公民关于公益诉求的同时,更多地是满足和实现公民的私益诉求。在这其中,公共利益与私人利益的矛盾性是显而易见的。"① 当信访工作被置于公共政策视野范围内予以考量时,在特定意义上,信访工作实际是在协调公共利益与公民私人利益之间的关系,或者说,行政信访影响公共政策的过程,实际是将民生问题的"'我的主张'转化为'我们的主张'"②的过程。

　　由此可见,作为实现公民私人权益和社会民生的特殊制度安排,行政信访的内含价值及其与公共政策之间呈现出"私益"与"公益"的矛盾性。尽管如此,信访实践表明,这两者之间的矛盾性是辩证统一的关系。尽管公共政策具有公共性和权力性特征,但是政府需要通过采用公民参与等民主治理方式来实现和维护公民的个人利益,从而强化政治权力的权威和合法性基础。尽管公民的维权或抗争行动的背后隐藏着"私利"目标,但是,他们的行为同时具有维护公众利益的实际效果,"这些抗争时间较长、行动规模较大、甚至已经成长为上访精英的信访者们,其信访活动已经带有较强的政治参与的意味,他们行为目标、性质及其主体认知也很可能已经发生了变化"。③ 这些变化使得"私权"与"公权"呈现相反相成的联系特点,使得信访人的"私益"与社会的"公益"在矛盾中蕴含着同一性,从而使得以实现私人利益为出发点的信访活动,转化为促进公共政策和国家治理民主发展这一公共利益目标和要求的政治后果。

　　如果把行政信访看作一个场域,那么可以说,它为政府与公民的互动提供了必要的场所。在这里,政府与公民的互动充满了复杂性,"也饱含着相互力量的较量与对比,是一个策略性互动与相互博弈的过程,它们之间的关系既存在对抗的一面,又存在合作的一面,致使中国的政治生态保持了长时段

---

① 王浦劬:《以治理民主实现社会民生——我国行政信访制度政治属性解读》,《北京大学学报》(哲学社会科学版)2011年第6期。

② 王侃:《民主与民生关系的政治学分析——基于杭州市城市民主管理模式的实证研究》,《浙江社会科学》2011年第2期。

③ 张永和、张炜:《临潼信访:中国基层信访问题研究报告》,第209页,北京,人民出版社2009年版。

的动态平衡,从而呈现出一种特殊的政治逻辑"。① 在这种特殊的政治逻辑主导下,社会各个阶层、尤其是弱势群体通过信访渠道表达利益诉求,参与和影响政策过程,而政府则通过公共政策将相关主体及其诉求纳入政策过程,以强化自身的政治合法性基础。

正因为如此,信访活动中的公民有序政治参与与公共政策的质量和效度常常具有直接相关性。"公民参与可使政府公共部门更能反映民众关心的问题,解决民众与政府的冲突,促使公共决策的合法化,并提高政府的行政能力。"由此可见,在此,"公民参与是一种表达公民意愿、影响政府决策、制约政府权力的政治行为,体现自下而上的民主决策精神"。② 正因为如此,行政信访作为我国社会主义民主的特定政治设置,已经成为公民有序参与公共政策、实现民主治理的特定机制,它生动而强烈地体现着公共政策、尤其是公共决策的人民民主价值取向,而行政信访所影响的公共政策及其变化,相当程度上恰恰是其蕴含的公民有序政治参与的民主内涵的政策性外化。

4. 行政信访的灵活变通特点调适公共政策的合法合理

依法治国是我国的基本国策,依法行政是依法治国的重要内容。在行政实践中,全面推进依法行政,必须坚持政策合法性与政策合理性相统一,这是现代社会建构和良善治理的基本需求,也是衡量政府治理能力的重要标准。

然而,在社会治理过程中,公共政策的合法性与合理性并非总是一致的,两者之间的内在紧张,常常形成政策合法性与合理性二律悖反的困境。这种困境,既会酿成政府治理社会的现实难题,也会引发社会公众对政府决策的微词,从而使社会公众的不满情绪以"隐性"方式蔓延,形成"隐性"信访矛盾,甚至进一步使利益相关者采用"集体访"、"越级访"方式解决政策困境。

在公共政策合理性与合法性的困境中,行政信访既可以是公众反映公共政策不合理或不合法的渠道,也可以是公共政策合法性与合理性的调适者。行政信访的这种角色主要表现为:在政策过程、尤其是政策执行过程中,信访工作可以利用自己的优势,来有效化解公共政策的"合法与合理"困境导致的

---

① 尹利民:《信访的政治:民众表达与国家治理》,《南昌大学学报》(人文社会科学版)2011 年第 1 期。

② 魏星河等著:《当代中国公民有序政治参与研究》,第 32 页,北京,人民出版社 2007 年版。

社会矛盾。

比如,在城乡建设征地补偿中,补偿安置政策从总体上看是符合法治规定的,体现了特定区域内人人平等的原则。但是,这一政策却可能因为忽略了某些特殊的情况——对普通村民与温室大棚种植户、对普通耕地与果园实行一刀切的补偿标准等而导致实际上的不平等,因为后者是具有很高经济效益的拆迁户。再比如,计划生育是基本国策,也是每一个公民的基本义务,违背这一国策的婚育都是违法的行为,然而,在现实生活中,实际上存在很多早育、超生的情况,如果严格按照既定政策来对待,早育和超生的孩子的户口、升学和就业无疑会受到严重影响。在信访工作实践中,基于此类问题的信访事项并不少见,如何在不违反法律和政策的前提下,最大限度为来信来访者解决实际问题,成为信访工作人员的重要任务。

就其本质而言,对于这类问题的处理,实际上是如何在政策的合法性与现实的合理性之间进行恰当调适,以降低政府决策合法性与现实存在合理性之间的紧张关系,化解由此导致的社会矛盾。在这方面,行政信访工作的务实性和灵活性,就可以使很多社会问题和矛盾在不违背既定政策的前提下得到妥善解决,从而使公共政策在合法性与合理性之间达到一定的调适性平衡。

行政信访之所以能够在政策合法性与合理性之间发挥调适功能,是因为信访制度具有特定的灵活变通性,虽然这一特征常常被人们冠以“人治”之名,并以“法治”的前提预设对其进行批评。然而,信访制度与司法制度存在制度属性、实际功能和价值取向的差异,由此使得中国社会管理实践中,公共政策和法律两者侧重点有所不同。实际上,“人治”与“法治”实为两种治理方式,它们的基本目的具有一致性,差异的只是路径形式,因此,在强调“法治”至上,实行依法治国方略的同时,必须高度重视“人”的因素在法治中的作用,实现“以人为本”与“依法治国”的良性互动,实现法律法规与公共政策的共治功能,实现人与制度的共同促进,才能实现社会的良善治理。就此而言,我们应该认真对待行政信访的行政治理特点,切实认识它在公共政策合法性与合理性原则紧张关系中的调适角色,理性对待信访制度在促进社会建设和法治进程中的作用。

三、行政信访政策功能的局限性

如前所述,作为特定的政治制度安排,行政信访在社会管理和社会建设不断发展的今天,对于公共政策的内容、过程、价值协调和调整等已经具有重要影响。然而,一项制度究竟能够发挥多大功效,不仅在于制度设置的规范性取向,而且在于制度的实际运行和实际绩效。因此,在分析行政信访制度对于公共政策的积极功能和影响的同时,人们也应该看到,在社会生活和政治实践中,由于多方面因素的影响和作用,行政信访对公共政策的积极功能和作用的实现也受到多方面因素约束,因而还存在特定的局限性。

1. 行政信访反映问题与通过政策化解矛盾之间存在着落差

行政信访实践表明,并非所有信访问题都具有普遍性,并非所有信访问题都属于公共政策的调整范围,都能够通过恰当的政策制定和政策调整来避免社会矛盾以及后续矛盾的产生和发展。尽管如此,行政信访实践同样表明,在社会发展的当前阶段,公共政策本身的瑕疵、政策的缺位、前后政策之间的冲突和脱节、公共政策的迟滞性等,无疑影响着社会生活和正常秩序,从而使得政策问题成为行政信访的重要内容。

然而,行政信访实际情况显示,行政信访与公共政策的关联性,还没有使得大量信访问题和群体性矛盾迅速通过政府决策或者政策调整加以解决。目前,我国每年的信访总量已经相当大,但是,信访案件的解决率却相当低。据统计,信访问题的解决比率大体在千分之二左右,[1]这些数据表明,汇集到信访渠道的社会问题与通过信访渠道解决的社会问题之间存在巨大落差,这种落差可以从"十一五"期间北京市的重信重访量中体现出来。[2]

---

[1]　赵凌:《富有中国特色的信访制度　仅千分之二的解决概率》,《南方周末》2004 年 11 月 4 日。
[2]　参见北京市委、市政府信访办公室:《"十一五"期间市信访办信访数据分析报告》,第 2—3 页。

表3　"十一五"期间北京市重信重访率

	2006 年	2007 年	2008 年	2009 年	2010 年
重信率	23%	13%	14%	12%	8%
重访率	66%	66%	71%	71%	74%

　　一般认为,重信、重访是社会矛盾与公共政策具有密切关联性的重要体现,它们所反映的社会问题和矛盾大多很难在既有的政策下得到妥善解决。这就是说,行政信访虽然能够真实地反映社会问题和社会矛盾,但是并不总会及时有效地影响公共政策,使得这些矛盾和冲突能够及时上升到公共政策层面,通过政府决策获得政策性化解。

2. 行政信访促进公共政策调整的作用和功能有限

　　公共政策是社会财富和利益的权威性分配方式,涉及群众的切身利益,如果公共政策本身不合理,或者存在政策瑕疵,就会出现很多执行难题,甚至引发社会矛盾和冲突,因此,一旦公共政策被证明缺乏合理性或者存在瑕疵,就应当及时予以调整。在这其中,行政信访无疑具有重要的促进功能。尽管如此,我国的行政信访实践表明,这种促进功能也存在一定的局限性。

　　以某市××镇××村的征地补偿中新老村民待遇问题为例,村民××的户口于上个世纪七十年代迁入该村,一直在该村居住并结婚生子,2003年城市道路建设征用该村的土地时认为××是外来户,因此不予发放××夫妇及子女的占地补偿款。事后,××向上级来信要求领取其占地补偿款。在这一事件中,问题的关键在于确定××是该村集体经济组织成员还是外来户。按照该市市委、市人民政府《关于积极推进农户土地承包经营权确权和流转的意见》(京发〔2004〕17号)文件精神,1985年12月31日前迁入该村的取得本集体经济组织土地承包经营权的农户及其衍生的农业人口均为农村集体经济组织成员,据此可以确认,××是该村农村集体经济组织成员,他及其家人有权获得占地补偿款。[1]

---

[1]　北京市委、市政府信访办公室:《2010年度来信办理案例选编》,第39—40页。

上述案例中的信访人通过信访渠道维护了自己的合法权益,似乎案件得到了圆满解决。但是,令人深思的是,为什么会出现这样的信访问题?信访人的诉求得到了满足,与他有着类似情况的人们该怎样维护自己的合法利益?更为尴尬的是,1985 年 12 月 31 日之前迁入的住户,即便是因为偶然性因素或者工作失误而利益受损,起码还有基于《文件》精神的政策保障,而在这之后迁入的住户显然不能再凭借该政策来维护和实现自己的利益,那么,怎样才能保障他们的利益呢?虽然这一信访案例以及同类信访事项已经暴露了征地补偿政策内外有别、前后不一所导致的弊端和社会矛盾,但是,尚无明显的证据证明,这些矛盾对相应的政策制定和政策调整产生了显著影响和作用。

今天,随着城市化进程的加快,土地征用量不断扩大,与上述案例中当事人的问题类似的诉求会逐步明显和增加。事实表明,采用变通的方式虽然能够解决其中某些人的问题,但是并不能消除和防止基于类似政策问题而引发的后续社会矛盾,由此可能形成颇具规模的拆迁户群体或村民群体,他们的利益问题将进一步凸显,随之而来的信访矛盾也可能加剧,谁来为他们的利益损失埋单将成为令人堪忧的问题。

3. 行政信访工作的政策沟通和协调运行困难

从制度运行的总体过程来看,行政信访居于公民与政府之间,是公民权利与公共权力之间关系的"斡旋者",也是不同政府部门或政策相关主体之间的"协调者",行政信访的这种特殊角色,使得它在公共政策过程中起着重要作用。公众的直接有序参与,会推动社会问题上升为政策问题,但是,正式启动政策议程的主体却是相应的政府职能部门。因此,如何有效沟通协调政策相关方,促使政策制定者和政府职能部门将社会问题纳入政策议程,是信访机构施加影响和作用于公共政策的关键环节。

从实践来看,信访工作在这一关键环节上却面临着相当困境,在这其中,最为突出的表现主要是:首先,信访人的诉求过高,常常容易导致相关各方陷入僵持状态。但是,如果不能在两者之间达成共识,很难获得进一步调整政策或制定新政策的真实信息。在这种情况下,信访过程的阻滞不仅不利于贯彻执行现行政策,而且不利于相关政策更新,甚至可能进一步引发新的社会问题和矛盾;其次,信访人向多个部门上访,常常导致问题归属不明或受理争议,比如某税务局提前退休职工因待遇问题多次分别向县信访办、水务局、人力社保局、县政府和市信访办等部门写信并上访,这使得各级人民政府或各政府部门之间存在受理争议,甚至可能出现互相扯皮推诿和踢皮球的情况。因此,当信访事项涉及多个政府部门,所涉问题需要它们之间的协同配合、协商合作才能有效解决时,信访机构发起的政策协调尤其困难。第三,在沟通和协调过程中,信访部门职权有限,信访工作的效率和效果常常受到很大制约。比如在拆迁、土地、三农等问题上,"表面上是信访人个人的利益问题,实际上反映的是一个系统、一个领域,乃至是全国性的政策性、大局性的问题",①信访部门在面对这些问题时,很难在短期内顺利协调相关政策主体之间的关系,给出令各方满意的政策建议或解决方案。

4. 行政信访风险评估对重大公共决策影响有限

近年来,随着社会经济改革的深化,社会问题和社会矛盾相伴而生,如城区改造和城镇建设中拆迁单位与拆迁群众之间的矛盾、重点工程项目主办方与当地群众的利益冲突等等。这些社会问题和矛盾极易诱发群众的不满和抵触情绪,甚至演化为过激行为和群体性的上访事件,由此使得拆迁工作难以顺利推进、项目建设迟滞或中断,同时扰乱正常的社会秩序,影响社会稳定,甚至会销蚀公众对政府及其决策的认可和认同程度。

针对这一情况,行政信访建立了重大决策信访风险评估机制,为预先防范信访矛盾奠定了制度基础。尽管如此,从行政信访的具体实践来看,这种信访风险评估常常是事后评估,而且这种评估方式恰恰相当容易引发新的社会矛盾,浪费政府决策以及后续补偿所消耗的资源。

以某市××区地铁 N 号线规划引发的信访事项为例,开工兴建时制定的规划为周边居民的交通出行带来了希望,但是施工进程中却在未征求居民意见的情况下对原定方案进行调整,从而激起当地居民的强烈不满,引发上万群众参与签名并扬言要去静坐、游行。在矛盾苗头出现之时,信访部门及时

---

① 北京市信访矛盾分析研究中心:《关于对北京市十年来信访特点及发展趋势的研究》,第 21 页。

作出反应,建议有关部门在论证地铁站的建设与撤销过程中对居民的意见进行综合评估,并积极搭建平台,多方进行协调最终化解了矛盾。

在该市另一个区,也是因为修建地铁的总体规划事先没有征求广大群众的意见而导致居民万人签名,100 多个单位联名上访要求将地铁线延伸或调整以解决广大居民的出行难问题。问题出现以后,相关部门在尊重群众民意诉求的基础上,组织专家讨论拿出更为科学合理的方案,最终找到替代性措施解决了群众的实际困难。①

从上述案例可见,虽然相关矛盾最终得以化解,但是,同样的事情实际上却在不同的地区重复发生,究其原因,主要在于决策部门在政策规划设计时忽略了群众的诉求和意见,而等到问题显现或矛盾触发后,相关部门才在信访机构的建议下对群众意见进行综合评估,形成解决问题的方案。这一案例,体现了行政信访在约束决策行为时的软弱乏力。

四、完善和强化行政信访影响公共政策功能的建议

如上所述,我国的行政信访对于公共政策已经形成重要影响,从而日趋有效地优化着公共政策。但是,由于各种因素的制约,行政信访影响公共政策的力度和效果仍然存在明显的局限性。为了进一步发挥行政信访对于公共政策科学化、民主化的积极影响和作用,需要多方面完善行政信访影响公共政策的功能和机制。

1. 明确行政信访参与公共政策的功能定位

从行政信访影响公共政策的诸多约束因素来看,核心在于行政信访在政治体系中的功能定位问题。迄今为止,行政信访的政策功能尚未获得明确的法律定位,这就使得信访功能的充分发挥和权责能的匹配面临着不小的困境。在实际政治生活中,行政信访承担了一系列广泛职能,涉及范围几乎涵盖了社会转型的所有社会矛盾和社会冲突,这种功能的扩散实际也模糊了它

---

① 北京市委、市政府信访办公室:《2010 年度来信办理案例选编》,第 8、15 页。

在政治体系中的法律定位。

　　现行国务院《信访条例》第六条规定,行政信访具有"研究、分析信访情况,开展调查研究,及时向人民政府提出完善政策和改进工作的建议"的职能,尽管如此,这一规定还是原则性的。要强化行政信访对公共政策的影响,首先面临的课题是对于行政信访的政策功能进行明确而准确的法律定位。这一问题不仅是破解信访难题的关键,也是强化行政信访对公共政策影响力的重要前提。对此,应该在分析我国行政信访历史发展逻辑的基础上,结合行政信访当前所处的时代背景和社会形势加以考察。

　　如前所述,我国的行政信访制度创建以来,先后经历了"大众动员型信访、拨乱反正型信访、安定团结型信访"①等发展阶段。总体上看,行政信访的发展可以 1978 年划界,在此之前,信访主要承担着政府了解社情民意和进行社会动员的功能,在此之后,行政信访的功能主要是化解社会矛盾、实现权利救济、监督政府工作、维护社会稳定。随着时代的发展和社会矛盾的变化,当前,行政信访正逐渐向参与政策过程,实现社会综合治理的方向转变,行政信访对公共政策和政策过程具有重要影响。尽管如此,这并不意味着行政信访可以完全左右具体的政策结果,直接代替决策者进行决策,甚至承担政策执行的职能。具体而言,行政信访通过信息搜集聚合为政府决策提供真实、广泛的信息资源;通过对社会矛盾的分析研究,为政府决策提供参考意见,对尚未进入政策视野的问题提出政策动议;通过纵横双向的沟通协调,为政策出台争取政治支持,为政策施行争取公众的认可和协助;通过对重大决策的信访风险评估,实现对公共政策的源头性监督;通过办信接访时的规劝和解说,促进政策宣传,加深群众对公共政策的理解和合理应用;通过政策系统运行回路的持续影响力,以信访形式实现政策执行效果的信息反馈,从而形成政策调整的动因和契机。据此可见,行政信访的政策功能是影响政策而不是替代政策,是参与政策过程而不是主持政策过程,简言之,行政信访实际是通过参与公共政策过程、提供相应信息和咨询意见,来实现它在民主治理和社会建设中的功能。行政信访的这些政策功能特点,应该成为对其进行法律定位的基本依据。

----

　　①　应星:《作为特殊行政救济的信访救济》,《法学研究》2004 年第 3 期。

2. 加强对信息的收集聚合和对政策问题的分析

社会问题和矛盾转化为政策问题,是公共政策制定的首要环节,这一环节的顺利进行需要满足两个条件:其一,进入政策制定议程的社会问题必须能够反映公众普遍的意见诉求,具有一定的影响力和普遍性;其二,政府需要认识到这些社会问题的重要性和紧迫性,从而将这些社会问题纳入政策制定议程。

因此,要加强信访工作对于公共政策的影响,首要的任务,是加强对信访信息的收集、汇总和分析。一般来说,真实而全面的信息,是政府科学决策的必要前提,也是对既有不合理政策进行调整和完善的依据。而群众信访活动所反映的问题,往往涉及社会生活的方方面面,相对能够真实、有效地反映社会和政治生活的原始形态,为政府决策和政策调整提供丰富的第一手材料。

尽管如此,信访人所反映的问题和诉求是多种多样和形形色色的;行政信访作为一种制度化的民意表达渠道,与人民代表大会、政治协商等民意渠道存在显著的差别:在信访活动中,大多数信访事项并不是源于对公共利益、公共事务和公共政策的关注,而通常源于对于个人权益的主张和救济要求。为此,庞大的信访量、纷繁复杂的信访内容,以及群众信访诉求的私益特征,往往使决策者陷入筛选信访信息,聚合公共政策诉求的困境。

为此,在众多并且复杂的信访信息中,分析筛选涉及公共政策信息,聚合符合公众普遍意志的要求,是信访工作有效影响公共决策的基础性工作。在这其中,首先需要完善信访信息收集网络,充实决策信息资源,为科学合理的公共决策提供充足依据;其次,需要加强信访工作系统的沟通交流,实现信访信息资源共享,避免重复信访导致的重复接待处理;第三,需要对于信访信息进行认真切实的分析,筛选其中涉及或者影响公共政策的相关信息,聚合利益要求和政策要求,从而及时有效地为党和政府的决策提供依据。

当社会问题被纳入政策制定议程而成为政策问题后,接踵而至的课题在于如何准确预判和诊断这些问题,在此,行政信访扮演着诊断社会问题和矛盾的角色,由此帮助设定合理的政策目标和政策方案。实践表明,信访信息分析研究是政治性、政策性和专业性很强的工作,它对于加强信访工作对于公共政策的影响力具有重要意义,所以,在信访工作中需要着力加强这方面的机制,通过深入调查研究,把握社会问题的特点和发展规律,力求做到以数字反映社会矛盾规律,以规律促进科学决策,将事前预防与事后处理相配合,实现行政信访工作"从参与保障型向参与决策型转变,从实务操作型向理论研究型转变,从表层汇总型向深层剖析型转变"。① 不过,就目前来看,只有北京市等部分地区成立了信访矛盾分析研究中心,在这方面作出了有益探索。除此之外,我国全面展开信访信息分析和诊断工作,尚待时日。

3. 强化对公共政策的信访风险评估

在日常的政府决策过程中,政策规划程序之后,通常是政策方案的评估。对政策方案进行评估,是为了确保公共政策能体现公众的意志,又能顺利贯彻落实,从而实现预设的政策目标。以"信访前置"为指导的重大决策信访风险评估机制,应该是一种"参与式的社会评估",其中包括对政策的可行性评估、效应性评估、协调性评估以及风险性评估等主要内容,而最突出的是信访风险评估。从评估的对象来看,它主要涉及对尚未出台的政策方案的评估和对已经出台的公共政策的评估。

对尚未出台的政策方案的评估,就是通常所说的"事前评估"。这一阶段的评估能够及早发现政策方案的不足,防范于未然,避免不合理的政策出台,从而减少因政策本身不合理导致的社会矛盾。从各地重大决策信访风险评估的具体实施来看,事前阶段的评估已经逐渐受到各级党组织和政府重视,并在若干重大决策中付诸实施,其中主要包括对评估事项进行可行性分析,查找可能出现的信访风险点,提出避免信访风险的措施和化解信访矛盾的对策。由此而形成的信访风险评估报告,往往成为政府决策的重要依据。

对已经出台的公共政策的评估,则主要是指事中和事后的信访风险评估,即对政策执行阶段和执行后的政策效果的追踪调查和评估,确切地说,它们是对政策效果的评价。这种事后的政策评估,是实现公共政策合理调整,提高下一轮决策科学合理性的必要环节。前者实际上起着一种监督作用,一定程度上防止执行过程偏离政策目标,减少因执行偏差导致的社会不满甚至社会矛盾;后者实则是对公共政策的信息反馈,它有助于及时调整和修正不

---

① 张宗林、刘二伟、叶明珠:《创新工作思路　转变工作模式　努力推进首都信访工作实现"三个转变"》,《人民信访》2011 年第 6 期。

恰当的政府决策,或者促进过时的政策及时终结。

不过,就信访工作实践来看,目前,不少政府部门对重大决策的事前评估不同程度受到形式主义的影响,而对公共政策的事中和事后评价,则是在政策出现问题时的被动举措,这种事后的补救,实际上很难挽回已经造成的消极政策后果。因此,就目前的情况看,进一步完善公共政策事中和事后评价机制,实是十分必要。

具体而言,这种完善可以从以下方面着手:第一,实现评估主体多元化。重大决策信访风险评估往往涉及关乎民众切身利益的重大决策和项目,所以,应当实现评估主体多元化,尤其需要扩大公民有序参与,使可能受到相关政策影响的公民有序参与对于公共决策方案的评估过程,以提早预见可能出现的风险,及时调整政策方案,或做好相应的应对准备;第二,扩大信访风险评估对象。目前,信访风险评估机制主要针对的是重大决策和项目,实际上,普通公共政策有时也可能成为激发社会矛盾的导火索,为此,需要将信访风险评估对象扩展到更多的公共决策领域;第三,扩展信访风险评估的时间范围。将评估的时间范围延长至公共政策出台后的执行和政策效果阶段,以促进公共政策的及时调整和修正。

4. 调整信访体制结构以增强对政策的影响力

行政信访实际运行表明,我国的行政信访存在体制性问题,其主要体现为:信访机构设置相对紊乱,信访机构实行"谁主管、谁负责处理"的原则,相互之间缺少纵向的严格隶属关系和横向的沟通交流,缺乏权威性的统一归口管理及领导机构,因而协调能力相对薄弱;信访机构的权威性和权力有效性有限,为此,行政信访机构即便提供了有价值的政策信息和政策建议,也未必能够得到相关政府职能部门的认可和接受。因此,要使行政信访的政策功能落到实处,就必须切实考虑改革完善行政信访的体制结构问题,实际上,这也是行政信访制度在未来的发展方向和路径问题。

对于这一问题,人们关注得比较多,其主要主张是:

(1)扩展信访职能,强化信访部门的权力,探索"大信访"格局。持这种观点的人认为:"我们是一个行政主导的国家,在司法难以真正独立的情况下,中国需要这么一套反馈系统来了解社会存在的问题,了解民众的需要,这是一个没有门槛的系统。"①而信访机构权力有限是导致信访工作效率低下的主要原因,因此,应当通过赋予信访部门诸如调查、督办、弹劾、提议罢免等更多实实在在的权力,树立信访机构的权威来解决社会问题。

（2）对信访功能进行分解。秉持这一主张的学者认为,行政信访的主要功能不外乎公民政治参与和权利救济,而这两者又都可以从信访中分离出来,为此,他们主张对信访功能进行分解。具体而言,将权利救济的功能分流到司法体系,以防止司法权威的流失,避免信访制度遭遇不可承受之重;将信访归并到人大,使信访的公民参与功能与立法机关的民意功能有效整合,以加强系统性和协调性。按照他们的看法,"把信访集中到各级人民代表大会,通过人民代表来监督一府两院的工作,并系统地建立民众的利益表达机制"。②

（3）提升行政信访的地位,把它作为党委社会管理的重要组成部分。这一观点在一些地区已经开始推行。以海南为例,2011年6月中共海南省委成立群众工作部,与信访局合署办公,这种"用群众工作统揽信访工作"的改革意味着信访机构的地位再次提升,并拥有更多实权。对于增强信访机构的政策影响力和矛盾协调解决能力来说,这一举措不失为创新性尝试。

我们认为,信访工作体制结构的调整,应当在中国特色社会主义民主治理发展的背景下思考和进行。随着社会的不断发展,在复杂的社会矛盾面前如何进一步提升党和政府的权威性和公信力,是社会政治和谐有序发展的核心环节。我国的行政信访制度虽然原本是一项行政管理制度,但是,我国特有的党政关系特点,使这一制度兼具了政治和行政性格,即行政信访"实际是执政党与政府合一的权力体系……是执政党的执政机制和政府行政机制的合成……也是信访人权利主张沟通执政党和政府制定、运行和调整相关政策,监督公职人员行为的政治途径"。③ 因此,行政信访体制的改革完善和发展应当遵循这一基本规定和属性,以充分发挥它在政府管理和国家治理中的积极功效为取向。

根据这一基本规定和要求,改革完善信访体制以强化和优化信访工作对

① 赵凌:《信访改革引发争议》,《南方周末》2004年11月18日。

② 于建嵘:《中国信访制度批判》,《中国改革》2005年第2期。

③ 王浦劬:《以治理民主实现社会民生——我国行政信访制度政治属性解读》,《北京大学学报》(哲学社会科学版)2011年第6期。

于公共政策的影响,显然不可能通过转变行政信访的制度属性来实现,也不可能通过对于行政信访机构的简单撤销和机构分流来强化,而只能通过政治体制和政府管理体制的深入改革和完善来实现。在这其中,核心问题在于实现行政信访机构权责能的统一,尤其需要为行政信访机构配备足够的权力和资源,强化它在政府序列中的地位,而信访机构地位的提升,首先在于信访机构主要领导地位的提升,从实际经验来看,信访部门的直接领导由同级党委常委来担任,应该是提高信访部门影响力的有效途径。

5. 加强信访机构与相关政策部门的联动

在公共政策实施过程中,存在不同主体间的利益冲突和博弈——不同公民群体之间的利益冲突和博弈、公民与公共决策部门之间的利益冲突和博弈,甚至政府不同职能部门在同一政策问题上的冲突和博弈。在这其中,信访机构常常起着利益协调的作用,即在不同的利益主体之间寻求适当支点,以实现社会资源和利益在这些主体之间的平衡。

不过,从实践来看,政策协调是行政信访面临的工作难题。在不少情况下,对于信访部门的协调工作,相关职能部门较多的是"友情演出",这其中除了存在行政信访的职能定位问题之外,更与它们之间缺乏沟通互动机制相关。信访机构与政府职能部门,尤其是公共决策部门缺乏充分的沟通交流,对于政策议程的推进以及政策目标的设置、政策方案的设计等都是相当不利的。因此,加强信访部门与相关职能部门,尤其是决策部门的联动,是强化行政信访对于公共政策的影响力的重要途径。

在当前的运行格局中,行政信访机构多处于居间协调的"枢纽地位",它的协调功能主要通过信访工作联席会议、突发事件应急联动机制等途径来实现。信访工作联席会议调处范围广泛,从中央到区县、甚至乡镇都发挥了重要作用。与此同时,目前各地普遍制定了突发性信访事件应急管理预案,在工作要求、组织结构、工作内容、工作方法、联动主体等方面都做了比较详细的规定,这有助于预防群体性事件,化解严重的社会冲突。但是,这些工作机制大多针对的是具体的信访案件和特殊的信访矛盾,具有很强的临时性和应急性,因此,对于公共政策来说,其影响并非普遍性和持续性的,尤其是对于信访的政策协调功能实现来说,效果具有一定的有限性。

近年来,各级政府在创新信访协调机制方面取得较大突破,在这其中,尤其是"一站式"接待和信访工作督导机制,在信访工作实践中取得了良好效果。"一站式"接待的工作机制有助于提高信访工作效率、稳步降低信访总量。而信访工作督导机制与"一站式"接待类似,由与信访工作密切相关的政府职能部门的负责人到行政信访部门挂职锻炼,直接参与包括办信、接访、协调、化解、答复等在内的全部信访工作环节,同时督促和检查信访矛盾的排查化解情况。

比如,北京市海淀区成立了两个信访督导组,相关职能部门新升任的副手先到区委、区政府信访办挂职任副主任,体验行政信访工作的全部环节,督导信访排查调处工作的决策部署情况,了解信访工作的基本情况,了解社情民意,发现问题,总结经验。①

实践证明,这种体验式的挂职锻炼有助于信访机构与政策部门建立紧密的联动关系,从而有利于相关职能部门和上级政府领导干部深入体察民情,充分认识行政信访工作的重要性和难点。同时,通过信访督导的工作机制,信访机构的实际协调联动能力也得到很大提升。

6. 促使信访责任追究向合理的信访工作绩效考核转变

加强信访对职能部门、尤其是决策单位的约束,是强化行政信访影响力度的重要课题。从理论上讲,解决这一问题的重要途径是强化对于各级政府及其职能部门的信访考核。但是,以什么样的标准和方法进行考核,直接关系到信访工作是否能够科学合理地影响公共政策。

当前,对于地方政府的信访考核,主要是根据信访数量来确定各级政府相关人员的信访责任,由此将信访数量作为政府职能部门绩效考核的重要内容。在这种责任追究体制下,上级政府对各地上访数量和规模进行简单排名,并将这种排名与地方政府的政绩考核挂钩。这种方式固然可以促使地方政府职能部门解决一些信访问题,但是,却很容易陷入"强行捂盖子"、"施行摆平术",甚至围追堵截的境地。② 某些地方政府部门的这些做法,不仅阻碍

---

① 《海淀区田村路街道办事处访谈记录》,2011 年 7 月 21 日。

② 根据于建嵘教授对"上访村"632 名上访人员的调查,有 55.4% 的人因上访被抄家、被没收财物,有 50.4% 的人因为上访而被关押或拘留,有 53.6% 的人因上访被干部指使黑社会的人打击报复。于建嵘:《中国信访制度批判》,《中国改革》2005 年第 2 期。

了上级决策部门对于信访信息的及时获取和政策信息的反馈,延误了调整政策内容和纠正政策瑕疵的有利时机,而且导致了某些相当激烈的群体性事件,使社会问题趋于复杂化。

为避免和消除这种情况,首要措施应该是给地方党政部门减压,给信访人员松绑,促使单纯以信访数量排名的信访责任追究机制向着科学合理的绩效考核体系转变。目前,信访工作绩效考核主要分为两个部分:一是对信访部门的工作情况进行考核,如将"领导重视信访工作、办理群众来信、接待群众来访、信访事项复查复核工作、信访信息、信访宣传、信访调研、基层组织建设及规范化管理"①等作为考核信访部门的主要内容和指标;二是对政府各职能部门信访工作的考核,而这一部分目前并没有统一规范的考核指标。《国务院信访条例》规定:"各级人民政府应当将信访工作绩效纳入公务员考核体系",②但是,如何进行信访工作考核,考核哪些内容,以什么样的标准来考核等,尚需进一步制定细则。

在经济建设不断发展的今天,各地区的发展模式、发展进度、发展阶段和发展方式存在明显的差异,这种差异性对行政信访工作具有深刻影响,比如以工业为主的发展道路与发展第三产业、旧城改造与新农村建设、经济快速发展与缓慢推进,对行政信访的影响显然是不同的。这种差异性既体现为社会矛盾和信访内容的差异,也体现为信访量的差异,因此,单凭信访量的多少,往往很难准确衡量一个地方的社会治理状况。合理的做法应该是,不按照单一的信访量来对各地方的工作情况排名,而是将信访量与信访矛盾化解量之间的比率作为重要的绩效考核指标。

用信访量与矛盾化解量之比来考核各级政府部门,可以防止行政信访活动的异化,从而营造一个"疏导"式的社会综合治理环境。当然,需要特别注意的是,这种考核方法也可能激发许多民众涌向各级信访部门,通过信访渠道来主张和实现其权益,行政信访也许会由此面临超负荷工作量。由此可见,社会良善治理并非行政信访一己之力能够实现的,行政信访对公共政策影响力的增强也不仅仅是单靠完善信访制度所能达成的。从根本上来讲,决策的科学与民主体制机制的改革完善,是信访的政策功能得以优化的发展

---

① 《顺义区信访工作目标量化管理考核办法》,2009 年 3 月 10 日。
② 国务院:《信访条例》(2005),第 1 章第 7 条。

途径。

综上所述可知，当前，我国既处于发展的重要战略机遇期，又处于社会矛盾凸显期。社会矛盾和冲突常常集中反映和体现为信访矛盾，日益具有群体性、普遍性特征，并且越来越与公共政策密切相关。社会矛盾的这些特征使得传统的个案式的、点对点的解决矛盾和问题的方法难以适应社会发展的需求，另一方面，也使得行政信访工作日益介入公共政策过程，形成影响公共政策的重要功能。因此，从公共政策的角度审视社会矛盾和信访问题，不仅可以增强公共政策的合法性和可执行性，也有助于使社会矛盾在萌芽状态就在广泛和普遍意义上获得政策性化解。

行政信访制度作为党和政府的群众工作的重要途径，本质上努力解决的是如何治理国家、管理社会的问题。就此而言，从社会管理有效实施、社会矛盾有效解决和社会纠纷有效定止来看，一方面，行政信访对于公共政策的影响和作用机制尚需进一步健全，其作用力度和深度尚需进一步强化，这不仅在于信访制度本身的完善、信访制度的实际政策功效及其发挥，还在于相关制度的配套和联动；另一方面，社会管理和社会发展是一项长期的系统工程，在发展过程中，必须"坚持贯彻党的群众路线，坚持人民主体地位，发挥人民首创精神，紧紧依靠人民群众开创新形势下社会管理新局面"，把加强和创新社会管理"摆在更加突出的位置，深刻认识和准确把握社会管理规律，加强调查研究，加强政策制定，加强工作部署，加强任务落实，不断提高社会管理科学化水平"，[1]"健全党委领导、政府负责、社会协同、公众参与的社会管理格局，健全基层社会管理体制。最大限度激发社会创造活力，最大限度增加和谐因素，最大限度减少不和谐因素。妥善处理人民内部矛盾，完善信访制度，健全党和政府主导的维护群众权益机制。"[2]

（原载《政治学研究》2012 年第 2 期，收入本文集时进行了修订）

---

① 胡锦涛："扎扎实实提高社会管理科学化水平"，中国日报，http://www.chinadaily.com.cn/dfpd/2011ldytb/2011－02/23/content_12063920.htm。

② 《胡锦涛在中国共产党第十七次全国代表大会上的报告》，中国网，http://www.china.com.cn/policy/txt/2007－10/24/content_9435992.htm。

行政信访影响公共政策的作用机制分析[①]

　　行政信访是"具有中国特色的民主实现和权益救济制度,信访制度所依托的政治文化、意识形态以及信访制度的设计、运作、功能都具有中国特色"。[②] 当前的行政信访实践表明,行政信访与公共政策呈现日益密切的关联性,行政信访对于公共政策的影响日益增强。为此,从行政信访影响公共政策的作用机制出发,探讨和分析这种影响,不仅可以揭示信访工作与公共政策的机制关联性,而且可以探讨通过优化行政信访影响政策的作用机制来优化公共政策,提高行政信访工作的质量效率和功能作用,进而探讨完善发展中国特色社会主义民主政治的治理实现路径。

一、信访工作的发展:从信诉问题到公共政策

　　我国的行政信访制度是建国之初创立的。创立之初,行政信访机构只是一个秘书性机构,其主要功能是收发信件、接待群众来访和转达其反映的问题。1951 年,毛泽东在"五月批示"中指出:"必须重视人民的通信,要给人民来信以恰当的处理,满足群众的正当要求,要把这件事看成是共产党和人民政府加强和人民联系的一种方法,不要采取掉以轻心、置之不理的官僚主义

---

　　① 本文是北京市信访矛盾分析研究中心项目《信访工作的定位、性质和作用的再审视和深度研究》(2011XF01)和国家哲学社会科学重大项目《科学发展观与政府管理改革研究》(04&ZD015)研究成果。本文由王浦劬、龚宏龄合作完成,其中王浦劬为第一作者。
　　② 薄钢:《新形势下首都信访工作的理论探索与实践思考》,见北京市信访矛盾分析研究中心:《信访与社会矛盾研究》(创刊号)2010 年总第 1 期,第 41 页。

的态度。"①同年6月,政务院颁布《关于处理人民来信和接见人民工作的决定》,明确规定:"各级人民政府是人民自己的政府,各级人民政府的工作人员是人民的勤务员。各级人民政府应该密切地联系人民群众,全心全意地为人民服务;并应鼓励人民群众监督自己的政府和工作人员。因此,各级人民政府对于人民的来信或要求见面谈话,均应热情接待,负责处理。……"②这是新中国第一部关于信访工作的规范性法律文件,由此成为信访的制度源头,从而初步奠定了新中国信访制度的基本框架。毛泽东的"五月批示",加上政务院的决定,把信访工作上升到贯彻落实党的群众路线,加强党和政府沟通和联系群众的高度,由此不仅确定了信访工作的性质和价值,而且为信访工作的开展指明了方向。

在长期的历史发展过程中,行政信访制度经历了多次嬗变,在不同的历史时期,信访工作的重心不尽相同,因而具有历时性特点。尽管如此,行政信访也具有共时性特点,即信访工作的重心很大程度上取决于当时社会矛盾的主要内容和信访问题的特点,信访工作的基本方式是单独地解决和化解一个个信访问题和矛盾。

新世纪以来,我国社会进入了新的历史发展时期,经济体制、社会结构、利益格局和思想观念发生了巨大变化。这些变化激发了社会发展和进步的巨大活力,也使得社会问题和利益矛盾呈现新的特征。从信访工作的角度来看,这些新的特征主要体现在:社会矛盾行为主体呈现群体性;社会矛盾所涉问题呈现相似性;社会矛盾发生原因呈现同源性;社会矛盾基本属性呈现同质性。从当前的社会矛盾属性来看,绝大多数属于人民内部的利益矛盾。

新时期我国社会矛盾的这些特征,使得社会问题逐步从单独或者孤立的社会纠纷逐步趋向政策化,从而与政府公共政策具有高度相关性,"社会矛盾越来越体现出结构性、群体性的特征,也越来越与领导决策、公共政策紧密相关"。③而社会问题和矛盾的政策化趋向,则大大提高了行政信访工作与公共政策的关联性,其主要体现在:首先,公共政策的内容问题,往往成为触发信

---

① 刁杰成:《人民信访史略》,第32页,北京,北京经济学院出版社1996年版。

② 中央办公厅信访局、国务院办公厅信访局编著:《信访学概论》,第360页,北京,华夏出版社1991年版。

③ 张宗林、刘二伟、叶明珠:《创新工作思路　转变工作模式　努力推进首都信访工作实现"三个转变"》,《人民信访》2011年第6期。

访矛盾的政策因素;其次,公共政策的过程问题,常常成为引发信访矛盾的政策诱因;再次,公共政策的议题设置问题,也是信访矛盾发生发展的政策原因。

社会矛盾与公共政策的这种紧密关联性,决定了集中解决社会矛盾和问题的行政信访工作越来越具有政策功能,由此使得信访工作从孤立解决单个信访问题,逐步向影响具有普遍意义和效用的公共政策转化,因此,提升信访的政策功能,以优化信访来优化公共政策,实现信访矛盾和问题的政策性化解,成为信访工作的重要功能,而承担这一功能的重要途径,即在于信访工作影响公共政策的运行机制。为此,优化信访工作影响公共政策的运行机制,成为达成这一功能的着力点。

二、信访工作的运行:影响政策的主要机制

据调查分析,当前,行政信访工作对于公共政策发生影响和作用的主要机制体现在:

1. 决策信息获取机制:信访的政策信息收集

在现代社会中,决策的基本依据是社会成员对于政治系统的需求和支持状况的相关信息,"一个好的、科学的政府决策必定要有广泛的民意或利益诉求输入。这一环节对政府是否能做出科学决策起着基础性的决定作用,是政府决策科学化的重要前提"。[1] 这就要求政府及其相关部门在制定政策时,能够全面准确真实地获取社会成员的期待、意向、动机、思想意识、利益要求和偏好,知晓社会成员对于政府、规则和政策的态度和支持状况,[2]从而善于由中发现政策问题,形成民主和有效政策。

传统上,"我国实行的是比较典型的决策指令与决策实施效果的反馈走同一条信息通道的单通道的信息传输机制"。[3] 改革开放以来,这一状况已有很大改观,但是,无可否认,政府行政决策体制仍然存在科层体制具有的信息

---

① 董金柱:《政府决策科学化与民主化的制度创新初探》,《宜春学院学报》2011 年第 6 期。
② 戴维·伊斯顿:《政治生活的系统分析》,第 39、167 页,北京,华夏出版社 1989 年版。
③ 朱光磊:《当代中国政府过程》,第 230 页,天津,天津人民出版社 1997 年版。

传送失真和片面等问题,由此在一定程度上降低了公共决策的真实性、有效性和民主程度。

行政信访以其特定的信息获取机制在一定程度上弱化了这一难题。与其他信息来源渠道相比,信访工作形成的信访信息收集网络式渠道具有天然优势,对于公共决策具有独特的信息收集和沟通功能:

首先,行政信访具有民意表达的集中性。信访实践显示,社会急剧转型和经济高速发展带来的负面效应,往往集中释放于社会层面,并通过信访渠道投射出来,因此,群众信访犹如"一个巨大的'信息库',它为各级政府决策的科学化提供了重要的资源保证"。[①]

其次,信访工作具有民意反映的广泛性。全方位覆盖的"信访信息员队伍"和以信访信息员为基层前哨的"纵向到底、横向到边"的信访工作网络系统,在信息收集和获取方面,构成了深入透彻的专属独特信访信息获取机制,为及时有效获取社情民意相关信息提供了特有路径。

第三,信访活动具有民意诉求的普遍性。从信访机构收到的人民来信和接待的群众来访的实际情况来看,信访所反映的问题几乎涵盖了社会生活的各个方面。大到关乎国计民生的政策方针,小到细微末节的邻里纠纷,都可能成为群众信访的缘由;从企业改制、资产重组中的矛盾到工资福利问题,从"三农"问题到基层干部的违法违纪,从城镇拆迁和安置补偿到粗暴执法,从金融和财税系统的违法违纪到某些干部的贪污腐败,从上学难、就业难、看病难等问题到社会分配不公等各方面社会矛盾,无一不在信访活动中反映出来。这些社会问题的汇集使信访部门成为社会矛盾和冲突相关信息的汇集地,也使信访活动成为反映社会生活和社会矛盾状况的"晴雨表"。信访犹如"一张蜘蛛网的中心点,从这个中心点,你几乎可以与社会生活的任何一个主要方面取得联结,几乎可以窥见这个社会存在的所有主要问题",信访活动反映的这些社会问题"不仅给国家提出了要求,带来了麻烦和压力,同时也带来了大量珍贵的第一手的信息,而这些信息有助于国家及时地了解社会动态并制定和调整政策"。[②]

---

① 别红暄:《当代中国信访制度的功能》,《公共管理》2006 年第 7 期。

② 李宏勃:《法制现代化进程中的人民信访》,第 6—7、222—223 页,北京,清华大学出版社 2007 年版。

第四,信访信息具有民意告知的真实性。信访过程是信访人与信访部门、政府职能部门面对面的接触过程,信访信息通常是信访人在提出信访诉求的过程中反映出来的。一般来说,人是他自己利益的最好代理者,作为一种自下而上的自发式有序参与,信访活动所反映的信息往往更能体现当事人的真实愿望和利益诉求,因此,信访机构获得的是"原汁原味"的信息。相形之下,在行政科层体制下,往往存在信息传递失真、片面、甚至扭曲等顽疾,而行政信访制度在一定程度上恰恰弥补了这方面缺憾。通过信访渠道反映的社情民意,相当程度上矫正了科层制下层层报送和传递所导致的信息过时、失真甚至扭曲,从而为政府决策提供了丰富真实的第一手原始依据。这种源自社会真实的利益表达,对于党和政府决策者及时、全面地了解真实的社情民意,把握社会公众的迫切需求,具有天然的优势。

正因为如此,信访制度往往成为公共政策相关信息的有效、广泛、真实获取机制,成为公共政策形成、运行、调整和发展的基本依据,从而深刻影响着公共政策及其过程。

2. 政策问题察觉机制:信访矛盾的分析研判

一般来说,只有"那些已经进入政策程序的,被纳入政府解决、应对范围的社会问题或公共问题"[①]才能称之为政策问题;而只有那些进入政策规划阶段的政策问题,才可能形成政策方案,进而最终形成公共政策。这种政策程序规范看似理所当然,但是,"议案和关注的焦点问题被确定为政府行动的候选对象的渠道并不是简单的。它们的提出是多方面因素共同作用的结果,而它们要想成为(政府)决心要做的事情之前,还要经过复杂的程序。这一阶段对全部政策程序以及政策结果具有决定性影响"。[②] 在这一阶段,信访矛盾分析研究对于哪些问题是紧迫的政策问题,怎样从纷繁复杂的社会问题中提炼出这些问题,往往起着重要作用。

信访工作实践显示,在日常运行中,有大量关于社会矛盾的信访数据汇集到信访部门,这些矛盾和数据是社会现实问题和矛盾的直接体现。不过,

---

[①]　贠杰:《公共政策研究的理论与方法》,第 176 页,郑州,河南人民出版社 2003 年版。

[②]　迈克尔·豪利特、M. 拉米什:《公共政策研究:政策循环与政策子系统》,第 179 页,北京,生活·读书·新知三联书店 2006 年版。

很显然,并非所有社会问题和矛盾都能被政府决策者及时发现,并非所有社会问题和矛盾都会受到决策者的同样重视。因此,包括信访机构在内的所有社会管理部门面临的最大挑战"来自于预判未来社会发展有可能出现的矛盾重点,并且提出有可能的针对性建议"。① 从某种程度上讲,政策问题察觉和预判实际上是对民意的准确真实全面的把握和聚合,这就要求承担政策问题察觉职责的政府工作人员不仅要有使用科学方法和手段的专业技能、很强的政治素养和大局意识,更为重要的是,他们只有成为深入群众、倾听民声的社会实践者,是经常接触普通公众,近距离感受社情民意的知情人和知心人,才能在规划过程中准确把握人民的根本利益和切身利益诉求。如同毛泽东所指出的那样,"实际政策的决定,一定要根据具体情况,坐在房子里面想象的东西,和看到的粗枝大叶的书面报告上写着的东西,绝不是具体的情况。倘若根据'想当然'或不合实际的报告来决定政策,那是危险的"。② 而信访机构及其工作人员每天面对普通大众,耳濡目染的是社会真实的状况和直接利益诉求,因此对政策问题的察觉、对政策规划内容和具体方案设计的建议,往往更具合理性,从而更符合实际情况和公众的需求,因此,信访矛盾和社会问题分析研究机构,恰恰为公共政策提供了一种良好的政策问题察觉和研判机制。这一机制具有察知民心、识别民情、聚合民意、转换政治输入为公共政策的特定效用和功能,由此使得决策者得以拟定一个"在近期打算通过政策措施予以解决的问题的计划表",③确定哪些问题列入政策议程和行动议程,哪些问题优先予以政策性解决。与此同时,对社会矛盾和信访数据的分析,也有助于了解数据背后蕴含的社会问题、社会矛盾及其发生、发展和变化规律,由此启动了信访工作从被动作为向主动作为、从感性认知向理性认知、从经验运行向科学运行、从表层工作向深层工作、从单一部门工作向政府治理和社会建设全局工作、从信访问题向公共政策、从参与权利救济和保障向参与公共决策转变的进程,并且积极努力达成"以数据反映规律,以规律促进决

---

①　张勤:《研究信访矛盾　为提升执政水平服务》,北京市信访矛盾分析研究中心:《信访与社会矛盾问题研究》(创刊号),2010 年总第 1 期。

②　《毛泽东文选》第 1 卷,第 254 页,北京,人民出版社 1993 年版。

③　王满船:《公共政策制定:择优过程与机制》,第 17 页,北京,中国经济出版社 2004 年版。

策"的目标。①

3. 政策沟通协调机制：信访问题的政策协调

行政信访在提供有效的问题察觉机制的同时，还提供了特定的沟通协调机制。信访工作的沟通协调机制，更多体现为日常的信访工作对政策制定和政策执行等过程的实际影响。需要特别指出的是，这种沟通和协调不同于简单的信息传递，而是经过切实调查，对所获得的相关政策信息进行分类处理和综合提炼，以解决政策性问题为导向的沟通与协调。

从制度运行的过程来看，行政信访实际上更多地担当着"沟通者"或"协调者"的角色。在信访工作中，对社会问题和矛盾的处理，一般是通过信访人、信访机构以及相关职能部门等多元主体之间的沟通协调来实现的。

在公共权力体系内部，信访制度的政策沟通协调功能既涉及对于纵向的不同层级的职能部门之间的沟通协调，也涉及对于横向的同级政府职能部门之间的沟通协调。信访工作的实践显示，群众来信来访所反映的问题往往涉及多个层级的政府部门和同一层级的政府职能部门或单位，比如因食品安全引发的问题可能会涉及不同层级的政府，涉及同一政府的食品、卫生、质监、工商、农业、环保等多个部门，而对于电子产品卖场的综合治理则会涉及街道、区、乡镇等层级的管理部门，涉及同一层级政府的公安、工商、城管、文化等多个部门。在这种情况下，群众所反映的问题能否成为政策问题，能否进入政府决策议程，关键在于不同层级的政府和同一层级政府相关职能部门对于特定问题的重视程度以及它们之间的协同和合作。信访人所反映的问题在多层级政府和多个相关职能部门共同支持下，得到重视的程度会相应提高，列入政策议程的机会也相应增加。所以，行政信访在公共权力体系内部的沟通和协调，无疑能够使得特定社会问题更多地获得政府决策者的重视，从而使政府内部不同层次、不同领域部门形成协同合作，将其列入政策议程或者政策过程。

---

① 2009年11月25日，北京市信访矛盾分析研究中心成立，这是全国首个利用信访资源研究社会矛盾和社会问题的专门机构。作为一个开放式的研究平台，它拥有多元学科背景的研究队伍，聘请社会学、政治学、法学、心理学等多个领域的专家学者，运用多元视角和科学规范方法对社会矛盾的各个领域和不同层面进行研究。它收集和运用丰富的信访资源，对信访渠道反映的社会问题和矛盾进行分析，查找原因、总结规律，为党和政府科学决策提供科学有力的依据。

就公共权力体系与外部环境的关系来看,信访机构居于信访人与政府权力机构之间,这种特殊的位置,赋予信访机构位于信访人与相关职能部门之间"斡旋者"的角色。在这其中,比较典型的是信访机构召集信访联席会议,在信访人与相关职能部门之间或相关纠纷主体之间搭建平台,使利益相关各方有机会坐下来,以圆桌会议的形式对其所关注的问题进行讨论和协商。这种协商可以通过沟通和协调平息事态、化解矛盾,也可以通过沟通和协调,使得相关各方就所涉问题达成一致意见。显然,对于公共部门的政策议程设置或者政策过程来说,这一机制会在很大程度上增强公共政策的针对性和民众的认可度,同时,也会以协商、协调和协同的方式,使得政府的公共政策得到贯彻落实和合理调整。从某种程度上讲,信访工作的这种公共政策沟通协调机制,实际是中国特色治理民主与协商民主的集中和生动体现。

4. 决策制约监督机制:重大决策信访风险评估

就影响公共政策而言,行政信访的另一重要机制是重大决策信访风险评估机制。信访风险是社会风险的一种特殊类型,所谓重大决策信访风险评估机制,就是在进行涉及群众权益的重大决策前,由决策单位牵头,开展民意调查,公开征集和多途径、多渠道广泛听取群众意见,并且协调决策内容涉及的相关部门展开分析论证,评估决策可能带来的信访风险,把信访风险降低到最低限度。

重大决策信访风险评估机制的基本特点在于:首先,重大决策信访风险防范机制的内容广泛,诸如重点项目工程、农村土地征收、城镇拆迁等,凡属涉及广大群众切身利益的各种政策的出台和调整都须开展民意调查,公开、广泛征求民众意见。其次,重大决策信访风险防范机制具有事前把关的性质,"可以部分杜绝可能引起信访风险的决策的通过以及项目的实施,及时研判和预防侵害群众利益的事件发生,把矛盾化解在萌芽状态,在事前维护和保障群众的合法权益"。[1] 第三,重大决策信访风险评估既是一种"参与式的社会评估",也是一种对于政府决策的公众制约机制。对于重大决策进行信访风险评估,有助于决策者明确决策的出发点,从源头上了解和把握民意、预

---

[1] 赵威:《信访学》,第373页,沈阳,辽宁大学出版社2010年版。

防和控制信访突出问题,从制度上保障群众权益,从而为科学合理的政府决策提供广泛的群众支持和可行性基础,有利于提早预见可能出现的社会风险,降低行政和社会管理成本。正因为如此,重大决策信访风险评估无疑可以提高政府公共政策的信度和效度,增强政府对于公共政策的执行力。

鉴于重大决策信访风险评估机制在防范社会风险以及科学民主决策中的重要作用,全国各级政府部门先后出台相应的规范性文件,明确规定对重大事项的决策进行信访风险评估,听取群众意见,未经风险评估或经评估认为风险不可控的,不得通过和实施。各地信访工作实践表明,重大决策信访风险评估机制的运行,能够在相当程度上有效约束和监督相关政策的形成和实施。

以××市为例,根据该市《关于对重大事项进行社会稳定风险评估的实施意见》,2010 年下半年,该市各单位先后对 343 项重大事项进行风险评估,其中通过评估按时实施 264 项,化解风险后实施 4 项,包括亚运前增投出租车运力计划等 15 项重大决策事项,因有重大风险被暂停实施。亚运会前期,该市拟在亚运前新投放 700 辆出租车运力,这对于缓解上下班高峰段的交通压力,以及更好的服务于亚运会有一定的必要性。该市按照要求,对该决策事项开展了社会稳定风险评估,结果发现,2007 年、2008 年投放新出租车运力的举措一度使全行业驾驶员收入下降,诱发了该市出租车行业严重的不稳定因素;另外,燃气的不断上涨增加了成本,如再投放,必将对驾驶员心理造成影响;同时,市交委还接到报告,称有人派发传单鼓动出租车司机进行停运,向政府施压,部分司机开始串联,已经出现不稳定苗头。鉴于此,这项举措最终被暂停。[①]

类似的机制在其他地区也已得以建立,据统计,从 2008 年到 2010 年间,四川遂宁市共对 312 件重大事项进行评估,其中群众拥护顺利实施和通过化解矛盾、消除隐患后分步实施的 249 件、占 80%;暂缓实施的占 12%;被列为

---

① 黎秋玲:《民意大过天! 粤将全面实施重大事项社会稳定风险评估》,南方网,http://law.southcn.com/c/2011 - 05/20/content_24361821.htm。

一级预警不准实施的占 8%。① 2010 年宁波市开展重大事项风险评估 264 项,经风险评估同意实施 251 项,暂缓实施 10 项,停止实施 3 项。② 甘肃省庆阳市在 2010 年共评估各类重大建设项目 108 个,其中有 21 个项目因存在政策分歧、矛盾纠纷和稳定风险,被责令重新论证或暂缓实施。③ 对部分项目或政策的延缓、停止、纠正措施,实际上是变"被动灭火"为"主动控制",构筑了一道社会矛盾隐患的"防火墙",从而实现了对信访矛盾的预防和控制,以及对相关政策形成和实施的制约和监督。

5. 政策宣传教育机制:对于公共政策的阐释

对党和政府的政策缺乏了解,或者存在政策理解方面的偏差,是引发信访矛盾的重要原因之一。实践表明,经济发展越迅速,社会的利益格局变化越大,社会矛盾发生频度就越高。而公共政策作为社会利益分配的手段,势必涉及特定群体的利益,而正确认识党和政府的公共政策对于公民本身和社会发展的意义,是经济发展和社会矛盾基础上实现社会利益协调的重要思想条件。在这其中,对于公共政策的正确认识和理解无疑具有重要意义。但是,群众对于公共政策的正确认识和理解并非与生俱来的,尤其是对于与社会传统思想或习惯相悖的政策规定,常常较难使人们迅速接受,为此,必须对党和政府的公共政策进行广泛深入的宣传和解释。实践表明,这种宣传和解释既是公共政策顺利执行的必要舆论前提,也是降低信访量的重要程序。

而信访机构对于信访问题的处理,尤其是接待来访时联系政策含义和目标的解释,实际上就是对于群众信访涉及的公共政策的宣传和解说。从信访工作实践来看,积极宣传和解释各项政策,加强群众对公共政策的理解和支持,已经成为信访机构推动公共政策实施的重要机制。这一机制的运行主要借助以下途径:

(1)信访工作人员是政策法规的宣传员。在信访接待过程中,信访工作

---

① 马利民:《8% 重大事项列为一级预警不准实施解析社会稳定风险评估之遂宁经验》,《法制日报》2010 年 8 月 9 日。

② 陈东升、黄正华:《宁波社会稳定风险评估不走过场 13 个重大项目被叫停》,法制网,2011 年 3 月 23 日。网址:http://www.legaldaily.com.cn/

③ 宋常青:《甘肃创新重大项目社会稳定风险评估机制》,新华网,http://news.xinhuanet.com/politics/2011－02/22/c_121109787.htm。

人员不仅倾听信访人的意见和要求,而且向信访人阐释和解读政策,所以,信访工作人员不仅是人民来访的接待员、利益纠纷的调解员、社会稳定的信息员,而且是党和政府政策法规的宣传员。信访工作人员往往比较熟悉相关政策法规,因此,在接访的过程中针对性地向群众进行讲解,就会起到切实宣传政策法规,引导群众正确理解政策、增强法治观念的作用。

(2)信访接待场所是政策法规的宣传阵地。在实地调查中,我们发现,接访场所通常张贴着《信访条例》、相关的法律法规及政策文件、上访流程、信访注意事项等相关的图表,有的还将信访事项经常涉及的特定政策全文公布在布告栏中,以便群众查阅。有些信访接待中心还设有综合接访、民政、城区改造、城市管理、农村村务、人事社保、城市建设、教育卫生、纪检监察、企业管理、法律心理咨询等多个窗口,而这些工作人员对各自领域的政策法规比较熟悉,在接访过程中能够熟练而准确地向信访人讲解相关政策,这就使得信访接待场所实际成为政策法规的宣传场所,积极引导群众依法有序进行信访活动的教育场所。

(3)典型案例是宣传政策法规的鲜活教材。随着信访工作的深入,每年各地信访机构都会汇总并上报一些典型的信访案例,如北京市信访办每年以《案例选编》的形式将各区县的重要和突出的案例加以汇总。这些典型案例的汇集和分析,无疑有助于信访机构及其工作人员从中总结经验,也有助于宣传依法依规解决信访问题的正面典型,宣传因违背政策规章而受到法律制裁的负面事例,使广大群众加深对公共政策和相关法规的理解,认识公共政策的严肃性和程序性,选择以合法方式表达合理诉求,正确处理社会、集体、他人利益与自身利益关系,为提高公共政策的效度和信度强化思想认识基础。

6. 政策反馈调整机制:信访的政策反馈运行

从整体上看,行政信访工作是一项综合性、系统性、持续性工作,因此,它对于公共政策的影响和作用也是系统性和持续性的。任何一项公共政策,无论是否符合社会发展需要,能否满足公民的利益诉求,一旦运行就会产生一种基于系统运行回路的持续影响力。当政策输出使公民的利益诉求得到满足时,会消除人们的不满情绪,规避大规模社会冲突;当政策输出不符合或违背公民的利益要求时,就会激发群众信访活动,产生负面的政策反馈,这时,行政信访不仅是公民利益表达的有效渠道,而且反映公民对特定政策效果的态度,从而成为政策反馈和政策调整的机制。这在征地拆迁、社会保障、收入分配、城市管理、新农村建设、医疗卫生、教育就业、环境保护等领域比较常见。

以某市××区房补政策为例,2009 年 8 月,该区信访办接到市信访办转来的信函件,来信人某老师反映自己 1950 年参加工作,1982 年退休。1957 年晋升为一级教师,曾获该市文教系统先进工作者和市三八红旗手荣誉称号,退休后一直享受高级教师工资待遇。由于国家政策的原因,退休前未得到评定职称机会,退休 5 年后才有评定职称的规定。因为没有职称,住房补贴一直按照文件规定的最低标准 70 平米发放。来信人认为不合理,希望得到妥善解决。[1]

在事情的处理过程中,该区信访办接到信函后将其上报主管副区长,主管副区长批示区教委核实处理。在核实过程中区教委发现,按照现行政策规定,1988 年评定职称以前退休的教师,一些教师存在住房补贴面积偏小的情况,而对区住房补贴文件的态度,这些退休教师与该老师持相同意见。因此,该老师所反映的情况涉及到一个群体的利益,并影响到政策执行的严肃性和合理性。鉴于此,区教委房改办积极与区房管局进行沟通,并就此类问题致函区房管局,后经区住房补贴领导小组研究讨论决定,同意区教委提出的针对该群体的住房补贴政策调整的意见,及时妥善解决了与该老师情况类似的教师住房补贴问题。

这一案例表明,虽然我国各级政府公共政策的出发点是为了维护和增进广大人民群众的利益,但是,受限于特定时间和空间,在实际社会生活中,往往没有一步到位、绝对完美的政策,何况任何一项政策在实施过程中,因为多方面复杂原因,或者发生政策与实际情况的偏差,或者发生利益协调的偏差,或者发生政策的滞后性,"使一部分群体受益,另一部分群体无法受益或利益

---

[1]　北京市委、市政府信访办公室:《2009 年度来信办理案例选编》,第 58—59 页。

受损;同时也必然使一部分群体受益多些,另一部分群体受益少些"。① 在这些情况下,受到特定政策影响的人们,就可能通过信访渠道反馈意见,形成公共政策实施反馈,由此形成政策调整的契机。

行政信访工作的实践表明,虽然单个公民或单独的信访个案很难迅速激发公共政策的调整过程,但是,信访行为的传导性、信访人行为的激烈化程度、大众传媒的迅速传播等因素,都会直接或间接促成公共政策的调整过程。

信访具有很强的传导性和示范效果,尤其是在信访矛盾的频发领域,问题的相似性、同质性和同源性等特点很容易在社会引发共鸣。近十年的信访数据显示,与过去自发而分散的社会矛盾相比,这一时期社会矛盾的行为主体逐渐从个体性向群体性发展。这些问题和矛盾如果处理不当,就可能酿成严重危害社会的群体性事件。对于处在转型时期的社会而言,群体性事件本身所蕴藏的政治风险是不言而喻的,这就必然会对政府当局形成压力,从而促进对公共政策的检修和调整。

信访人的行为激烈化甚至异化会造成广泛而强烈的社会影响。以征地拆迁为例,从 2003 年至今,先后出现湖南嘉禾强拆、南京市民翁彪自焚、安徽农民朱正亮天安门自焚、重庆"最牛钉子户"与开发商对峙三年、成都唐福珍自焚等多起严重事件,这些事件所造成的社会影响无疑触动了相关决策者,从而对征地拆迁和安置补偿政策的调整和完善起到了特定的助推作用。

在舆论媒体迅速发展的今天,媒体对于相关信访问题的关注,常常成为政府和相关部门调整政策的重要原因。近年来,报社和电视台等媒体对社会矛盾冲突的曝光,对信访案件的解决影响力逐渐增强;与此同时,新媒体如网络信访也成为群众信访的新趋势,网络给人们提供了一个便捷的表达自己意见诉求的途径,其信息传播速度快,能在短时间内引起大量网民的关注,且不断转载具有放大效应,容易激发网民情绪,造成社会不稳定,正因为如此,在党和政府的正确引导下,媒体广泛关注的信访问题会成为公共政策调整的有利契机,从而使得信访与媒体正确有机结合,形成公共政策调整机制。

---

① 陈云萍、黄溶水:《理论视域中的公共政策评估价值取向研究》,《理论前沿》2008 年第 22 期。

三、信访工作的提升：以机制优化达成政策优化

行政信访与政府公共政策之间的高度关联性表明，行政信访已经发展演变成为公共政策的重要影响途径，提升和优化信访工作的公共政策效应，已经成为优化公共政策，完善公民利益表达机制和社会矛盾解决机制的重要途径。而提升和优化信访工作的公共政策的着力点之一，无疑在于优化信访工作影响公共政策的机制，促进信访工作与公共政策的良性互动，使信访矛盾和社会矛盾及时有效地获得政策性化解，从而实现优良的机制治理。

根据调查，就目前来看，信访工作影响公共政策的基本机制的设置和运行方面存在的主要问题在于：

（1）信访信息甄别不足，信息共享不够。并非所有信访问题都具有政策意义，如何从形形色色的信访问题和诉求中甄别出具有政策潜能的信息，对于信访工作的政策效应有重要影响，但由于信息甄别机制以及人员配备等因素的制约，这一工作有待加强。与此同时，信访工作系统内部尚未建立完备的信息共享机制，"具有信访职能的部门各自为阵、形成信息孤岛"，①信访运行过程中的各方相互之间缺乏有效信息沟通交流，由此导致信访案件无人管理或多头管理，或者各个部门对于同一公共政策问题答复不一的状况。信访相关主体、尤其是政府职能部门之间的这种信息非共享性，往往演变成为其间的行为非协调性，从而可能引起信访人的误解，造成重复上访、越级访等不和谐现象。

（2）对社会矛盾和政策问题的研究肤浅、甚至误诊。其具体体现：其一，信访矛盾分析研究的功能没有得到充分重视和发掘。目前，只有部分地区在这一方面作了有益探索，建立了经常性、专业性信访研究机构，但是，从全国的情况来看，履行政策问题察觉和研判的信访工作机构和机制尚待加强。其二，对社会问题的诊断和预判肤浅，甚至发生偏差，尤其是与利益相关者的预期存在一定出入。实际上，通过信访渠道获得的政策信息未必能够全面反映社会公众对政策的普遍看法和意见，因此，如何提高诊断和预判水平是信访

---

① 致公党中央：关于构建国家信访信息共享服务平台的提案，2011 年 3 月 2 日，中国人民政治协商会议全国委员会。

工作面临的一个重要问题。

（3）信访工作存在"协调能力薄弱"的障碍。从实践来看，信访工作在这方面的突出难题常常体现为：信访人的诉求过高导致信访人与信访机构、相关政府部门之间僵持；信访人向多个政府部门上访，导致归属不明或受理争议；信访矛盾错综复杂，涉及多个政府部门多方面政策，导致问题解决协调困难；相关政府部门在信访机构协调中配合程度不高，对于涉及部门政策的信访问题，往往疑虑重重。如此等等。这些协调困难无论对信访工作的顺利开展，还是对通过信访事项解决来促进决策调整或政策更新，都存在一定的负面影响。

（4）信访对公共政策的影响约束力度不足。现有制度关于重大决策信访风险评估的相关规定实际上并不具有强制性，因此，在实践中切实贯彻落实这些规定面临多方面困难；从信访运行过程来看，重大决策信访风险评估机制发生实效的阶段，主要是在政策执行过程以及由此产生的政策效果之后。相形之下，在政策方案阶段的评估，其实际运行效果相当薄弱。这样一来，信访风险评估机制的事前把关和杜绝风险功能，从源头上倾听民声、化解民怨、预防群众利益受损的作用往往难以实现预期机制设计目标。

（5）信访机构的政策解释和宣传功能有限。信访机构接待信访人来访时对于相关政策含义和目标的解释，虽然一定程度上能够发挥相关公共政策的宣传和解说功效，但是，信访机构终究不是政策制定或者执行机构，信访工作人员也不是专业的政策宣传员，他们对政策的熟悉程度有限，许多时候也可能对特定政策理解不透彻或者不全面，答复相关政策问题时发生片面性或者过于简单，甚至对特定政策的阐述和解读出现偏差甚至错误等，从而影响人们对特定政策的正确理解和合理运用，甚至影响信访人对于信访机构权威性的怀疑。

（6）信访工作的信息反馈与政策调整效果失衡。信访因为其巨大的信息反馈力量对政策调整具有重要的促进作用，但是，就目前的情况看，这种促进政策调整的功能，实际效果仍然存在局限性。信访实践表明，虽然既有案件以及同类信访事项已经暴露了相应政策的缺陷及弊端，但是，没有明显证据确证这些案件对相应的政策调整产生了显著影响和普遍作用。这就是说，信访虽然能够真实地反馈政策效果，但并不总是有效地促进政策调整进程，从而实现政策的优化目标。

针对这些问题,当前需要从多方面入手,优化信访工作影响公共政策的机制,藉此达成优化公共政策、解决信访矛盾的目标:

1. 完善信访信息筛选和信息共享机制

"信息是一种资源,也是政府行政决策民主化、科学化的重要保障,有了客观全面的信息作为参考,决策才能保证它的准确性和及时应变性。"[①]因此,要加强信访工作对于公共政策的影响,首先要加强对信访信息的收集、筛选和交流共享。

信访制度凭借全方位覆盖的"信访信息员队伍"和网络化的信访工作体系,在收集社情民意方面具有很大独特优势,由此可以为各级政府科学决策和政策调整提供丰富资源和基础依据。但是,由于信访人数众多,反映的问题和诉求形形色色,这些问题和诉求并非完全属于公共政策的调整范围,面对庞大的信访量和纷繁复杂的信访内容,决策者容易陷入信息筛选困境,因此信访机构需要加强对所获取信息的筛选和甄别工作。在这其中,主要是做好信访信息材料的鉴别和甄别,辨别哪些是属于政策调整范围的信访问题,这些问题具体属于哪一类政策问题,哪些是具有广泛影响及长远价值的问题等,将信访事项所反映的信息由单一、无序、零散变为综合、有序、系统,使原始资料信息增值,更好地服务于公共政策过程。

除了信息筛选和甄别之外,信访信息的交流共享也是加强信访工作影响政策机制运行效果的重要途径。

国务院2005年《信访条例》第十一条指出:"国家信访工作机构充分利用现有政务信息网络资源,建立全国信访信息系统,为信访人在当地提出信访事项、查询信访事项办理情况提供便利,这充分表明信访信息系统建设意义重大。县级以上地方人民政府应当充分利用现有政务信息网络资源,建立或者确定本行政区域的信访信息系统,并与上级人民政府、政府有关部门、下级人民政府的信访信息系统实现互联互通。"但是,从各个地方的信访工作网站来看,只有四川、新疆等部分省份建立了信访信息共享平台,实现信访数据统

---

① 陈晋胜:《和谐社会构建视野下的中国信访制度分析》,《法学论坛》2008年第3期。

一管理和信息资源共享。多数地方信访机构收到信访诉求后，并没有全部登入网上信息系统，而且网络友情链接单位相对较少，有些地方的信访局或信访办的网站只与少数几个其他地方的信访机构有直接的链接设置，使得信访信息查询和信息共享面临巨大困难。

为改变这一状况，亟需利用各级政府现有的网络资源，开发统一的信访信息网络，构建一个从中央到省级，再到市县的互联互通、资源共享的信访信息化网络系统，全面推进信访数字化工程，构建覆盖全国的信访信息共享平台。"实现具有信访职能的各部门之间及时沟通、信息互联、资源共享，有效整合信访信息资源，形成齐抓共管的工作合力"，①以此解决信访机制运行中信访案件和相关政策问题答复不一、多头办理或者无人问津的现象，便利各级领导和公民随时查阅相关信访信息，知晓相关公共政策，了解信访案件的办理情况。同时，利用这一信息网络对重复信访设置自动提醒，避免重复信访导致的重复接待处理，提高信访工作的效率。

2. 强化社会矛盾和政策问题的研究诊断机制

信访信息、社会矛盾以及政策问题的分析研究，对于加强信访工作影响公共政策的能力具有重要意义。然而，如上所述，迄今为止，除北京市等部分地区在这一方面作出有益探索之外，信访机构对信访信息、社会矛盾以及政策问题的研究和诊断尚待加强。

加强信访问题和社会矛盾的分析研究，首先需要加大对该领域的资源投入，建立健全信访矛盾分析研究体系，通过深入调查研究，把握信访问题的特点和社会矛盾的发展规律，力求做到以数字反映社会矛盾规律，以规律促进科学决策，将事前预防与事后处理相配合，实现信访工作"从参与保障型向参与决策型转变，从实务操作型向理论研究型转变，从表层汇总型向深层剖析型转变"②。其次，需要充实信访矛盾分析研究队伍，提升信访工作人员的素质能力。对信访矛盾的分析研究是一项开放式工作，它需要信访工作成员具

---

① 致公党中央：关于构建国家信访信息共享服务平台的提案，2011 年 3 月 2 日，中国人民政治协商会议全国委员会。

② 张宗林、刘二伟、叶明珠：《创新工作思路 转变工作模式 努力推进首都信访工作实现"三个转变"》，《人民信访》2011 年第 6 期。

有科学的方法手段和多学科多方面的学识背景,因此,在建立健全信访矛盾分析研究机制过程中须加强对信访工作人员,尤其是对信访矛盾分析部门工作成员的甄选和培养,增强他们使用科学方法和手段的专业技能,培养他们对于社会矛盾和问题的敏锐察觉和诊断能力,以及对通过信访事件传达的民意的整合能力。

对信访问题和社会矛盾进行分析研究,对于政策问题进行诊断和预判,实际上是对民意的识别和聚合,因此,如何使得分析研究和诊断预判的结果合乎社会公众和信访人的合理要求,是提高信访诊断水平的重要问题。"在一般意义上,中国公民是非常关注国家政策和公共事务的,但是对于更为具体的政策内容或者政策机制,则缺乏足够或充分的了解。"[1]信访实践表明,突破这一困境不仅要求从事该项工作的人员具备使用科学方法和手段的专业技能、很强的政治素养和大局意识,更重要的是,必须要求信访工作人员进一步深入基层、接触群众、倾听民生,建立起密切联系人民群众的有效机制。

3. 健全信访工作对公共政策的约束机制

建立健全必要的约束机制是加强信访工作政策效应的重要环节。从现有的信访工作机制来看,对公共政策的约束和制约主要有重大决策信访风险评估、对政策执行阶段和执行后政策效果的评价,以及信访责任追究机制。

在信访工作中,重大决策信访风险评估的目标在于把事情解决在第一时间,从源头上治理社会矛盾,但是,实践表明,这一机制在实际运行中有时会遭遇形式主义的销蚀,这就需要完善和强化这一机制,使之真正落到实处。就目前看,切实可行的方法是扩大评估或评价的对象。目前,信访风险评估机制的对象主要是重大决策和项目,但实际上,社会矛盾和冲突的爆发很可能源自一般公共政策,因此,要确保公共政策体现公众意志,从源头上化解民怨,防止信访矛盾滋生,就需要扩大信访风险评估对象,将涉及民众利益的一般性公共决策也纳入到评估范围;对于政策执行和执行后政策效果的评价,也需要遵循同样的原则,实现从迫于社会压力下的被动和被迫评价,向主动和常规化的政策评价转变。

---

① 房宁主编:《中国政治参与报告(2011)》,第131页,北京,社会科学文献出版社2011年版。

对政策执行阶段和执行后政策效果的评价,也称为事中和事后的信访风险评估。这种事中和事后的政策效果评价,对于防止政策执行偏离预期目标具有重要作用,而且还能为政策调整以及后续的政府决策提供合理依据。但就目前的情况来看,这种事中和事后的政策评价经常存在滞后性特点,这一机制常常在政策执行引发社会矛盾和冲突之后发生实际效用,实际上是社会压力倒逼的结果,相形之下,矛盾和冲突爆发之前的常规性政策评价却比较少。针对这一现象,应因之策是实现评估或评价主体多元化。公共政策具有显著的公共性,是对社会价值和财富的权威性分配手段,无论是公共政策制定,还是政策执行,都直接或间接与民众利益存在关联。在现代民主理念下,"凡生活受到某项决策影响的人,都应该参与那些决策的制定过程",①对于涉及切身利益的政策执行及效果的评价也是如此,因此,为了确保政府决策和政策执行的公共性,及时预见和提早预防可能出现的信访风险,应扩大公民有序政策性参与,实现政策评估或评价主体的多元化。

信访责任追究也是信访约束和影响公共政策的机制。不过,在信访工作实践中,由于考核内容和指标设计上的缺陷,这种政策约束机制效果不是很理想,甚至使信访制度从人们眼中的社会"解压阀"蜕变为"增压器"。因此,要弥补信访工作对公共政策的约束缺陷,还应当注重建立科学完善的信访工作考核体系。这就需要转变以往的考核思路,充分考虑不同区域、不同发展模式、不同发展速度等因素对群众信访以及信访工作影响的差异性,科学合理地设计考核内容和考核指标。其中之一就在于以信访总量与信访矛盾化解量之比,来取代单一的信访尤其是上访数量和规模的评价指标,从而防止信访工作异化。

4. 强化信访工作的公共政策协调机制

沟通协调是信访工作的核心机制,也是信访工作的难题所在,如同北京市相关信访工作人员所反映的那样,"协调是信访工作最难的地方。相对来说内部科室之间还好协调,但是一旦涉及其他职能部门,我们的协调工作就

---

① (美)约翰·奈斯比特:《大趋势——改变我们生活的十个新方向》,第161页,北京,中国社会科学出版社1984年版。

不那么顺利了"。①

　　信访部门处于政府权力体系之中,信访工作的触角必须延伸到社会生活的各个领域,但它并不实际掌握制定、调整公共政策的公共权力和公共资源,不具有直接解决问题和化解矛盾的实际能力,而且,信访机构的"人、事、经费受制于政府甚至某些职能部门,调查处理问题容易受到政府和部门所左右",②因此,相对其他政府部门来,是权能相对弱势的部门。实际上,有时候,即便信访机构提出了有价值的政策咨询意见或建议,也未必能获得相关政策部门的认可和接受。这就会在很大程度上弱化行政信访功能,进而弱化行政信访影响公共政策机制的有效运行。

　　除此之外,信访还是一种典型的接触式参与,这种参与方式具有很强的权威依附性,即参与的效果或者问题的解决往往取决于领导者的关注和重视,所以信访人通常更倾向于"找领导",这在各种调查数据中有明显体现。③这一特性使信访制度能量的大小,很大程度上取决于领导者的批示或者上级领导的重视程度,这常常是信访制度的弱点所在,与信访制度"小马拉大车的先天性缺陷"④共同制约着信访工作的政策沟通协调的政策影响力。

　　因此,改革和调整信访部门的权责配置,是信访工作政策效应落到实处的重要举措。不过,由于信访制度兼具政治和行政双重属性,是中国特色的民主治理方式,因此,改进信访政策协调功能机制的现实途径在于,通过政治体制和政府管理体制的改革和完善来实现对它的改革和调整。这种体制改革过程的核心在于权责能的统一和相互匹配,尤其需要为信访机构配备足够的权力和资源,强化它在政府序列中的地位。在信访工作实践中,信访制度能量的大小很大程度上取决于背后执政党和政府权力的力量,所以信访工作协调影响力的强化,首先在于信访机构及其主要领导地位的提升。从各级信

---

① 《海淀区田村路街道办事处调研记录》,2011 年 7 月 21 日。

② 吕盛坤:《中国信访机制的分析及其对策研究》,第 35 页,山西大学硕士论文,2006 年。

③ 中国政法大学 2003—2005 年的"中国公民人文素质调查"显示,对于"如果与他人有激烈矛盾纠纷,首先会想到的解决方法",受访人中有约 37% 选择"找单位和领导帮助解决";中国人民大学 2003—2008 年的综合社会调查数据显示,对于"遭遇与他人纠纷时的解决途径"、"同政府机关(村组织)发生纠纷时的应对措施",受访人选择"找上级领导或该机关领导"的比例分别是 31.8% 和 46.3%。参见房宁主编:《中国政治参与报告(2011)》,第 37—38 页,北京,社会科学文献出版社 2011 年版。

④ 王宏、王红军:《新形势下河南用群众工作统揽信访工作的实践与思考》,北京市信访矛盾分析研究中心:《信访与社会矛盾问题研究》,第 55 页,2011 年总第 2 期。

访部门的实践经验来看,由党委常委来担任信访部门的直接领导,可以说是提高信访工作协调影响力的有效途径。

其次,信访机构与职能部门各自为战,沟通交流匮乏,常常出现"联而不动、动而不联"的状况,难以实现信访机构与职能部门工作的有效整合,因此,信访工作的政策效应大打折扣。

从目前的信访工作实践来看,信访机构与相关职能部门,尤其是政策部门的联动主要是通过信访工作联席会议、突发事件应急联动机制、"一站式"接待和信访工作督导机制等途径来实现。前两者大多针对具体信访案件和特殊信访矛盾,具有临时性和应急性特点;后两者着眼于长远性和常规化,有助于加强信访工作与职能部门的联动关系,促进相关职能部门及其领导干部深入了解社情民意,充分认识信访工作的难点和重点,从而更好地配合和响应信访机构的协调工作。因此,加强信访机构与相关职能部门,尤其是政策部门的沟通合作,对于增强信访工作的协调影响力是必要和可行的。

5. 创新信访工作对公共政策的宣传机制

信访工作实践尤其接待群众来访时联系政策含义、目标的相关解释,实际上起着宣传和解释政策的功能,但是,这一功能的发挥存在一定风险。相比于特定政策主体机构及其工作人员而言,信访机构及其工作人员对政策目标的把握和政策内容的熟悉程度存在一定差异,这种差异可能导致对特定政策吃不透或理解不全面,甚至出现对特定政策的错误解读,从而影响人们对特定公共政策的正确理解和合理运用,导致信访矛盾升级或是引发新的信访问题。

由此可见,创新政策宣传机制,对公共政策进行深入广泛的宣传和解释,无论是对于政策顺利执行还是对于减少信访总量都是十分必要的。

具体而言,一是建立健全"一站式"信访工作格局,完善"一站式"信访工作机制,在信访接待中心设置与政府职能部门相对应的办事窗口,从这些职能部门调配一定的工作人员承担与该部门相关的来信来访接待和政策问题答疑工作。在有些地方政府的信访工作实践中,对这一机制的探索和运行已经取得了较大成效,它一方面有助于提高信访工作效率,同时也能够避免对特定政策的误解误读,防止由此而来的信访矛盾和冲突的升级。

二是加强信访工作人员对相关政策内容及目标的熟悉程度。信访工作人员不是专业的政策宣传员,他们对特定政策内容的熟悉程度有限,对特定政策目标的把握可能存在一定偏差,为了防止出现对公共政策理解不全面或者理解错误导致的矛盾升级和新的信访矛盾滋生现象,有必要针对特定政策,对信访工作人员进行相应的培训,尤其加强他们对信访矛盾频发领域相关的公共政策的了解和把握,使他们在接访的过程中能够准确地、有针对性地向信访人宣传政策法规,引导人们正确理解政策、合理运用政策。

6. 整合促进政策调整的信访工作机制

实践证明,信访虽然能够充分地暴露政策弊端,反馈相应的政策效果,但是在促进政策调整进程方面效果并不明显,通常的做法往往是采用灵活变通的方式来解决或者弥补政策瑕疵造成的不良后果,很少触及不合理的政策本身,这不仅使信访矛盾及其化解陷入无止境的恶性循环,还为社会发展埋下隐患。因此,需要完善和整合政策调整的信访工作机制,促进公共政策的优化以及信访矛盾的有效化解。

通常而言,政策调整的动力主要在于足够的外在压力、适当的调整契机以及合理的成本代价三者的结合,这三个要素在信访制度中分别体现为信访工作信息反馈机制、敏锐的政策问题察觉机制以及合理的信访工作考核机制。

信访工作信息反馈机制的主要作用是对来自社会公众的压力进行自下而上、由外而内的信息传导。基本上,每一项公共政策的出台及执行都会基于系统运行回路的规则,对社会公众产生一定的影响,并由此引出公众对该政策及其执行效果的意见反馈,这种反馈性的政策信息会对政策当局产生一定的压力,而压力的强度则取决于是否有健全的反馈渠道,使公众对特定政策的态度和意见得以顺利传达至相应的政策部门。信访渠道在这项工作中的作用不容忽视,受到特定政策影响的人们很可能通过信访渠道来表达他们对特定政策及效果的态度和意见,因此,畅通信访渠道,完善信访工作对于公共政策的信息反馈机制,有助于整合促进公共政策调整的充足的社会压力。

在促进政策调整的各种因素中,人们直观感受到的通常是某一件或某一些重大信访事件对于政策调整的助推作用,这些信访事件因其广泛而深远的影响而成为公共政策调整的有利契机。然而每年都有大量社会矛盾和问题汇聚到信访部门,这些矛盾和问题显然并不是每一例都能成为政策调整的导火线,因此,如何察觉和把握具有足够影响力的问题和事件,并且使这项工作得到政策部门的认可,是信访工作的一个重点。在这一问题上,除了通过加强信访矛盾分析研究来察觉重要的政策问题之外,可以尝试着将信访矛盾分析研究与各级政策研究室结合起来,借助政策研究室在政策调整中的重要作用来增强信访工作的效力。

前面提到,信访工作考核机制是一种对公共政策的约束机制,实际上它还是一种重要的政策调整促进机制。然而在信访工作实践中,往往暴露出一些不合理的行为现象,对于政府职能部门而言,良好的政绩与较高的信访量是一组截然对立的选项,为了应对信访工作考核,减少信访数量,对上访者围追堵截、强制"学习",甚至强制"精神病"等现象不胜枚举,这不仅阻碍了政策信息的有效获取和及时反馈,还会延误政策调整的有利时机。为避免和消除类似情况,需要调整绩效考核中以政绩为代价的信访工作评价指标,降低政绩值与信访情况之间的对立性,变"堵"为"疏",为政策调整营造宽松有利的社会综合治理环境。

社会管理和社会发展是一项长期的系统工程,信访工作影响公共政策机制的功效,不仅在于信访工作的政策影响机制本身的优化,还取决于相关制度的配套和联动。从中国特色社会主义政治建设和行政发展来看,深化政府管理体制改革,尤其是强化公共政策过程的优化、进一步实现公共决策的科学化与民主化,是提升和优化信访工作政策机制功能效应的根本途径。

(原载《中国行政管理》2012 年第 7 期)

中国的协商治理与人权实现[①]

从一般意义上讲,协商治理是指在国家和社会治理过程中,采用协商方式对政治组织之间、政府与公民之间、公民与公民之间的关系进行调适,达成国是商定、政策决定、事务解决、矛盾化解、权利保障和利益实现的活动和机制。

政治和公共事务管理以协商的方式进行,是人类政治生活和公共决策古老而新颖的方式。据考证,西方最早的公共事务协商决策活动可以上溯到古希腊时期的雅典城邦民主活动。古希腊政治学的奠基人亚里士多德曾经指出,协商是公民公开辩论和商讨法律的过程。此后,中世纪的君主专制主义遮蔽了协商治理,及至近代,代议制民主的发育和发展,使得代议民主和票决民主成为民主政治和国家治理的主要形式,而协商治理逐步演化为代议民主和票决民主的补充形式。

20世纪90年代以来,西方竞争性政党政治和选举政治日益暴露其制度积弊,国家政治与公共政策遭遇统治阶级和利益集团左右,甚至诱发社会冲突,难以实现其制度设计的民主规范目标——达成民意和公共利益,为此,协商民主作为民主治理的一种特定形式,重新受到人们关注,协商民主内含的协商治理随之成为公共治理的新焦点,甚至被视为公共事务管理的新范式。

与西方协商治理发育和发展的历史不同,中国的协商民主和协商治理,始于民主革命时期,是中国共产党创造的具有中国特色的民主政治形式。在民主革命时期,中国共产党围绕民族救亡和人民解放,与不同的社会阶级、阶

---

① 　本文为国家哲学社会科学重大项目《科学发展观与政府管理改革研究》(ZD04&015)研究成果。

层、集团、派别和政党、团体进行政治协商,极大地巩固了抗日民族统一战线和人民革命根据地政权,为实现抗日战争和人民解放战争的胜利奠定了基础。

新中国成立前夕,中共中央1948年4月30日发布《纪念"五一"劳动节口号》号召:"全国劳动人民团结起来,联合全国知识分子、自由资产阶级、各民主党派、社会贤达和其他爱国分子,巩固与扩大反对帝国主义、反对封建主义、反对官僚资本主义的统一战线,为着打倒蒋介石建立新中国而共同奋斗";"各民主党派、各人民团体、各社会贤达迅速召开政治协商会议,讨论并实现召集人民代表大会,成立民主联合政府!"新中国成立后举行的中国人民政治协商会议第一次全体会议,成为新中国协商民主和协商治理发展的重要起点,《中国人民政治协商会议组织法》和《中国人民政治协商会议共同纲领》,则奠定了中国协商政治的法律和制度基础。由此,中国的政治协商,既是具有中国特色的社会主义民主方式,也是党和人民治理国家和社会的重要机制,还是中国特色的人权实现和保障途径。

改革开放以来,以中国共产党领导的多党合作与政治协商制度为核心的协商治理得到进一步完善发展,邓小平提出了一整套有关多党合作和政治协商的理论和政策,江泽民对坚持和完善中国共产党领导的多党合作和政治协商制度提出了一系列新思想、新观点、新论断。八届全国人大一次会议把这项制度将长期存在和发展载入宪法。十六大以来,以胡锦涛同志为总书记的党中央进一步推进了政治协商和多党合作事业的发展。今天,协商治理成为我国决策科学化民主化的重要体现。①

在国家宏观政治层面不断得到完善发展的同时,我国的协商治理逐步从宏观层面扩展到基层社会,从政治层面逐步发展到社会层面,成为执政党与参政党及社会各界合作共治、政府与社会协同共治、公民与公民协商共治的政治形式,也成为我国公民在中国共产党的领导下,不断扩大有序政治参与,实现当家作主的重要途径。因此,协商治理已经成为我国政党、国家、社会、公民相互联系的政治纽带,成为中国国家和社会治理的重要方式。

就其治理实践来看,目前,我国的协商治理主要运行在如下层面:

---

① 中共中央关于进一步加强中国共产党领导的多党合作和政治协商制度建设的意见,2005年2月18日,http://cpc.people.com.cn/GB/64162/71380/102565/182142/10993406.html。

　　1. 政党之间的协商治理。其主要是作为执政党的中国共产党与作为参政党的民主党派、无党派人士等之间的协商治理，它集中体现着执政党与参政党围绕治国理政确立和运行的合作共治关系。在中国共产党领导与多党合作和政治协商制度下，执政党就国家的大政方针以及政治、经济、文化和社会生活中的重要问题、国家重要领导人人选等，与各参政党协商，充分听取他们的意见。通过协商形成的意见，被吸收到执政党和国家的决策和立法的过程，成为制定政策和法律以及作出重大决定的特定基础。执政党与各参政党的协商治理，主要采取民主协商会、小范围谈心会、座谈会、参政党中央向中共中央提出书面建议等形式。

　　2. 人民政协作为平台的协商治理。人民政协是执政党、政府、司法系统与参政党和其他各界人士进行协商治理的重要平台，其主要采取政协全体会议、常务委员会会议、主席会议、常务委员专题座谈会、各专门委员会会议等形式。其主要体现执政党、国家机关与参政党和社会各界之间的协商互动关系。政协委员具有就政治与公共事务的提案权和监督权，"协商成果作为政协的决议和议案或其他形式，向中国共产党和国家机关提出，成为执政党和国家制定政策和法律的重要依据。此外，每年同时召开的人大会议和政协会议上，政协委员参与国家重大问题的讨论，充分发表意见。近年来，民主协商逐渐进入决策程序，使党和国家的重大决策建立在充分协商的基础上，从程序上推进了协商民主与票决民主的结合，达成了民主制度与民主机制的融合和对接"。①

　　3. 政府与公民之间的协商治理。在这层面，主要是各级人民政府与相关公民之间围绕公共事务、公共政策、公共问题或者公民权益、社会矛盾进行的治理协商。它们主要围绕现实的公共利益和群众切身利益问题展开，协商的目的主要在于，通过协商实现利益表达、聚合和协调，进一步促进政府决策的科学化民主化，在体现公民要求和意志的同时，强化和优化公共政策的公正合理性和政府运行的优良绩效性。

　　政府与公民之间的协商治理，是我国协商政治的扩展，是改革开放和公共治理发展的成果，反映了我国政治发展过程中政府与公民关系趋于优化，

---

　　①　郑言：《积极推进中国特色协商民主建设》，《光明日报》2011 年 5 月 30 日。

体现了公民有序政治参与的扩大和深化。在实践中,这一层面的治理协商具有多样形式,比如民主恳谈、协商沟通、公开听证、多边对话、决策咨询、群众讨论、媒体评论、网络听政等。

4. 在社会治理过程中,由政府或者基层社会自治组织搭建协商平台,创造条件,促成公民与公民进行协商,以解决其间的矛盾和冲突。它通常发生和作用于利益相关的公民与公民之间,其内容多涉及社会自治范围内的特定公共事务、公共决策以及社会生活中的相关民事纠纷。因此,这一层面的治理协商,可谓自治性协商。它来自群众自治实践,往往因地、因事、因时而采取多种协商方式,诸如说事拉理、居民论坛、公民评议、社区议事、党群议事、互联网的官民对话等,不拘一格、广泛普遍、日常务实。①

就其协商治理的基本内容来看,目前,我国的协商治理主要涉及如下:

1. 政治政务:作为执政党的中国共产党与民主党派之间的政治协商。中国共产党与各党派和社会各界通过人民政协进行的正式民主协商,通常涉及治国理政的战略确定、大政方针以及国家政治、经济、文化和社会生活中的重要问题等,同时,这类协商也涉及国家重要领导人的人选等重大问题。政治政务协商事关国家政治路线、方向和政策,具有强烈的政治性、宏观性和战略性。

2. 政府事务:各级政府在公共权力运行过程中,以协商的方式,与社会大众进行多方面互动,主动咨询和商讨公共问题,其内容涉及不同层级和范围的公共事务、公共利益、公共政策及其与公民私人利益的关系,治理协商内容主要体现为围绕着或者相关于公共事务的决策,因此,可谓事务性协商治理。

3. 社会自治:公民自主治理,实现社会自治的协商。它是公民在村民自治和居民自治范围内,自主解决公共问题、公民权益和社会矛盾,实现有序发展的路径。其集中表现在社会自治的民主管理、决策及监督环节上,公民围绕共同体事务,实现自我管理、自我教育和自我服务,通过协商、沟通和协调达成共同体治理。除此之外,企事业单位内部的相关事务和劳动关系协调,也常常采取协商方式。因此,这个层面的协商治理,可以称之为自治性协商治理。

---

① 参见陈剩勇、何包钢主编:《协商民主的发展》,第89—90、97—100页,北京,中国社会科学出版社2006年版。

　　由此可见，我国的协商治理已经形成覆盖社会多个层面，具有国家政治与社会自治内容，运行于政党、国家、社会和公民之间的广泛普遍的治理体系。我国的国家和社会治理实践也表明，中国特色的协商治理已经取得巨大成效，成为国家和社会治理、公民政治参与和人权实现的重要途径。因此，以此为研究对象展开分析，可以由中协商治理在中国运行和实施的政治属性和主要元素，揭示其与人权实现的关联性，进而认识协商治理和民主政治发展的中国特色。

一、协商治理的政治属性

　　协商治理的政治属性，可以从社会政治的基础结构即利益关系、政治权力与公民权利三个相互联系的结构要素层面进行分析和确定。

　　1. 从社会利益基础来看，协商治理以公共利益作为协商的经常性议题，因此，其主旨在于社会公共利益的合法合理实现。协商治理的这一特点，使得它以公共利益的实现为社会基础，以公共事务决策和公共服务供给为运行领域。虽然协商治理常常涉及公民个人利益的协调，但是，大多数情况下，其涉及的公民私人利益往往不同程度上与公共利益相关。如同有学者指出的那样，协商治理"是一种治理形式，其中，平等、自由的公民在公共协商过程中，提出各种相关理由，说服他人，或者转换自身的偏好，在广泛考虑公共利益的基础上利用公开审议过程的理性指导协商"。[①] 协商治理的公共利益基础，使得它具有社会公益政治特性。

　　2. 从政治权力运行来看，协商治理是一种特定的民主治理形式和程序。协商治理在政治权力运行的程序设置层面具有多重复杂含义，需要进行不同含义的剥离和结合交叉性：

　　首先，协商治理具有政治权力归宿和主导的给定性前提。在中国的协商政治和协商治理中，一切权力属于人民，中国共产党代表人民领导国家和主导政治，是明确而不可移易的给定性前提。尽管在人民政协的职能规定中，包含协商国家重要领导人选的内容，但是，这一内容通常是对于特定职位的

---

① 陈家刚：《协商民主引论》，《马克思主义与现实》2004 年第 3 期。

任职人选的协商,并非权力归属的协商。由此可见,协商治理通常并不涉及政权的归属,只是涉及治权的运行。

其次,协商治理是协商民主的特定形式。2006 年 2 月发布的《中共中央关于加强人民政协工作的意见》明确指出:"人民通过选举、投票行使权利和人民内部各方面在重大决策之前进行充分协商,尽可能就共同性问题取得一致意见,是我国社会主义民主的两种重要形式。"由此可见,协商民主是我国人民民主的基本形式之一,它覆盖着广泛的范围,涉及立法、行政和司法全过程,在这其中,协商治理实则是协商民主的治理体现。

在中国社会公共政治形态下,公共治理成为政治权力的主要职能。"所谓公共治理,就其构成而言,是由开放的公共管理元素与广泛的公民参与整合而成——'公共治理 = 开放的公共管理 + 广泛的公众参与',二者缺一不可。"①

作为协商民主的治理体现,协商治理在民主管理、民主决策、民主监督等环节上体现着民主程序,因此,协商治理是协商民主的治理形式。从民主政治的程序设置来看,在民主政治过程的逻辑链条上,协商治理不是以民主选举而是以民主管理作为民主政治的逻辑起点,它首先"关注管理过程:不同利益群体参与管理过程,充分表达各自利益,在讨论协商的基础上产生公共政策或为公共决策提供依据"。② 据此可知,协商治理实际是从决策、管理环节切入政治过程的民主程序设置。

再次,协商治理是民主治理的协商体现。在政治管理、政治决策和政治监督等方面,协商民主与民主治理的复合,其程序性交叉选择的逻辑必然,即是协商治理,因此,协商治理是特定的民主治理方式,是以协商来实现民主、运行治理的程序和机制。从我国的实践来看,协商治理"在很大程度上超越了民主政治在多元社会运行所面临的多元竞争格局,强调以协商、合作替代竞争、冲突"。③ 与此同时,协商治理的协商属性,还在于治权实施公共决策和治理,并非以传统的权威性方式,而是以协商沟通、达成共识的机制运行的。

---

① 罗豪才、宋功德:《软法亦法——公共治理呼唤软法之治》,第 37 页,北京,法律出版社 2009 年版。
② 燕继荣:《协商民主的价值和意义》,《科学社会主义》2006 年第 6 期。
③ 林尚立:《协商政治:对中国民主政治发展的一种思考》,载陈剩勇、何包钢主编:《协商民主的发展》,第 75 页,北京,中国社会科学出版社 2006 年版。

3. 从协商治理的公民权利类属来看,其涉及和启动的常常是公民的政治权利,包含公民的自由权、平等权和民主权。不过,作为特定的治理程序和机制,协商治理实际是公民有序参与治理的途径,尤其强调民主的本质在于公民有序参与和理性协商,因此,协商治理直接涉及的通常是公民的政治参与权。当然,作为人民民主体现的公民有序政治参与,其中自然包含着公民其他政治权项。

由此可见,"协商治理是公共事务管理的公共治理走向与公共协商取向共同作用的结果"。① 因此,协商治理的政治属性在于,基于政治组织和公民的政治权利,以协商和对话的程序和形式达成共识或者协调分歧,以实现公共治理目标的特定政治机制。

二、协商治理的前提基础

协商治理是国家和社会治理的特定方式和机制,其确立和运行,具有特定的前提和基础。这些前提和基础,既是协商治理得以有效实施的先决条件,也是其实际运行的基本规范。

就我国的协商治理来看,这些前提和基础主要包括:

1. 协商治理的政治前提和基础。我国政治协商与协商治理的政治前提和基础,在中国共产党领导的多党合作与政治协商制度、中国的基层民主制度等国家基本政治制度中,都具有明确规定。

在国家和政党政治方面,中国共产党的领导是政治协商的政治基础和前提,坚持中国共产党的领导是多党合作的首要前提和根本保证。同时,"坚持政治协商的原则。政治协商是中国共产党领导的多党合作和政治协商制度的重要组成部分,是实行科学民主决策的重要环节,是中国共产党提高执政能力的重要途径。把政治协商纳入决策程序,就重大问题在决策前和决策执行中进行协商,是政治协商的重要原则"。②

---

① 张敏:《协商治理:一个成长中的新公共治理范式》,载《北京大学 2012 政治学行政学博士论坛论文集》,第 77 页。

② 中共中央关于进一步加强中国共产党领导的多党合作和政治协商制度建设的意见,中国共产党新闻网,http://cpc.people.com.cn/GB/64162/71380/102565/182142/10993406.html。

我国基层民主制度同样建基于和贯彻着宏观协商治理的政治基础和原则。与此同时，由于基层民主以村民自治、居民自治以及企事业单位职工代表大会为主要形式，是人民群众直接行使民主权利、依法进行自我管理、自我服务和自我发展的场域，因此，在基层自治层面，协商治理具有社会协商的特性，其政治基础首先是中国共产党的领导，同时还包含政府权力机关如乡镇政府和市、市辖区的人民政府或者它的派出机关的指导、支持和帮助。

2. 协商治理的法律依据和基础。作为国家的根本大法，中华人民共和国宪法规定："中华人民共和国的一切权力属于人民。""人民依照法律规定，通过各种途径和形式，管理国家事务，管理经济和文化事业，管理社会事务。"①同时，宪法对于我国的政治协商和协商治理具有明确的规定："中国人民政治协商会议是有广泛代表性的统一战线组织，过去发挥了重要的历史作用，今后在国家政治生活、社会生活和对外友好活动中，在进行社会主义现代化建设、维护国家的统一和团结的斗争中，将进一步发挥它的重要作用。"②此外，《宪法》关于公民权利的规定，关于国有企业和集体经济的民主管理的规定，都构成了协商治理的宪法依据。而1982年12月通过，分别于1994年、2000年和2004年修订通过的《中国人民政治协商会议章程》，则是中国协商政治的基本法律文件。在基层民主和协商治理方面，其主要法律基础是《村民委员会自治法》和《城市居民委员会自治法》。

3. 协商治理的主体及其相互关系基础。协商治理是在参与这一过程的多个主体之间进行的，"公共治理意味着国家不能再去垄断公域之治规则的创制和实施，不能再去关门立法和单向度实施规则，多元利益主体要求在公域之治中享有更多的知情权、参与权、表达权和监督权"，③因此，协商治理的多个主体及其相互关系，构成了协商治理的重要前提和基础。从我国协商治理的制度和实践来看，协商治理主体具有三个方面基本特征：首先，中国共产党是政治协商和协商治理的领导力量和中心，各级政府或者派出机构是公共事务性协商治理的指导主体；其次，协商治理的前提是多个主体的积极参与；第三，协商治理的主题通常是公共利益、公共事务或者公共政策，因此，协商

①　《中华人民共和国宪法》第一章第二条

②　《中华人民共和国宪法》（序言）

③　罗豪才、宋功德：《行政法的治理逻辑》，《中国法学》2011年第2期。

治理的主体应该是担当公共责任的主体。

与此同时,协商治理的参与主体之间的关系,是协商治理得以实施的重要前提。作为民主治理的重要机制,协商治理是建立在执政党与参政党、国家与社会、政府与公民之间的合作共治基础上的,它贯彻着民主与治理之间的有机结合而不是相互对抗的原则要求。协商治理的这一特质,在参与治理的不同主体的相互关系上不仅相异于竞争性民主,而且区别于权威性治理。

4. 协商治理的事务属性基础。无论在国家政务层面,还是在公共事务层面,就协商治理的事务属性来看,协商治理的基础在于:以协商实现治理的事务具有可治理性。所谓"可治理性",通常集中体现在,相关公共事务解决、公共政策制定处于公共治理主体权能阈值区间,或者围绕公共利益的矛盾关系呈现同一性大于矛盾性,合作性大于冲突性状况;在价值取向上,"可治理性"赋予公共利益以优先性,有效地代表和实现公共利益,是治理的首要目标。

所谓"可协商性"则集中体现在,治理涉及的公共事务、公共政策和相关矛盾问题,具有通过协商加以协调和解决的可能性。这就要求,一方面,相关公共事务、公共政策具有通过协商加以协调或者达成共识的可能性,另一方面,协商治理的参与各方具有以协商方式解决问题的出发点,协商各方具有共同或者相似的所涉思想基础和价值取向,"思想上同心同德、目标上同心同向、行动上同心同行",①协商各方具有平等自主的协商权利与义务。

5. 协商治理的主体权能基础。在我国,协商治理的参与主体分为政治组织和公民个人两种类型。从政党之间的协商政治和人民政协的协商治理来看,作为执政党的中国共产党具有领导和主导协商治理的权利资格,同时,也面临进一步加强协商治理能力的任务;而作为参政党的民主党派,在具备参政议政权利资格前提下,也面临着强化自身建设,提高参政议政能力的任务。因此,执政党建设与参政党建设的相互促进,成为强化我国协商政治基础的重要途径。从政府与公民和社会自治层面的协商治理来看,政府相关领导和工作人员协商治理的权能对于协商治理的实施和目标达成具有重要意义,同时,公民的协商治理权能,实则是这些层面的协商治理顺利实施的关键基础。

---

① 胡锦涛在党外人士迎春座谈会上讲话,《人民日报》2011 年 1 月 31 日。

在这其中,参与协商治理的公民资格和身份的明确性、参与公民的时间条件、[①]参与者的代表性、公民的权利保障、平等参与权、[②]公民参与能力和积极性,[③]都构成了协商治理运行和目标达成的基础条件。

6. 理性精神为核心的公民文化基础。作为特定治理形式和机制,协商治理需要政治、法律和物质条件等基础,更需要社会资本和公民文化的支撑。我国协商治理的实践经验表明,社会矛盾的解决,不同利益的整合,多样意见的协调和公共共识的达成,尤其需要以社会信任为核心的社会资本作为心理纽带,需要公民经常性交流、交往和沟通的社会网络,由此强化和提高政府的公信力和公民的信任度。另一方面,协商需要理性而非情绪性的意见表达和沟通,治理需要公民理性文化和政府理性行为。社会资本和理性精神,由此成为协商治理的公民文化基础。从我国的协商治理实践来看,这方面亟待进一步强化和培育。

三、协商治理的基本特点

从总体上看,我国的协商治理产生于协商政治与协商民主,是国家与社会、政府与公民、公民与公民在公共治理、公共决策环节上实现有机结合的政治机制。从宏观运行和基层实施来看,作为治理民主与协商民主交叉形成的协商治理,已经逐步形成了中国社会主义民主治理特色:

1. 协商治理是我国政治生活准则与协商政治包容性的有机结合。协商治理以中国共产党领导的多党合作与政治协商制度的准则为政治准则。这一政治准则是,"坚持以马克思列宁主义、毛泽东思想、邓小平理论和'三个代表'重要思想为指导,坚持中国共产党的领导,坚持社会主义初级阶段的基本路线、基本纲领和基本经验,坚持长期共存、互相监督、肝胆相照、荣辱与共的基本方针,保持宽松稳定、团结和谐的政治环境。中国共产党和各民主党派

---

① 郎友兴:《商议式民主与中国的地方经验:浙江省温岭市的"民主恳谈会"》,《浙江社会科学》2005年第1期。

② 陈家刚:《协商民主引论》,《马克思主义研究》2004年第3期。

③ (澳)杰弗里·斯多克:《协商民主和公民权利》,载陈剩勇、何包钢主编:《协商民主理论与中国地方民主国际学术研讨会论文集》,第54页,北京,中国社会科学出版社2006年版。

都必须以宪法为根本活动准则,负有维护宪法尊严、保证宪法实施的职责"。[1]这一准则首先贯彻在政党之间的协商、人民政协的协商治理过程中,其精神也贯穿在政府与公民、社会自治和社会协商的过程中。与此同时,我国的协商治理具有巨大的包容性,能够最大限度地包容热爱祖国、参与国家建设和公共治理的组织、团体和公民。

2. 协商治理取向于发展与稳定的有机结合。中国共产党领导的政党协商和人民政协规定:"发展是中国共产党执政兴国的第一要务,也是各民主党派参政议政的第一要务。"[2]而在政府与公民、社会自治的协商治理中,实现公共利益、促进科学发展,是维护社会稳定、解决矛盾和纠纷的根本途径。通过协商谋发展,经由治理维稳定,以协商治理达成发展与稳定的良性互动和交叉促进,既是其承载的双重取向,也是其独具的辩证逻辑。

3. 协商治理致力于公益实现与不同利益关系协调的有机结合。作为公益政治实现机制,协商治理通过公民意见表达和协商过程,清晰确定公共利益及其实现途径。与此同时,公共治理过程涉及公共利益与公民个人利益之间的关系,协商治理则是协商这些不同利益关系的机制。从我国协商治理的实践来看,协商治理不容许任何人为了个人或者少数人的利益和自由而妨害大多数人的利益,妨害国家和社会的公共利益,积极"主张国家利益和私人利益的交融互惠,私人利益在公共利益的导向下增进国家和社会的利益,国家和社会的公共利益为个人利益的最终实现提供公共的保障,以利益的共生共长推动整个社会的物质繁荣"。[3]协商治理正是以这种不同利益的协调,达成和谐治理的目标。

4. 协商治理是人民民主与有效治理的有机结合。协商治理脱胎于协商民主,是民主政治以治理环节作为切入点的实现形式,正因为如此,协商治理把民主要素和价值导入公共决策和公共治理过程,使之具有鲜明的民主特质。协商治理的人民民主特性,首先体现为协商治理追求公平正义性,它通

---

[1]　中共中央关于进一步加强中国共产党领导的多党合作和政治协商制度建设的意见,中国共产党新闻网,http://cpc.people.com.cn/GB/64162/71380/102565/182142/10993406.html。

[2]　中共中央关于进一步加强中国共产党领导的多党合作和政治协商制度建设的意见,中国共产党新闻网,http://cpc.people.com.cn/GB/64162/71380/102565/182142/10993406.html。

[3]　虞崇胜、王洪树:《政治协商:协商民主在中国的理论创新与实践探索》,《中国人民政协理论研究会会刊》2007年第2期。

过公民意见表达和协调,积极弱化或减少金钱和权力对政治决策的影响。同时,协商治理的人民民主性,体现为治理和决策过程中民主的普遍、广泛和真实性,体现为公共治理的利益相关者权利的平等自主、权利义务责任的对称和对等性。另一方面,"政治有效性是中国政治建设和发展的中轴原理",①对于公共治理来说,有效性具有基准性价值,协商治理的民主性实是为了达成治理的有效性,消除认知、利益、认同差异和矛盾,清除公共决策和治理的障碍,提高治理实施的可行性。此外,协商治理强化参与者的能力和理性,藉此建立和完善效率与公正结合的机制。

5. 协商治理是多种意见表达与治理共识达成的有机结合。从治理的运行过程来看,协商首先是多种意见和看法表达的过程。参政党和各界人士参与党际协商和各界协商,表达对于治理国家和社会的多方面建议,这种意见表达具有多样性、真实性和广泛性。在基层,协商治理过程则是利益相关者的意见和主张的直接表达过程。另一方面,协商治理的意见表达,对各种不同偏好、利益、意见和认识的尊重和吸纳,是为了达成意见聚合,以便在国家大政方针或者基层公共事务方面形成共识,建构公共治理和公共决策的基础,或者为公共决策提供依据,如同有些学者指出的那样,"协商民主,尤其在强调对共同利益的承诺、促进政治话语的相互理解、辨别所有的政治意愿,以及识别重视所有人的需要与利益的有约束力的公共政策上是一种具有重大潜能的民主治理形式,它能成功回应文化间对话与多元文化社会理解的一些核心问题"。②

6. 协商治理是硬法之治与软法之治的有机结合。在社会运行和治理规则中,具有刚性的法律规则、次级刚性而具有权威性的政治制度规则、相对弹性的道德规范规则。在刚性与弹性之间,存在利益相关者达成共识和合约形式的软法规则。公共治理的兴起,使得以单一的刚性的权威强制为特征的法律治理,逐步转向混合法治理。在我国的协商治理中,这种转变具有多方面体现:协商治理遵循国家法律的同时,也依靠软法,即"不能运用国家强制力

---

① 林尚立:《有效政治与大国成长——对中国政治发展三十年的反思》,《公共行政评论》2008 年第1 期。

② 张敏:《协商治理:一个成长中的新公共治理范式》,载《北京大学 2012 政治学行政学博士论坛论文集》,第 76 页。

保证实施的法规范（内涵），它们部分由国家法规范与全部社会法规范共同构成（外延）"。① 协商治理之所以具有硬法与软法有机结合的特点，主要因为协商治理更多地采用柔性权力和协商对话方式实施国家和社会的治理，"在不同利益主体之间构建一种基于公平竞争的互动合作格局；不同主体之间的权益分配，应当主要依靠协商机制和论证—商谈，基于'说服'产生共识或者合意，以保证公共决策具有高度的可接受性"。② 在此前提下，协商治理逐步形成了"一元多样混合法模式"。③

7. 协商治理是精英参与和大众参与的有机结合。我国的协商政治，主要由中国共产党、民主党派、各界代表参与，这个层面上的协商治理，具有精英参与的基本特点。随着我国人民民主和基层民主的发展，公共治理的兴起，协商治理，尤其是政府与公民之间的对话和协商、基层自治的协商治理，更多地具有大众参与的特点。综合来看，我国的协商治理已经形成协商政治总体背景下的精英参与和大众参与、政治协商与社会协商有机结合的格局。

8. 协商治理是多方参与共治与较低治理成本的有机结合。我国民主治理的普遍性和广泛性，使得公共治理成为党和政府主导下的多主体有序参与活动，多主体共治由此成为公共治理的基本特色。同时，由于协商治理可以利用既有政治资源，协商启动改革的门槛较低，协商要求的改革阻力和政治风险较低，协商主张调整的利益幅度较小，协商时间操作较易，协商实施有序等，所以，协商治理具有"降低党的治理成本，降低国家治理成本，以及降低社会治理的成本"的特点。④

9. 协商治理是间接民主与直接民主的有机结合。协商治理也是民主的实现形式，从我国协商治理的实践来看，其中既包含着间接民主，也发展形成了直接民主。党际政治协商和人民政协平台上的协商，实际上是人民根本利益和多方面利益要求的代表性协商，因此，具有间接民主的特性。而近年来产生和发展的政府与民意代表、专家学者之间的协商治理，由于其参与公民

① 罗豪才、宋功德：《软法之治——公共治理呼唤软法之治》，第8—9页，北京，法律出版社2009年版。

② 罗豪才、宋功德：《软法之治——公共治理呼唤软法之治》，第38页，北京，法律出版社2009年版。

③ 罗豪才：《坚持走中国特色行政法治建设之路》，《中国社会科学报》2009年7月1日。

④ 经济合作与发展组织著，中国科学院、清华大学国情研究中心译：《中国治理》，第5页，北京，清华大学出版社2007年版。

资格的选择性和代表性,所以,实际上也不同程度地带有间接民主的属性。与此同时,近年来不断发展的基层协商治理,则具有直接民主的典型特征,比如围绕既定层级的公共政策、公共预算、公共事务进行的民主恳谈会,利益相关者直接参与,表达自己的主张和意志,从而具有直接民主的特性。为此,我国协商治理呈现间接民主与直接民主有机结合的特点。

10. 协商治理是合法性与合理性的有机结合。协商治理的民主参与、民意表达和民主协商特性,使得公共治理具有广泛的民意基础和政治正当性,协商治理的公开透明性和各方信息对称性,体现了治理的民主政治合法性。同时,协商可以提高公共决策的质量,进而提升公共决策的合法性程度。

在强化公共决策合法性的同时,协商治理具有合理性的面向,"政治协商追求的绝不是公民个人偏好的简单叠加,而是理性寻求各政党、各人民团体、各社会界别的政治共识"。[①] 因此,通过协商,实现符合公共理性的治理,是协商治理的目标所在。正因为如此,协商治理有机协调和结合着公共治理的合法性和合理性。

四、协商治理与人权实现

人权是人依其自然属性和社会本质所享有和应当享有的权利,其主要内容包含人身人格权利、政治权利和经济社会文化权利。从我国的协商治理实践来看,其主要涉及的是公民或政治组织的政治权利的实现和保障问题。在这其中,由于协商治理基于公共利益,实现公共目标,因此,政治组织或者公民实际是以自然或者法人个体的权利来主张公共事务的,这种权利实现具有公民政治权利实现的典型属性。[②] 协商治理的运行过程、协商议题和实现目标具有强烈的公共性,因此,协商治理与人权实现之间,集中体现在公共治理意义上的关联性。

---

　　① 黄卫平、郑超:《人民政协发展中国特色协商民主的优势》,《协商民主与和谐社会——2011 北京论坛论文摘要集》,第 212 页。

　　② 王浦劬等著:《政治学基础》,第 96 页,北京,北京大学出版社 2006 年版。

1. 协商治理与人权实现的关联性

（1）协商治理与人权实现具有本质的一致性

首先,协商治理的前提是对于人权的尊重和维护。公民权利的平等自主独立、权利义务对称,是协商治理得以进行的权利基础和政治条件。从前述协商治理的政治属性、前提基础的分析可见,公民政治权利是协商治理有效运行的法律和政治基础。

其次,协商治理的目标是达成社会的良政善治。按照科学发展观的战略,发展以人为本,治国理政、促进发展的根本目的是为了人民。因此,协商治理的根本宗旨是人民权利和利益的实现、保障和发展,是人的全面发展和科学发展。在权利意义上,这种良政善治就是实现、保障和发展人权。

由此可见,协商治理与人权实现具有政治本质意义上的一致性。据此可知,如果不是出于以人为本,达成人权的实现和保障,治理就会发生导向和价值偏差,实际上,今天中国公共权力机构维护稳定的根本宗旨和目的是为了维护和实现人民的正当权利,而协商治理的"协商"性,恰是公民有序参与治理,达成人权维护、实现、保障和发展的特定机制。

第三,协商治理促进民主法治的发展,使得人民民主权利遵循国家法和社会法、硬法和软法的规则而得以实现。协商治理在民主与治理之间建构了相互结合而不是相互排斥的关系,由此形成的治理民主,相对竞争性民主具有独特优势和长处,成为社会主义民主政治的形式和选择路径之一。藉此,可以更好地实现我国的民主法治和长治久安,循此,可以进一步实现和保障公民民主权利。

（2）协商治理与人权实现具有政治功能的交互性

协商治理与人权实现具有功能的相互促进性。协商治理的主要功能,在于它能够支持、促成并增强民主治理。在民主治理的目标意义上,协商治理的民意表达、政治参与、沟通讨论、达成共识等治理功能,恰恰也是公民人权在民主治理中指向和实现的政治功能。为此,在民主治理中,公民人权发挥着协商治理的功能,而协商治理达成公民人权的目标。因此,协商治理与人权实现在协商治理平台上具有双向积极互动的交叉促进功能。①

协商治理与人权实现具有功能的交互补充性。协商治理的功能,在治理的内容、环节、程序、规则和共识达成等方面,为相关人权的实现和保障提供达成程序正义和实体正义的政治途径,为人权功能的发挥创设和提供了新颖途径;协商治理以民主协商的方式和机制,约束和监督公共权力,抑制强势利益群体对于公共政策的扭曲,为人权的实现和保障提供了相对公正的条件;而协商治理积极培育和训练公民的民主精神和参与能力,实则培育和强化了人权实现和保障的主体基础。而人权的实现和保障,则为协商治理的有效运行和实施提供了政治和功能基础。

由此,协商治理与人权实现具有功能的交互印证和确证性。人权实现和保障的状况和程度,是协商治理公正和效能的镜像,而协商治理的公正和效能状况和程度,则是人权实现和保障状况的标尺。

(3)协商治理与人权实现具有特定权项关联性

我国协商治理的实践表明,协商治理是人权与协商治理结合构成的体系和机制。在这其中,协商治理与人权具有特定权项的关联性。

协商治理与人权在公共治理意义上的关联性,使得其间关联性主要集中在政治组织、人民团体和公民的公权利,尤其是政治权利方面。此外,协商治理在事涉公民社会、经济、文化和其他权利时,也会与这些权利发生关联。

从我国协商治理的实践来看,首先涉及的是公民参与协商的资格权利,包括"谁可以成为协商过程的参与者? 谁是被排斥的,在怎样的情况下? 潜在的协商的公民必须包含什么样的条件才能符合要求?"②其次,协商治理涉及的公民知情权。公开透明各方对称的信息,是协商治理过程中人权实现的必要条件,知政是参政的前提,参政是知政的实践,因此,协商治理涉及真实

---

① 国务院新闻办公室发布的《2009 中国人权事业的进展》白皮书在显示我国通过协商机制实现人权状况时指出:"人民政协通过提案、委员视察、专题协商、专题调研、反映社情民意等方式,开展议政建言活动,履行政治协商、民主监督、参政议政职能。2009 年,全国政协共提出提案 5820 件,经审查立案 5218 件;编报社情民意信息 267 期,反映民生方面的意见和建议 1435 条;提交关于中小企业发展、民族地区经济社会发展等方面的视察报告和考察报告 12 份,并与有关部委就视察成果的采纳和落实情况进行交流,在反馈环节上探索建立健全制度。"此外,全国政协还就协商治理的若干议题参政议政,积极建言。新华网,http://news.xinhuanet.com/ziliao/2010 - 09/26/c_12606837_7.htm。

② (澳)杰弗里·斯多克:《协商民主和公民权利》,载陈剩勇、何包钢主编:《协商民主理论与中国地方民主国际学术研讨会论文集》,第 46 页,北京,中国社会科学出版社 2006 年版。

全面的公民知情权,而尊重和实现公民知情权,也就是奠定了协商治理的信息基础。第三,参与权,包括各层次、各领域公民有序政治参与权,决策程序、参政议政、政策执行、担任公职、农村、城市自治和企事业单位公民的参与权,尤其是民主管理、民主决策和民主监督的参与权。第四,表达权。协商治理的重要运行方式,是参与者对于公共事务、公共政策及其相关利益关系的不同意见、主张和要求的表达,而充分的表达是实现充分讨论和有效协商的权利基础。第五,决策权。作为公共决策的协商形式,协商治理与参与者的决策权具有高度关联性。当然,需要指出的是,协商治理中的决策权通常是参与决策和监督决策权,并非法定决策权。在我国多层面的政治协商和基层协商治理中,决策权的性质和功能都是如此。第六,监督权。协商治理不仅涉及公共决策和民主管理,而且涉及民主监督,因此,政治组织、人民团体和公民依法监督的权利,是协商治理关联的重要权项。第七,协商治理的目标是通过公民积极参与,实现公共利益。但是,在公共管理或者公共政策侵犯公民私人权益时,协商治理常常会涉及公共利益与公民私人利益的关系,因此,公民的法定救济主张权和诉愿权,也会成为协商治理关联的权项。

(4)协商治理与人权具有价值规范的融通性

协商治理与人权实现在内含精神和价值目标上具有融通性,其主要体现在:

首先,协商治理优效性与人权实效性的通约。协商治理的优效性实则是民主治理的有效性,民主治理的有效性实则为相关人权实现的实效性,这种正相关的双边逻辑显示,协商治理与人权实现之间具有交叉互动和通约的价值精神。

其次,协商治理平等性与人权要求平等性的一致。在中国共产党领导下,作为社会政治组织和公民政治权利实现的协商治理,参与各方在进行协商讨论时,权利、机会具有平等性,这种平等性本质上是协商治理相关者的权利平等性在共同治理过程中的体现。这种平等,包含权利平等、法律平等、机会平等、资格平等等等。显然,在此,人权平等性与协商治理参与主体平等性的规范性要求,具有高度的吻合性。

第三,协商治理自主性与人权自主独立性的贯通。在法定政治前提和基础上,协商治理的过程应该具有相对独立性,不受不正当甚至非法力量的干扰甚至左右。协商治理的这种相对独立性,与人权实现和保障的自主独立的内在要求和精神具有规范价值的贯通性。

第四,协商治理包容性与人权实现合意性的切合。协商治理是民主实现的特定形式,具有包容和合理妥协的民主精神,容许多样性基础上的统一、把握包容性基础上的合作和坚持原则性基础上的妥协。协商治理的柔性包容,为人权及权利合约合意性容留了公共生活空间。另一方面,在公共生活中,公民之间通过公共治理协商形成的权利合约的合意性,是人权实现的价值要求,而协商治理中包含的包容和妥协,恰是协商过程中达成这种合意性的价值基础。由此可见,协商治理的包容性与公民权利实现的合意性不仅具有价值切合性,而且具有互为因果的意蕴。

第五,协商治理合理性与人权主张公正性的共通。协商治理通过多方意见、要求和主张的表达和协商,积极构建公共理性,形成公共治理的合理性。而这种合理性,与人权的公平正义规定性、人权实现的实体正义性,无疑具有内在的共通性。"协商民主追求公正,关注公共利益。参与者在协商与对话的过程中,通过各种心理机制而公开赞成一种观点可能重塑个人愿望,增强人们对共同体和决策的参与感,并努力寻求公正的价值追求。"[1]

第六,协商治理公共性与人权公共精神的契合。协商治理奉行公共性,以公共利益为最大取向,因此,协商治理是实现公共利益最大化的过程和活动,在这一过程中,具有直接关联性的人权常常是特定组织或者公民的政治权利,由权利主体的个体来主张公共利益,是政治权利的特性,因此,协商治理奉行的公共性,与相关人权遵奉的公法精神具有深层的契合性。

我国协商治理与人权实现的关联性表明,协商治理既是党领导人民有效治理国家和社会的机制,也是我国人权实现和保障的重要途径。我国公民的人权,尤其是政治权利的实现和保障,不仅通过选举政治达成,而且通过治理政治达成;不仅通过刚性的权威性法治达成,而且通过柔性的协商性治理达成;不仅通过党际和国家的协商政治达成,而且通过广泛普遍的协商治政达成;不仅通过政治协商达成,而且通过社会协商达成。为此,以广泛普遍真实有效的协商治理实现和保障公民权利尤其是公民政治权利,构成了中国社会

---

① 陈家刚:《协商民主与当代中国的政治发展》,《北京联合大学学报》(人文社会科学版)2008年第2期。

主义民主和国家治理的特色。

2. 协商治理实现人权的基本机制

协商治理作为以协商民主方式治理国家和社会的途径,内含着民主治理要求的人权实现和保障机制,这些机制,既是协商治理得以实现的有机程序和联系,又是人权在协商治理中由以实现和保障的凭借和途径。

(1)程序正义与实体正义、权利形式与权利内容结合的途径和机制。选举民主的最大特点,是对于公共职位任职者的票决性选择,由此以民主政治选举程序实现公民的民主权利。但是,对于权利的实现来说,选择政治代理人或者公共职位的任职者,仅仅实现了形式权利,达成了选举意义上的程序正义,实现的只是公民选举权利。协商治理以公共治理过程作为公民人权尤其是政治权利的切入点,使得协商治理运行的民主与公民的公共利益、私人利益和社会生活密切直接相关,与公民的多方面权利直接相关,从而构建了程序正义与实体正义、权利形式与权利内容结合的机制。

(2)公共权力与公民权利实现的对接和合作机制。协商治理是中国共产党领导和支持人民当家做主的政治机制,是党和政府领导和密切联系参政党、人民团体、社会各界和人民群众的运行机制,同时,也是公共权力与公民权利的联系链接和协调合作机制,这一机制以公共治理为核心,使得公民人权通过公共权力的治理协商得到保障,使得公共权力的协商治理通过人权的保障而得到实现。对此,有学者指出,西方的人权理论以权利为核心来建构,"造成了人权与公权、人权与主权的紧张与对立,不利于人权的真正实现。在当前提倡公共治理和良法善治的时代背景下,实现人权与公权的互动平衡尤为重要。我们如果以人权与公权互动为核心,来重构人权理论,便可以减少治理成本,消弭隔阂分歧,实现人权保障和社会利益的最大化"。[①]

(3)公民人权实现的保障机制。协商治理的公开性、公平性、公正性、参与性和监督性,构成了公民人权实现的保障机制。协商治理使得政治过程公开化,使得利益相关者可以通过公开协商来监督政治,由此构成了公民对于公共权力的民主监督权利的实现机制;协商治理使得政策的合理性和合法性

[①]　熊万鹏:《以软法之治促人权保障——在"软法与人权保障"学术研讨会上的发言提纲》,2012 年 6 月 30 日。

受到考验,从而成为公民人权保障政策的检验、实施及其调整机制;同时,协商治理使得利益相关者通过直接协商主张权利救济和补偿,从而为公民提供协商实现诉愿权的保障机制。

(4)公民人权实现的素养和能力养成机制。协商治理内含着公民文化发育养成和公民能力锻炼发展机制。协商治理使得利益相关者的公信力受到考验,从而成为人权保障的社会资本积累和发展机制。协商治理同时也是现代公民的培养机制,它能够培养健康的民主政治和社会治理所必需的公民美德,能够形成集体责任感,能够促进不同文化间的沟通与理解,建立社会信任。正是在对于公民精神和文化的培养中,协商治理"逐步培养公民的民主与法制观念,提高责任感以及理智的政治判定能力,培养公民政治参与的技巧和能力,学会相互妥协和宽容,实现公民权利与义务的协调发展"。①

(5)公民人权实现的动力机制。协商治理贯彻实施的平等、自主、表达、协商、参与原则和运行方式,激发社会政治组织和公民积极实现政治权利,从而形成了其权利实现和维护的动力机制。另一方面,协商治理在使公共利益得到实现的同时,使得相关者和参与者的利益与公共利益的利益关系不断得到合理和合法的协调,并且在实践中发展成熟,由此也激发公民更多地关心公共利益,关心协商治理对于公共利益与相关个人利益之间关系的合理合法调适,由此逐步演化成为实现公民权利的持续完善和发展的动力机制。

(6)权利冲突的化解机制。在人权实践中,不同主体的权利主张、不同权利的主张内容、不同利益和认识基础上的权利主张实现方式要求等等,可能发生相互冲突性,从而削弱权利实现的效度和程度。在竞争性权利实现机制中,多种主体、多种权利和权利的多方面内容发生冲突的可能性更高。协商治理以权利的柔性实现机制和软法机制,使得权利主体、权项、内容和实现方式之间的差异性通过表达、讨论、交流和理解予以化解,从而建构了弱化和化解权利冲突的机制。"协商民主尊重差异,承认多元,强调理性思考、理性妥协,有助于化解社会矛盾。协商民主代表性广,政治包容性强,对各种社会政治力量具有亲和力,可以起到政治'缓冲带'、社会'减压器'和'稳定器'的作用。对一些可能影响社会稳定的现象或苗头,能够预先判断,提出处理意见

---

① 高建、佟德志:《协商民主》,第 111 页,天津,天津人民出版社 2011 年版。

和建议,帮助党委和政府及时有效解决各种矛盾和问题,消解各种不稳定因素,从而达到协调关系、疏导情绪、化解矛盾、消除阻力、增加助力、形成合力的效果,有利于营造安定团结、民主和谐、生动活泼的政治局面。"①

（原载《北京大学学报》〔哲学社会科学版〕2012 年第 6 期）

---

① 　郑言:《积极推进中国特色协商民主建设》,《光明日报》2011 年 5 月 30 日。

第三部分 悟道之思索

宝煦先生政治思想初释^①

　　赵宝煦先生,著名政治学家、国际政治学家、教育家,北京大学人文社会科学资深教授。先生自西南联合大学始治政治学,至 2012 年驾鹤西去,毕生致力于政治学的学习、研究、发展和建设,为我国政治学的一代宗师。

　　作为世纪学人,先生不仅见证和经历了现代我国政治学科的艰难生成和发展,参与和推进了我国当代政治学科恢复重建的奠基和进步,而且广泛涉猎社会、哲学、政治、文化和国际关系研究,孜孜以求,探索人类社会政治本质和发展规律、中华民族复兴和走向高度文明的治理之道,深得精要,形成了丰富深厚的政治思想,这些思想实是我国社会文化和政治学科的宝贵精神和学术财富。

　　结合先生的学术人生,总结和阐释先生的人生学术和政治思想,无论对于我们在深入贯彻实践科学发展观、全面建设小康社会历史实践中,进一步推进社会主义政治建设和民主法治的发展,还是继承先生的品格和精神,光大先生的未竟事业,推进我国政治学科的进一步发展,都无疑具有重要意义和价值。

一、学术人生

　　宝煦先生的政治学人生学术,是在其漫长的学术人生中形成和发展的。先生的学术人生,不仅是其人生学术的历史底色,而且是其思想学术的有机

---

　　① 2012 年 11 月 18 日为赵宝煦先生诞辰九十周年,痛惜先生 2012 年 2 月驾鹤西去。本文既是对于先生政治思想的初步探释,更是对于先生的深切怀念和纪念。

内容。

宝煦先生祖籍浙江绍兴,1922 年 11 月 18 日出生于北京。1935 年 9 月到 1942 年 7 月,先后在北京市立二中和私立兢存中学完成了中学学业。

先生青年时期即执着追求光明和真理,曾以诗作表达其高远志向:"我有一个爱,早已献给了光明,……在暗夜里追寻我的爱,展翅向昏黄的烛焰飞来。纵使灯火会烧焦我的肢体,我不埋怨,这一切原是我自己安排。"①

1942 年,为摆脱日本占领和黑暗统治,先生毅然抛弃汪伪政权把持下的北大工学院应用化学系学籍,辗转数千里南下到达昆明,并于 1943 年 11 月进入西南联合大学化学系学习。次年,为致力民族救亡,转入政治系,师从张奚若、钱端升、吴恩裕等老一辈政治学家学习政治学专业。1948 年 7 月以优异成绩毕业后留在北大任教。

先生秉承北京大学"爱国、进步、民主、科学"的光荣传统和"勤奋、严谨、求实、创新"的优良学风,筚路蓝缕,毕生致力于政治学科建设和教书育人的事业。1952 年,北大设立马列主义教研室,先生担任马克思主义基础课的教员,1954 年 12 月到 1957 年 12 月,担任北大马列主义教研室副主任,为建国后最早一批马克思主义理论和实践人才的培养做出了重要贡献。

1953 年 1 月到 1957 年 12 月,先生在门头沟斋堂人民公社下放锻炼,并曾任北京大学下放干部工作组副组长、组长。

1960 年北京大学重建政治学系,成为新中国建国以来率先建立的政治系,先生是该系的创始人之一,并且先后任副系主任、代理系主任。1964 年,北大政治系易名为国际政治系,并成立亚非研究所,先生担任系主任和副所长,为我国政治学科和国际问题研究的学科建设和人才培养打下了扎实基础。

1966 年,"文化大革命"爆发后,先生受到激烈政治运动的冲击,被迫靠边站和进行劳动改造。

1973 年 6 月,先生复出担任北京大学亚非研究所所长。1978 年复任北京大学国际政治系主任。此时,先生虽然年近花甲,但是,仍然以高度的历史责任感,殚精竭虑,积极推进政治学、国际政治学科建设和教书育人事业。

———————————

① 赵宝煦:《一个知识分子的自白》,载赵宝煦:《途程——抱虚斋诗文稿》,第 3—4 页,北京,东方出版社 1998 年版。

先生是我国新时期政治学恢复重建的奠基人和开拓者之一。遵照邓小平关于政治学要"赶快补课"的指示,1980 年,先生与其他政治学者共同创立了中国政治学会,1988 年创立了北京市政治与行政学会等重要学术组织。先生积极开拓研究,以恢复重建政治学科,1982 年,他主编了新中国成立后的第一部以马克思主义为指导的政治学原理教材,奠定了新时期马克思主义政治学基本原理体系;他主持建立了全国第一个政治学理论博士点和国际政治博士点,由此成为为数不多的政治学和国际政治学双学科博士研究生导师;他培养了中国第一批政治学理论博士和大批政治学与国际政治学科专业人才,为政治学科的发展和国家建设培养了骨干力量。

先生以学术立世,身体力行,长期深入展开学术研究,硕果累累。先生主编的《政治学概论》,不仅成为新时期中国政治学恢复重建的开山之作,而且培育了一代代政治学人。嗣后,先生撰写的《中国政治学的复兴》(英文、德文、日文版)、《中国公共政策》(英文版)(合著)、《台湾之未来论文集》、《政治学与和谐社会》、《和为贵》(英文版)等,集中体现着先生的政治学术思想和研究结晶。先生主编的《跨世纪的中美关系》、《国情调查与思考丛书》、《21 世纪高校教材译丛》、《MPA 文库丛书》、《国际关系理论前沿译丛》等作品,在国内外学术界产生了重要的影响。他撰写的代表性论文如:《论中国统一和中美关系》、《论中国政治体制改革中的横向分权与纵向分权》(德文版)、《说人间佛教》(英文版)、《论主权原则与台湾地位》、《"和为贵"、"中庸之道"与"武士道"精神——关于日本政治文化的思考》、《政治转型:从人治到法治》、《中国政治学百年》等,均受到国内外学界及社会的广泛关注和高度评价。

1988 年,为推进我国政治学研究的科学化,先生主持在北京大学创立了北京大学中国国情研究中心,而今,中心已经成为国家治理战略和公共政策调查研究的重要咨询和支持机构。

先生是新时期政治学科的带头人,遵循"为人民服务、为社会主义服务"的方向,奉行"百花齐放、百家争鸣"的方针,多年参与谋划和引领政治学科建设和发展,为北京大学和国家政治学科的发展做出了卓越贡献。他是北京大学国际关系学院、政府管理学院的创始人之一。他先后担任过北京大学校务委员会委员、校学术委员会委员、中央社会主义学院副院长、国务院学位委员会政治学评议组副组长、国家哲学社会科学基金项目政治学科评审组长、中国政治学会副会长及顾问、北京市政治与行政学会会长及名誉会长、国际政治科学协会（IPSA）执行局委员等重要职务。在这些岗位上，先生服务于国家和人民，使得自己的人生与国家政治学科的发展融合一体。为此，2010年中国政治学科恢复重建三十周年之际，先生荣获中国政治学会颁发的"杰出贡献奖"。而先生借鉴古今中外，总结回顾中国政治学科百年历程，对于我国政治学科发展和学术进步必须坚持马克思主义指导，求真务实、遵循科学的真知灼见，更是集中体现了先生对于我国政治科学发展的精髓概括、历史见证、切身体验和殷殷期许。

先生富有强烈的时代感、使命感和开阔的国际视野，是面向世界而开风气之先的政治学者。从1981年开始，先生先后出访了美国、德国、日本等二十多个国家和地区，介绍中国政治科学的发展进程和状况，宣传改革开放政策和中国特色社会主义建设的成就，向世界展示稳定、友好、开放与和谐的中国。与此同时，先生在促进海峡两岸的学术交流方面也做出了重要贡献。先生的这些努力和贡献，使他成为中国政治学科和国际政治学科在国际学术界的代表性著名学者。1985年，先生当选为国际政治科学协会执行局委员，成为代表中华人民共和国出任这一职位的第一人。①

由上可见，总括先生的学术人生，适如著名法学家吴志攀先生所言："赵宝煦先生是当代中国政治学与国际政治学的一代宗师，……赵先生一辈子历经沧桑，他一身正气但心胸开阔、性情开朗豁达，身体健康，不仅高寿，而且是福寿双全。在花甲之年，他迎来了政治学和个人学术生命的春天，亲自参与领导了政治学在当代中国的复兴，为国际政治学在中国的发展奠定了基础，引领了一个时期中西方学术交流的风气，并且培养了一大批杰出人才。在回顾赵先生的人生辉煌时，我总会想起龚自珍为阮元六十寿辰所作的《阮尚书年谱第一序》中的几句话，'任道多，积德厚，履位高，成名众'，'励精朴学，兼万人之姿，宣六艺之奥'。毫无疑问，赵先生也当得起这样的评价。"②

---

① 《深切悼念赵宝煦教授》，载《国际政治研究》2012年第1期，该文由笔者根据赵宝煦先生生平年谱、参考先生生平相关文章撰写而成。

② 北京大学常务副校长吴志攀：《知者乐，仁者寿——为赵宝煦先生九十寿辰作》。

先生的政治思想,既是其毕生治学的主要成就,是他对于民族、国家和天下责任的理性关切,是我国政治学界一代世纪学者留下的精神财富,也是认识和把握中国特色社会主义政治建设历史脉搏和发展要求的学术线索。本文即是对于先生政治思想的初步探讨和释解。

二、思想源流

自西南联大始,宝煦先生治学从教近七十年。在中国社会现代变革和发展的历史背景下,他经历了旧中国和新中国两重时代和社会的历史变革,经历了战争、革命、运动与建设、改革和开放的历史剧烈转换,其政治思想既浓缩了中国现代社会巨大历史变迁,也融合了多方面的思想因素。"在赵先生学术思想中,他本身就兼容各种不同思想,所以很多思想、很多主张在赵先生学术思想当中都可以找到印记。"①

梳理先生的政治思想,追溯其形成和发展过程,可见其思想源流主要来自三个方面:

1. 中国传统文化和政治思想的现代转换

关于中国传统文化的影响,先生明确指出:"一个国家的人民,自幼小时即开始从家庭、学校的教育中,从文学艺术作品熏陶中以及各种各样的社会影响中,自觉或者不自觉地接受着其本国这些世代相传的传统政治文化。""就整体看、就长远看,中国的悠久历史所形成的传统政治文化,对每个中国人来说,都是主要的经常起作用的因素。"②

适如先生所言,先生少时受过良好的中国传统文化教育,既及长成,传统文化学养深厚,尤精儒学、墨学等,爱好诗词歌赋、书画戏曲。"先生特别注意挖掘传统思想……像先生围绕着儒家和为贵、中庸之道,墨家非公兼爱的思想,以及佛教在中国本土进一步发展后的不杀生的主张,像以长城为代表的

---

① 文生:《在赵宝煦先生学术思想研讨会暨八十七华诞庆祝会上的发言》,2009 年 11 月 18 日

② 赵宝煦:《中国传统政治文化的思想影响》,载赵宝煦:《政治学与和谐社会》,第 111 页,北京,北京大学出版社 2009 年版。

注重自我防卫的物质符号方面,都可以从先生这些年著作里看到"。① 因此,在进行政治学研究时注重中国传统文化,构成了先生政治学术研究的特点,如同他在论及政治研究与中国传统文化的关系时强调指出的那样:"我们研究中国政治学,最主要、最现实的就是要为中国的政治发展服务,因此,研究中国政治学必须熟悉中国的历史传统和政治文化。"②正因为如此,对于中国传统文化和政治文化的学习、领悟、思索和认知,构成了先生政治思想的重要思想源流,而从中国传统文化和政治文化中汲取的政治习得和政治感悟,则成为先生的政治思想的有机构成内容。

在先生的政治论述中,中国传统文化的思想要素俯拾皆是。同时,先生对于传统文化的哲理箴言、经书典故、诗词歌赋,参透精髓、运用自如,其政论学论、道德文章中体现着中国传统文化的巨大魅力。在这其中,先生特别看重的是"和为贵"与"中庸之道",按照先生的说法,这两者是"中国传统思想的精华"。③"中国传统思想中关于做人、治理国家,最重要的两个命题,即'和为贵'与'中庸之道'"。"主张仁爱和平",是中国传统思想中的重要特征。"中国自古以来即强调战争有正义战争与非正义战争之分,但总的说来,一般认为暴力和战争不是解决问题的'正道'和'常道'。在政治传统思想各种流派中,关于这个问题的认识,是基本一致的。"④而"'中庸之道'的思想,在中国由来已久。……中庸思想,几千年以前即开始代代沿袭,把它当作为政、做人的规范。"⑤"这种中庸、中道思想,配合起教化传播,世代相传,对中国人的伦理道德、思维方法以及行为方式等均产生很大的潜移默化作用。……正是这种中庸之道,在铸造中国人民酷爱和平、反对强暴的民族性格时,起了重要作用。"⑥

另一方面,在长期研究和运用中国传统政治文化的过程中,先生认识到,"一切事物都是发展变化的,传统文化也不是一成不变的。它将随着各国和

---

① 汤大华:《在赵宝煦先生学术思想研讨会暨八十七华诞庆祝会上的发言》,2009 年 11 月 18 日。
② 赵宝煦:《七一讲话与中国政治学研究》,《马克思主义与现实》2001 年第 5 期。
③ 赵宝煦:《和为贵——赵宝煦英文文集》,北京,外语教学与研究出版社 2008 年版。
④ 赵宝煦:《和为贵——赵宝煦英文文集》,北京,外语教学与研究出版社 2008 年版。
⑤ 赵宝煦:《和为贵——赵宝煦英文文集》,北京,外语教学与研究出版社 2008 年版。
⑥ 赵宝煦:《崇尚和平:中国传统思想的重要特征》,《国际政治研究》1992 年第 4 期。

民族生存条件的变化而不断变化"。① 在现代化过程中,中国传统文化的发展变化,就是进行文化的现代转换,为此,先生以中国特色社会主义建设的要求为标尺,对于传统政治文化的双重性的现代意义形成了精辟的看法:"中国几千年文化传统,有精华,也有糟粕;有积极因素,也有消极因素。对中国文化传统,采取虚无主义态度,全盘否定是错的。相反,盲目肯定一切也是不对的。我们在大力提倡发扬中国优秀的传统文化的同时,也应看到中国传统文化中的糟粕,其消极因素不可能不在当前的社会主义建设事业中起阻碍和掣肘作用。我们必须了解它,并提出有效的克服办法。"② "中国是有五千年文明史的国家,我们自豪地说,世界上不乏文明古国,但只有中国是有不间断文字记载历史的文明古国,这是事实。但是,我们要明白,五千年传统文明中不都是优秀文明。……但是,我们的五千年文明中也有糟粕,……然而不论精华或是糟粕,都深深地在我们炎黄子孙的身上打上烙印,这些精华与糟粕都时时在我们的血管中跃动着。我们心里必须明白这一点,而时时加以区分,对于遗传来的糟粕,需要时时警惕而自我克服。"③ 比如,先生在剖析"中庸之道"时,指出其积极意义:"儒家的中庸之道,反对过分,反对偏激,反对走向极端,认为'过犹不及',强调和谐、适度。强调人与人之间、人与自然之间和平相处。"④ 与此同时,他也指出"这种思想自然也有其一定的消极作用"。⑤ 再如,先生在分析中国传统和平思想时指出:"我们今天提出的和平、和谐等概念并不是简单的复古。这是因为:(1)在中国传统思想中,一般认为实现和平的理想世界的途径,是以个人修身养性为基础,以君主制统治为目标,主张修身、齐家、治国、平天下为先后次序来实现理想社会。这是一种小生产农业社会的思想反映。(2)它们具有强烈的天朝、上国观念和突出的民族文化优越

---

① 赵宝煦:《就中国"构建和谐世界的倡议"论传统文化的现代化》,载北京大学政治发展与政府管理研究所编:《北京大学海峡两岸第二届公共管理论坛——传统文化与公共管理学术研讨会论文集》,2009年12月3日。

② 赵宝煦:《普及国情教育　加强国情研究》,载赵宝煦:《政治学与和谐社会》,第79页,北京,北京大学出版社2009年版。

③ 赵宝煦:《国情辨析》,载赵宝煦:《政治学与和谐社会》,第83—84页,北京,北京大学出版社2009年版。

④ 赵宝煦:《和为贵——赵宝煦英文文集》,北京,外语教学与研究出版社2008年版。

⑤ 赵宝煦:《"和为贵"与"中庸之道":中国传统思想的精华》,载赵宝煦:《政治学与和谐社会》,第16页,北京,北京大学出版社2009年版。

感……十分缺乏今天保卫世界和平事业中的民主、平等意识。……我们研究中国传统的和平思想,也应该取其精华,去其糟粕,不能忽略其局限性。"①

先生在其政治思想的发展过程中,尤其在接受、服膺和掌握马克思主义后,积极努力运用马克思主义的世界观和方法论,批判性、选择性地吸收传统政治文化的营养,并且对其进行分析、扬弃和现代转换,逐步将其融入自己的政治思想。"赵先生把好的道德、传统文化传承下来,又善于吸收时代的新思想新知识吸纳进去,做到了两者的很好结合。"②

2. 西方政治思想的吸收和扬弃

在西南联大,先生从化工系转到政治系学习时,选修的是西方政治思想,根据先生的回忆,当时在政治学的教学与研究中,"介绍西方的研究成果多,对中国问题研究得少,特别是研究中国现实政治问题就更少"。③ 因此,"那时候西方政治思想对先生已经有一定的影响。然后从对马克思主义的系统理论的认识,到改革开放之后重新认识马克思主义的新发展,以及对西方现代政治思想跟政治学发展的重新认识,赵先生的政治思想有这么一个发展过程。……改革开放,80年代之后,中国学术界也对外开放,西方政治学的一些新的思想和理论的传入。……在他的学术思想当中都有所体现"。④

先生学习和吸收西方政治学理论和知识的过程,是伴随着中国现代历史和中国革命发展的历史,因此,作为其政治思想的知识源流之一,先生对于西方政治思想的学习和取舍也是逐步发展和深化成熟的。早期,先生学习西方政治思想,作为其专业知识基础。嗣后,先生逐步接受马克思主义作为人生信仰,以辩证唯物主义和历史唯物主义为指南,实事求是地对待西方政治思想。他在晚年总结自己对待西方国际政治学的看法,代表了他对于西方政治学说采取深入研究、合理吸取和扬弃的科学态度:"西方学者研究国际政治学起步比我们早,而且由于西方社会生产力水平比我们高,科学技术进步,所以他们在科学研究工作中,拥有比中国学者远为有利的手段和条件。因此,他

---

① 赵宝煦:《崇尚和平:中国传统思想的重要特征》,《国际政治研究》1992年第4期。
② 俞可平:《在赵宝煦先生学术思想研讨会暨八十七华诞庆祝会上的发言》,2009年11月18日。
③ 赵宝煦:《中国政治学百年历程(1900~2000)》,《东南学术》2000年第2期。
④ 徐湘林:《在赵宝煦先生学术思想研讨会暨八十七华诞庆祝会上的发言》,2009年11月18日。

们成果多,成就较大,这是事实。如果我们因此就盲目崇拜西方学术著作,不加分辨,不加选择,亦步亦趋,照抄不误,这种情况近几年来也发生过,它显然是错误的。但是如果相反,把所有西方学术成果,包括理论和方法,不分青红皂白,一概贴上'资产阶级'的标签,给它们扣上'为垄断资产阶级服务'的帽子,也不是实事求是的做法。它同样也是错误的。……对于西方学术成果,我们应该认真分析研究,实事求是地加以评价,决定取舍。第一,我们应该先弄清它的内容,不要在还没有弄懂人家说的是什么之前,就轻易地否定或肯定;第二,对其内容的正确与否,应该开动脑筋,实事求是地作出自己的判断,不要人云亦云;第三,如果经过研究,肯定是正确的,也还要检验是否适用于中国,能否全部或部分为我所用。"①实际上,正是对于西方政治学这种实事求是的马克思主义批判扬弃和科学吸收中,使得先生政治思想具有内容的丰富性、发展的开放性和视野的开阔性。

3. 马克思主义政治思想的接受和指导

"十月革命一声炮响,给我们送来了马克思列宁主义。"②随着马克思主义在中国的传播,中国共产党的成立和中国革命的发展,马克思主义政治学也成为中国学术界关注和研究的重要思想,并且逐步发展成为先生政治思想的重要来源和主体内容。

"五四"之后,马克思主义在中国得到进一步传播,"1920 年代,有人用马克思主义观点编译和讲授政治学"。其中的代表人物如瞿秋白、张太雷、恽代英等。③ "运用唯物史观编著政治学的风气在 1930 年代初的兴起,是北伐战争后唯物史观风行的一种表现"。④ 在学术界,适如先生所说的那样,"早在三四十年代,中国已有一些政治学者运用马克思主义理论来研究政治学"。"如邓初民的《新政治学大纲》,是较早运用马克思主义理论来研究政治学问

　　① 赵宝煦:《在马克思主义科学指导下大力开展国际政治学研究》,载赵宝煦:《政治学与和谐社会》,第 60 页,北京,北京大学出版社 2009 年版。
　　② 毛泽东:《论人民民主专政》,《毛泽东选集》第四卷,第 336 页,北京,人民出版社 1991 年版。
　　③ 孙宏云:《中国现代政治学的展开:清华政治系的早期发展(一九二六至一九三七)》,第 387 页,上海,生活·读书·新知三联书店 2005 年版。
　　④ 孙宏云:《中国现代政治学的展开:清华政治系的早期发展(一九二六至一九三七)》,第 387 页,上海,生活·读书·新知三联书店 2005 年版。

题的较有影响的学者"。① 这些研究,形成了为数不少的马克思主义政治学的学术成果,比如,除了邓初民的作品外,还有傅宇芳的《马克思主义政治学教程》,周绍张的《政治学体系》,高振青的《新政治学大纲》等。②

正是在这一背景下,先生在西南联大时开始集中关注和学习研究马克思主义,根据先生回忆:"认真学习马克思主义理论时,吴(恩裕)先生却是我第一位启蒙老师。我在他的课堂上第一次认真学习了《共产党宣言》。"③后来,追求真理、勤于钻研的先生在众多政治学说中选择了马克思主义政治学,作为人生的信仰,求索人类政治规律和理想的社会和公共生活之善。随着新民主主义革命的发展,先生不断学习钻研马克思主义,认定马克思主义的科学真理性,把马克思主义作为自己的终身信奉。这个过程使得先生从一名民族主义、爱国主义和民主主义的追求者,逐步转变为马克思主义者。

解放以后,先生在北京大学担任全校马克思主义教研室负责人,承担全校马克思主义政治理论课的教学,在长期学习、钻研和教授马克思主义的过程中,先生努力用马克思主义的方法来解释社会政治现象,培养了北京大学一代代学人的马克思主义世界观。在这里,先生不仅接受了系统的马克思主义的训练,而且深入展开了马克思主义的研究,系统进行了马克思主义的教学,从而使得马克思主义政治思想、尤其是科学社会主义的思想内容,成为先生政治思想的主导和主体内容。

与此同时,先生对于马克思主义的信仰,对于马克思主义政治学的教学研究活动,具有与时俱进的发展性特点。他根据国家政治生活的发展和中国化马克思主义的发展,根据社会实践的要求,实事求是,不断在研究和教学实践中领悟中国化的马克思主义和发展着的马克思主义政治学,并且以其构成自己政治思想的重要内容。

多年钻研,使得先生对于马克思主义世界观、方法论和政治思想观点具有很高的造诣。1980年我国政治学科恢复重建以后,先生主持编写的全国第一部政治学著作,集中体现了辩证唯物主义和历史唯物主义的方法,率先梳

① 赵宝煦:《中国政治学百年历程(1900~2000)》,《东南学术》2000年第2期。

② 孙宏云:《中国现代政治学的展开:清华政治系的早期发展(一九二六至一九三七)》,第387页,上海,生活·读书·新知三联书店2005年版。

③ 赵宝煦:《怀念吴恩裕先生》,载赵宝煦:《政治学与和谐社会》,第369页,北京,北京大学出版社2009年版。

理和阐述了新时期马克思主义政治学理论体系,是我国新时期运用马克思主义基本立场、观点和方法展开政治学研究的代表之作。

直到近年,先生发表的文章和出版的著作中,联系时代发展,广泛涉及、熟练运用马克思主义政治理念和方法,体现了先生对于马克思主义经典和精髓运用之妙、存乎一心的学术风范。

在宝煦先生政治思想中,还有其他的思想成分,比如佛学等思想,"赵先生通晓儒、道、墨、佛教诸家思想要义,但不厚此薄彼,而在比较中鉴别、包容。……融会贯通,把各家结合起来,结合的基点立在哪里? 在实际。他提倡'从无字句处读书'"。[①] 在历史发展的实践中,先生的这些思想源流,随着历史的发展、社会变迁和时代进步,在先生的政治思想中逐步融汇、演变贯通,终而百川入海、万流归宗,形成了先生以马克思主义政治思想为主体内容和科学指南的政治思想。

三、基本内容

研读先生作品,从先生的政治学研究中,逐渐体会到他的政治思想,尤其从先生对于现实政治的阐述和认知中,体会到先生的政治哲学和人生哲学。这些体会,不仅是对先生学术思想、观点、方法的感悟,而且更多是对他的信念、信仰、情怀和境界的认知。

先生的政治思想,主要体现在他对社会政治和对于政治学的研究认知方面,实际上,这两个方面是先生人生和学问的统一。为此,人们不仅可以通过先生的人生学术,而且可以通过先生的学术人生来理解先生的思想学术。

初步概括,先生的政治思想主体应该包含四方面有机联系的内容:

1. 爱国主义是先生政治思想的基础和起点

先生对于社会政治的认知,对于国家政治和治理之道的探索,是以爱国主义作为起点的。在先生毕生的思想发展和现实关怀中,爱国主义一直是其重要思想基础和主线,这一基础和主线在先生的政治人生和人生政治上,集

---

① 黄宗良:《政治学何以为学》,《看历史》2012 年第 1 期。

中体现为他对于国家主权和统一、民族独立和富强的追求。

在革命年代,先生的追求集中体现为他对于帝国主义、封建主义、官僚资本主义的黑暗统治的深恶痛绝,对于光明、真理和理想社会的向往,直到参加革命,信仰马克思主义,以及解放后延伸至对于国家主权统一和民族独立富强的强烈关注。

先生的爱国主义首先发端于中华民族的民族和历史情怀,先生曾阐述爱国主义的信念,敞开心扉,直抒经历半殖民地半封建社会到新中国的历史转变的一代知识分子的民族胸臆:"中国人具有强烈的民族自尊心和民族自豪感,具有强烈的爱国主义感情。1822 年德国著名的哲学家黑格尔在他的《历史哲学讲演录》里,曾经这样评论中国,他说:'没有任何其他民族像中国人那样,有连绵不断、由历史学家著述的历史。在亚洲,还有其他民族也有古老的传统,但是没有史籍。'五千年悠久的具有灿烂文明的历史,使中国人充满自豪感,具有强烈的民族自尊心。中国人是一个顽强的民族。这种顽强表现在'富贵不能淫,贫贱不能移,威武不能屈'。这种顽强表现在追求一个理念,孜孜不倦,锲而不舍。中国人强调的是'天行健,君子自强不息'。这就是黑格尔在 1822 年惊叹中国'中国帝国,既是古老的,又是常新的'原因。但是,中国人的民族自尊心在 1840 鸦片战争后,遭受到一百多年的屈辱。从 1840 年到 1949 年,这个东方的文明古国陷入半殖民地半封建社会的悲惨境地。在一百多年的历史上受尽帝国主义侵略压迫的历史,也是中国人民顽强反抗的历史。一百多年来,为了民族独立,为了人民的解放,曾经有无数革命先烈(包括当时孙中山先生的同盟会和革命的国民党人)抛头颅,洒热血,前赴后继,英勇献身。中国人民为了争取独立自由,曾经艰苦奋斗了一百多年,真是漫漫长夜啊!直到 1949 年,毛泽东主席向全世界宣告'中国人民从此站起来了!'这不容易。因此,中国人珍视自己国家的独立尊严甚于一切。为了维护独立,中国人不惜作任何牺牲。"①

传承中华民族的爱国精神,先生热爱祖国的深沉情怀体现在其漫长的人生经历中。先生回忆四十年代追求光明的文章《南行记》,②即抗日战争时期

---

① 赵宝煦:《中国传统政治文化的思想影响》,载赵宝煦:《政治学与和谐社会》,第 112—113 页,北京,北京大学出版社 2009 年版。

② 赵宝煦:《南行记》,载赵宝煦:《途程——抱虚斋诗文稿》,第 261 页,北京,东方出版社 1998 年版。

先生爱国主义的典型记录。读了这篇文章,有如找到理解先生爱国情怀的钥匙,由中深切感受到先生当年作为一名热血青年和爱国学子的不屈人格和坚韧精神,看到先生在国难族恨之际,不甘亡国奴的命运,追求民族的独立统一,追求人生的自由光明,从当时沦陷区北平,经历千辛万苦、困厄磨难,千万里一路追寻直到西南联大,这一路的人生旅程,实是先生的心路历程,其中充盈着先生对于民族与国家的尊严和富强的强烈向往,映现着先生追求理想的光辉心境。

在西南联大,先生本科专业起初是化学工程,但是,面对中华民族内忧外患和生死存亡的处境,先生以为国家政治变革才是救亡图存更加有效的出路,从而毅然转向政治学专业,并且以此作为终身学术事业和职业。当时,国难当头、政治腐败,"面对这种残酷的现实,血性男儿,无法不拍案而起"。①先生逐步接受马克思主义革命理论,同时,受到屠格涅夫散文诗集《门槛》等作品的影响,"《门槛》中那位俄罗斯女郎执着的殉道者精神,使我后来毫不犹豫地参加革命"。"我和大多数年轻人一样,奋身投入如火如荼的学生运动。后来,国民党的刀,杀进西南联大校门,四烈士倒下了,我和千百万年青人一样,从此走上了革命道路。"②

解放后,先生的爱国主义情怀一如既往,并且集中体现在对于国家主权、祖国统一和国家发展的强烈关切之中。

主权对于现代国家具有决定性意义,因此,是先生的首要关注。他阐述认为:"现今的国际社会就是由许多彼此独立的主权国家所组成的。这是一个不容否认,也无法忽视的客观事实。因此,从《联合国宪章》到各种国际法律重要条约、协定和文件,无一不是以坚持主权原则为基础的。……试问:如果各个国家可以互不尊重主权和领土完整,而互相侵犯,其结果必然导致国家的冲突和战争,国际和平与安全受到破坏,少数强国称王称霸,国际正义荡然无存。还有什么正常的国际政治秩序可言。中国历来坚持主权原则,在国际交往中,主张国无大小,一律平等,互不侵犯,互不干涉内政。中国坚持的

---

① 赵宝煦:《一个知识分子的自白》,载赵宝煦:《途程——抱虚斋诗文稿》,第3页,北京,东方出版社1998年版。

② 赵宝煦:《一二·一运动回忆》,载赵宝煦:《途程——抱虚斋诗文稿》,第3、234页,北京,东方出版社1998年版;参见《北大青年》1959年4月刊。

主权原则,特别受到第三世界国家的热烈拥护。这是因为第三世界国家,历史上曾长期受到帝国主义、殖民主义的侵略压迫,他们历尽千辛万苦,才争得今天的独立。因此他们要不惜牺牲一切来维护本国的主权。"①

对于西方学者反对所谓"绝对主权",鼓吹"主权过时"的观点,先生剖析指出:"在实际生活中,这种不受任何法律限制的完全的和绝对的主权,是不可能的,也是从来没有存在过的。中国从来不曾主张过这种实际上无法存在的'绝对主权'。试看中国一向主张的和平共处五项原则头一条:'互相尊重主权和领土完整',互相尊重的'互相'二字,就是限制,就是彼此都承担义务。其他四项原则,也都是互相对等的,互相限制的。有人认为:各国间所有一切双边条约或多边条约,都是在一定程度上,对行使权力的彼此限制。由此可知,……中国一向坚持的主权原则,因为是客观存在,故不可能过时。"②"中国在国际交往中坚持的主权原则是否过时,应由国际社会实践来检验。既然国际社会是由许多各自拥有独立主权的大小不同国家所组成,那么,衡量一种主权观的是否进步,是否过时,其标准,只能看其是否平等互利,有助于彼此发展。"③

主权直接关系到国家的领土,"主权与领土不可分。主权对内方面的至高无上性是在其领土范围内行使的。各独立国家间互不侵犯领土完整,是维持国际社会和平、稳定的重要基石,也是国际法的基本原则"。④ 而国家主权与领土完整,又事关祖国的统一,这是作为跨越战争与和平、分裂与统一不同时代的中国先进知识分子的重要政治关切,先生就此指出:"中国的台湾与大陆的分裂局面,是在中国发生革命时期,由于外国武力强行干预而造成的。四十年来,双方实行不同的政治制度,而各自取得了一定的发展。为了维护国家的主权,台湾和大陆必须结束分裂的局面而实现统一,又有必要保存两种不同的制度。就是说,台湾作为特别行政区,享有高度自治权,包括行政管理权、立法权、独立的司法权和终审权。这就是我们说的'一国两制'。这样

---

① 赵宝煦:《论主权原则与台湾地位》,《国际政治研究》1992年第2期。
② 赵宝煦:《论主权原则与台湾地位》,《国际政治研究》1992年第2期。
③ 赵宝煦:《论主权原则与台湾地位》,《国际政治研究》1992年第2期。
④ 赵宝煦:《论主权原则与台湾地位》,《国际政治研究》1992年第2期。

做,是符合包括台湾省在内的全中国人民利益的。"①"中国提出和平统一祖国的'一国两制'方针,这是迄今为止,我们所能设想的一个国家长期分裂,又各自施行不同制度的两部分之间,和平统一方案的最佳选择。一国而不是两国,是指主权的统一;两制,是指各自继续施行自己多年施行的制度而不强行改变。"②

对于亲身经历国家四分五裂、遭受帝国主义列强蹂躏的悲惨历史的一代知识分子来说,国家的统一和尊严高于一切,对此,先生强调指出:"对于中国人来说,维护主权、领土完整,完成祖国统一大业,是十二亿中国人民最齐心协力坚持的民族大义。中国一百多年来受外国侵略压迫的屈辱历史,使得中国人在这个问题上极度敏感而绝对不能容忍任何挑战。"③"对于所有中国人来说,还有一个至高无上的东西,这就是主权原则和国家尊严。当中国人感到自己的主权原则和国家尊严受到挑战时,他们会毫不犹豫地抛弃自身所有的一切,并且尽量运用一切可能的手段来捍卫它。主权原则和国家尊严对于中国人来说,是神圣不可侵犯的。"④

先生的爱国主义还集中体现为他对于国家繁荣富强的渴望和信心。在强烈的拳拳爱国之心驱使下,先生在建设时期一如革命时期,以社会发展的真理、国家的富强和文明作为自己的人生追求。

解放后,先生积极参加社会主义建设事业,尽管"文化大革命"时受到不公正待遇,但是,对于国家发展和民族振兴的信心和渴望始终如一。改革开放和中国特色社会主义事业的发展,使得先生倍感振奋,他指出,中国的改革开放事业必然使得中国走向富强,因为"它的指导思想是'实事求是、解放思想'。……"⑤先生对于中国特色社会主义充满信心,"社会主义的目的,是追

①　赵宝煦:《论主权原则与台湾地位》,载赵宝煦:《政治学与和谐社会》,第149页,北京,北京大学出版社2009年版。

②　赵宝煦:《论主权原则与台湾地位》,载赵宝煦:《政治学与和谐社会》,第150页,北京,北京大学出版社2009年版。

③　赵宝煦:《台湾问题:影响中美关系的重要因素》,《北京大学学报》(哲学社会科学版)1997年第1期。

④　赵宝煦:《台湾问题:影响中美关系的重要因素》,《北京大学学报》(哲学社会科学版)1997年第1期。

⑤　赵宝煦:《中国走向何方》,载赵宝煦:《政治学与和谐社会》,第98页,北京,北京大学出版社2009年版。

求一个理想的未来社会,这个社会应该是理性的、民主的、自由的、平等的、富有的,适合人类个性发展的理想社会"。①

从爱国主义的起点出发,在漫长的人生旅途中,先生追求理想、追求光明、追求崇高的人生特质和格调一以贯之。在马克思主义指导下,先生的爱国主义逐步与他对于民主和科学的追求紧密联系在一起,使得先生的学术思想体现出一体两面的思想特质,就是中华民族的民族主义与人民民主主义的有机结合,即在爱国主义总体思想脉络和标志下,既追求民族的独立,又向往国家的富强和文明。追求民族的独立,更多强烈表现为先生民族主义的信念,而向往国家的富强和文明,在政治学层面上体现为先生对于人民民主主义和理想社会的不懈追求。

2. 马克思主义是先生政治思想的主体和指南

首先,马克思主义政治学是先生政治思想的主体内容。

三四十年代,先生在追求真理、追求光明的过程中,建立了马克思主义信仰。多年钻研,使得先生对于马克思主义世界观、方法论和政治思想观点具有很深的理解和造诣,其建构的政治学理论体系和论述的政治思想,主体内容即马克思主义政治学理论。

以马克思主义政治思想作为自己的主体思想,首要的是全面、准确地理解和掌握马克思主义。对此,先生认为,理解和掌握马克思主义思想和方法,必须严格遵循其原意,掌握其精髓。为此,先生对于"以恩解马"(以恩格斯的说法来理解马克思)、"以苏解马"、"以西解马"的说法和做法未予认可,而是赞成"以马解马","即我们必须从马克思的原话中寻找马克思的本意",然后紧密结合发展着的历史实践给予科学的解释。②

在先生看来,马克思主义总体体系和内容,实际上都是政治学的内容。"马克思主义理论,从根本上说,我认为是政治学的理论。它主要解决的是政治实践问题。""马克思主义哲学是指导思想问题,是世界观、方法论问题。马

---

① 赵宝煦:《中国走向何方》,载赵宝煦:《政治学与和谐社会》,第99页,北京,北京大学出版社2009年版。

② 赵宝煦:《怀念吴恩裕先生》,载赵宝煦:《政治学与和谐社会》,第362页,北京,北京大学出版社2009年版。

克思主义政治经济学是解决政治问题的基础理论,因为经济是政治的基础。只有科学社会主义,才是马克思主义的重点,是马克思主义的根本目的所在,即建立一个没有人剥削人的、公平的、富裕的、民主的、适宜人性发展的社会主义和共产主义社会。科学社会主义是关于未来理想社会的研究,它涉及面虽然很广,但关键问题却是政权问题,而政权问题却正是政治学研究的核心问题。在这个意义上说,科学社会主义问题,主要的就是政治学的问题。"①

先生的政治思想以马克思主义政治学理论作为主体内容的特点,集中体现在 1980 年我国政治学科恢复重建后先生主持编写的第一部政治学原理作品——《政治学概论》中。《政治学概论》运用辩证唯物主义和历史唯物主义方法,参考邓初民先生《新政治学大纲》的马克思主义政治学体系,建构阐述了新时期我国政治学的第一个马克思主义政治学理论体系。邓初民先生 30年代撰写的《新政治学大纲》,在绪论之外,包括阶级论、国家论、政府论、政党论、革命论,其基本逻辑特征"是它把政治关系的运动法则放置在社会内部的阶级对立上,而以'阶级矛盾'为政治关系之基本内容,同时它不是把国家这一单纯的政治机构作为它的全部对象,而是把全部政治范畴,例如政党、革命、那种在政治上最高基本的指导力量、那种在政治上奠定千百万人生命过程的政治运动都作为它的对象的"。② 参考邓初民先生政治学理论体系,宝煦先生主持的《政治学概论》以历史唯物主义作为方法遵循,坚持马克思主义经济分析方法和阶级分析方法,坚持以阶级论作为马克思主义政治学理论的逻辑起点,贯彻马克思主义政治学阶级性与人民性的有机统一,并且以阶级论、国家论、政府论、政党论、革命论、民族论和国际社会论作为体系主干,以科学社会主义的时代内容作为基本论述,成为我国新时期运用马克思主义基本立场、观点和方法展开政治学研究的奠基之作。③

在此后的政治学研究中,先生密切联系中国和世界政治发展实际,积极阐述马克思主义经典作家的政治思想,努力阐发发展着的马克思主义和中国化的马克思主义的政治思想,由此使得先生的政治思想具有马克思主义政治

①　赵宝煦:《中国政治学百年历程(1900—2000)》,《东南学术》2000 年第 2 期。

②　邓初民:《新政治学大纲》"自序",载邓初民:《新政治学大纲》,第 2 页,北京,商务印书馆 2011 年版。

③　赵宝煦主编:《政治学概论》,北京,北京大学出版社 1982 年版。

学说的基本立场和深厚意蕴。

其次,先生坚持以马克思主义指导我国的政治学研究。

先生明确指出,我国政治学的研究,"同其他社会科学的研究一样,需要有明确的指导思想,我们应该以马克思主义为指导思想"。①

我国政治学研究之所以必须坚持马克思主义为指导,根本原因在于马克思主义的阶级性、实践性和科学性。对此,先生不仅具有明确而坚定的认知,而且具有丰富的阐述,他指出:"马克思主义奠基人留给我们的最宝贵的财富,就是给我们提供了辩证唯物主义和历史唯物主义的观点和方法,以及无产阶级和人民群众的进步立场。这就是我们从事任何社会科学都必须遵循的指导原则。"②"马克思主义是对于自然界和人类社会的一种科学认识,是无产阶级和劳动人民争取解放、建设社会主义和共产主义的行动指南,因此,它是一种科学的宇宙观,也是科学的方法论。"③

正因为如此,先生认为,我们研究政治学,"必须坚持马克思主义原则指导。否则,不但无法满足科学性的要求,而且还将迷失方向"。④"我们这里说的指导思想,既不是僵化的教条,也不是束缚科学发展、束缚思想发展的清规戒律。首先,它不是以任何一种一成不变的主观意图,强加于千变万化的客观现实;其次,它必须符合科学的要求,而不能违反科学的要求。我们认为这样的一种指导思想,就是马克思主义。"⑤

再次,先生主张在研究和实践发展中,推进中国化的马克思主义政治学的发展。

先生指出,中国化的马克思主义必须基于中国的社会政治实践的发展而发展,"任何一门学科的发展,都离不开客观实践的要求。建设有中国特色的

---

① 赵宝煦:《在马克思主义指导下大力开展国际政治学研究》,载赵宝煦:《政治学与和谐社会》,第58 页,北京,北京大学出版社 2009 年版。

② 赵宝煦:《在马克思主义指导下大力开展国际政治学研究》,载赵宝煦:《政治学与和谐社会》,第58 页,北京,北京大学出版社 2009 年版。

③ 赵宝煦:《理论的危机与转机》,载王浦劬、李涛主编:《马克思主义中国化 60 年》,第 75—76 页,北京,知识产权出版社 2010 年版。

④ 赵宝煦:《贯彻十三大精神,开拓政治学研究的新局面——在北京市政治学行政学学会成立大会上的致词》,《科学社会主义》1988 年第 2 期。

⑤ 赵宝煦:《在马克思主义指导下大力开展国际政治学研究》,载赵宝煦:《政治学与和谐社会》,第58 页,北京,北京大学出版社 2009 年版。

社会主义,是一项崭新的前所未有的伟大事业。建设实践将不断提出许多疑难问题,要求政治学给以科学回答。""首先,思想上必须明确:中国人进行政治学研究,双脚必须站在中国的土地上。要熟悉中国国情,要深入社会,深入基层,多做调查研究。只有深入实际,才能发现问题,解决问题。"①

马克思主义的实践唯物主义特性,使得马克思主义政治学的发展必须破除教条主义的束缚,先生指出:"马克思主义认为存在决定意识,而不是意识决定存在。它又认为一切事物都是发展变化的。事物发展变化了,人的思想认识就也要跟着发展变化。因此,马克思主义是生动活泼的发展的科学,而不是死的教条。"②"马克思主义不是教条。把马克思主义当作教条来强调,只能败坏马克思主义的名誉。说马克思主义遇到危机了,实际上是教条主义的危机。教条主义遇到危机是好事。有这个'危机',被歪曲、被束缚住了的马克思主义才得到'转机',才可能恢复其原有的勃勃'生机'。"③

在实践性的基础上,马克思主义政治学的发展具有时代性,先生就此阐述认为:"政治学研究必须'与时俱进'。中央针对时弊提出的这四个字,本来是马克思主义的一条基本原则,即人的认识必须符合客观实际。客观实际变化了,人的认识也要随之变化。……例如,以马克思主义为指导是不变的,但马克思主义中关于组织革命、夺取政权的原理原则,并非全部适用于巩固政权和建设国家的今天;共产党的领导不变,但作为革命党的共产党和作为执政党的共产党,二者的方针政策岂能完全雷同?"④

对于马克思主义政治学的发展来说,科学创新是其发展的强大动力,先生就此指出:"政治学研究必须'敢于创新'。'创新是一个民族的灵魂',这话讲得非常好。政治学研究要敢于创新,是指刻苦钻研、全面分析,充分做到理论与实际密切结合,从而提出新理论、新观点。"⑤同时,先生十分强调科学创新:"要认真做到政治学研究的创新,还需要具备两个条件:一方面,学者必

---

① 赵宝煦:《政治学的报春花——喜见〈布莱克维尔政治学百科全书〉出版》,香港,《中国社会科学季刊》1992 年 11 月创刊号。

② 赵宝煦:《在马克思主义指导下大力开展国际政治学研究》,载赵宝煦:《政治学与和谐社会》,第 58—59 页,北京,北京大学出版社 2009 年版。

③ 赵宝煦:《在马克思主义指导下大力开展国际政治学研究》,载赵宝煦:《政治学与和谐社会》,第 59 页,北京,北京大学出版社 2009 年版。

④ 赵宝煦:《中国政治学百年历程(1900—2000)》,《东南学术》2000 年第 2 期。

⑤ 赵宝煦:《中国政治学百年历程(1900—2000)》,《东南学术》2000 年第 2 期。

须严肃认真,以十分科学的态度与方法对待理论与实践问题中的'创新',绝不允许有一丝一毫哗众取宠,标新立异,用以达到个人的沽名钓誉;另一方面,国家社会还要具备允许学者说错话的雅量,在学术领域创造出比较宽容的气氛。"①

又次,马克思主义政治学需要在思想交流中吸取多种文化有益要素,实现不断发展。

思想的发展和创新也是在不同思想和文化的交流中实现的,因此,先生认为:"交流是文化发展的规律。发展至今的中国文化,既是国内各兄弟民族文化交融的结果,也是中外文化交流的结果。作为我们事业指导思想的马克思主义,它所以在中国生根,也是先进的知识分子在中外文化交流中学习的结果。今天无论从立国之本或者强国之路的任何角度考虑,都应该高度重视中外文化交流在社会主义现代化建设中的重要意义。"②

先生进一步指出:"马克思主义从来就是开放的,而不是封闭的,封闭则导致僵化,而无法发展。"③"马克思主义既然是广泛吸收人类优秀科学文化成果而产生的,那么怎么能设想它可以摒弃一切当代非马克思主义的科学文化成果,而闭门发展呢?"④"马克思主义经典作家是如何总结吸收当时人类科学文化的成就,我们也应该吸收总结今天的科学文化成果,来丰富马克思主义。只有如此,才能使马克思主义继续发展,保持其旺盛的生命力。"⑤

根据中国特色社会主义理论发展的特点,先生指出:"兼容并包的思想很符合邓小平先生讲的开放思想的话,'不管东方的、西方的,只要能够行之有效,而且能够为我所用,就通通拿来,适合中国的土壤,中国的土壤能够种出人家的种子'。"⑥

---

① 赵宝煦:《中国政治学百年历程(1900~2000)》,《东南学术》2000年第2期。

② 陶铠、李春林:《季羡林、赵宝煦、罗荣渠谈中外文化交流》,《光明日报》1990年7月20日。

③ 赵宝煦:《在马克思主义指导下大力开展国际政治学研究》,载赵宝煦:《政治学与和谐社会》,第61页,北京,北京大学出版社2009年版。

④ 赵宝煦:《在马克思主义指导下大力开展国际政治学研究》,载赵宝煦:《政治学与和谐社会》,第61页,北京,北京大学出版社2009年版。

⑤ 赵宝煦:《理论的危机与转机》,载王浦劬、李涛主编:《马克思主义中国化60年》,第77页,北京,知识产权出版社2010年版。

⑥ 赵宝煦:《北京大学早期的留学生教育》,载赵宝煦:《政治学与和谐社会》,第287页,北京,北京大学出版社2009年版。

3. 人民民主与人民共和是先生政治思想的基本主张和取向

分析先生的政治哲学和政治思想,可见其具有丰富的人民民主与人民共和的思想理念和特质。马克思主义认为,民主具有阶级性和历史发展性。无产阶级和劳动人民的人民民主,是指无产阶级夺取政权,消灭了对立的剥削阶级的历史前提下,人民政治发展的必然要求和崇高目标。

在政治思想的形成和发展过程中,先生对于人民民主与人民共和,有一个从向往到明确主张的演进过程。这种人民民主与人民共和,首要特征和根本基础是人民至上。早在 1946 年,先生就十分关心人民利益,他曾赋诗"老百姓至上"以述情,吟曰:"昨天,我们是老百姓的儿女,今天,我们是老百姓的兵。……让我们年轻的血,为老百姓流,因为老百姓养育了我们。让我们年轻的生命,为老百姓去死,因为我们属于老百姓。"①所谓"老百姓至上",用今天的语言来讲,就是社会政治活动的真谛在于人民的福祉,是为了人民的根本利益。在其治学和为人的一生中,先生对于社会政治和政治学研究的注重,轴心实则是对人民大众利益和幸福的关切。

其次,实现人民民主,使得人民真正当家作主,既蕴含着人民主权的政治理念,更体现着人民共和民主的政治主张。在革命时期,先生毅然参加革命,追求人民利益和人民解放的民主革命事业,胸怀坚定政治信念,如同他所说的那样,"一个真正的革命者,一个无产阶级革命家,在他应该具有的各种优秀品质当中,最基本、最不可缺少的是什么呢?那就是,无论何时何地都能忠贞不渝地坚持革命利益,在各种各样严峻的无情的革命考验面前,他都能表现出最大的革命坚定性和革命气节。在坚持革命立场,捍卫革命利益这一点上,他应该如松柏常青"。② 在革命胜利,新中国建立之后,先生热切向往的是"建设一个稳定的、高效能的、真正是人民当家作主的社会主义政权"。③ "文化大革命"使得人民民主的建设遭到巨大曲折。先生对此痛心疾首,明确指出:"在中国持续了十年之久的'文化大革命',已被公认是一场人类历史上罕

---

① 赵宝煦:《老百姓至上》,载赵宝煦:《途程——抱虚斋诗文稿》,第 51 页,北京,东方出版社 1998 年版。

② 赵宝煦:《松柏常青》,《光明日报》1965 年 7 月 1 日。

③ 赵宝煦:《政治学研究不能故步自封》,载赵宝煦:《政治学与和谐社会》,第 51 页,北京,北京大学出版社 2009 年版。

见的巨大灾难,它给国家和人民造成了不可估量的物质上和精神上的严重损失。"①"文化大革命""实行'大民主',严重破坏了社会主义民主和法制。……严重损害了执政党在人们心目中的威信,破坏了党群关系"。② 先生自己在"文化大革命"中也遭到不公正待遇。但是,这一切并未动摇先生追求人民利益和人民民主的不渝之志。

粉碎"四人帮"以后,鉴于"文化大革命"的惨痛教训,先生对于人民民主的追求更加坚定而强烈,"社会主义的本质特征就是民主。可以说,没有民主就没有社会主义。民主作为一种制度,它不是一句空话,而应该有其切实的具体内容,这些具体内容的妥善实施,必须通过不可或缺的法定程序。因此,民主作为一种制度,它不能离开法治"。③ 而先生多年着意和着手编写的《"文化大革命"口述历史》,实是内含着科学总结"文化大革命"的教训,推进社会主义法治和民主的旨意。

第三,置公益为优先,以天下为己任。作为见证中华民族世纪发展,追索国家现代化进程的一代学人,先生与同时代先进知识分子的共同历史和时代特征,就是抱秉"天下为公"的情怀,奉行公共性优先的政治哲学和价值选择。④ 经历国家与民族的世纪沧桑巨变,先生深沉地指出:"中国知识分子在长期历史发展中,不论是对华夏文明的建设,还是在政治经济的发展等种种方面,都曾做出了无可替代的、不可磨灭的贡献。"⑤同时,他也指出,知识分子群体随着国家的兴衰而兴衰,"不能否认,知识分子的命运总是与整个国家社会的命运息息相关的"。⑥ 为此,先生认为,国家、民族、公共利益优先,是浸淫东方文化和政治价值观的中国知识分子的政治人格和素养所在,"知识分子应该具备的素质主要有:1.知识分子要有社会良知……社会良知也就是社会

① 赵宝煦:《谈"文革"研究》,《民主》1990年第1期。
② 赵宝煦:《"文化大革命"的原因与后果》,载赵宝煦:《政治学与和谐社会》,第166页,北京,北京大学出版社2009年版。
③ 赵宝煦:《五四运动与民主大旗》,《理论学习与研究》1996年第6期。
④ 赵宝煦:《知识分子在社会发展中的作用》,载赵宝煦:《政治学与和谐社会》,第170页,北京,北京大学出版社2009年版。
⑤ 赵宝煦:《知识分子在社会发展中的作用》,载赵宝煦:《政治学与和谐社会》,第171页,北京,北京大学出版社2009年版。
⑥ 赵宝煦:《一个知识分子的自白》,载赵宝煦:《途程——抱虚斋诗文稿》,第1页,北京,东方出版社1998年版。

责任感。知识分子要关心祖国的前途和命运,要有忧患意识,一定要以天下事为己任,为社会进步、国家的富强发挥自己的作用。2.知识分子要有独立的人格。3.知识分子要有自由的思想。"①

由此可见,作为一代中国知识分子的代表,先生先天下之忧而忧,后天下之乐而乐的精神和素养,以天下为己任的公共性优先的人生追求,显然具有东方文化和政治哲学力倡的公益政治的典型特征。先生对于这一政治哲学的认同,既体现着中国知识分子的基本政治哲学取向,又体现着共和主义的公共性优先的公益政治特质,从而鲜明地标志着先生的人民共和主义的民主政治思想类属。

第四,社会和谐,多样性统一共存共处的人民共和的政治精神。在先生追求和主张的人民民主思想中,核心是人民内部多样性与统一性有机结合的政治理念。

在这其中,在人民内部的政治关系中,先生强调的首要精神是多样性统一、矛盾性同一意义上的"和"字。自四十年代参加革命,人民共和与人民民主逐步成为先生追求的目标和人生理想。新中国成立以来到改革开放,先生一直把人民民主与人民共和奉为政治圭臬,实际上,这种信奉也是中国社会历史变迁和转换时期的一代知识分子和政治学人的政治思想的逻辑必然。

早在20世纪60年代初,先生就从认识论出发,运用马克思主义矛盾分析方法,阐述过"和与同"的辩证关系,他指出:"和而不同,这话讲得好。只有人人都有这种敢于坚持真理的精神,既勇于发表不同的意见,也能虚心听取别人的意见,对各种意见都作认真的充分的研究和讨论,才能真正求得人们思想认识上的一致,把各方面和各种人的积极性都调动起来,共同为我们的事业而努力工作,如果说,我们也要求'同'的话,那么我们要求的是这种有原则的'同';而这个原则就是马克思列宁主义,就是党的路线、方针和政策。……这样的'同',只有在充分发扬民主的基础上才能得到。"②"团结、和谐只能是矛盾的统一,而不能是机械的一致。和,可以解释作矛盾的统一。"③"统一是

①　赵宝煦:《知识分子在社会发展中的作用》,载赵宝煦:《政治学与和谐社会》,第170页,北京,北京大学出版社2009年版。
②　赵宝煦:《途程——抱虚斋诗文稿》,第202页,北京,东方出版社1998年版。
③　赵宝煦:《途程——抱虚斋诗文稿》,第203页,北京,东方出版社1998年版。

个好字眼,但矛盾既然存在于一切事物的发展过程中,那么统一就只能是对立面斗争的结果。统一不但是矛盾斗争的结果,而且已经达到的统一中必然又孕育着新的矛盾;新的矛盾再经过斗争又达到新的更高水平的统一。如此往复不已,事物才会向前发展,没有矛盾就没有统一,也就没有发展。机械的一致否定了矛盾,也就否定了发展。"①

在先生晚近的政治学研究中,人民共和与和谐的思想表现得更加强烈和直接,先生近年出版的英文作品《和为贵——赵宝煦学术文集》(In Pursuit of Harmony: An Academic Anthology of Zhao Baoxu)、《政治学与和谐社会》等,明确指出,"政治是一种摆平矛盾的艺术"。② 对此,先生阐述指出:"列宁在《共产主义运动中的'左派'幼稚病》中说:'政治是一门科学,是一种艺术。'"③对此,先生不仅从不同社会背景下不同性质的政治艺术进行了阐述,而且尤其对于人民夺取政权以后,人民内部不同社会阶层和群体多样差异性进行协调的艺术展开了阐发,他指出:"在阶级社会中,政治主要表现为两个主要对立阶级之间的斗争。这种斗争,从量变到质变,最终导致革命。革命胜利了,'被统治阶级'变成'统治阶级',人民掌握了政权。经过一段时间以后,原有意义上的'阶级'消灭了,但社会上不可能从此消灭矛盾。因为不论在任何形态的社会上,都会存在多元的不同利益的集团和群体。他们之间不能没有差别,有差别就会有矛盾,有斗争。矛盾需要统一,斗争需要解决。国家社会不断有矛盾,矛盾又不断获得解决,因此,国家与社会得以不断向前发展。"这一过程,就是不断产生矛盾、不断解决矛盾的过程,而运用国家政权不断解决矛盾的过程和艺术,就是宝煦先生所说的"摆平矛盾"的过程和艺术,正是"在此意义上,我们是否可以说,政治是解决矛盾,化解冲突的艺术"。④ 为此,在剥削阶级消灭以后,的真谛在于公平正义与宽容和谐。只有以此为准则摆平人民内部不同阶层和群体之间的矛盾,才能达成和谐。⑤

先生以辩证思维阐述"摆平"的政治,他指出,摆平不等于死水一潭,而是在矛盾运动中不断从不平衡趋向平衡的过程,就是在矛盾运动和发展中,根

---

① 赵宝煦:《途程——抱虚斋诗文稿》,第 204 页,北京,东方出版社 1998 年版。
② 赵宝煦:《政治学与和谐社会》,《北京大学学报》(哲学社会科学版)2005 年第 6 期。
③ 赵宝煦:《政治学与和谐社会》,《北京大学学报》(哲学社会科学版)2005 年第 6 期。
④ 赵宝煦:《政治学与和谐社会》,《北京大学学报》(哲学社会科学版)2005 年第 6 期。
⑤ 赵宝煦:《政治学与和谐社会》,《北京大学学报》(哲学社会科学版)2005 年第 6 期。

据矛盾性质和状况,不断克服和解决矛盾的过程,"'和谐社会'应该是一个不断发展,不断深化的命题,而不可能是一成不变的。因为世界万物都是在不断克服矛盾中发展前进的,所以世界上也不存在静止的一成不变的'和谐社会'。和谐社会本身是一个过程,是一个不断克服对抗、摆平矛盾的过程。它是运动着的,不是静止不动的"。"我们追求的和谐社会将是一个充满生机和活力,向前发展的生气勃勃的社会。"①

先生认为,和谐社会是多样性、差异性与统一性相互妥协和包容的复合共存共处社会。剥削阶级消灭后,人民内部矛盾上升为主要社会矛盾,在人民内部,"在和平发展的社会中,……由于矛盾的性质不同,所以采取的手段,也应有所不同。这时,不是用激烈的暴力手段,而是调和矛盾,使矛盾的各方均能有所克制,有所妥协,提出大家都可勉强接受的办法,从而化解矛盾。……而需要提倡的却是妥协精神"。②

先生进一步强调指出,社会和谐与和谐社会,需要依靠民主法治来保障,"中共中央提出建设社会主义法治国家以来(这是马克思主义理论的一个极大创新),中央从理论到政策上都不断强调民主、法治。而且从立法上把社会主义民主当作一种可以长治久安的理想社会制度确定下来,把社会主义民主看成是构建和谐社会的必要条件"。③ 在人民内部实现多样的统一、矛盾的协调,达成和谐社会,就是先生所谓作为"摆平的艺术"的政治的真谛,而实现这一真谛的现实路径,则是法治和民主,适如先生所言:"如何摆平? 离不开法治和民主。没有法治与民主的社会,不可能是一个稳定的社会,更不可能是一个和谐社会。而法治与民主,则正是政治学研究中的重要课题。构建和谐社会重要任务的提出,为政治学提供了更加广阔的天地。"④

人民至上、法治民主、公益优先、多样统一和谐共存的思想基点和特质,这些基点和特质,对立于"专制主义",质别于"自由民主",性异于"贵族共和",根据这些思想要素和特质,可以把先生的政治思想概括为人民共和民主的思想主张和取向。

---

① 赵宝煦:《政治学与和谐社会》,《北京大学学报》(哲学社会科学版)2005 年第 6 期。

② 赵宝煦:《政治学与和谐社会》,《北京大学学报》(哲学社会科学版)2005 年第 6 期。

③ 赵宝煦:《争论,冲开了"万马齐喑"的局面》,载赵宝煦:《政治学与和谐社会》,第 133 页,北京,北京大学出版社 2009 年版。

④ 赵宝煦:《政治学与和谐社会》,《北京大学学报》(哲学社会科学版)2005 年第 6 期。

4. 科学主义与人文主义的有机结合,是先生政治思想的学术原则和规范追求

先生追求精神世界、知性人生和社会理想,在这其中,追求科学,求真务实,是先生的学术原则和人生原则。

先生晚年回忆这些原则的形成时曾自我内省道,"现在想来,对我后来影响较大的有两本书。一是屠格涅夫的散文诗集《门槛》,一是南北朝刘义庆的《世说新语》。《门槛》中那位俄罗斯女郎执着的殉道者精神,使我后来毫不犹豫地参加革命;《世说新语》……又使我崇尚纯真、自然,本能地鄙视各式各样的道学和教条。""我厌恶伪道学,不喜矫饰造作,更反对千篇一律、机械一致"。①

后来,先生信仰马克思主义,其求真务实科学精神从感性感知发展升华为理性认知,形成以辩证唯物主义和历史唯物主义为主体,以强调实践为基础的求真务实科学精神,由此使得先生的学术理念和思想具有鲜明的求真务实、科学主义与人文关怀结合的特质。

对于政治学研究,先生尤其强调其研究的科学性,明确指出:"坚持科学性是当前中国政治学发展中的一个重要关键问题。"②

在先生的著作、文章乃至序言、书评、会议发言中,先生多次强调建设社会主义政治文明,展开科学的政治学研究,不仅需要乐于追求真理,善于发现真理,更加需要敢于坚持真理、勇于维护真理,不唯书、不唯上,只唯实。"政治学与其他社会科学一样都要为社会实践服务,这是天经地义,中外皆然。但是,必须是真科学,才能有效地为社会实践服务。如果科学研究不能坚持严格的科学性,它本身就成为半科学或伪科学。若用这种半科学或伪科学来为社会实践服务、为领导决策提供根据,那就等于卖假药给人治病。"③先生的这段金石之言,不仅对于社会科学和政治学研究具有振聋发聩之效,而且恰是先生人生态度的真实抒怀。

---

① 赵宝煦:《一个知识分子的自白》,载赵宝煦:《途程——抱虚斋诗文稿》,第3—4页,北京,东方出版社1998年版。

② 赵宝煦:《政治学与和谐社会》,《北京大学学报》(哲学社会科学版)2005年第6期。

③ 赵宝煦:《政治学基础前言》,载王浦劬等著:《政治学基础》,第1页,北京,北京大学出版社1995/2006年版。

因此,把握社会政治生活真谛,遵循社会政治发展的规律,以科学的态度、科学的方法发现规律和真理,坚持和维护真理,是先生的学术真实和人生真实。

政治学研究科学性的实现,首要的前提在于切实把握马克思主义的精髓和科学方法。"社会主义、共产主义的理念与价值观都深深植根于马克思主义的科学性。科学的真理是要经过实践验证的。经过 100 多年来的社会实践检验,马克思主义仍然光芒万丈,原因就在于马克思主义经典作家对事物发展与社会进化所揭示出来的精神实质"。①

马克思主义的精髓在于实事求是,"人所共知,'实事求是'是马克思主义的精髓,同时,也是它的科学性所在"。② 遵循这一精髓,实现政治学研究的科学性,就要在政治学研究中大力贯彻求真务实的科学态度,使得政治学的研究真正立足于社会实践和社会需求,先生明确指出:"学者不是预言家,不能未卜先知。政治学者只能根据材料的占有和系统科学的分析,对现实政治的发展做出各自的合乎逻辑的结论。"③为此,先生认为:"政治学的研究,要想得到社会的认同,就必须能回答当前社会主义建设实践中提出的问题,提供解决当前中国现实政治问题的最佳方案。为此,就要求中国的政治学工作者,能够立足于中国现实,深入下去,脚踏实地做大量艰苦的调查研究工作,要做认真的社会抽样调查,要定性分析,更要定量分析。要熟悉中国国情,再研究问题,才能弄清楚问题的症结所在。"④

政治学研究科学性的实现,必须深入研究和充分尊重学科发展的规律性和科学性。在论及学术研究的根本使命时,先生深刻指出,政治学术研究虽然具有介绍知识和政策宣传的功能,但是,其根本任务是要探讨政治现象的发展规律,以国际政治学为例,"国际政治学是一门理论与实际相结合的科学,它的任务,不只是对当前错综复杂的国际政治作客观介绍或政策宣传,而更重要的是要对国际政治现象进行科学的理论性的研究,提供一个对国际政治问题的规律性的认识。国际政治的研究不能脱离对当前国际政治现实问

---

①　赵宝煦:《"七一"讲话与中国政治学研究》,《马克思主义与现实》2001 年第 5 期。

②　赵宝煦:《国际政治学领域的一可喜成果——评张小明著〈乔治.凯南遏制思想研究〉》,《世界经济与政治》1995 年第 1 期。

③　赵宝煦:《德国的走向》,《国际政治研究》2004 年第 3 期。

④　赵宝煦:《中国政治学百年历程(1900—2000)》,《东南学术》2000 年第 2 期。

题的分析和评价。不能满足于对一般国际时事的描述和概括,它应该深入下去,挖掘更本质的东西,寻求规律性的认识,从来预见未来,指导实践"。①2009 年诺贝尔经济学奖获得者埃莉诺·奥斯特罗姆对学术研究的使命曾经进行过这样的论述:"也许,我需要做的是,提升到一般层次,努力理解长期持续作用的制度中某些更加一般的制度规律性。"②先生关于学术研究以深入探讨事物发展规律为使命的阐述,恰与之有异曲同工之妙。

在主张和尊重科学性方面,先生多次强调指出:"政治学研究要努力达到本身科学性的要求,不能使科学性的要求屈从于一时的政治宣传需要。政治学研究只能靠坚持自身的科学性来为现实服务。如果只知唯上、唯书,不能摆脱现实政治的干扰,或者甘做氢气球,随风转,则它本身就变成了伪科学,用伪科学来服务于现实政治,不仅于事无补,而且会大帮倒忙,并且会严重败坏政治学研究的声誉。"③政治学研究科学性的实现,还必须具有国际眼光,进行多方面交流和借鉴,"政治学研究,同任何其他科学一样,都不能故步自封,必须面向世界,敢于引进外国政治学的新理论、新方法,进行研究、验证,以便参考、借鉴"。④

在强调政治学研究科学性的同时,先生十分注重政治学研究的人文关怀,并且认为社会科学研究的人文性也是有规律可循的,是完全可以与其科学性有机结合的。他明确指出,社会科学研究必须从不同国家和社会的人文特质出发,"社会现象与自然现象有所不同。因为任何社会现象都可以说是人的行为在起作用,所以也可以把社会现象说成是在一定时间、一定条件下的人们行为的总和。社会科学者遇到的最大挑战,往往是难以测量的心理因素。但这不等于说社会现象完全没有规律。譬如有些西方政策分析家往往爱说:'分析共产党国家的政策趋向很难,因为他们不按规律出牌。'其实,任何一个人、一个政党或一个国家,他们的行为都是有规律的。只是因为你不理解他们的思维方式,你不理解他们的某些措施的来龙去脉,就认为他们不按规律出牌。事实上,他们是按他们自己的规律出牌,而不是按你习惯的规

①　赵宝煦:《在马克思主义指导下大力开展国际政治学研究》,载赵宝煦:《政治学与和谐社会》,第57—58 页,北京,北京大学出版社 2009 年版。

②　Elinor Ostrom, "A Long Polycentric Journey", *Annual Reviews of Political Science*, 2010. 13:15.

③　赵宝煦:《中国政治学百年历程(1900—2000)》,《东南学术》2000 年第 2 期。

④　赵宝煦:《中国政治学百年历程(1900—2000)》,《东南学术》2000 年第 2 期。

律出牌。"①

先生对于政治学研究的人文特性的注重,还体现在他根据社会政治现象的人文和科学兼具的特点,对于政治学研究不同方法有机结合的强调,他指出:"社会现象和自然现象有所不同,因此社会科学研究方法与自然科学研究方法也应有所区别。⋯⋯也就是说社会科学研究,完全可以使用某些适合的自然科学研究方法。但是不能只用自然科学的研究方法来研究社会科学。"先生以人口的实际调查研究来说明其观点,人口研究,"你必须用量化方法、统计方法进行调查,一如进行其他自然科学的研究一样。但这种方式,只能使你获得准确的人口数字,⋯⋯但你不知道人口增减的原因,⋯⋯要解决问题,你还需要配合用传统的方法:如座谈会、访问等等。由于你做了实地调查,亲身体察,你自己与当事人直接接触,他们关于计划生育问题的各种想法、顾虑,你才能直接感知,深入了解。这时,对症下药,你才能提出有效控制人口的可行方案。但是最为关键的一点,是因为你经过亲身体察,直接感知,你才能认识到计划生育的问题是人民群众切身利害的问题,人民群众是行为主体,各级政府的责任是帮助人民群众正确认识和解决自己的切身利害问题,并非相反"。② 先生对于人性的感性和知性的把握、对于科学研究科学理性与人文感性结合的主张,于此可见一斑。

四、内在结构

先生的政治思想具有丰富深厚的内容,而且具有严密统一的逻辑,这种逻辑具有强烈的辩证特色,进而使得先生的政治思想呈现结构性、整体性和系统性特点,其主要体现在如下方面:

1. 从思想内容的本体来看,先生政治思想的四部分基本内容,具有各不相同而又内在一致的辩证关系

爱国主义是民族主义思想在特定历史条件下的产物,马克思主义政治思想是无产阶级和广大劳动人民的政治思想和政治斗争的武器,是政治发展规

---

① 赵宝煦:《中国政治学百年历程(1900—2000)》,《东南学术》2000 年第 2 期。
② 赵宝煦:《中国政治学百年历程(1900—2000)》,《东南学术》2000 年第 2 期。

律的经典和正确阐述,具有阶级性、实践性和发展性的科学性质,爱国主义只有在马克思主义指导下才能得到科学发展和实现。而马克思主义关于资本主义社会阶级矛盾和阶级关系的深刻分析,关于无产阶级的阶级特性及其发展前景的分析,关于无产阶级革命和无产阶级专政的历史使命的阐述,恰恰是爱国主义的历史发展途径和实现归属。先生的政治思想从爱国主义出发,逐步发展到坚信只有社会主义才能救中国,只有中国特色的社会主义才能富强中国,由此在思想理念中达成了爱国主义与马克思主义的目标一致、路径共同、内容关联和逻辑融通。

　　民主与科学,是五四运动的旗帜。先生认为,从发展着的马克思主义和中国社会历史过程来看,在革命时期,主张真实和普遍的人民民主是实现爱国主义的革命旗帜,"作为革命旗帜的'民主',它是革命的手段,目的则是推翻反动政权";①在革命胜利后,"就面临着建设社会主义国家的任务",②民主则成为社会主义建设的目标和本质特征,因此,民主成为爱国主义在"立新"和建设意义上的实现途径。③ 而科学,按照马克思主义世界观和方法论,即是对于社会和政治现象的本质及其发展规律的正确认识和把握。由此,先生政治思想的基本内容,以爱国主义为基础,以马克思主义为主体内容和指导,以人民共和民主与科学认知为目标,构成了内在辩证和有机关联的统一整体。

2. 从思想的认识论来看,先生的政治思想鲜明体现着思想方法的辩证

　　马克思恩格斯政治学说的方法论是唯物辩证法。恩格斯说,唯物辩证法是他和马克思"最好的工具和最锐利的武器"。④ 先生政治思想以辩证唯物主义和历史唯物主义作为世界观和方法论,在其学术作品、政论文论中充盈着辩证法的智慧和思想光芒。先生论及社会、政治、历史、人生、工作和艺术,熟练运用对立统一的辩证方法加以论述和证成。其分析辩证的对立统一关

①　赵宝煦:《五四运动与民主大旗》,《理论学习与研究》1996 年第 6 期。
②　赵宝煦:《五四运动与民主大旗》,《理论学习与研究》1996 年第 6 期。
③　赵宝煦:《五四运动与民主大旗》,《理论学习与研究》1996 年第 6 期。
④　《马克思恩格斯选集》第 4 卷,第 243 页,北京,人民出版社 1995 年版。

系,涉及矛盾的普遍性和发展性、①工作的速度与稳定、②坚持原则、敢于斗争与掌握策略、善于斗争、③事物不同方面在一定条件下相互转化、④多样性与统一性、⑤和而不同、⑥和谐与矛盾、⑦建立遵守规则与创新发展规则、⑧敢想敢干与科学态度、⑨事物的主流与支流、⑩认识问题的全面与片面、⑪如此等等;关于把握事物必须注重掌握"度","任何事物的'质',都有'量'的限度,超过一定的量,质就变了";⑫关于发展中优势互补与扬长避短的关系。⑬ 所有这些,生动地闪耀着辩证法的思想光芒。在这其中,先生对于日本文化中的"中庸之道"、"和为贵"思想与日本的内外有别的共同体意识、武士道精神以及万世一系的天皇体制的矛盾混合的辩证剖析,更可谓鞭辟入里、入木三分。⑭

　　思想方法的辩证逻辑,使得先生的政治阐述透彻,把握政治现象的复杂的对立统一关系切实精当,论述社会和政治现象发展规律深入精髓,全面、联系和发展的辩证,在先生政治分析中运用娴熟,由此使得先生对于社会政治的论述阐发和分析评判,不仅刻记着一位智者的衡度,而且贯穿着一代哲人的睿智。

---

①　赵宝煦:《风物长宜放眼量》,载赵宝煦:《途程——抱虚斋诗文稿》,第 215 页,北京,东方出版社 1998 年版。

②　赵宝煦:《兵贵神速》,《前线》1964 年第 8 期。

③　赵宝煦:《松柏常青》,《光明日报》1965 年 7 月 1 日。

④　赵宝煦:《风物长宜放眼量》,载赵宝煦:《途程——抱虚斋诗文稿》,第 219 页,北京,东方出版社 1998 年版。

⑤　赵宝煦:《不同的风格》,《前线》1964 年第 8 期;赵宝煦:《多样和统一》,《文艺报》1956 年第 15 期。

⑥　赵宝煦:《不同的风格》,《前线》1964 年第 8 期;赵宝煦:《和与同》,《人民日报》1962 年 6 月 12 日。

⑦　赵宝煦:《和与同》,《人民日报》1962 年 6 月 12 日。

⑧　赵宝煦:《从"初生牛犊不怕虎"说起》,《人民日报》1962 年 1 月 17 日。

⑨　赵宝煦:《从"初生牛犊不怕虎"说起》,《人民日报》1962 年 1 月 17 日。

⑩　赵宝煦:《论白豆腐上的黑斑点》,《光明日报》1959 年 4 月 4 日。

⑪　赵宝煦:《论白豆腐上的黑斑点》,《光明日报》1959 年 4 月 4 日。

⑫　赵宝煦:《"和为贵"、"中庸之道"与"武士道"精神——关于日本政治文化的思考》,《北京大学学报》(哲学社会科学版)1989 年第 4 期。

⑬　赵宝煦:《大学怎么出大师》,《群言》2009 年第 3 期。

⑭　赵宝煦:《"和为贵"、"中庸之道"与"武士道"精神——关于日本政治文化的思考》,《北京大学学报》(哲学社会科学版)1989 年第 4 期。

3. 从思想与人生的关系来看,先生的思想体现着他的学术人生与人生学术的辩证

妙手文章,铁肩道义,是 20 世纪中国社会赋予先进知识分子的历史使命,先生在这一使命承担中逐步达成了学术与人生的辩证统一,为此,先生的求学和治学生涯,跨越了战争与和平、革命与建设、光明与曲折的不同历史时期,而先生的政治思想,实则这些跨越的感悟和思索。他的政治思想的基本内容和要素,恰恰是经历当代中国翻天覆地巨大变化的世纪学人的人生写照。

先生的爱国主义源起国难族恨,发展于中华民族的伟大复兴和现代化历史潮流;其马克思主义思想源于追求真理和光明,发展于新民主主义革命、社会主义革命和建设的伟大事业;先生的人民共和民主、科学主义和人文关怀,秉承五四“民主”与“科学”传统,从西南联大始发而后绵延,在中国化马克思主义指导下,发展成为对于社会主义和谐社会和民主法治建设的思考和论证,“八十年来,应该承认,经过多少爱国先进人士的英勇斗争和艰苦努力,中国在民主化、科学化的道路上,已经前进了不少。然而时至今日,民主与科学仍然是举国上下尚需大声疾呼的奋斗目标,并且绝非可以一蹴而就,事实上,前路方长”。[①]

因此,先生的政治思想既是他对于社会政治现象的理性思考而成就,也是他以人生和历史的实践而写就。经历中国当代历史和政治的多次转折,先生的政治思想既是其精神结晶,更是其人生凝聚;既体现着其思维辩证,更映射着其历史经历;既以椽笔撰写在文章中,更以足迹镌刻在大地上。“学问与人生,在赵宝煦教授身上得到了完美的统一。”[②]

4. 从思想与人格的关系来看,先生的政治思想恰如其人品、人格、修养和情操,诠释和印证了先生学品与人品的相互辩证

先生在论及艺术和治艺时说,艺术“需要熟练的基本功,需要深刻的思想

---

① 赵宝煦:《五四运动与民主大旗》,《民主与法制》1996 年第 6 期。

② 北京大学国际关系学院常务副院长潘国华教授在祝贺赵宝煦教授从教五十五周年暨八十华诞典礼上的讲话,郝平主编:《杏坛春永》,第 5 页,北京,中共中央党校出版社 2005 年版。

感情,还需要具有能艺术地表达这种思想感情的才华和灵感。在艺术创作过程中,三者虽然互相作用,不可截然分开,然而它们并不是一回事。基本功可以从勤学苦练中掌握;才华、灵感却更多属于天资,并非人人可得。深刻的思想感情则涉及人格、品质、学问、识见和文化素养等更多方面的条件。以上三者,可简称为学、资、品。三者皆备,才能产生完美的艺术创作"。① "深刻的思想感情决定于艺术家的品格,所以过去人常说:艺品决定于人品。"② "艺品与人品相通。做人贵纯真自然,恶矫揉造作。"③

在先生看来,治学与治艺同理,为学先要为人,同样需要"学、知、品三者俱备",④才能达到完美。⑤ 先生终其一生遵奉这一原则并且身体力行,如同他自己所说,"多年来,我自己在主观上一直不满足于只做'经师',而是力争能做'人师'","做好人师,一直是我自己做教学工作中追求的目标"。⑥ 与此同时,先生也是这样来培养和要求学生的,"立学先立品。……一个人的思想行为,不论表现在任何问题上都是统一的,不可能在一件事情上表现极端自私自利,但在另一件事情上也表现出大公无私,舍己为人。因此,区分什么大节、小节,说政治是大节,生活是小节,凡此种种,都是荒谬的。……不热爱父母的人,怎会热爱国家? 对丈夫或对妻子不忠实的人怎会忠实于革命忠于党?"⑦

正因为如此,人们参悟先生的政治思想,一如领悟先生的品行修养和道德风貌。先生自幼奋发,历经坎坷,百折不挠,向往真理,热爱学习,胸怀远

①　赵宝煦:《学习书论札记》,载赵宝煦:《途程——抱虚斋诗文稿》,第156页,北京,东方出版社1998年版。
②　赵宝煦:《学习书论札记》,载赵宝煦:《途程——抱虚斋诗文稿》,第157页,北京,东方出版社1998年版。
③　赵宝煦:《学习书论札记》,载赵宝煦:《途程——抱虚斋诗文稿》,第158页,北京,东方出版社1998年版。
④　赵宝煦:《学习书论札记》,载赵宝煦:《途程——抱虚斋诗文稿》,第156页,北京,东方出版社1998年版。
⑤　赵宝煦:《学习书论札记》,载赵宝煦:《途程——抱虚斋诗文稿》,第157页,北京,东方出版社1998年版。
⑥　赵宝煦:《经师易得,人师难求——关于博士研究生的德育培养问题》,《学位与研究生教育》1988年第2期。
⑦　赵宝煦:《经师易得,人师难求——关于博士研究生的德育培养问题》,《学位与研究生教育》1988年第2期。

大,追求卓越。在西南联大,他汲取闻一多、张奚若、钱端升、吴恩裕等老一辈优秀学者的治学精神和为人风范,炼就知性品格涵养,"以眇眇之身,任天下之重",一路跋涉,尽心继承、发扬和传播学术事业、文化血脉和精神风骨。先生胸怀坦荡,"不仅是一位了不起的学者,在做人方面也有他坚持的原则,'事无不可对人言'是先生最坚持的为人处世的信条。他是一个对人对事都非常坦率的人"。① 他厚德载物,待人以诚,正直热忱,和煦如同春风,明澈恰似秋水,兼具经师人师风范。先生"高度的历史责任感、敏锐的学术洞察力、崇高的师德、严谨的学风以及虚怀若谷的气度和不懈进取精神,甚得学校领导、同事,学界的朋友、同仁的敬重"。② 先生学贯中西,涉猎广泛,多才多艺,擅于诗赋,长于书画,淡泊名利,自号"抱虚"。"他那立志把毕生心血献给祖国的爱国情怀,他那利用一切机会为新中国的政治学奔走的国际视野,他那永不懈怠始终追求学术卓越的创新意识,他那甘为人梯培养新人的坦荡胸怀,他那恬淡质朴执着率真的人生态度,都集中体现了老一代知识分子的高尚品质和精神魅力。"③在先生身上,坚忍不拔和宽厚通脱融为一体,严谨求实和自然率真和谐共存;传统与现代、东方与西方、学问与人生、道德与文章相得益彰且有机统一,体现了一代世纪学人和学术宗师的人格和精神特质。④

了解、理解、感悟和感受先生的人生,再来体味先生的政治思想和学风学德,自会感到,先生的政治思想,实是其人格特质和道德修为的思维理性体现,是先生为学与为人的辩证统一和相互印证,是先生政治人生和人生政治的辩证统一。

5. 从学术与政治实践和历史发展来看,先生的政治思想体现了政治学与实际政治之间的辩证

从先生的政治思想中可以看到,先生以天下为己任,关切国家和民族乃

---

① 郝平:《与时俱进　壮心不已》,载郝平主编:《杏坛春永》(序),北京,中共中央党校出版社2005年版。

② 黄宗良:《政治学何以为学》,《看历史》2012年第1期。

③ 北京大学党委书记朱善璐教授在祝贺赵宝煦教授从教六十五周年暨九十华诞典礼上的讲话,2011年11月6日。

④ 《深切悼念赵宝煦教授》,载《国际政治研究》2012年第1期,该文由笔者根据赵宝煦先生生平年谱、参考先生生平相关文章撰写而成。

至人类的命运,"白发任凭衰彻底,丹心依旧火成团"。先生主张:"学社会科学的学生,必须十分关心社会实践中提出的新问题,并努力在马克思主义原理、原则的指导下,自己开动脑筋思考、分析、研究,以求得到解决。"①因此,"作为一名学者,赵先生从来不满足于书斋清谈式的学术传承,而是以强烈的入世精神投身于理论实践。无论在孜孜不倦的笔耕中,还是在慷慨激昂的讲台上,赵先生都充满着文以载道的使命感"。② 在求索天下大道的漫长过程中,始终如一,积极奋发,努力达成知与行的有机统一。

与此同时,在先生看来,政治研究与实际政治既是紧密结合的,又是相互独立的;既相互影响,又具有各自不同的发展规律。一方面,政治学学术研究必须为政治服务,"文化教育,归根结蒂是经济基础的反映,是要为政治服务的"。③ 另一方面,政治学必须以相对独立的研究和真正具有科学性的研究成果,为政治服务,这就是政治学的学术研究与现实政治实践的辩证关系和联系逻辑。先生的政治思想和学术研究即是这两个方面的有机结合,由中可见,"只有坚持实事求是、从实际出发的马克思主义精髓,坚持实践第一的辩证唯物论的认识论,坚持认识与实践的辩证统一,才能正确把握和处理学术研究与政治实践的关系。……另一方面,……正确处理学术研究与政治实践的关系,还需要积极发挥学术研究和发展对于政治实践的能动作用,努力运用学术研究为政治实践服务,只有这样,才能建构起政治学研究与政治实践的良性互动关系,实现政治学研究的实践价值,为政治学研究的发展开拓更为广阔和丰富的空间和途径。……这就需要政治学者在研究过程中坚持辩证唯物主义认识论,发挥专业学术研究和思想认知对于政治实践的主观能动作用,坚持政治学研究对于政治实践的服务功能,真正以科学的专业理论、知识和方法,服务于人民根本利益和治国安邦的大局,服务于社会政治实践,帮助人们认识和从事政治实践"。④

---

① 赵宝煦:《经师易得,人师难求——关于博士研究生的德育培养问题》,《学位与研究生教育》1988年第2期。

② 北京大学党委书记闵维方教授在祝贺赵宝煦教授从教五十五周年暨八十华诞典礼上的讲话,载郝平主编:《杏坛春永》,第3页,北京,中共中央党校出版社,2005年版。

③ 赵宝煦:《第一曲凯歌——从北京大学十年来的变化看党的教育方针的伟大胜利》,《前线》1959年第19期。

④ 王浦劬:《我国政治学学术发展中的基本关系论析——纪念十一届三中全会三十周年》,《政治学研究》2008年第6期。

五、结语

宝煦先生的政治思想,是在漫长而曲折、激荡而跨越的历史过程中逐步形成和发展的,是在接受和运用马克思主义世界观和方法论的过程中锻炼而成的,是在为了中华民族和人民共和国独立富强的悟道和践行中逐步构建和体系化的,是在修养人格与治理学问中相互达成和完善的,因此,先生的政治思想是历史和人生的产物,反映了一代"知识分子在革命大时代中的共同心路历程"。[①] 正因为如此,"先生是整个20世纪中国政治、社会变化的见证人,而且他这个见证人不是一般的见证人,他是以他自己的整个经历为见证的,从北京一直走到西安,然后到重庆,再走到西南联大,再从西南联大到北京,然后在北京又参与各种各样的社会运动,最后在80年代初又走向世界,去了美国等很多地方。他整个思想的脉络跟中国政治社会发展的历史脉络,实际上是一致的"。[②]

先生的政治思想丰富深厚,就其形成和发展的社会文化渊源和社会历史背景而言,其中的传承性、转折性、融通性、发展性、创新性和跨越性,论政求道,浩然壮阔、深邃精当、触类旁通、穷根溯源,本文所论,不及万一,因此需要继续深入发掘研究。与此同时,先生的政治思想本质上也贯穿着一条主线,那就是在马克思主义世界观和方法论指导下,追求真理、追求光明、追求民族独立、祖国和人民的富强幸福,追求人类的彻底解放,其思想进路轨迹是从中国传统文化开始,习得西方政治思想,进而接受、服膺和运用马克思主义基本原理和方法,在中国化的马克思主义指导下,奋发求索革命和建设之道,科学探索政治与治政规律,感悟思索人生政治与政治人生,积极推进中国特色、中国气派和中国风格的政治学科的前行发展。

宝煦先生当年在评价其师钱端升先生时指出:"先生一颗拳拳爱国之心,始终为祖国的坎坷与兴旺而超频跳动。他本人一生遭遇,也与祖国的曲折发展和凯歌行进同节拍、共命运。""钱先生一生中学术理论与政治实践方面,做

---

① 赵宝煦:《一个知识分子的自白》,载赵宝煦:《途程——抱虚斋诗文稿》,第1页,北京,东方出版社1998年版。

② 徐湘林:《在赵宝煦先生学术思想研讨会暨八十七华诞庆祝会上的发言》,2009年11月18日。

到了科学性与爱国主义的高度结合。"①先生对于钱先生的这些评价,恰恰也是他自己人生、道德和文章的真实写照。

丁卯岁末,先生西去,吴志攀教授为先生撰挽,倾情而精当,尽述先生的人生历程、学问、品格、情怀和风貌:"九十载春风绛帐,一片丹心,尽写出独立之精神,自由之思想;八千里风雨兼程,两度磨难,终换得贯通之学问,高贵之人格。"

（原载《政治学研究》2012 年第 4 期,收入本文集时进行了修订）

① 赵宝煦:《拳拳爱国心　殷殷报国情——钱端升先生在北大》,载赵宝煦:《政治学与和谐社会》,第 348 页,北京,北京大学出版社 2009 年版。

惠岩先生政治观论析

——惠岩先生仙逝五周年追思

政治观是政治学研究的认知起点,是政治学理论体系的建构基石,也是政治分析的逻辑前提,因此,关于政治含义的理解和阐述,是政治学的第一命题,而由此形成的政治观则是特定政治学研究的主线脉络,是理解特定政治学家思想的逻辑总纲。

惠岩先生是我国著名政治学家、新时期政治学奠基者之一,在创立和阐述其政治学理论体系的过程中,惠岩先生深入探究和深化发展了对于政治含义的认知,指出"政治是阶级社会的产物,是有阶级社会的经济基础的上层建筑,是经济的集中表现,是以政权为核心的阶级关系和人民内部的全局性的关系"。[①] 在此基础上,先生形成了内含深厚、内涵深刻、内容丰富的政治观。这一政治观,不仅是惠岩先生留下的宝贵精神财富,而且是理解先生学术思想和学术人生的重要路径。当此先生仙逝五周年之际,沿着这一路径展开探讨,既是对于先生人生学术的思想追思,也是对于我国新时期政治学理论发展脉络的回溯。

一、理论来源

马克思主义是我国政治学研究和发展的指导思想,作为新时期我国政治学的奠基人之一,惠岩先生对此具有深切、明确而坚定的认知,他就此指出:

①　王惠岩:《政治学原理绪论》,载《王惠岩文集》第 1 卷,第 11 页,北京,中国大百科全书出版社、党建读物出版社 2007 年版。

"我们研究政治学的指导思想是马克思列宁主义、毛泽东思想。马克思主义的辩证唯物主义和历史唯物主义为我们研究政治学提供了理论基础,经典作家对有阶级社会和剥削阶级消灭的社会中的重要政治关系都有鲜明的观点和深刻的理论。这些基本观点和基本理论,不但指导我们研究过去的政治关系,而且更是我们研究当代政治现象与政治关系的指导思想。"①惠岩先生的政治观,正是在马克思主义指导下形成和发展的,如同他指出的那样,"只有马克思主义才真正揭示了政治的本质,对政治作出科学的解释"。② 正因为如此,马克思主义构成了惠岩先生政治观的理论来源。

首先,惠岩先生把握社会政治现象的基本立场和方法,源发于马克思主义的辩证唯物主义和历史唯物主义。

辩证唯物主义和历史唯物主义对于社会政治现象的分析,是从人们的社会关系,尤其是生产过程中形成的生产力与生产关系出发,阐明社会政治现象的产生原因和性质方式的。与此同时,它们也强调把握特定条件下政治上层建筑对于经济基础的反作用。在这其中,经济关系分析、阶级关系分析和历史发展分析,是马克思主义把握社会政治现象本质的基本途径,而全面、联系和发展的辩证思维,则是马克思主义政治分析和矛盾分析的思维方式。从惠岩先生的政治观来看,他正是按照这一社会关系整体结构及其辩证关系,展开对于阶级社会和社会主义社会政治现象的分析,由此来认知和把握政治现象的本质的。因此,辩证唯物主义和历史唯物主义,构成了惠岩先生政治观的根本立场和方法论。

其次,惠岩先生对于社会政治现象核心规定性的理论阐述,脉承于马克思主义政治观和政治学说。

国家和国家政权现象,是马克思主义政治学研究的核心对象,如同列宁所说的那样,"几乎目前各种政治争论、分歧和意见,都是围绕着国家这一概

---

① 王惠岩:《政治学原理的指导思想》,载《王惠岩文集》第4卷,第16页,北京,中国大百科全书出版社、党建读物出版社2007年版。

② 张文显:《恢宏的气度光辉的典范》,载《王惠岩文集》第1卷,第8页,北京,中国大百科全书出版社、党建读物出版社2007年版。

念的"。① 国家政权问题"是全部政治的基本问题,根本问题"。② 政治的重要内容"就是参与国家事务,给国家定方向,确定国家活动的形式、任务和内容"。③

根据马克思主义政治学理论的这一特点,惠岩先生把研究和阐述社会政治现象本质规定性及其发展规律的着眼点,放在国家和国家政权现象上,他指出,"政治的核心是国家政权,无论是有阶级的社会,还是人民掌握的社会,各种政治关系的存在与解决都是通过国家政权实现的",因此,"国家政权理论深刻地揭示出政治是表示以国家政权为核心的阶级关系和人民内部的全局性的关系,没有国家政权,就无所谓政治现象。因此,国家政权理论是政治学最根本的理论"。④ 由此出发,惠岩先生构建了国家政治观,并且由此出发阐述了以国家和国家政权作为核心内容的政治学理论体系。同时,惠岩先生论述政治统治、政治与法、行政管理、科学决策、政治发展和政治文化等政治现象和政治理论,即是运用国家政治观,紧扣国家和国家政权这一中心展开的。

第三,惠岩先生观察和阐述社会政治现象的视角,来自于马克思主义观察政治现象的全局性和整体性的维度。

如果说经济关系和阶级关系分析是马克思主义政治分析的基本路径,国家和国家政权体现了马克思主义政治学理论的核心命题,那么,从社会生活的全局性、根本性和整体性出发,观察社会政治现象,阐明政治的本质含义,则是马克思主义关注和观察社会政治现象的宏观视角。早在 20 世纪初,列宁在论及苏维埃政权建立后政治的内容时就讲到,"现在我们的主要的政治应当是:从事国家的经济建设,收获更多的粮食、开采更多的煤炭,解决更加恰当地利用这些粮食和煤炭的问题,消除饥荒,这就是我们的政治"。⑤ 由此可见,苏维埃政权建立之初,无产阶级国家政权面临的经济建设,尤其是粮食

---

① 《列宁选集》第 4 卷,第 53 页,北京,人民出版社 1972 年版。
② 《列宁全集》第 37 卷,第 60 页,北京,人民出版社 1986 年版。
③ 《列宁全集》第 31 卷,第 128 页,北京,人民出版社 1986 年版。
④ 王惠岩:《关于马克思主义国家政权基本理论的再认识》,载《当代中国政治学的拓荒之路——王惠岩先生从教 50 周年文集》,第 8、9 页,长春,吉林大学出版社 2001 年版。
⑤ 《列宁全集》第 39 卷,第 407 页,北京,人民出版社 1986 年版。

和煤炭问题,是涉及新生国家政权生死攸关的全局性和根本性问题,所以,列宁明确指出,必须从这个意义上认识政治的含义。邓小平在发展马克思主义和创立中国特色社会主义理论的过程中,同样清楚地体现了观察政治本质的这一视角,改革开放伊始,他即明确指出:"社会主义现代化建设是我们当前最大的政治,因为它代表着人民的最大的利益、最根本的利益。"①显然,这其中,"最大的政治"、"最大的利益"和"最根本的利益",无疑具有涉及国家全局和根本问题的基本特征。惠岩先生根据马克思主义的宏观视角,观察和阐述社会政治现象的本质,正是遵循了马克思主义观察政治现象的全局性和根本性的维度。在此基础上,惠岩先生进一步把握了马克思主义的系统观和整体性方法论。他在阐述马克思主义经典作家运用系统观点对社会政治生活的分析时指出,"马克思恩格斯也曾经明确地提出系统概念和系统思想。马克思在他的著作中多次使用了'系统'、'有机系统'、'系统发展为整体性'等概念。……系统观不仅是辩证唯物主义的世界观,同时也是马克思主义方法论的一个组成部分"。② 实际上,正是马克思主义政治分析的全局性、根本性和整体性视角,使得惠岩先生能够高屋建瓴地观察政治现象,把握政治现象的本质,进而构成了其全局政治观。

第四,惠岩先生把握社会政治现象发展的思维逻辑,秉承于马克思主义的实事求是思想精髓和客观历史发展辩证法。

马克思主义认为,社会政治现象是历史现象,是在历史发展过程中产生、实现、转换和消亡的,因此,把握政治现象的本质,应该遵循历史发展的客观规律。与此同时,政治现象的历史发展性,是在历史辩证法支配下作用的,为此,把握历史发展的辩证法,尤其把握实事求是这一马克思主义的精髓,在历史的辩证运动中考察政治的含义,是马克思主义政治学的基本要求,如同列宁所说:"马克思的方法首先就在于:要在特定的具体情况下,在规定的具体环境中,去估计历史过程的客观内容。"③秉承马克思主义的思想精髓和思维

---

① 《邓小平文选》第 2 卷,第 249 页,北京,人民出版社 1994 年版。

② 王惠岩:《政治统治体系》,载《王惠岩文集》第 1 卷,第 257 页,北京,中国大百科全书出版社、党建读物出版社 2007 年版。

③ 《列宁全集》第 18 卷,第 107 页,北京,人民出版社 1986 年版。

方法,惠岩先生从实际出发,从历史发展出发把握政治的含义,一方面,他从人类历史发展的全过程理解和阐述马克思主义政治观,指出以国家为核心的政治现象必然遵循人类社会政治历史发展规律,并且在不同历史条件下呈现不同性质和特征。另一方面,人生际遇旧社会政治与新社会政治、阶级斗争政治与经济建设政治、社会发展主要矛盾和政治主要任务的时代性和历史性转换的惠岩先生,对于不同政治的一般性理论概括和提炼,更加显示其实事求是、不断发展创新的发展思维和辩证思维特点,一如他所指出的那样,"马克思列宁主义最突出的特点就是它的实践性"。"我们讲坚持马克思主义,也就是要运用马克思主义的观点方法来认识和说明社会现象"。[①] 因此,惠岩先生的政治观源自马克思主义,同时结合不同历史时期的政治实践予以丰富发展。

二、基本内容

惠岩先生长期钻研马克思主义,积累丰富人生阅历,体悟政治的人生和人生的政治,以马克思主义基本立场、观点和方法,以实事求是和与时俱进的发展着的马克思主义,对社会政治现象展开分析和阐述,从而形成了其政治观,这一政治观的基本内容主要包括:

1. 政治集中表现经济关系

列宁精当地概括指出,"政治是经济的集中表现"。[②] 根据列宁的这一经典定义,从经济关系与政治关系出发把握政治的含义,是惠岩先生确立政治观的基本出发点。按照惠岩先生的论述,政治是经济的集中表现,实际是从三个相互联系的层面对于政治含义的结构性阐述。首先,生产方式构成的经济关系具有决定性。从社会的物质生产出发,把握生产力与生产关系形成的生产方式和经济法权关系,是马克思主义社会分析和政治分析的逻辑起点,在这个意义上,社会生产力决定的生产和经济法权关系,是包括政治现象在

---

　　① 王惠岩:《关于马克思主义国家政权基本理论的再认识》,载《当代中国政治学的拓荒之路——王惠岩先生从教 50 周年文集》,第 8 页,长春,吉林大学出版社 2001 年版。

　　② 《列宁全集》第 32 卷,第 71 页,北京,人民出版社 1986 年版。

内的社会现象的根本决定性基础,因此,政治关系"归根到底是由经济关系决定的。有什么样的经济关系就产生什么样的政治关系。一切脱离经济关系而孤立地讲政治关系的观点都是错误的,这是马克思主义政治学与资产阶级和其他剥削阶级政治学的根本区别"。① 其次,在社会生活中,社会经济关系在现实性和主体性上,必然体现为特定经济政治主体的利益要求,如同恩格斯指出的那样,"每一个既定社会的经济关系首先表现为利益"。② 据此,惠岩先生指出:"什么叫做集中表现? 所谓集中表现就是指政治反映了经济关系中统治阶级的根本利益。在阶级社会里就是集中表现为阶级斗争。在人民掌握政权、剥削阶级已经消灭的社会里,集中表现就是反映全局性问题,就是广大人民群众的根本利益的问题。"第三,在经济法权与政治国家和权力的关系中,政治国家和权力并非消极的线性的因变量,而是对于社会经济具有强大的能动作用。"政治关系对于经济关系不是消极地反映,政治是经济的集中表现,它对于经济关系有巨大作用。"③因此,社会经济关系及其体现的利益要求,必然通过政治活动或政治斗争来保障和实现。为此,列宁指出:"政治与经济相比,不能不占首位。"④惠岩先生则以质朴的语言阐述指出,"如果政治没有这样大的力量,我们研究政治学就没有多大的意义了"。⑤

2. 政治的社会本质是阶级关系

马克思主义政治学的经济分析与阶级分析具有内在的一致性,按照马克思主义,阶级范畴实际上是"经济范畴的人格化",⑥是经济关系的社会群体性体现,因此,在社会结构意义上,经济关系分析必然体现为阶级关系分析。从政治的基本含义来讲,这种阶级关系包含着不同时期社会阶级之间的关系,包含着不同阶级之间的不同关系。惠岩先生对于马克思主义政治学阶级

①　王惠岩:《政治学原理绪论》,载《王惠岩文集》第 1 卷,第 10 页,北京,中国大百科全书出版社、党建读物出版社 2007 年版。

②　《马克思恩格斯选集》第 3 卷,第 209 页,北京,人民出版社 1995 年版。

③　王惠岩:《政治学原理绪论》,载《王惠岩文集》第 1 卷,第 10 页,北京,中国大百科全书出版社、党建读物出版社 2007 年版。

④　《列宁全集》第 40 卷,第 279 页,北京,人民出版社 1986 年版。

⑤　王惠岩:《政治学原理绪论》,载《王惠岩文集》第 1 卷,第 10 页,北京,中国大百科全书出版社、党建读物出版社 2007 年版。

⑥　《马克思恩格斯全集》第 23 卷,第 12 页,北京,人民出版社 1972 年版。

分析的含义具有深刻系统的理解,一方面,他坚持社会政治现象本质上具有阶级性,"马克思主义明确指出政治是阶级关系,这就一针见血地揭示了政治的实质"。正因为如此,惠岩先生认为,一切政治现象都具有阶级本质属性,都是特定阶级利益、意志和要求在政治生活中的体现。另一方面,他认为,在历史发展的不同阶段,在不同的社会形态中,政治的阶级性的具体表现是不同的,在剥削阶级存在的社会,"政治,在有阶级的社会里是阶级关系。主要包括统治阶级与被统治阶级的关系,领导阶级与同盟者的关系,统治阶级内部的关系等"。①　显然,惠岩先生在此阐发了列宁关于剥削阶级存在的社会中政治所体现的若干方面阶级关系,一方面,"政治就是各阶级之间的斗争",②另一方面,政治也是"①无产阶级先锋队对它的群众;②无产阶级对农民;③无产阶级和(农民)对资产阶级"③之间的斗争。与此同时,惠岩先生对于剥削阶级消灭以后的社会主义社会的政治的阶级属性,也进行了阐述,他指出,在人民掌握政权、消灭了剥削阶级之后,除了一定时期、一定范围内还存在着阶级斗争外,国内的阶级关系主要是人民内部关系。"在我国,它包括各种劳动者之间的关系,劳动者与其他拥护社会主义及拥护祖国统一的爱国者之间的关系。在多民族的国家还包括各民族人民之间的关系。"④由此可见,惠岩先生认为,政治的基本社会属性是阶级属性,而阶级关系是政治的社会基础,在不同社会层面和不同社会形态中,阶级关系也相应呈现不同的状态。

3. 政治以国家政治权力为核心

国家现象是惠岩先生政治观的着眼点和落脚点。

按照惠岩先生的论述,之所以确立国家为核心的政治观,首先因为这是马克思主义经济关系分析和阶级关系分析的必然逻辑结论。国家是阶级斗争的产物,其产生、发展和消亡与阶级和阶级关系密切相联。"马克思主义国家政权理论中最基本的理论是国家的起源理论、国家的本质理论和国家的消

---

①　王惠岩:《政治学原理绪论》,载《王惠岩文集》第 1 卷,第 9 页,北京,中国大百科全书出版社、党建读物出版社 2007 年版。

②　《列宁选集》第 4 卷,第 370 页,北京,人民出版社 1972 年版。

③　《列宁全集》第 32 卷,第 314 页,北京,人民出版社 1958 年版。

④　王惠岩:《政治学原理绪论》,载《王惠岩文集》第 1 卷,第 9 页,北京,中国大百科全书出版社、党建读物出版社 2007 年版。

亡理论。这三个理论是互相联系、缺一不可的整体,对其中任何一个理论的修订都会动摇马克思主义的整个国家学说体系。三个基本理论都离不开阶级,阶级是贯穿于起源、本质和消亡这三个基本理论中的一条主线:阶级的产生、阶级的统治和阶级的消亡,是与国家的起源、国家的本质和国家的消亡密切相关的。"其次,从历史唯物主义的政治发展观来看,政治现象与国家现象共进退。国家是分工和私有制的产物,它产生、发展并且必然消亡于历史。只是因为有了国家,才有政治现象,惠岩先生就此认为,政治现象就是国家现象,国家是政治意义即阶级统治意义上的公共权力形态,因此,国家是一切政治现象发生和发展的根源,是政治元现象,国家理论因此成为政治学的元理论,"政治现象中的其他一些理论都是从国家政权理论中派生出来的,或者说是以这个理论为基础的"。第三,国家政权对于社会生活具有极端重要性,"没有国家政权,就不存在社会政治现象,就没有政治学的其他理论。国家机器是政治统治的基本工具,无论是试图取得政治统治,还是试图维持现存的政治统治,国家政权始终是问题的核心。……国家政权对于无产阶级革命而言尤为重要,它是社会主义革命的根本问题,也是社会主义建设的根本问题"。第四,是否确认国家是政治的核心现象,是"马克思主义政治学理论与剥削阶级的思想家,特别是与当代西方政治学理论的根本分歧"。①

从惠岩先生的政治观来看,确定国家现象为政治的核心,既是在基本立场和方法上承继马克思主义政治理论逻辑,也具有特定的学术针对性。20世纪上半叶,西方政治学中盛行实证主义和逻辑实证主义,"自本世纪四十年代以来,随着行为主义思潮的兴起,作为一种分析的概念工具的'国家'在现代西方政治学研究的视野中日渐消失、以至于几乎完全湮灭"。② 行为主义政治学以政治行为取代政治国家研究,以政治过程取代国家制度结构研究,以政治心理和文化取代经济关系和阶级关系分析,使得政治学失去了现实性和深刻性。因此,惠岩先生反复强调马克思主义政治观中国家的核心地位,实际也是在正面阐述中蕴含着对于西方行为主义政治学的批评。而西方政治学20世纪70年代末开始的国家在政治学研究中的回归现象,也从别样的意义

　① 　王惠岩:《政治学原理绪论》,载《王惠岩文集》第1卷,第7—9页,北京,中国大百科全书出版社、党建读物出版社2007年版。
　② 　吴清:《国家范畴与现代西方政治学的变迁》,第103页,《中国社会科学》1994年第5期。

上印证了国家政治观的价值。

4. 政治是国家运行的全局

全局政治观,是惠岩先生政治观的重要特色。解构这一政治观,不难发现,从全局出发阐述政治的本质含义,既具有马克思主义政治分析的视野和马克思主义政治理论逻辑,也体现着惠岩先生在特定社会政治发展的历史条件下,按照马克思主义政治分析视角和理论逻辑阐明政治本质含义的思想演进轨迹。

首先,如前所述,惠岩先生的全局政治观,遵循的是马克思主义分析政治本质含义和内容的全局性、根本性和整体性视角。其次,全局政治观把握政治本质的理论起点和演进逻辑,是马克思主义经济关系分析和阶级关系分析的途径,按照列宁关于"政治是经济的集中表现"的经典表述,惠岩先生认为,作为经济集中表现的政治,在阶级社会,是通过阶级关系和阶级斗争表现出来的,因此,"凡是阶级关系、阶级斗争以及与此直接间接相联系的关系,都属于政治关系"。① 阶级关系、阶级斗争等涉及阶级社会全局和根本,因此,是阶级社会的全局性政治。第三,在社会主义社会,尤其是进入改革开放历史时期以后,经济建设成为党和国家的工作中心,成为最大的政治,这就提出了新的历史条件下发展马克思主义政治观的课题,即在剥削阶级已经消灭,经济建设成为最大的政治的社会主义社会,如何遵循马克思主义政治分析视角,按照马克思主义政治理论逻辑,深入理解和阐述政治的本质含义。惠岩先生正是从剥削阶级社会转向社会主义社会,从"文化大革命"的阶级斗争为纲的政治转向经济建设为中心的政治的历史进程中阐述全局政治观的。按照他的说法,"在社会主义社会,剥削阶级作为阶级已经消灭,但国家政权仍需存在,除了属于阶级斗争性质的政治现象外,凡是通过政权所要解决的具有全局性的问题就属于政治现象"。②

按照这一演进逻辑,惠岩先生遵循社会历史发展的唯物观,提出并且阐述了把握和识别政治现象的标准。首先,衡量政治现象的阶级标准。在阶级

---

① 王惠岩:《政治学原理绪论》,载《王惠岩文集》第 1 卷,第 11 页,北京,中国大百科全书出版社、党建读物出版社 2007 年版。

② 王惠岩:《政治学原理》,第 7 页,长春,吉林大学出版社 1985 年版。

社会,尤其是剥削阶级社会,阶级关系、阶级斗争及其相关现象,都是政治现象,"由此可见,在阶级社会中识别政治关系的标准比较明确"。其次,在剥削阶级已经消灭,阶级斗争在一定范围仍然存在的社会主义社会,一定范围的阶级斗争具有政治性质,除此之外,"衡量人民内部关系中哪些问题属于政治现象,就是要看通过政权所要解决的问题是否属于全局性问题。一是政权,二是全局性,这两条符合列宁所说的'政治是经济的集中表现',所谓集中表现的含义,在阶级社会就是表现为阶级斗争,在剥削阶级消灭了的社会就表现为全局性"。再次,历史标准,即政治产生于历史,消亡于历史发展过程中。政治的这种历史阶段性特征,是以政权是否存在并且发生作用为转移的。"毫无疑问,将来共产主义社会也有全局性问题,但那时的全局性问题已经不需要政权来解决……当政权不为历史需要而消亡的时候,政治现象也就不存在了。"①

从惠岩先生的政治学理论体系来看,全局性政治观具有三个基本特性,即全局性、根本性和统治体系性。所谓全局性,即涉及统治阶级和全体社会成员的利益的问题,或者说,涉及社会整体利益的问题。所谓根本性,即涉及统治阶级和社会成员的统治根本的问题,或者说,涉及社会根本利益和国本的问题。所谓统治体系性,即政治统治体系是由全部统治机构组成的,"政治统治体系的总目标是保护与巩固统治阶级的统治地位,实现对被统治阶级的专政。这对于统治阶级来说,是一个全局性问题。一个社会的组织,如果它的活动是指向这个总目标,并触及了统治阶级的根本利益,影响到统治阶级的政治统治地位,那么,它的影响必然波及整个政治统治体系,它的功能和地位不是局部的,而是全局性的。这个组织或机构就因此成为政治统治体系的一个组成部分"。②

三、思想特点

从其基本内容来看,惠岩先生的政治观并不仅仅是对于政治含义的一般

---

① 王惠岩:《政治学原理绪论》,载《王惠岩文集》第 1 卷,第 11、12 页,北京,中国大百科全书出版社、党建读物出版社 2007 年版。

② 王惠岩:《政治学原理绪论》,载《王惠岩文集》第 1 卷,第 240 页,北京,中国大百科全书出版社、党建读物出版社 2007 年版。

性理论概括和对于社会政治现象的本质认知,而且是宏大而严密的政治思想的逻辑构成。这一思想构成具有多方面独到的特点,综合起来看,其主要体现为五个方面的辩证结合分析:

1. 经济与政治的结合分析

根据惠岩先生政治观的总视角,可以将其称为全局政治观,不过,其政治观的基本逻辑的出发点,却是社会经济关系。按照惠岩先生的看法,经济基础与上层建筑的结构,是历史唯物主义政治分析的基本框架,两者之间的辩证关系及其运动,则是辩证唯物主义政治分析的精要所在,因此,政治是经济的集中表现,是马克思主义阐述政治本质的总命题,也是惠岩先生解析马克思主义政治观的总脉络。正是在对于这一命题的解析过程中,集中体现了惠岩先生政治观有机结合经济与政治的辩证关系来把握社会政治本质的特点。经济关系对于政治关系的决定性意义和政治关系对于经济关系的反作用功能,构成了惠岩先生结合两者的辩证,而经济关系在阶级对立为主的社会体现为围绕政权展开的阶级斗争,在剥削阶级消灭的社会主义社会体现为通过政权实现的全局和大局,则体现了惠岩先生以具象对于两者之间关系的抽象证成。

2. 阶级性与人民性的结合分析

社会经济关系人格化的阶级关系,是政治的社会基础,而主导国家政权并且以此实现自己利益的阶级,决定着国家的性质和统治形态。主导国家政权的阶级与其他阶级的关系状况,决定着国家的政治形态。惠岩先生对于马克思主义政治学的这些阶级分析途径了然于心。同时,在分析和综合概括不同社会阶级构成、阶级关系及其政治形态时,惠岩先生运用这一分析途径,从历史发展意义和本质属性意义上交叉辩证阶级分析与人民分析,由此实现了满足一般统一概括逻辑要求的政治观的科学解释力。一方面,惠岩先生从历史发展的角度,结合阶级性与人民性展开政治阐述,建构其政治观。在这其中,如先生所述,阶级性是阶级社会政治的根本属性和特征,而在剥削阶级消灭后的社会主义社会,人民内部的关系上升为社会政治的主导方面,人民性成为社会政治的根本属性和特征,因此,从社会政治历史发展质变的角度来看,剥削阶级社会的阶级性与社会主义社会的人民性,体现着先后继起的不同社会政治的不同根本属性,由此在历史发展的过程意义上结合阶级性与人民性建构了其历史发展政治观。另一方面,惠岩先生从阶级性与人民性的本质属性意义上实现了阶级性与人民性的辩证。实际上,在惠岩先生看来,在剥削阶级统治和阶级对立的社会中,统治阶级所谓人民性,本质上实是统治阶级性,因为在这样的社会和政治生活中,统治阶级所谓之"人民",或者不过限于统治阶级,或者实际是掩盖政治统治的阶级本质的政治面膜。而在社会主义社会,人民内部关系实际包含着不同阶级之间的关系,比如作为领导阶级的工人阶级与作为工人阶级可靠政治同盟者的农民阶级之间的关系,比如工人阶级与特定阶段存在但是承认并且服从工人阶级领导的其他阶级的关系,如此等等,由此形成人民内部的阶级关系。因此,从马克思主义阶级分析出发,可以证明阶级性中蕴含人民性,人民性中包含阶级性。惠岩先生的政治观,正是从这两者的发展和辩证中把握阶级性与人民性的关系,使得阶级性和人民性两方面结合成为诠释国家政权这一核心概念本质意蕴的完整逻辑依据。在这其中,他尤其关注和强调社会主义政治的阶级性与人民性的一致性,如果说惠岩先生阐述政治观时,更多地是在历史发展意义上阐述了社会主义政治的人民性,那么,他在讨论社会主义法的时候,则更加明确地从社会主义社会结构共性意义上强调指出,社会主义的法是阶级性和人民性矛盾统一关系具象化的载体,"在我国,法律反映谁的意志问题,实质上是反映谁的利益和要求问题。邓小平认为权利与义务问题,实际上是各种利益关系在法律上的反映,是反映工人阶级和广大人民群众的利益和要求问题。这是反映工人阶级和广大人民群众的关系问题,或者说,是反映工人阶级与同盟者的关系问题,用法律语言来表述,就是我国法的阶级性与人民性一致的问题"。①

3. 国家和社会的结合分析

惠岩先生根据马克思主义政治学理论确定国家和国家政权是政治的核心,而作为国家权力体系意义上的国家与社会之间的关系,由此成为其政治

---

① 王惠岩:《法的本质理论》,载《王惠岩文集》第 2 卷,第 50—51 页,北京,中国大百科全书出版社、党建读物出版社 2007 年版。

观之中的核心关系。惠岩先生的政治观,从国家的发展、国家的特性和国家的职能着眼,进行了国家与社会的结合分析。惠岩先生认为,从国家发展的角度看,国家与社会的关系经历了相互分离、对立统一运行和重新回归的否定之否定的历史过程,这一历史过程,也成为惠岩先生以国家为核心的政治观有机结合国家与社会关系的历史逻辑;从国家特性的角度看,国家政治是本质与形式分离的公共权力。原始社会治理中公共利益与公共治理形式的一致性,使得公共治理意义上生成的社会关系具有公共性,"人们的政治关系同人们在其中相处的一切关系一样自然也是社会的、公共的关系"。① 而在国家政治现象中,公共政治异化形成政治的阶级本质与社会公共秩序形式的二律背反现象,惠岩先生运用马克思主义政治观对于国家政治双重性的分析,实现了本质分析与形式分析的对立统一。在此,尤其需要指出的是,在强调国家的阶级本质的前提下,惠岩先生对于国家对于社会的形式价值给予了充分关注,他指出:"马克思主义关于国家应当缓和冲突,把冲突保持在'秩序'的范围以内的思想,不仅揭示了国家的产生,而且揭示了国家的本质和职能。这构成了马克思主义国家政权理论的核心内容。"在此基础上,他进一步指出,马克思主义国家学说"深刻地揭示了国家是表面上凌驾于社会之上的力量,是为了把冲突保持在'秩序'的范围以内。这表明了国家的本质"。"深刻地揭示了国家的作用是缓和冲突,缓和对立面不可调和的冲突";②从国家职能的角度看,国家政治统治职能与社会公共管理职能的双重属性及其发展变化,构成国家与社会结合的职能发展路径。以国家社会职能为基础,以政治职能为导向的阶级国家,是国家政治发展的特定阶段,社会主义为政治国家的两种职能性质和实现途径的统一创造了历史条件,由此使得国家政治在本质和职能的双重意义上真正实现国家与社会的结合。

4. 全局性与战略方向性的结合分析

政治的全局性是指在对于社会各个方面、各个阶级、阶层和集团具有相关性,而政治的战略性方向性是指社会政治发展的主导目标和价值。

---

① 《马克思恩格斯选集》第 1 卷,第 173 页,北京,人民出版社 1956 年版。

② 王惠岩:《关于马克思主义国家政权基本理论的再认识》,载《当代中国政治学的拓荒之路——王惠岩先生从教 50 周年文集》,第 18、20、25 页,长春,吉林大学出版社 2001 年版。

　　惠岩先生的全局政治观，从全面关联性、根本利害性和整体形态性的意义上定位社会政治，以国家政权为核心机制区分政治，其政治观的全局性特征明晰可鉴。

　　与此同时，惠岩先生的全局政治观实际蕴涵着战略方向政治观，这一战略政治观体现在惠岩先生对于政治现象分析层次、利害意义和战略方向的把握方面。关于政治分析的层次，他明确指出："宏观是研究战略问题，微观是研究一些具体问题。"由此可见，惠岩先生从宏观着眼的全局政治观，具有明显的政治战略性特点。关于政治的利害意义，惠岩先生指出，"由于政治关系到统治阶级的根本利益，由于政治矛盾尖锐复杂，由于政治形势发展迅速，变化多端，就需要集中智慧和胆略去分析形势，掌握规律，果断地采取适当的战略策略，即采取有效的方法解决各种矛盾，以实现统治阶级的最大利益"。[①]由此可见，惠岩先生于根本利害关系中实际阐明了政治的战略性。而关于政治的战略方向，则是惠岩先生从全局政治观出发反复强调的经常性问题，他明确指出："在我国，政治学理论研究就是要着眼于新的实践和新的发展，为共产党领导的社会主义制度服务，这一点必须非常明确，如果不明确或者不为社会主义制度服务，就是研究方向不正确。研究方向不正确所带来的危害，远不只在于理论观点本身的错误，而在于它会引起人们思想的混乱，从而引发社会的不稳定，危及国家的独立与统一。因此，这不是小问题，而是具有全局性的意义的重大问题。"

　　在论及现实政治时，惠岩先生大多从全局性和战略方向性的结合政治观出发予以阐述，比如，论及"讲政治"，他阐述指出，讲政治就是要认真学习邓小平理论，而学习邓小平理论是"关系到党和国家工作的全局，关系到中国社会主义事业的长远发展，关系到中华民族的前途和命运的重要的政治问题"，讲政治就是讲全局，"就是要树立全局观念"，[②]等等。比如，惠岩先生指出，"胡锦涛同志说：'在改革开放和现代化建设的发展过程中，必然会提出许多重大的理论和设计问题，研究和解决这些问题，应该成为我国哲学社会科学

　　① 王惠岩：《政治学原理绪论》，载《王惠岩文集》第 1 卷，第 22、9—10 页，北京，中国大百科全书出版社、党建读物出版社 2007 年版。

　　② 王惠岩：《学习邓小平理论，坚持政治学研究的正确方向》，载《当代中国政治学的拓荒之路——王惠岩先生从教 50 周年文集》，第 358、230、233 页，长春，吉林大学出版社 2001 年版。

的主攻方向。'把胡锦涛同志的这段话运用到政治学科,我们的主攻方向就是了解中国国情,研究我国社会主义现代化建设过程的新情况、新问题,为中国现实政治服务"。① 比如,他认为政治学研究的尺度要维系两个根本原则,一是国家的独立与统一,二是社会稳定。② 这是事关全局的根本性问题。比如,惠岩先生认为,制度是由人来运作的,因此人的培养对社会发展和政权维护十分重要。"从这个意义上说,学习政治学,对于实现四个现代化,对于党和国家的前途,都具有战略意义"。③

由此可见,全局性和战略方向性构成了一个整体,在逻辑上完整建构了惠岩先生所定义的全局政治观的意涵。

5. 坚持马克思主义与发展马克思主义的结合分析

惠岩先生的政治观,坚持历史唯物主义和辩证唯物主义,坚持马克思主义政治学的经济分析和阶级分析,坚持马克思主义国家学说和政治学说,使得他的政治观和政治学理论具有马克思主义政治学说的本质属性。

与此同时,作为立足于马克思主义,立身于不同社会和政治形态转变时期的政治学者,坚持马克思主义既是人生信仰的支柱,更是科学事业的要求,而分析惠岩先生政治观的内在逻辑结构,可以深切体会他关于坚持马克思主义的基本原则和做法,"坚持马克思主义为指导,首先运用马克思主义的基本立场、观点和方法确定政治现象的内涵和外延","其次,则是要以马克思主义作为基本指导,对于所确定的内容作出前后一致的理论上的阐明"。"当然,坚持马克思主义为指导,并非是要固守马克思主义经典作家的现成的具体的政治结论。马克思列宁主义本身最突出的特点就是它的实践性。政治学在我国的恢复也是十一届三中全会以后,适应我国改革、开放、发展的需要的结果。这就要求我们的政治学要反映时代的要求,为现实的中国政治服务。……在坚持马克思主义过程中发展马克思主义政治理论,在发展马克思主义

---

① 王惠岩:《当代中国政治学发展应坚持两个基本方向》,载《王惠岩文集》第4卷,第245页,北京,中国大百科全书出版社、党建读物出版社2007年版。

② 王惠岩:《学习邓小平理论,坚持政治学研究的正确方向》,载《当代中国政治学的拓荒之路——王惠岩先生从教50周年文集》,第332页,长春,吉林大学出版社2001年版。

③ 王惠岩:《政治学原理绪论》,载《王惠岩文集》第1卷,第28页,北京,中国大百科全书出版社、党建读物出版社2007年版。

政治理论中又坚持了马克思列宁主义这样一种辩证的坚持与发展观"。①

由此可见,惠岩先生主张,坚持和发展马克思主义,都必须本着实事求是、理论联系实际的马克思主义精神,"解放思想、实事求是,是马列主义、毛泽东思想的精髓",②必须在发展中坚持马克思主义,在坚持的前提下发展马克思主义。

惠岩先生的政治观也体现了其实事求是,坚持理论的科学性与发展性结合的原则主张。他基于不同社会历史时期和不同政治形态对于社会政治本质含义的创新性理论概括,生动地反映了惠岩先生实事求是、与时俱进的理论自觉和思维特点,典型地体现了他所强调的思想理论科学创新的要求。他曾经就思想理论创新明确阐述指出,首先,社会需求是理论创新的动力,"一个学科的发展,不仅在于学者的努力,而更主要的是取决于社会的需求。如果学者研究的理论再'高深'、'玄妙',但社会不需要,也是无用的。只有社会需要,认为他有用,中国学科才能发展。""改革开放和社会主义现代化建设向政治学提出了新的要求和呼唤,政治学要让社会承认它,需要它,那就要为现实服务。"其次,思想和理论创新需要不断研究新情况和新问题,"具体说,在我国就是研究社会主义现代化建设过程中在政治领域出现的新情况、新问题"。再次,理论创新必须本着解放思想与实事求是的有机结合,"要研究新情况、新问题,必须解放思想,⋯⋯解放思想应该有个尺度,这个尺度就是实事求是。实事求是,主要是符合中国国情"。③

四、结语

惠岩先生的政治观,荟萃了他对于马克思主义基本立场、观点和方法的坚持,对于社会政治现象及其发展规律的理解,对于中国特色社会主义政治学学术发展的主张。

---

① 王惠岩:《政治学原理课程体系的创建与发展》,载《王惠岩文集》第4卷,第11页,北京,中国大百科全书出版社、党建读物出版社2007年版。

② 王惠岩:《学习邓小平理论,坚持政治学研究的正确方向》,载《王惠岩文集》第4卷,第133页,北京,中国大百科全书出版社、党建读物出版社2007年版。

③ 王惠岩:《新世纪中国政治学的发展方向》,载《王惠岩文集》第4卷,第142—143页,北京,中国大百科全书出版社、党建读物出版社2007年版。

在我国深入贯彻落实科学发展观的历史新时期,高举中国特色社会主义旗帜,推进中国特色社会主义政治建设的历史使命,对于我国的政治学的发展提出了新的要求,回首前辈学者筚路蓝缕的来路,当此惠岩先生仙逝五周年之际,解析和体悟先生的政治观,当对于经济建设是当前我国最大的政治,中国共产党是中国工人阶级的先锋队,也是中国人民和中华民族的先锋队,全面、协调、可持续的科学发展是新时期社会发展的总战略等治国理政的时代命题,对于中国共产党领导人民有效治理国家的政治建设战略,中国共产党执掌政权的总揽全局、协调各方的原则和运行机制,中国特色社会主义政治建设进程中优效治理国家与人民民主发展的根本方向和双边均衡路径等等我国政治发展的重要理论和实践,会有更加深切的感悟,自对于传承我国政治学学术发展薪火,光大政治学研究发展事业,造福于吾国吾民,具有更加切实的责任和使命认知。

(原载《吉林大学学报》〔哲学社会科学版〕2012 年第 5 期)

我国政治学科建设和发展的着力点和突破点

自 20 世纪 80 年代政治学恢复重建以来,我国政治学获得了长足的发展,在学科体系、理论内容、研究方法和现实问题研究诸方面都取得了很多的研究成果。但是,另一方面,我们也应该看到,我国的政治学毕竟是新恢复的学科,其发展道路也不是一帆风顺的。就目前我国政治学的研究状况来看,其学科发展虽然初具规模,但是,就社会主义现代化建设和发展对于政治学的要求来说,比起社会科学其他的学科来,还存在很大的差距。因此,在我国社会迅速发展的今天,如何促进政治学的学科发展,成为政治学学科发展和政治学学者面临的重要问题。

作为一门兼具政治性与学术性、理论性与现实性、基础性与应用性的社会科学学科,我国政治学的学科发展和建设面临的任务相当艰巨,所涉及的内容和范围也十分广泛。不过,就宏观上来看,按照社会科学发展的基本规律,任何一门社会科学学科的发展和突破,一般主要集中在学科基本理论的深化、发展和突破,研究方法的更新和扩展,重要研究课题的选择和完善这三个方面。按照这一规律,可以认为,作为我国社会科学一个门类的政治学,当前的发展和突破,应该把着眼点放在基础理论的完善发展、研究角度和方法的更新以及具有重大现实和实践价值的选题方面。就我国政治学研究的现状来说,这三方面的研究任务具体体现为:

一、根据时代的发展和进步,深入研究政治学的基本理论问题,以期在政治学基本理论研究方面取得突破性进展,进而形成具有独立学科特色的、相对成熟的和科学的政治学基本理论。在这方面,当前我国政治学应该扎实地进行如下研究:首先,联系社会政治生活的发展和变化,深入探讨马克思主义经典作家有关政治问题的论述,真正从理论体系、基本立场和方法的层次上把握马克思主义政治学说的精髓。与此同时,尤其应该着力深入研究邓小平的政治思想,吃深吃透邓小平政治思想的灵魂和精神,把握邓小平政治思想与以往的马克思主义经典作家的思想的有机联系。这些研究,既是我们发展政治学理论的基本指导思想和方法原则,又是政治学说的主要内容。其次,在马克思主义政治思想指导下,对于西方政治学说,尤其是 20 世纪以来的西方政治学说和政治理论进行系统、认真、深入、细致和科学的分析和甄别,扬弃其不合理之处,吸收其合理因素,作为政治学基本理论的建构材料。再次,在马克思主义政治理论指导下,围绕政治学基本理论问题,结合时代精神,对中国传统政治文化进行贯通性的分析和研究,摒弃其糟粕,吸取其精华,使这些精华能够成为我国政治学基本理论的有机内容。此外,针对社会主义现代化和改革开放事业发展提出的实际问题以及由此产生的理论问题,展开深入研究,并力求获得重大突破;同时,对我国社会主义政治实践形成的经验,加以认真总结,并把它们上升为政治观点和政治理论。这些方面,应该是我国政治理论研究的着力点。

在这些扎实研究的基础上,我国的政治学研究在理论层面上应该形成两个方面的基本成果:一方面,在我国社会进一步发展面临的重大政治理论问题的研究上取得重要成果;另一方面,在前人研究的基础上,进一步深化和提炼政治学基本理论的概念、范畴,形成政治理论观点、通则和原则,并按照科学的体系原则建构严密的理论体系,形成中国政治学自己的、同时具有时代特征和科学性的政治理论。

二、实行政治学研究方法的更新,在政治学研究方法的哲学原则、分析角度和操作手段等层面上进行深入研究,并在政治学的研究过程中予以反复检验,以确定适应我国政治学研究的若干方法。在此基础上,形成对于社会政治现象的多层次、多途径、多角度、多手段的研究,并进而形成政治学研究的新兴学科、交叉学科和边缘学科。由于我国政治学的研究目前大多仍然遵循着哲学思辩、经典解释、规范性定性研究、制度和机构描述以及历史探讨的方法,因此,政治学研究方法的更新任务尤其艰巨。就目前来看,这方面亟待展开的研究任务主要是:

首先,进一步探讨马克思主义政治研究和政治分析的基本方法。在唯物辩证法的基础上,确定马克思主义政治研究的哲学方法论;按照马克思主义理论体系和对于政治现象的实际分析,深入准确把握马克思主义政治分析的经济方法、阶级方法和历史方法,同时,从更广阔的范围内,分析、探讨和把握马克思主义政治研究和政治分析的其他方法。

其次,在马克思主义方法论总体原则指导下,对于现代政治学研究的一系列新兴研究方法的哲学背景、内在逻辑、分析对象、基本内容进行认真的分析和研究,鉴别它们对于我国政治学研究的适用程度。与此同时,应该广泛运用这些方法对实际政治现象展开研究,在实际研究过程中反复检验这些方法的科学性和适用性,进而提炼出科学的、适用的我国政治学研究的系列方法。就当前来说,尤其应该关注经济学研究方法、社会学研究方法对于我国政治学研究的意义。

再次,充分关注人文社会科学和自然科学总体方法和各学科、各领域方法论和研究方法的发展,并尝试把这些研究方法引进政治学的研究,在此基础上,创造和形成我国政治学研究的新的独创性方法。在对政治学研究方法进行深入分析、研究、验证的同时,运用这些方法展开对政治现象的研究,拓宽我国政治学研究的视野和范围,加大政治学研究的跨学科研究和综合性研究的力度和程度,并在此基础上,促进政治学新兴学科、交叉学科和边缘学科的形成和发展。

三、在对政治学基本理论和方法展开深入研究的同时,我国政治学的研究必须贯彻面向现代化、面向世界、面向未来的基本方针,积极参与我国社会主义现代化建设和世界政治发展的进程,准确把握和选择这一进程中的重大课题展开研究,以对社会政治、经济和文化发展产生重要影响和作用,唯此,才能使政治学的研究获得和保持强大的动力。就我国社会发展的基本状况和要求来看,政治学重大课题的选择和研究应该考虑以下原则:

第一,我国社会主义现代化建设的中心任务是经济建设,这就意味着我国的政治学研究重大课题的选择必须围绕社会主义经济建设这个中心来进行和展开。这一命题具有两个方面的基本含义:一方面,它表明政治学的研究应该切实按照我国社会主义经济建设发展进程中的具体要求、发展战略、发展阶段以及由此形成的对于社会政治的实际要求来选择研究课题,展开研究,因此,任何偏离这个中心的政治研究都不能看作政治学研究的重大课题。

另一方面,我国的政治学研究应该以政治学的眼光,从社会政治的层面上研究经济发展的政治含义,把社会主义经济建设同时看作是社会主义政治发展的基本内容和课题,从中分析和概括出政治研究的重大课题。

第二,政治学的研究应该特别关注我国社会和政治发展的独特性,考虑在这些独特性的方面,选择和确定政治研究的重大课题,从而形成具有重大的、广泛的和深远的影响的研究成果。中国作为具有五千年历史的东方文明古国,作为世界上在殖民地半殖民地基础上建设社会主义的国家,作为从计划经济转向市场经济的社会主义国家,它的社会、政治、经济、文化诸方面都具有自己的特殊性,它的发展和变革在人类社会文明发展的历史上具有独特性,在这一过程中面临的许多问题是史无前例的。这些独特之处,既是对我国包括政治学在内的社会科学各学科的挑战,又为这些学科的发展带来了不可多得的机遇。因此,我国的政治学研究应该充分关注我国社会和政治发展在人类历史发展中的这种独特性,在这方面选择理论与经验结合的重大课题,从而形成具有世界意义的研究成果。

第三,政治学本质上是经世致用之学。政治学的生命力不仅在于其学术价值和理论价值,而且,更在于其实际应用价值,因此,政治学的研究课题的选择应该紧密结合实际政治生活。这种结合主要在于两个方面:一方面,它应该与党和政府的各类决策(如战略决策、制度决策、政策决策、综合决策、部门决策)和各级决策(如中央、地方以及基层决策)紧密结合,为这些决策提供政治理论基础、实际思路,设计具体方案和措施,乃至预测,使自己成为科学和民主决策必不可少的有效的和有机的组成部分;另一方面,它应该与社会大众的利益和切身问题紧密结合,关注我国公民在公共生活中实现权利和义务的重要问题。

第四,政治学应该密切关注世界政治、经济和文化的发展,对于我国的国家利益和人类发展的重大问题展开研究,以把握世界发展的趋势,回答这一发展对于我国社会发展的挑战,同时,实现政治学研究民族性与国际性的统一。

（原载《政治学研究》1998 年第 6 期,《新华文摘》1998 年第 4 期全文转载）

把握中国政治发展特色
推进政治学进一步发展

政治是人类社会的重要现象,它本质上是人们在特定的经济基础上,围绕着特定利益,借助于社会公共权力来规定和实现特定权利的一种社会关系。政治学即是研究这种特定社会关系及其发展规律的学科,如同政治建设是现代化建设的重要有机内容一样,政治学是现代社会科学的不可或缺的重要学科。

1980年,遵照邓小平同志的指示,我国政治学科得以恢复重建,其基本标志就是中国政治学会的成立。迄今为止,中国政治学会成立已经20年了。20年来,在马克思列宁主义、毛泽东思想,尤其是邓小平理论和党在社会主义初级阶段的基本路线的指引下,我国政治学科获得了迅速发展,政治学已跻身于我国社会科学的学科之林,成为社会科学的重要有机组成部分。

今天,在新旧世纪交替之际,我们既为政治学科已经取得的成就而感到欣慰,更深感历史和时代赋予政治学科进一步发展的重任。面对这一历史重任,我们认为,我国的政治学科应该发展建设成为具有中国特色和世界一流水平的学科。其发展思路是否可以这样确定:立足于中国社会主义政治发展的现实,放眼国际政治学科的发展,实现政治学科研究途径的国际规范化,研究内容、价值取向和成果功能的中国特色化,应该是充分发挥中国政治学会的作用,推进我国政治学进一步发展,并且在建设过程中走出自己独特的政治学发展道路,迅速达到世界一流水平的基本思路和有效途径。

因此,把握我国社会主义政治发展的特色,解析这些特色对于政治学研究提出的要求和内容,应该成为确定我国政治学进一步发展的内容和目标,从而尽快形成一流成果，培养一流人才，建设一流学科的基本前提。

分析中国社会主义政治发展的特色及其对于我国政治学提出的研究课题和内容，可见其主要体现为如下方面：

第一，在政治发展的指导思想和价值取向方面，我国的社会主义政治发展是在马克思主义、毛泽东思想和邓小平理论指导下进行和展开的。这一指导思想，是中国特色社会主义政治发展的灵魂和指针，其所代表的人类先进文化、社会生产力发展要求和全体人民的根本利益，是中国特色社会主义政治发展的最大价值取向和根本方向。因此，在我国，政治学科的政治性、科学性和学术性，只有在马克思主义、毛泽东思想和邓小平理论指导下，只有在社会主义政治实践中坚持和发展马克思主义，才能实现高度的统一。我国政治学科的发展和建设，必须继续坚持和贯彻这一原则，在坚持马克思主义、毛泽东思想和邓小平理论的指导下进行和展开。就我国政治学科的建设而言，进一步坚持和发展马克思主义，从大的方面来说，主要应该在以下方面下工夫：

一是深入研究马克思主义政治学说的基本立场、观点和方法，研究其理论体系、学说精髓和基本路径，从而进一步准确、完整、透彻地了解和把握马克思主义政治学说。这其中尤其应该强化和深入展开对于当代中国的马克思主义——毛泽东思想和邓小平理论中的政治学说的研究。

二是运用马克思主义、毛泽东思想和邓小平理论的基本立场、观点和方法观察、分析社会政治现象，尤其是社会政治发展过程中出现的新问题和新现象。

三是把马克思主义、毛泽东思想和邓小平理论的基本立场、观点和方法贯穿到政治学各分支学科、各研究领域和研究课题中去，使之成为政治学研究的主导。

第二，在政治发展的社会路径方面，我国的政治发展是以经济体制改革为先导，在改革的历史进程中，与经济体制改革互动进行的。从空间分布来看，我国的改革首先从农村的经济管理体制开始，逐步进展到城市经济管理体制改革；从层次分布来看，我国的改革首先从微观层次，比如农村的土地承包制、企业的所有权和经营权、企业的运行和管理机制等，进展到宏观层次，即社会主义市场经济体制和政府宏观管理体制；从内容分布来看，我国的改革是把原先由政府权力作为社会全能全责的管理者和社会总体整合与运行的承载物的体制,逐步转向由公民权利契约关系和公共权力共同作为社会承载物的体制。

以经济体制改革为先导以及经济体制改革自身进程的这些特点,对于政治发展提出了相应的特定任务和途径。具体来说,中国的政治发展含有农村的组织和管理体制再造的任务,而农村的村民自治,即是这种社会秩序和组织管理再造的体现。由此进展到城市的管理组织体制,形成了城市基层的民主自治和社区管理体制的塑造。中国的政治发展含有调整企业内部管理机制,理顺多重权力和嵌套的制度机制关系,调整政府与企业关系的任务。同时,在宏观层次上,中国的政治发展还有构建政府与市场的关系、政府与社会的新型关系,培育公民权利,维护和实施社会和经济规则,完善权利保障机制,实现对于公共权力的公民权利约束,并且塑造有能、有效、有界而受到约束的政府和管理体制的任务。这些任务,构成了我国政治发展的现实特定要求,从而应该成为我国政治学研究的迫切课题。

第三,在政治发展的自身途径方面,我国的政治发展是以政府管理效率为主导,通过政府管理的效率化,进而逐步完善社会主义民主的过程的,就政治本身而言,除了对于敌对阶级和敌对势力的统治以外,在统治阶级内部,它具有公共性和权威性的基本特点;而在政治的公共性中,又具有多种价值构成性,这些价值主要包括安全、秩序、效率、公平、正义、公正、民主等等。这些价值之间具有相互关联性,同时,又具有同时实现的相互排斥性。政治的公共性及其内含价值的这一特点,不仅决定了政府决策时具有价值顺序的选择性和兼顾性,而且还决定了一个国家在政治发展过程中,必然具有时间序列和实施任务上的价值优先性和兼顾性。从社会价值层面上看,在中国社会发展和改革的总战略上,作为总设计师的邓小平确定了效率优先、兼顾公平的原则。这一价值选择原则并不仅仅适用于经济改革层面,已同样体现在中国政治发展和改革的层面上。社会主义市场经济的发展,必然首先对于政府及其管理提出效率化的要求,而政府的效率化,亦是多种参数的构成,它至少应该包括政府决策的合理性、公正性、实施决策的充分效能性和廉洁性、决策和实施的效益性,即最大限度地节约社会成员和企业的个体成本和公共成本,达到最大的经济、政治和社会收益。对于政府管理效率化的要求,必然会进而形成对于实现效率的途径和方式的要求,从而形成进一步完善社会主义民主和法治的历史任务。

我国政治发展的这一特点,要求我们的政治学研究应该从政府决策和管理的效率化入手,从机制和体制层面上深入研究实现政府决策和管理效率化的途径,进而分析和研究加强社会主义法治、完善社会主义民主的现实途径,并在此基础上提炼形成中国特色的政治发展理论。

第四,在政治发展的战略方面,我国以实现中国共产党的领导、人民当家作主和依法治国的有机统一作为政治发展战略目标。在这其中,中国共产党的领导是人民当家作主和依法治国的根本保证。在我国这样一个发展中的巨型国家,只有坚持和完善中国共产党的领导,才能够把全国人民和海内外一切力量和意志凝聚和调动起来,进行社会主义政治建设,发展社会主义政治文明,实现民族国家的统一和中华民族的伟大复兴。因此,发展社会主义民主政治,建设社会主义政治文明,推进中华民族的伟大复兴,核心在于坚持和完善党的领导。

从本质上讲,"发展社会主义民主政治,是我们党始终不渝的奋斗目标。……我国实行的人民民主专政的国体和人民代表大会制度的政体是人民奋斗的成果和历史的选择,必须坚持和完善这个根本政治制度,不照搬西方政治制度的模式,这对于坚持党的领导和社会主义制度、实现人民民主具有决定意义。"

人民当家作主是社会主义民主政治的本质要求,是社会主义政治文明建设的根本出发点和归宿。"没有民主就没有社会主义,就没有社会主义现代化"。① 社会主义民主政治的本质是人民当家作主。共产党执政就是领导和支持人民当家作主。健全民主和法制,全面落实依法治国基本方略,切实尊重和保障人民的政治、经济和文化权益,是社会主义民主政治建设的根本要求,也是中国共产党执政的根本目的和可靠基础。发扬人民民主,又是加强和改善党的领导的有效途径。党只有领导人民创造各种有效的当家作主的民主形式,坚持依法治国,才能充分实现人民当家作主的权利,巩固和发展党的执政地位。

依法治国是党领导人民治理国家的基本方略。依法治国与人民民主、党

---

① 江泽民:《高举邓小平理论伟大旗帜,把建设有中国特色社会主义事业全面推向二十一世纪(1997年9月12日)》,《江泽民文选》第2卷,第28页,北京,人民出版社2006年版。

的领导是紧密联系、相辅相成、相互促进的。依法治国不仅从制度上、法律上保证人民当家作主，而且也从制度上、法律上保证党的执政地位。我国的宪法和法律是党的主张和人民意志相统一的体现。"依法治国，就是广大人民群众在党的领导下，依照宪法和法律规定，通过各种途径和形式管理国家事务，管理经济文化事业，管理社会事务，保证国家各项工作都依法进行，逐步实现社会主义民主的制度化、法律化，使这种制度和法律不因领导人的改变而改变，不因领导人看法和注意力的改变而改变。"①人民保障自己当家作主的各项民主权利，这是依法治国的实质。依法治国的过程，实际上就是在党的领导下，维护人民主人翁地位的过程，保证人民实现当家作主的过程。党领导人民通过国家权力机关制定宪法和各项法律，又在宪法和法律范围内活动，严格依法办事，保证法律的实施，从而使党的领导、人民当家作主和依法治国有机统一起来。

第五，在政治发展的内容方面，我国的政治发展体现为一种结构性的体制转型过程。这种结构性体制转型，至少包含着四个层面的转型：

1. 社会关系的转型，即从计划经济体制下行政权力为主，并且掺杂着自然形成的先赋性亲缘关系而构建的社会关系，向公民权利基础上的契约关系的转型；

2. 利益格局的转型，即从原有的社会关系基础上形成的利益分配和利益关系格局，向着社会主义市场经济孕育的新的竞争机制和分配资格所要求的新的利益分配和利益关系格局的转型；

3. 政府管理体制和机制的转型，即在原有的社会关系和利益关系基础上形成的政府管理体制和机制，向着有效、有能和有限的新的政府管理体制和机制的转型；

4. 政治文化的转型，即从原有的体制下形成的集体生活的心理定势、思维方式、价值观念和传统习惯，向着社会主义市场经济所要求的公共生活和治理文化、公民文化的转型。

中国社会政治发展的这种结构性转型的实际内容，无疑具有中国社会、制度和文化的特殊性。因此，深入研究和把握传统的社会和政治关系，透彻

---

① 江泽民：《高举邓小平理论伟大旗帜，把建设有中国特色社会主义事业全面推向二十一世纪（1997年9月12日）》，《江泽民文选》第2卷，第28页，北京，人民出版社2006年版。

分析既定的利益关系和利益格局,准确把握权力体系和权力格局以及由此形成的体制结构和机制特点,深入解析传统的政治文化和心理,应该是我国政治学研究和发展的着力点。同时,从构成转型内容的各个层面上科学地、切实地分析其在社会主义现代化和政治发展过程中的存去常变,则更应是我国政治学研究的重要落脚点。

第六,在发展方式方面,我国的政治发展具有在中国共产党领导下,在坚持社会主义根本政治制度的前提下,有秩序、有步骤地进行的特点。这就表明,我国的政治发展是自上而下有领导地进行的,是在确保社会和政治秩序稳定的条件下进行的,是通过渐进改革的方式进行的。政治发展的这一特点,决定了我国的政治发展在其进展过程中,既需要把握改革的创新取向,又必须考虑历史的遗产和传统;既需要构建新的政治关系,又需要调整原有的社会关系、利益关系和利益格局;既需要采取政府管理的新的方式、方法和运行机制,又需要改革和改造原有的管理体制和方法;既应该确定和坚持政治发展的价值取向,又必须考虑根深蒂固的传统习惯、思维方式、心理定势和价值观念,并予以合理的吸收和扬弃。这种世界现代化进程中鲜见的多方面复杂因素的纵横交错和合力作用,形成了我国的政治发展方式和途径在世界历史上的鲜明的独特性。

我国的政治发展方式的这种独特性,也为政治学研究形成具有世界性意义的成果提供了巨大的学术空间、特定对象和研究内涵。而如何兼顾不同的社会关系、政治关系、利益格局、体制方式和文化心理,兼顾两种结构需要什么和需要多少政治资源增量,这种增量的来源,政治资源的形成与分配方式和制度选择与政治发展顺利进行之间的关系,制度创新和设计的成本,政治发展和制度变迁的中介制度环节的必要性和具体形式等等,则构成了我国政治发展方式选择的重要问题,这些问题,一言以蔽之,即以什么方式,才能有效保证改革、发展和稳定的相互协调和促进。我国政治学研究的现实价值和国际学术意义,无疑也取决于对于这些方式的研究、思考、设计和创新。

第七,在政治发展的外部环境方面,我国的政治发展是在对外开放,世界经济出现全球化趋势的外部环境下进行的。经济的对外开放,必然进一步引发东西方政治文化的交锋。而经济的全球化趋势,则更加现实地对于各国国家主权、政治体制和政府管理方式等政治的诸方面因素产生巨大而深远的影响。我国是社会主义国家,又是最大的发展中国家,外部环境的这些发展和变化,对于我国政治发展具有特殊的影响,而在这些发展和变化面前,我国的改革和发展的政策方针,乃至制度选择,都必然既要考虑国际因素,又要从中国的国情出发。由此带来的课题,如这种特殊的外部环境及其对于我国政治发展的影响,我国政府在政治发展战略和实施措施等方面应该采取的对策等等,同样构成了我们的政治学研究的时代和历史任务。

中国政治发展的这些基本特点,既具有中国社会主义政治发展的现实意义,也具有世界政治发展的历史意义。因为只有民族的,才是世界的。我们只有从中国的社会、经济、政治和文化的现实出发,运用马克思主义和邓小平政治分析的理论和方法,对于这些特色性和特殊性作出科学的、令人信服的理论解释,并由此提炼和形成经得起实践和历史验证的特定政治发展理论,才可能使我国政治学科形成原创性、独特性和深刻性的成果,使政治学研究不仅对于我国的政治发展提供有效的理论支持和理论服务,对于历史发展进程和现实政治生活产生长远而深刻的影响,并且创造出具有独特学术价值的成果。而这种成果的独特性,无疑会有助于我国政治学迅速跻身于国际政治学科之林,并成为确立中国政治学科一流国际地位的依据。

（原载《政治学研究》2000 年第 4 期,收入本文集时进行了补充和修订）

我国政治学发展二十年的回顾与展望

　　政治学在我国是一门既古老又年轻的学科,早在1899年,北京大学的前身——京师大学堂就设立了政治堂,政治学由此成为其基本的学科门类。①
1952年,在院系调整中,作为独立学科的政治学被取消,政治学学科的发展也随之中断。1962年,在北京大学、复旦大学、中国人民大学建立了政治学系,但随即改为国际政治系,其主要研究内容仅限于民族解放运动、欧美政治和苏东政治,并未形成完整的政治学学科。

　　历时十年的"文化大革命"结束后,1978年党的十一届三中全会召开,把中国社会推入了改革开放的历史进程。在这一历史背景下,深刻总结"文化大革命"教训和建设高度的社会主义民主政治的需要,呼唤着政治学等社会科学的重建。1979年3月30日,邓小平在理论工作务虚会上明确指出,"政治学、法学、社会学以及世界政治的研究,我们过去多年忽视了,现在也需要赶快补课"。② 这一指示直接推动了政治学的恢复和重建。

　　从1979年至今,恢复重建后的中国政治学已经走过了近二十个年头,今天,在纪念党的十一届三中全会召开二十周年之际,回顾我国政治学的这一段发展历程,总结政治学学科发展的成就和经验,探讨这一学科未来发展的思路,对于我们继续深入学习和掌握邓小平理论,坚持党的十一届三中全会以来的路线、方针和政策,促进我国政治学的进一步发展,建设社会主义民主和法治,无疑都具有很大的意义。

---

　　① 见《北京大学政治学与行政管理系系史(1898—1998)》,第2页。
　　② 《邓小平文选》第2卷,第180—181页,北京,人民出版社1993年版。

一、十一届三中全会以来我国政治学发展的基本轨迹

自1979年政治学恢复重建以来,在近二十年的发展历程中,政治学发展的基本轨迹可以概括为从恢复重建到学科扩展,再到研究和发展深化的过程。按照这一轨迹,可以把我国政治学的发展分为三个发展阶段:

1. 恢复重建阶段(1978—1985)

在经历多年的中断以后,政治学学科的恢复重建,实际上意味着重新开始构建这一学科,因此,从总体上看,这一时期的发展,具有明显的学科奠基性质和特点,其具体工作主要包括:

(1)建构政治学基本理论体系和学科体系。1982年北京大学赵宝煦教授主编的《政治学概论》,是恢复重建后的第一本政治学理论教材,它提出了政治学的基本理论体系和学科体系。此后出版的同类教材,则进一步丰富和完善了这些体系。就其内容来看,这一时期政治学的理论体系基本是以阶级或者国家作为分析的逻辑起点,围绕阶级和国家展开国家制度和机构、政党、民族以及国际政治现象的研究。而学科体系,基本是由政治理论、政治制度、政治思想、国际政治以及行政管理等内容构成的。[1]

(2)组织和培养政治学的学科队伍。在政治学恢复重建后,首先从相关学科如哲学、法学、科学社会主义、国际共产主义运动等学科转移来一批研究人员,从而迅速形成了一支政治学的研究队伍。与此同时,政治研究人才的培养开始启动。1981年,上海复旦大学开始招收政治学专业本科生;1984年,北京大学、吉林大学等学校开始招收政治学专业硕士研究生;1985年,北京大学开始培养政治学专业博士研究生。1985年底,国家教委召开政治学教学研讨会,确定了发展政治学学科建设的基本方针。

(3)建立政治学的学术机构。这种学术机构主要有两类,一是专门的教学和研究机构,如高等院校中的政治学系和学院,社会科学院系统的专门研究所;二是专业社团性学术协会,1980年,中国政治学会成立,形成了全国性

---

[1]　赵宝煦主编:《政治学概论》,第24页,北京,北京大学出版社1982年版。

的学术协会,此后,各地方政治学会先后成立。

(4)编辑出版政治学的专业杂志和著作。1980年,中国社会科学院和中国政治学会创办了《政治学参考资料》,1984年,在此基础上,创办了专业性刊物《国外政治学》,1985年中国社会科学院政治学研究所创办了政治学专业研究刊物《政治学研究》,这一刊物的创办发行,被认为标志着中国政治学作为独立学科已经获得全面恢复。① 与此同时,一些政治学的专门著作亦开始出版,比如,人民出版社出版了"政治学知识丛书","外国政府体制丛书"等。

2. 学科扩展阶段(1986—1992)

在恢复重建的基础上,政治学得到了迅速发展,从而进入了第二个发展阶段。由于恢复重建为期甚短,因此,政治学在这一时期的发展,基本呈现恢复以后的横向学科扩展势头。这一时期的学科扩展实际上也可看作学科恢复重建的继续。这种扩展具体体现在:

(1)学术视野的扩展。在恢复时期,政治学基本上是依托历史唯物主义、科学社会主义、国家与法等学科和课程建立起来的,而如何根据政治学的独特分析对象来确立独立的学科理论体系和分析范畴,成为政治学发展的重要任务。为此,政治学者试图通过拓展学术视野,尤其是借鉴20世纪国外政治学的研究来完成这一任务。因此,这一时期学术视野的扩展,集中表现在对于当代国外政治学的介绍和引进方面。1986—1989年,上海译文出版社的"当代学术思潮译丛",华夏出版社的"二十世纪文库",浙江人民出版社的"政治学丛书",翻译出版了一批国外政治学的著作。这些著作成为当时政治学者关注的学术焦点。

(2)研究层次的扩展。以往的政治学一般把研究重点放在国家层次上,因此,理论和实际研究一般具有宏观性的特点。20世纪行为主义政治学的兴起,使得权威和权力现象的研究扩展到社会公共生活的中观和微观层次上,这一学术发展特点对于这一时期的我国政治学产生了影响,因此,政治学的研究对象和范围从国家的宏观层次,逐步扩展到公共组织、社会团体乃至学

---

① 张友渔:《中国政治学的兴起——代发刊词》,《政治学研究》1985年第1期。

校、家庭等社会生活层次,从而使得政治学的研究范围从国家扩展到社会,形成多层面的研究。

(3)研究内容的扩展。我国社会主义现代化的发展,尤其是80年代中后期的政治体制改革,对于政治学提出了迫切的现实要求,这就使得政治学迅速从理论研究扩展到对于现实政治的研究。这些现实课题研究包括废除干部领导职务终身制、人民代表大会制度完善、党政分工、机构改革、基层政权建设、一国两制等等。

(4)分析方法的扩展。政治学研究在传统的观念论证、哲学思辨、历史分析和制度描述的方法之外,介绍和引进了新的研究和分析,主要包括实证性研究方法,其他社会科学领域的分析方法以及自然科学领域的一些分析方法。

(5)学科领域的扩展。政治学逐步产生了政治学的交叉学科,比如政治社会学、政治心理学、政治地理学、政治传播学等。同时,作为政治学分支学科的行政学迅速扩展,逐步形成了行政学学科体系。

3. 深化和提高阶段(1992—1998)

1992年邓小平南方谈话和党的十四大的召开,标志着中国的改革开放进入了一个新的发展时期。建立社会主义市场经济体制成为中国社会经济改革的主题。在这一背景下,我国政治学也进入了新的发展阶段,就近六年的发展历程来看,这一阶段政治学科发展的基本特点,是在前两个阶段发展的基础上,趋向于深入和提高。这一趋势具体体现在:

(1)努力建构具有中国特色和时代特征的政治理论。在前一时期政治理论发展的基础上,政治学者进一步研究马克思主义、尤其是邓小平政治理论,观察思考、总结提炼我国社会变革过程中展示的政治的本质和内容,甄别和吸收相关研究成果,构建新的政治理论体系。与此同时,政治学还展开中观层次理论即专门政治理论的研究。

(2)进一步调整和充实政治学学科体系。经调整,政治思想并入政治理论,行政管理横跨政治学与管理学两个一级学科,形成了政治理论、政治制度、行政管理以及国际政治的学科框架。同时,政治学还积极开辟各分支学科中的新研究领域,展开政治学的边缘学科、交叉学科的专门研究。

（3）围绕社会主义市场经济体制的建立和发展，展开对于现实重大问题的研究。进入新的历史时期后，政治学对于现实问题的研究进行了基本思路的调整，超越了就政治研究政治的途径和以观念裁剪现实的批判主义态度，而是切实按照建立社会主义市场经济和改革开放的发展战略、发展进程以及由此形成的对于社会政治的实际要求，从多层面、多学科来选择重大课题，进行建设性的研究。

（4）专项基础学术研究的开展。作为恢复重建的学科，政治学的学术基础和知识积累都显得甚为薄弱，鉴于这一状况，新时期的政治学发展的着力点之一，就是加深政治学的学术基础。因此，政治学学术性专项研究，如对于中国政治思想史、西方政治思想史、中国政治制度史的研究，成为政治学发展在学术基础方面趋于深入的标志。

（5）实证性研究方法的运用。为切实把握中国的政治实际，政治学在运用规范性方法研究政治现象的同时，开始运用实证性研究方法进行政治现象的研究。这种研究方法的运用，不仅标志着政治学研究水平的深化，而且标志着政治学对于新的研究方法已经突破了一般性介绍而付诸学术实践。

二、二十年来我国政治学建设的主要成就

经过近二十年的发展和建设，我国政治学从无到有，从恢复到深入，取得了重要的成就，这些成就主要是：

1. 初步形成了政治学的基础理论和理论体系

在政治学基础理论方面，基本明确了政治学研究对象、研究内容、分析范畴和基本概念，初步形成了独特的学科基础理论。目前，分别以国家、公共权力、利益和利益关系为基本分析对象和逻辑主线的政治学基础理论，是我国政治学基础理论研究的当前代表。① 而国家、政党、民族、团体、政治行为、政治文化、政治利益、政治发展、政治民主，则成为这些基础理论共同的研究内容和分析范畴。

---

① 参见王惠岩主编：《政治学原理》，长春，吉林大学出版社 1990 年版；李景鹏：《权力政治学》，哈尔滨，黑龙江教育出版社 1996 年版；王浦劬主编：《政治学基础》，北京，北京大学出版社 1995 年版。

在理论体系方面,历史与逻辑的一致性这一马克思主义的理论构成逻辑,成为政治学理论的基本理论体系构成逻辑,并贯穿于政治学理论体系之中。另一方面,政治学的中观理论如国家、政治权力、政治行为、政治文化、政治发展、政治利益、政治民主理论也得到了专门研究。

2. 形成了较为系统充实的学科体系

近年来,政治学各分支学科开辟了新的研究领域。这些领域比如邓小平政治理论研究,政治分析方法,比较政治理论,当代中外政治思想,当代中国政府研究,监察制度研究,选举制度研究,组织理论,人事行政,公共政策分析,部门行政,层级行政,行政评估,国际战略学等。同时,政治学开始形成边缘学科和交叉学科,如政治哲学、政治社会学、政治管理学、政治经济学、政治心理学、政治地理学、发展政治学、民族政治学、生态行政学等等。这就使得政治学学科体系得到了很大充实。

3. 取得了基础性学术研究的重要成就

1995 年,汇集了全国政治学界百余位专家、学者若干年学术努力的《中国大百科全书·政治学》出版。该书不仅是对于我国政治学学术成果的总结,而且为政治学的学术发展奠定了良好的学术基础。与此同时,政治学的专项学术研究也取得了重要成果。这方面具有代表性的研究和成果如邹永贤的《政治学说史》,王惠岩的《当代政治基本理论》,徐大同的《政治文化和中西政治文化比较研究》,刘泽华的《中国政治思想史》,白钢的《中国政治制度史》,谢庆奎的《中国地方政府管理研究》,马啸原的《西方政治思想史纲》等等。

4. 在研究方法的更新方面有所进展

运用实证性方法研究政治生活,是政治学在研究方法方面更新的主要体现。如北京大学与美国密西根大学的合作项目《中国地方政府研究》,张明澎的《中国政治人》,王沪宁的《中国村落家族文化》等,即是这方面的研究和成果。与此同时,政治学者还尝试运用多学科的分析方法分析政治生活,这些方法包括系统论、控制论、信息论、数学模型、运筹学方法、经济学、社会学、生物学、地理学的方法等。此外,政治学者还注意运用比较方法展开政治分析。

5. 为我国社会主义政治建设和决策提供了理论依据和实际参考

在重大政治理论研究方面,政治学者开展了马克思主义政治学说和国家理论,邓小平政治理论和行政管理思想,国家与社会关系的理论,人民代表大会的理论,民主理论,政府与市场关系的理论,政治发展和不同发展模式的比较,政治监督与反腐败理论,党的建设理论,一国两制理论,人权理论以及国际政治理论等方面的研究。在现实问题研究方面,政治学者承担了大量的课题,并取得了一系列重要成果。其中突出的如中国政治体制改革研究,中国行政体制改革研究,中国人事制度改革研究,我国地方行政体制研究,中国政治稳定问题研究,民主的监督程序与制度研究,我国农村村民自治问题研究,民族地区政治稳定研究,一国两制实际问题和对策研究,我国城市政府结构和职能研究,完善中国共产党领导的多党合作制度研究,完善人民代表大会制度研究,我国政府职能的合理调整与配置研究。①

6. 初步形成了一支学术队伍和若干人才培养基地

经过二十年的发展,我国政治学初步形成了一支学术研究队伍。同时,我国高等院校、社会科学院以及其他系统,形成了政治学类专业人才若干培养基地,培养了从专科到博士的一大批政治学专业人才。

三、我国政治学发展的经验和进一步发展的思路

我国政治学恢复重建二十年来,取得了长足的发展和相当的成就。但是,政治学毕竟是新恢复的学科,在发展过程中也不是一帆风顺的,因此,就社会主义现代化建设对于政治学的要求和学科自身的完善来看,该学科仍然存在很大的不足。从这些成就和不足中,我们可以总结出政治学发展的基本经验。而正是这些经验,为我们提示了政治学进一步发展的思路:

---

① 见《国家社会科学基金历年立项课题汇编》,第 94—103 页,北京,社会科学文献出版社 1993 年版;《哲学社会科学各学科研究状况与发展趋势》,第 245—278 页,北京,学习出版社 1996 年版。

1. 必须在学科和学术发展中坚持和发展马克思主义

政治学学科是政治性很强的学科,而作为一门独立的社会科学学科,它又应该具有自身的科学性和学术性。在我国,政治学的政治性和科学性、学术性,只有在马克思主义、毛泽东思想和邓小平理论指导下,只有在社会主义现代化实践中坚持和发展马克思主义,才能实现高度的统一。二十年政治学发展的成就,都是在坚持这一原则前提下取得的。而政治学的进一步发展,则必须继续坚持和贯彻这一原则。因此,在政治学的进一步发展过程中,应该进一步深入从理论体系、基本立场和方法方面把握马克思主义和邓小平理论的精髓,并把它贯彻到政治学的研究中去。

2. 深化政治理论研究,根据实践的发展,实现理论的创新

政治理论是政治学学科大厦的基石和灵魂,因此,政治理论发展的程度,决定着政治学学科的发展程度,标志着政治学学科的成熟程度。从这个意义上,可以认为,二十年来政治学学科的发展,其思想本质是政治理论的发展,政治学的成就,则是政治理论成就的学科体现。不过,我国政治学的理论研究仍然处于发展过程中,基础理论还缺乏时代特色和中国特色,若干理论难点尚未解决,理论缺乏应有的力度,专门理论相当薄弱,基本分析范畴尚需提炼。因此,政治学的进一步发展必须加强政治理论的深入研究,以马克思主义政治学说和邓小平政治理论为基本内容,吸收人类的优秀政治学说,根据我国社会主义政治实践的发展,实现政治理论的创新和完善,形成具有时代特色和中国特色的相对成熟的基础理论和理论体系。

3. 发展和完善政治学的学科体系

学科体系的成熟完整程度,是学科建设发展程度的具体体现,也是学科发展的基本凭借。二十年来,正是政治学学科体系的形成,使得政治学具有了独立学科的特征和学术空间。尽管如此,政治学学科仍然存在进一步调整的课题,比如传统的学科分支如中国共产党党史、科学社会主义、思想政治教育等如何在政治学学科的理论、思想、制度等基本框架中定位和结合;新兴的边缘学科、交叉学科如政治哲学、政治社会学等如何在这一框架内定位;行政

管理学目前横跨政治学与管理学两个学科,如何与这两个学科融合;政治学的分支研究领域如何进一步开拓,等等。

4. 加强对于政治学研究方法的研究,促进新的研究方法的运用

研究方法的更新和新的研究方法的运用,是学科理论、学科领域创新和交叉学科形成的重要途径。二十年来,我国政治学研究的一批有价值的成果,就是通过研究方法的更新实现和取得的。不过,在研究方法的更新方面,我国政治学的发展明显落后于其他社会科学的发展,政治学者对于新的研究方法仅限于一般介绍,缺乏深入的研究和把握,而真正用于政治学研究并形成重要成果的,更是凤毛麟角。因此,促进我国政治学进一步发展的途径之一,就是实行政治学研究方法的更新。这就要求我们在政治研究方法的哲学原则、分析角度和操作手段等层面上进行深入研究,并在政治研究的实践中予以验证,以确定适应我国政治学研究的方法。就当前来看,尤其应该关注经济分析方法、社会学分析方法和心理学研究方法以及定量分析、实证分析、模型分析、案例分析对于政治分析的意义。

5. 注重对于中国政治的研究

我国政治学的研究首先是为中国社会主义政治服务的,另一方面,中国的政治发展和改革,在人类政治发展历史上具有独特性,正确研究和回答中国政治发展的问题,无疑具有世界意义,因此,我国政治学应该首先立足于中国政治的研究。在政治学发展的二十年历程中,关于中国政治的研究已经取得了重要成果,并且取得了国际性的影响。但是,总体来看,这方面研究仍嫌薄弱,因此,在政治学的未来发展中,对于中国政治的研究应该成为政治学科关注的重点。

6. 加强政治学研究与实际的紧密结合是实际政治生活的需要,是政治学发展的最强大的动力和生命力所在

二十年来,我国政治学科的恢复和发展,正是在社会主义政治建设需要的背景下发生和形成的。政治学的若干研究项目和课题,也正是在与实际政治生活的紧密结合中而实现重大理论和现实价值的。因此,政治学研究应该

继续坚持与实际政治结合的原则,就目前来看,政治学研究应该着力于依法治国、政府与市场、政府与企业、政府职能与机构改革、政党与政权、中央与地方、人民代表大会制度、基层政权建设、公民政治权利实现、决策科学化等社会政治现实问题的研究。

7. 重视学科基础建设

政治学的基础性学术研究虽然取得了一定成就,但比起其他学科来,这类学术基础研究仍然相当薄弱,因此,在政治学进一步发展中,应该注重学术基础的建设和知识的积累。同时,我们应该看到,政治学研究的人才队伍流失严重,亟需采取有力措施,巩固和加强学术队伍建设。

（原载《高校社会科学研究和理论教学》1998 年第 11—12 期）

我国政治学学术发展中的基本关系论析

——纪念十一届三中全会三十周年

　　政治学是研究社会政治关系及其发展规律的学问,是现代社会科学的重要学科。20 世纪 50 年代初,由于新中国的大学学科设置很大程度上参照前苏联的做法,加上其他多方面因素的影响,作为独立学科专业的政治学被撤销。1978 年,党的十一届三中全会的召开,冲破了长期"左"倾错误的严重束缚,彻底否定了"以阶级斗争为纲"的错误理论和实践,重新确立了马克思主义的思想路线、政治路线和组织路线,作出了把党和国家的工作重点转移到社会主义现代化建设上来和实行改革开放的战略决策,由此,我国社会开始了从"以阶级斗争为纲"到以经济建设为中心、从封闭半封闭到改革开放、从计划经济到市场经济的深刻历史转变。在这一过程中,深刻总结"文化大革命"的教训,探索中国特色社会主义政治发展道路,建设高度的社会主义民主政治,呼唤着政治学科的恢复重建。1979 年 3 月 30 日,邓小平同志在理论务虚会上指出:"政治学、法学、社会学以及世界政治的研究,我们过去多年忽视了,现在也需要赶快补课。"①这一指示,直接推动了政治学科的恢复重建。

　　近三十年来,我国政治学科建设和学术研究获得了很大成就和多方面长足发展,其中包括学科发展、学术发展、教育发展、队伍发展等等。在政治学诸多方面的发展中,学术发展是学科发展的核心内容。所谓学术发展,即政治学学术研究和思想理论的发展,它既体现为政治学研究重心、主题、领域、内容和方法的发展,更体现为政治学思想认识和理论内容的进展。就其本质

---

① 《邓小平文选》第 2 卷,第 180—181 页,北京,人民出版社 1994 年版。

而言,它是政治学者认识政治现象本质及其发展规律,从而形成和积累政治学理论和知识的进展。因此,政治学的学术发展,本质上是政治学科的思想精神和学术灵魂的发展。

作为学术研究和认识活动,政治学科的学术发展在学术活动和研究实践中受到多方面因素影响和作用,由此形成了政治学发展进程中的多重对立统一关系。这些关系及其作用涉及政治学发展的全局,贯穿政治学发展的全过程,规定着政治学科的学术发展方向、内容、领域、功能和进程,影响着政治学科的学术进程。在纪念党的十一届三中全会召开三十周年之际,辩证地认识我国政治学发展的这些基本关系,既是对于我国政治学科近三十年发展的经验分析和总结,也是正确把握政治学发展规律,促进我国政治学研究发展的思想方法依据。

1. 坚持马克思主义与发展马克思主义的关系

马克思主义是我们正确认识和把握社会政治现象及其发展规律的思想方法和理论武器。人类社会实践和历史发展反复证明,马克思主义的辩证唯物主义和历史唯物主义,是人类认识世界、改造世界的科学指南。"我们强调要坚持以马克思主义为指导,其根本原因即在于马克思主义的科学真理性,它揭示了人类在共产主义实现之前的社会发展基本规律,……虽然随着社会发展条件的改变,马克思主义的某些具体结论可能已经不适用于当今的社会发展形势,但其基本的东西绝不会过时。因此,政治学研究工作者一定要正确处理好坚持和发展的辩证关系。要自觉增强政治意识、大局意识和责任意识,更加自觉地坚持以马克思主义为指导。"[1]在21世纪的今天,马克思主义经过历史和实践的检验,在实践中不断发展,其科学性和实践性在发展中得到进一步证明,因此,我国政治学研究的科学性,只有在马克思主义指导下,才能得到实现。

坚持马克思主义对于我国政治学研究及其发展的指导地位,首先需要进一步充分认识到政治学研究中坚持马克思主义和发展马克思主义的重要性和迫切性,如同政治学者指出的那样:"马克思主义政治哲学的主流地位,与

---

① 李慎明:《当前中国政治学研究中的几个问题》,《河北学刊》2007年第3期。

马克思主义政治哲学的科学研究不太相称,使得我们有一种研究马克思主义政治哲学的紧迫感。"①"马克思主义政治学理论的研究和建设任务十分艰巨。马克思主义政治学工作者对此必须有清醒的认识,在破除对马克思主义的教条式和僵化理解的同时,要勇于面对国内外新形势和新问题提出的各种挑战,增强应有的政治责任感和历史使命感,在抵制和反对西化、分化、自由化,为发展社会主义民主政治、建设社会主义政治文明服务的斗争实践中,旗帜鲜明地坚持马克思主义的立场、观点和方法,推进政治学的马克思主义理论研究和建设,努力取得符合坚持和完善发展中国特色社会主义事业要求的重大进展。"②

其次,在政治学研究中坚持马克思主义,必须坚持马克思主义的基本立场、观点和方法,在这其中,基本前提是准确把握马克思主义的基本立场、观点和方法,这就需要"正确区分和努力回答哪些是马克思主义的基本原理,必须长期坚持;哪些是针对具体问题做出的具体论断,需要根据时代的发展不断与时俱进;哪些是对马克思主义的错误的和教条式的理解,澄清附加在马克思主义名下的错误观点,引导人们用科学的态度对待马克思主义,用发展着的马克思主义指导新的实践"。③ 这就要求我国政治学者进一步深入研究马克思主义政治学,需要科学准确地区分马克思主义政治学的基本立场、观点和方法与马克思主义经典作家在特定条件下对于特定政治问题的具体看法、特殊论断和某些推测;区分马克思主义的政治学理论体系和思想精髓与马克思主义经典作家的特定政治观点;区分马克思主义政治学的真谛与对于马克思主义政治学的错误和教条的理解,以全面准确发展的马克思主义政治学立场、观点和方法指导我国政治学研究和发展。

再次,坚持马克思主义作为政治学研究的指导思想,必须旗帜鲜明地以马克思主义统领政治学的学术研究和发展,以马克思主义政治学的基本理论和分析方法作为政治学的基础理论和研究方法,把马克思主义的基本立场、观点和方法贯穿到政治学各个领域、各个分支和各个课题的研究中,运用马

①　任剑涛:《政治哲学与当代政治生活》,任剑涛、郭巍青主编:《政治哲学的理论视界》,广州,广东人民出版社 2003 年版。

②　王一程:《当代中国的政治学与政治发展》,《政治学研究》2005 年第 4 期。

③　雒树刚:《繁荣发展哲学社会科学的纲领性文件》,《求是》2004 年第 7 期。

克思主义的基本立场、观点和方法分析和鉴别各种政治现象和政治学研究成果,并且给予马克思主义的政治学回答,"要克服学术理论上的西化倾向,有效抵制资产阶级自由化思潮的干扰和影响,仅从政治上批判西化、分化、自由化观点和主张是不够的,与此同时,还需要高度重视当前意识形态领域广泛存在的思想认识问题,从学术理论上有针对性地加强对这些问题的马克思主义研究,形成真正科学的、有充分说服力的马克思主义研究成果"。①

另一方面,作为指导人们正确认识世界、改造世界的世界观和方法论,马克思主义产生于社会实践,验证于社会实践,发展于社会实践,因此,实事求是、从实际出发是马克思主义的精髓,与时俱进是马克思主义的理论品格,解放思想、开放创新是马克思主义的发展途径。我国政治学研究的历程表明,坚持马克思主义是发展马克思主义的前提和基础,发展马克思主义是坚持马克思主义的途径和方式。"马克思主义只有与本国国情相结合、与时代发展同进步、与人民群众共命运,才能焕发出强大的生命力、创造力、感召力。在当代中国,坚持中国特色社会主义理论体系,就是真正坚持马克思主义",②这就需要切实按照中国特色社会主义理论体系的要求,进一步解放思想,坚持运用发展着的马克思主义分析和解决现实政治问题,立足基本国情,紧密联系社会政治实际,推进学术、理论和观念的科学创新,赋予当代马克思主义以鲜明的实践特色、民族特色和时代特色;在指导思想一元化的前提下,实行"双百"方针,积极努力鉴别和汲取人类政治文明的优秀成果,深刻分析、批判和扬弃糟粕,不断丰富社会主义政治学理论体系。

我国政治学的学术发展表明,只有在学术研究实践中,正确处理坚持马克思主义与发展马克思主义的关系,实现坚持马克思主义与发展马克思主义的统一,坚持指导思想的一元化和学术研究多样性的统一,才能推动政治学研究沿着正确的方向不断繁荣发展。如同政治学者指出的那样,"马克思列宁主义、毛泽东思想作为政治学的指导思想,为我们提供了研究政治现象、政治关系的基本理论、基本观点和基本方法。所谓'坚持',是坚持这些基本理

---

① 王一程、房宁:《政治学领域需要注意和加强研究的若干学术和理论问题》,《理论研究动态》2006年第8期。

② 胡锦涛:《高举中国特色社会主义伟大旗帜 为夺取全面建设小康社会新胜利而奋斗——在中国共产党第十七次全国代表大会上的报告》,第12页,北京,人民出版社2007年版。

论、观点和方法,而不是教条地背诵马克思主义的词句。所谓'发展'是指运用马克思主义的观点方法研究我国的实际政治关系,特别是对出现的新情况、新问题做出马克思主义的认识和说明。十一届三中全会以来党中央和邓小平同志在新情况下对我国政治领域的一系列新的论述,是对马克思主义政治学理论的重要发展。坚持与发展是统一的,只有坚持马克思主义政治学基本理论,才能发展,只有在不断发展中才能更好地坚持,那种借发展之名而否定马克思主义政治学基本理论的观点是错误的,同样,不顾新情况、新问题的僵化的观点也是不正确的"。①

2. 学术研究与政治实践的关系

作为认识活动,政治学研究与政治实践活动的关系,是我国政治学发展的基础关系。我国政治学发展的实践表明,只有坚持实事求是、从实际出发的马克思主义精髓,坚持实践第一的辩证唯物论的认识论,坚持认识与实践的辩证统一,才能正确把握和处理学术研究与政治实践的关系。"把马克思主义的普遍真理同我国具体实际结合起来,是'建设有中国特色的社会主义'的指导原则,也是我们建立和完善有中国特色的社会主义政治学必须遵循的一个指导原则。"②为此,在政治学的学术研究和发展中,应该坚持做到:第一,坚持社会政治实践是政治学研究的思想和理论认知的根本来源。在政治学研究和认识中,确认"一切真知都是从直接经验发源的",③学术认知的基础和发源是社会政治实践的需要,进而从政治实践的需要出发形成认识、探求规律和积累知识;以社会政治实践为背景分析、理解和把握政治学的间接知识。第二,坚持社会政治实践是推动学术研究发展的动力。在现实生活中,人类的政治实践是不断由低级向高级发展的,在政治实践的推动下,学术认识才由浅入深,由单方面向多方面发展。我国政治学的学术发展正是遵循这一原则,努力与时俱进,在广大人民群众政治实践和社会政治发展的基础上,才推动了学术认知和思想理论的不断发展。第三,坚持社会政治实践是检验

---

① 王惠岩:《"政治学原理"的指导思想》,载《王惠岩文集》(第四卷),第17页,北京,中国大百科全书出版社、党建读物出版社2007年版。

② 云光:《论建设有中国特色的社会主义政治学》,载许崇德、于浩成、陈为典编:《什么是政治学》,第15页,北京,群众出版社1985年版。

③ 毛泽东:《实践论》,《毛泽东选集》第1卷,第288页,北京,人民出版社1991年版。

学术认知和思想理论的唯一标准。这就应该以亿万人民群众的政治实践作为唯一尺度,检测学术认知和思想理论的真理性和科学性。

另一方面,我国政治学研究的发展过程表明,正确处理学术研究与政治实践的关系,还需要积极发挥学术研究和发展对于政治实践的能动作用,努力运用学术研究为政治实践服务,只有这样,才能建构起政治学研究与政治实践的良性互动关系,实现政治学研究的实践价值,为政治学研究的发展开拓更为广阔和丰富的空间和途径。"国家的战略决策虽然包括很多内容,但从根本上来说,总离不开政治上的考虑。没有或缺少政治学的知识,进行这种重要决策是很困难的。"①"社会科学的发展必须与社会自身的发展紧密结合,适应社会发展提出的要求,迎接挑战,克服难题,使其培养的人才有能力适应社会发展的趋势。这是任何社会科学的生命力所在。政治学学科,作为与社会发展有千丝万缕联系的学科,作为与社会政治上层建筑密切相关的知识部门,自然不能例外。"②这就需要政治学者在研究过程中坚持辩证唯物主义认识论,发挥专业学术研究和思想认知对于政治实践的主观能动作用,坚持政治学研究对于政治实践的服务功能,真正以科学的专业理论、知识和方法,服务于人民根本利益和治国安邦的大局,服务于社会政治实践,帮助人们认识和从事政治实践。

学术研究与政治实践的关系,在学术研究对象和方法意义上,还体现为理念研究与经验研究的关系。理念研究通常是对于社会政治生活中的价值、思想、观念和理论等意识形态的研究,经验研究很大程度上是关于人们在政治生活中的活动、行为、心理、态度、相互关系及其规则的研究。就其本质来看,政治理念与实际活动,都是社会政治实践的有机构成内容,因此,政治学理念研究与经验研究,都属于学术研究,都受着学术研究与政治实践的关系约束,遵循着学术研究与政治实践的关系的对立统一辩证规定性。另一方面,政治学理念研究与经验研究又是针对不同对象,分别运用规范研究方法和经验研究方法展开的研究,因此,理念研究更多地体现为关于社会偏好和价值取向的应然研究,经验研究则更多体现为关于政治行为和政治关系的实

---

① 夏书章:《当代中国政治和政治学》,载夏书章:《夏书章自选集》,第14页,广州,广东出版集团,广东人民出版社2007年版。

② 王沪宁:《九十年代中国的改革开放和政治学学科建设》,《复旦教育论坛》1992年第2期。

然研究,两种研究反映着政治生活的彼岸性和此岸性,指向政治生活和政治实践的不同层面,具有不同的研究价值、学术意义和实际功能,相互之间又有矛盾关系。

按照马克思主义实践第一的唯物史观,学术研究与政治实践的关系,只有立足于社会政治实践,出发于政治实践,服务于政治实践,检验于政治实践,才能得到辩证的有机统一;政治学研究才能获得强大的生命力,实现学术研究的社会价值和认识价值,检测和提高自己的真理性和合理性;政治学理念研究和经验研究才能揭示社会政治的理念层次和经验层次的发展特点和规律;才能确认两种研究的不同实践方位,确立两种研究的有机联系基础,确证两种研究的内在统一逻辑,确定两种研究的社会功能归宿。

需要强调指出的是,我国社会主义政治民主的发展和建设,迫切需要政治学研究和回答政治实践中的重大理论和实践问题,这就为我国政治学的学术发展提供了强大动力和实现空间,如同马克思所说的那样,"理论在一个国家实现的程度,总是决定于理论满足这个国家的需要的程度"。① 因此,在理论联系实际方面,我国政治学研究必须立足于中国国情,把重点放在研究中国政治及其发展上,放在中国共产党领导人民正在进行的伟大政治实践上,放在中国政府管理现代化的实际进程上。

3. 学术研究的政治性与学术性的关系

政治学以推动社会主义政治文明发展和治国安邦作为学术研究的主要功能,因此,它具有强烈的政治性、现实性和实践性,其学术研究和发展受着政治生活和政治逻辑的深刻影响。同时,政治学又是社会科学的基础学科和重要学科,政治学的学术研究是专业学术认识和探讨活动,遵循着学术发展和科学认知的普遍规律和要求,因此,政治学的学术发展又必然具有科学性和学术性,服从学术和科学发展的逻辑。政治学研究和学术发展中这两方面因素的作用,构成了政治学研究中政治性与学术性的关系。

政治学研究中的所谓"政治性",通常是指学术研究和发展过程中的指导思想、基本立场、价值取向等方面的内容,它们通常是政治统治阶级的意志和

---

① 《马克思恩格斯选集》第 1 卷,第 11 页,北京,人民出版社 1995 年版。

意识对于政治学研究的要求,或者是这些意志和意识在政治学研究中的体现,因此,所谓政治性,其实就是政治学研究的阶级属性和政治现实性。而政治学研究中的所谓"学术性",是指学术研究活动具有相对独立的科学规范、学术范畴和概念,科学的研究方法、程序和规则,正确的学术评价体系以及遵循学术发展规律和要求的发展方式,如学术和知识形成与发展中学术的探讨性、争鸣性和求同存异性等。由此可见,政治学研究中政治性与学术性的关系,其实是学术研究基本立场、价值取向与学术研究的认识过程、认知规范和发展方式之间的关系。

"政治学与实际政治,政治学家与政治家,政治学与时论之间显然是有相当的距离。但是,一个时代的政治学必定和那个时代的社会、政治及文化学术环境有着千丝万缕的联系。"①就我国政治学研究来看,学术研究的政治性与学术性具有对立统一的辩证关系。一方面,两者是相互联系、相互依赖的,统治阶级的意志和意识必然体现为政治学研究的指导思想、根本立场和主导价值,而政治学研究通常也必须服务于统治阶级的要求。另一方面,两者之间又是相互区别的,学术范畴和概念,科学的研究方法,学术研究的规范、程序和规则,正确的学术评价体系,学术形成和发展的方式,具有相对自主性和独立性。

我国政治学研究的发展历程表明,只有以唯物辩证法正确把握学术发展的政治性与学术性之间的关系及其发展规律,才能推动学术研究的健康发展。这就要求我们必须在实践的基础上理解和把握这一关系:一方面,应该清楚认识到,"社会科学一般都具有阶级性,因此,它必然在一定程度上和政治问题发生关系。马克思主义就是政治性很强的科学,马克思主义政治学所研究的全部内容都是政治问题"。② 政治学研究的知识来源、研究对象、服务对象和检测标准,都是亿万人民群众的政治实践,是统治阶级的阶级利益和要求,政治学必然根据现实政治和政治实践,来确定学术研究的指导思想、基本立场和价值观念;另一方面,学术研究属于意识形态的认识活动,其特性和发展规律又不同于作为上层建筑的政治活动,因此,在学术研究实践中,需要

① 孙宏云:《中国现代政治学的展开:清华大学政治系的早期发展(一九二六至一九三七)》,第8页,北京,生活·读书·新知三联书店2005年版。

② 徐鸿武:《我党贯彻"双百"方针的历史经验》,《北京师范大学学报》1988年第6期。

坚持政治学研究的学术性和科学性,切实认识到"如果科学研究不能坚持严格的科学性,它本身就成为半科学或伪科学。若用这种半科学或伪科学来为社会实践服务、为领导决策提供根据,那就等于卖假药给人治病。祸国殃民,莫此为甚"。① 而现实政治只有通过专业化、科学化的学术性研究,才能获知政治现象的本质及其发展规律,沿着符合这些规律要求的方向前进。

由此可见,在政治学研究中,既要把握两者之间的联系,又要"注意区分学术问题和政治问题的界限。不要把学术探讨中出现的问题当作政治问题,也不要把政治倾向性问题当作一般学术问题。学术问题的研究和讨论没有禁区,理论宣传和教学要有纪律",②既要把握意识形态的相对独立性,遵循意识形态和学术文化发展的规律,正确区分政治与学术问题,严格按照问题的不同属性,采用不同的方法对待和解决两类问题,又要把握正确的政治方向,从根本立场和价值取向来认识和把握政治倾向性,防止把政治倾向性问题淡化为一般学术问题。

进而言之,以研究政治现象为内容并且服务于政治实践的政治学研究,需要明确如何实现两者既相对独立又相互结合。就此,政治学者的看法颇有启发性,"政治学要为现代化事业服务,为解决中国的社会政治问题做出自己的贡献。但是,这并不意味着由政治学来直接解决社会政治问题。政治学的任务是作为一门科学来研究政治现象,而不是代替执政党和政府直接制定解决社会政治问题的政策和纲领。政治学要实现为社会发展,尤其是经济建设服务的任务,还有待于其科学研究成果转化为一定的政策和纲领。这个转化过程不能由政治学自己来完成,而应由政策的制定者运用包括政治学研究成果在内的各个学科的成果,通过决策过程来完成"。③

4. 学术研究的一般性和特殊性的关系

政治学研究中的一般性与特殊性之间的关系,是人们思想认识运动中矛盾的普遍性与特殊性之间关系的体现。按照唯物辩证法的观点,思想认识矛

---

① 赵宝煦:《政治学基础》(第一版)"序言",载王浦劬主编:《政治学基础》,第 1 页,北京,北京大学出版社 1995 年版。

② 《中共中央关于进一步繁荣发展哲学社会科学的意见》,载《十六大以来重要文献选编》,第 693 页,北京,中央文献出版社 2005 年版。

③ 谭君久、童之伟:《中国政治学应进一步加强自身建设》,《政治学研究》1997 年第 1 期。

盾中的普遍性是指认识中的共性、一般和绝对性,而思想认识矛盾中的特殊性是指认识中的个性、个别和相对性。就这种一般性与特殊性的关系而言,它们既有区别,又有联系。其区别在于:思想认识的普遍性或者一般性,通常概括和体现着认识的各别对象的一般特征或者因果关系,而思想认识的特殊性,则是对于特殊对象的特征或者因果联系的把握和认知。其联系在于:普遍或者一般存在于特殊或者个别之中,而且只能通过特殊或者个别而存在;任何特殊或者个别中都包含着普遍或者一般性。因此,任何认识都是普遍性和特殊性的统一。

从我国政治学研究发展的过程来看,人们思想认识中一般性与特殊性的矛盾关系,体现在政治学学术研究的认识对象、认识目的、认识过程和认识方式等方面:

在认识对象方面,政治学的认识对象就是政治现象及其发展规律。按照马克思主义政治学原理,古今中外的政治现象都具有一般的特征,即以阶级国家或者公共权力为中心展开;都遵循着共同的发展规律,即由社会经济基础所决定,并且对其起着反作用,随着社会生产力的发展,保护或者破坏社会经济基础;其思想形态都具有共同特性,即"古今中外各个时代,各民族和国家的各种政治思想,不论其思维方式、价值观念有何不同,研究方向、具体内容有何差异,也不论各种思想表现的形式、当时的作用和对后世的影响如何,其性质无不是反映社会各阶级、阶层或集团的政治理想、政治要求,或设计一套政治方案,或为实现其政治统治出谋献策,总之是为其夺取、维护和发展社会政治统治服务的。我觉得这是我们研究各种政治思想的认识前提"。① 由此可见,对于政治学来说,问题不在于社会政治现象是否具有一般性和共同性,而在于什么是社会政治现象的一般和共同性及其发展规律。

另一方面,政治现象又是具体和各别的,具有不同历史阶段、阶级基础和实际形态,而不同的政治现象在具体的特性和发展方面,也呈现其特殊具体性。"科学研究的区分,就是根据科学对象所具有的特殊的矛盾性。因此,对于某一现象的领域所特有的某一种矛盾的研究,就构成某一门科学的对象。……固然,如果不认识矛盾的普遍性,就无从发现事物运动发展的普遍的原

---

① 徐大同:《深入、比较、借鉴——21世纪西方政治思想史研究发展之我见》,《政治学研究》2001年第1期。

因或普遍的根据;但是,如果不研究矛盾的特殊性,就无从确定一事物不同于他事物的特殊的本质,就无从发现事物运动发展的特殊的原因,或特殊的根据,也就无从辨别事物,无从区分科学研究的领域。"①

在认识目的方面,政治学研究的根本目的,是发现、认识和把握政治现象的一般本质及其联系即发展规律,揭示和阐明这样的规律,使得政治学研究成为人们认识政治世界、改造政治世界的思想工具;另一方面,政治学研究也是为了认识具体的特殊的政治现象,认识其特殊具体的特性、形态、内容和发展变化规律,从而有助于人们解决具体的矛盾,建设和发展特定的政治文明。因此,按照中国共产党十七大的精神和要求,政治学需要研究共产党的执政规律、社会主义社会政治建设规律和人类社会政治发展规律。

在认识过程方面,政治学研究和认识需要遵循从特殊到一般,从一般到特殊的认识矛盾运动过程规则。人们的学术研究和认识活动首先是从特殊出发的,从具体和特殊的现实政治现象研究入手,逐步深化和积累学术认识,从中归纳和抽象,形成对于政治现象普遍特征和发展规律的认识,这一过程即为政治学研究和认识从特殊到一般的过程;在此基础上,人们运用学术研究得到的具有普遍一般性的认识,指导具体特殊的现实政治并且在其中加以检验,形成政治学的理论,由此成为从一般到特殊、从抽象到具体的认识过程。②

在认识方式方面,政治学研究应该认识到普遍一般性寓于特殊性和具体性之中,而认识的目的是从特殊性和具体性中探索事物的一般性。因此,政治学研究应该从特定的具体问题开始,从特殊典型的政治现象入手探讨政治现象的普遍性和一般性;政治学的学术发展应该突出其阶级性、民族性等等社会属性,从这些社会属性的政治学研究中形成一般政治理论和知识。同时,政治学研究需要运用马克思主义关于政治现象及其发展的一般规律和普遍真理,运用政治学研究中得出的一般政治理论和知识,指导特殊典型的、具有阶级性、民族性等社会属性的政治现象的研究。

---

① 《毛泽东选集》第 1 卷,第 309 页,北京,人民出版社 1991 年版。
② 《毛泽东选集》第 1 卷,第 310 页,北京,人民出版社 1991 年版。

5. 学术研究吸收与创新的关系

作为专业性的认识和探索活动,政治学研究既是在社会实践的基础上进行的,也是通过吸收他人研究成果进行的,如同邓小平指出的那样,"任何一项科学研究成果,都不可能是一个人努力的结果,都是吸收了前人和今人的研究成果"。① 另一方面,政治学研究的重要发展途径是学术创新,"创新是一个民族进步的灵魂,是一个国家兴旺发达的不竭动力,也是一个政党永葆生机的源泉"。② 创新也是政治学研究的基本价值和重要意义所在,因此,吸收他人研究成果与实行学术创新,是我国政治学研究和发展中的重要关系。

就其本质来讲,他人的研究就是已有的研究,而学术创新就是实行或者实现创新的研究,因此,学术研究中吸收他人研究成果与实现自主创新,是具有重要区别的两种形式的学术活动。另一方面,学术研究这两种活动又是相互联系的,它们常常是同一个学术研究活动过程的不同阶段和不同方式,已有的研究是进行学术研究和学术创新的基础,没有他人的研究或者忽视他人的研究,学术研究就会成为无源之水、无本之木而不可理解、无法发展;而学术创新则是对于已有研究的推进和发展,没有创新的研究是重复他人劳动甚至袭用他人成果的活动,是意义价值低下或者归零的活动。因此,科学的学术研究活动,必然是运用科学的思想和方法,在已有研究的基础上实现科学创新的研究和研究的科学创新。

我国政治学发展的历程表明,在学术研究活动中正确把握吸收与创新的关系,是推动学术发展的关键环节。在这其中,必须正确地吸收他人成果,这就要求政治学者在学术研究活动中清楚了解和准确把握他人的研究成果,了解自己进行学术研究和推进学术的起点;正确分析和评价他人的研究成果,以为吸收他人成果的基础;合理吸收他人的研究成果,包括合理选择和正确利用他人的成果。另一方面,了解、吸收和利用他人的研究成果,是为了实现学术的创新,这就需要在学术研究中贯彻创新精神;根据政治学研究的基本

---

① 邓小平:《关于科学和教育工作的几点意见》,《邓小平文选》第 2 卷,第 57 页,北京,人民出版社 1994 年版。

② 江泽民:《全面建设小康社会,开创中国特色社会主义事业新局面——在中国共产党第十六次全国代表大会上的报告》,第 12 页,北京,人民出版社 2002 年版。

特性和政治要求,正确把握创新的政治方向和政治功能;以客观公正合理的学术评价和科学的学术批评,来评价和鉴别学术研究及其成果的创新性,把握学术创新的科学性和合理性,正确评价特定学术研究及其成果中吸收继承他人知识与研究者自主创新的内容、程度和性质,从而使得政治学的学术创新沿着科学的方向发展。如同政治学者指出的那样:"改革开放和社会主义现代化建设向政治学提出了新的要求和呼唤。政治学要让社会承认它,需要它,那就要为现实服务。具体说,在我国就是研究社会主义现代化建设过程中在政治领域出现的新情况、新问题。要研究新情况、新问题,必须解放思想,但解放思想不等于信口开河、胡言乱语,或者标新立异,哗众取宠。解放思想应该有个尺度,这个尺度就是实事求是。"①

6. 学术研究数量与质量的关系

政治学研究的数量,通常是关于学术研究项目、人员、规模和成果等方面要素的量的显示,而学术研究的质量,则是关于学术研究活动过程的科学规范、研究选题的价值意义、研究活动的深入广泛和研究成果的水平影响的属性的显示。如同一切事物的数量与质量关系一样,政治学研究中的数量与质量关系,也是对立统一的关系。就其基本性质来讲,学术研究的数量与质量是学术活动中相互区别的不同方面,是学术研究及其成果的不同要素。就其相互关系来讲,学术研究中的数量与质量,既具有相互排斥性,又具有相互促进性。从相互排斥来看,在特定条件下,学术研究的数量增加可能影响甚至降低学术质量,而学术质量的提高往往要求减少学术研究的数量。而从相互促进来看,学术研究的数量是质量的载体,没有特定数量,学术研究的质量就无从依托;同时,学术研究的质量又是数量的价值和意义,质量低下甚至归零的学术研究,数量多少都是缺乏价值和意义的。"真正的科学研究从来都是不单纯追求数量,而尤其注重质量,注重出精品成果。"②因此,在特定条件下,学术研究数量的增加,也可能促进学术研究质量的提高,而学术研究质量的提高,也可以促进学术研究数量的发展。由此可见,政治学研究中数量与质量关系的正相关或负相关形态和可能,在很大程度上实际取决于特定的

---

① 王惠岩:《新世纪中国政治学的发展方向》,《政治学研究》2000 年第 4 期。

② 程郁缀:《精品意识与整体意识》,《人民日报》2001 年 7 月 10 日。

条件。

从我国政治学研究的实践来看,影响和左右学术研究数量与质量关系状态的条件,具有多方面复杂因素。在这其中,除了客观的多方面因素以外,在学科建设和学术发展过程中,正确认识和处理这两者的关系,构成了促进两者正相关互动关系形成和发展条件的重要因素。这就要求政治学者在学术研究中,既要重视学术研究项目、人员、规模和成果的数量,更要重视研究活动过程的科学规范、研究选题的价值意义、研究活动的深入广泛和研究成果的水平影响,积极从主导价值、学风道德、体制机制和政策措施方面创造学术研究数量与质量良性互动和相互促进的条件,削弱和消除两者相互反对和相互抵消的条件。就当前我国政治学研究来看,尤其应该着力从对于政治学科和学术发展、社会政治和政府管理发展的贡献意义上评价学术研究及其成果,提高和促进学术研究的质量,以质量主导数量,以质量推进数量,实现我国政治学研究又好又多的可持续科学发展。特别需要"建立以质量为导向的评价标准。对哲学社会科学研究成果的评价,既要有数量、规模指标,更要有质量指标,当前尤其要强调质量指标在评价体系中的重要性。要克服重数量指标轻质量指标的倾向,改变简单以数量多少评价人才、评价业绩的做法。创新程度是衡量哲学社会科学研究成果质量高低的核心要素。要把是否发现新问题、挖掘新材料、采集新数据,是否提出新观点、采用新方法、构建新理论,作为衡量哲学社会科学研究质量高低的主要内容。推广优秀成果和代表作评价制度,充分发挥高水平研究成果对提高哲学社会科学研究质量的导向作用"。①

7. 研究方法的科学性与多样性的关系

作为学术认知的思想方法、分析途径和研究工具,政治学研究方法对于我国政治学发展具有重要的意义和价值。从我国政治学发展的过程看,在认识论和方法论的意义上,可以认为,政治学研究的进步和发展很大程度上有赖于和体现为学术研究方法的深化、丰富和发展。

政治学研究方法的深化、丰富和发展,通常体现在相互联系而又相互对

---

① 《教育部关于大力提高高等学校哲学社会科学研究质量的意见》,教社科〔2006〕5 号,http://www.moe.edu.cn/edoas/website18/49/info26349.htm。

立的两个方面,即研究方法科学性的提高和多样性的实现。我国政治学的学术发展历程表明,这两个方面的对立统一关系,是我国政治学发展的重要支配性关系。

就其相互关系来讲,政治学研究方法的科学性需要通过研究方法的多样性比较检测借鉴识别予以提高,而研究方法的多样性则需要通过研究方法的科学性予以推进。因此,政治学研究方法的科学性与多样性是相辅相成的关系。在这其中,政治学研究方法的科学性对于多样性的依赖,是由社会政治现象的丰富复杂性和学术研究的扩展深入性决定的,在唯物辩证法指导下,对于社会政治现象展开多层次、多角度、多形态的方法论构建,并且运用这些方法展开政治学研究,不仅会丰富学术研究方法体系,更可以提高学术研究方法的科学性,进而提高学术研究的深入性和科学性。因此,"为了形成比较成熟的政治学研究方法体系,目前要鼓励和提倡政治学研究方法的多样化,鼓励和提倡探索新的研究方法,吸收其他学科的研究方法。只有研究方法的多样化才能使我们多侧面、多层次地认识学科研究的对象"。①

而政治学研究方法多样性对于科学性的依赖,则是由社会政治的发展性和学术研究的目的性决定的。多种多样的研究方法,只有提供人们科学正确地认识和研究政治现象及其发展的层次、途径、角度和工具,只有提高人们认识和把握政治现象及其发展规律的水平和能力,才能随着社会政治的发展而不断发展,才能在不同程度上达致学术研究的目的,也才能获得持久的生命力。

在正确把握政治学研究方法的科学性与多样性的关系方面,需要特别指出的是,我国政治学发展的经历表明,学术研究方法本身实际上也是人们主观对于客观世界的认识,它本身也具有相对科学性和适切性,只能在一定条件下帮助人们认识政治现象及其发展规律。因此,政治学研究方法的科学性与多样性之间的辩证统一,只有在给定的学术研究范围、对象、层次和形态等条件下才可能相对实现。在唯物辩证法指导下,政治学多种多样的研究方法,只是在给定的条件下具有相对科学性和合理性,在其与给定的条件适切的意义上具有相对效用性,比如,经验性研究和实证调查就需要本土化的理

---

① 谭君久、童之伟:《中国政治学应进一步加强自身建设》,《政治学研究》1997 年第 1 期。

论作为前提,"从认识论方法论的角度讲,任何严肃的经验性研究和实证调查都应该有相应的理论作指导。本土的实证调查研究也应该有本土化的理论作为指导"。[①] 无视或者离开特定条件,对于政治学研究特定方法的科学性的任何泛化和绝对化,都是片面的。当前,我国政治学在研究方法方面,尤其需要关注的问题包括:经济分析方法的确切含义比较模糊;阶级分析方法与其他分析方法之间的关系尚未得到深入研究;关于规范性研究方法的基本特点和要求缺乏研究;对于实证研究的经验局限性深刻分析不多;对于新政治经济研究中自利理性经济人性设置的片面性和假设性缺乏科学的深刻分析和证伪,对于其形式化研究缺乏科学的批评;对于新制度主义方法有关政治制度与社会政治实践活动之间的因果关系在发生论和发展论意义上缺乏设定和准确把握;与此同时,总结概括、综合归纳方法趋向减少,分析思维泛化,使得政治学研究趋向忽视对于历史和实践经验的总结概括和综合归纳,忽视科学的抽象和思维而趋于碎片化的浮表经验分析。如此等等。

8. 基础研究与应用研究的关系

按照其不同的属性,政治学的研究可以划分为基础研究与应用研究。基础研究以探讨政治现象的本质、研究政治价值、积累或创造政治知识和开拓政治研究的新领域为研究宗旨,通过对于政治现象因果关系的研究,揭示政治现象的定理、通则和发展规律。应用研究是针对特定的现实政治问题,探索或者创造新的知识或者方法,为解决问题和完成任务提供理论依据、实际途径和可行方法的研究。

由此可见,政治学的基础研究与应用研究是不同类型和不同性质的研究。就其研究对象来看,基础研究实际是对于政治现象的一般性及其本质联系的研究,而应用研究则是对于具体政治现象的特殊性特征的研究。就其研究内容看,基础研究是关于政治现象本质因果联系的发现和阐明,应用研究则是关于问题与对策因果联系的分析和论证。就其研究目标看,基础研究是为了提高政治认识,增进政治知识,分辨政治价值,揭示政治现象本质及其规律,并且开辟政治研究领域,而应用研究则是为了分析、把握和解决现实特定

---

① 徐湘林:《中国政策科学的理论困境与本土化》,《公共管理学报》2004 年第 1 期。

问题。就其成果形式来看,基础研究通常凝结为关于政治现象的定理、通则或规律,而应用研究则体现为解决具体问题的理据、对策、方法或方案。

另一方面,政治学的基础研究与应用研究又是相互联系、辩证统一的。基础研究可以为应用研究提供理论依据、知识基础、观察视角、分析工具和一般定理,可以在研究领域和知识体系范围内确定应用研究的问题方位,从而在宏观和一般规律意义上透视问题、剖析问题和把握问题,可以检测应用对策的科学性和合理性。而基础研究的重大突破,可以引发应用研究的重大变革。应用研究实际上可以看作是关于基础研究的发展研究,是把基础研究发展为实际运用形式,把基础研究的知识、理论和方法运用于具体问题及其解决的研究活动。应用研究可以确定基础研究的可能用途、作用范围和实际效用,可以为基础研究提供现实论据,可以丰富基础研究的素材,扩大基础研究的视野,增加基础研究的途径和方法。因此,离开基础研究的应用研究,是缺乏对于事物本质性和规律性的把握、缺乏理论认知和科学方法、缺乏深刻性、科学性和合理性的研究;离开应用研究的基础研究,则会演习变为缺乏现实论据和适切性的空洞的抽象研究,缺乏现实意义和价值的虚假命题、思维训练和经院哲学。

我国政治学发展的历史表明,政治学是基础性和理论性、现实性和应用性兼备的学科,因此,在学术发展中,政治学的学术研究需要通过科研体制和机制、学科划分和整合、资源配置和运用、研究分工和合作,同时兼顾基础研究与应用研究,正确处理基础研究与应用研究的辩证统一关系,通过强化基础研究来深化应用研究,通过推进应用研究来丰富基础研究,实现基础研究与应用研究的有效结合和良性互动,在两者的共同发展中提高政治学研究的科学性和应用性。"在重视政治学应用研究或对策研究的同时,必须重视基础研究。这个问题目前在许多学科中都存在。但由于政治学恢复后发展的历史较短,基础研究尤其薄弱,因此加强基础研究显得更加重要。……发展应用研究并不意味着非得以牺牲基础研究为代价。任何一个学科,没有深厚的基础研究的支撑,应用研究是不可能取得丰硕而且先进的成果的,应用研究的发展也是不能持久的。"①就目前来看,政治学尤其应该加强定向型基础

---

① 谭君久、童之伟:《中国政治学应进一步加强自身建设》,《政治学研究》1997 年第 1 期。

研究,以为沟通基础研究与应用研究的桥梁。

9. 学术研究本土化与国际化的关系

我国高校的政治学是为我国人民根本利益、为社会主义政治民主建设服务的,是在中国国情、政情和文化基础上形成、建设和发展的。独立自主地发展自己的学术研究,建设中国特色的社会主义政治学科,重点研究中国的政治发展、国家治理、政府管理和政治文明建设问题,实现中华民族的全面复兴,是党和人民赋予政治学的历史使命,为此,政治学的研究必须具有中国特色,学术发展面临本土化的任务。

另一方面,"独立自主不是闭关自守,自力更生不是盲目排外。科学技术是人类共同创造的财富。任何一个民族、一个国家都需要学习别的民族、别的国家的长处,学习人家的先进科学技术"。[①] 在社会主义现代化建设和改革开放的历史进程中,在经济全球化的发展背景下,政治学尤其需要清楚认识和把握他国政治状况尤其是西方国家政治状况,了解国外尤其是西方国家政治学发展状况,在国际学术交流和沟通中淘汰、扬弃和屏蔽国外政治学学术成果的糟粕,吸收其有益内容和方法,推广和传播政治学的研究成就和价值理念,建设国际一流政治学科。因此,我国政治学的学术发展又面临着国际化的要求。

我国政治学发展的本土化与国际化,构成了当代国内外政治和学术格局下我国学术研究及其发展中的特有关系,成为建设中国特色而又具有国际水平的政治学科的关键关系。从我国政治学发展的历史过程来看,政治学研究发展的本土化与国际化的关系具有相对复杂性,需要清楚认识和正确把握。

首先,需要明确的是,政治学研究发展的本土化与国际化的关系,并非政治学研究中特殊具体性与一般普遍性之间的关系,因为无论在政治还是政治学的意义上,都不存在标准的国际化的政治学,在多极化政治的世界格局中,在主导思想、文化特质、核心价值和发展历程迥然相异的不同政治实体之间,在思想理论、研究前提、价值本位、根本立场和功能效用相去甚远的政治学科和学术体系之间,现实存在的只是各个不同的国家或者各种文化和政治背景

---

① 《邓小平文选》第 2 卷,第 91 页,北京,人民出版社 1994 年版。

下的政治学。比如,"西方政治学说作为欧美发达国家民主政治发展过程、成果和规律的反映,只是人类社会政治发展的一个部分和一个阶段,并不是世界政治文明的全部,更不是唯一"。① 既然如此,所谓政治学研究的本土化与国际化的关系问题,本质上并非政治学的中国特色与国际标准之间的关系问题,而只是中国的政治学研究特色与其他不同国家和社会的政治学研究相互影响和借鉴的问题。

其次,政治学研究的本土化与国际化之间具有相互矛盾和排斥的一面。在不同的政治国家或者文化背景基础上生成的政治学,在学术性质、研究前提、研究内容、价值取向、根本立场和功能效用等方面具有相互的差异性甚至对立性,无视这些差异、矛盾和对立性,无视政治和文化的巨大差异,把特定国家和社会的政治模式理解为国际标准模式,把特定国家和社会的政治制度看作万国示范制度,把特定国家和社会的政治学看作世界标准政治学,实际曲解了本土化与国际化的本质内容。② 比如,在我国的公共政策研究中,"西方理论和方法的引入和借鉴也一直存在着两个主要方面的问题。其一,对西方的理论和方法缺乏全面系统的研究,不能及时吸收和消化国外的研究成果,对其学科体系的了解支离破碎,理论方法的借鉴往往弄巧成拙。其二,盲目地相信西方理论方法的科学性和普遍实用性,缺乏对中国本土政策问题的深入研究,简单套用西方的理论与方法来分析中国的政策问题,使中国政策科学和分析缺乏自己应有的独创性,不能够真正解释和解决中国的实际政策问题"。③

第三,政治学研究的本土化与国际化之间又具有相互联系和相互促进的一面。他国政治学的特定范畴概念和研究方法,经过马克思主义思想方法的改造,可以为我所用;他国政治学的知识内容,经过科学的分析批判扬弃,可以为我吸收;他国政府管理的经验总结和理论概括,经过比较分析验证,可以为我借鉴。

---

① 奚广庆:《政治学原理"西主中附"的教学布局亟待改革》,《中国社会科学》2006 年第 6 期。

② 王绍光:《"接轨"还是"拿来":政治学本土化的思考》,天益学术网,http://www.tecn.cn/academic/。

③ 徐湘林:《中国政策科学的理论困境与本土化》,《公共管理学报》2004 年第 1 期;另见陈振明:《21世纪中国政策科学的研究方向》,《北京行政学院学报》2000 年第 1 期;胡象明:《政策科学的中国化与理论创新》,《北京行政学院学报》2000 年第 1 期。

　　因此,政治学研究的本土化,可以通过国际化的途径推进和强化。在这其中,必须清醒认识到,政治学的本土化需要具备国际学术视野,准确认识和了解外国政治学的理论、知识和方法;需要具备科学理论和方法,运用马克思主义基本立场、观点和方法对其进行分析、鉴别、扬弃和吸收;尤其必须具备正确的政治立场和实事求是的科学态度,以中国人民的政治实践对于这些理论、知识和方法进行检测、验证和适用性评估,以中国人民的政治实践作为这些理论、知识和方法本土化的唯一标准。与此同时,政治学的国际化,只有通过本土化才能得到实现。在这其中,需要清楚认识到,在政治学研究中,只有民族的,才是国际的;只有形成中国特色、中国风格、中国气派的政治学研究成果,才有资格和可能实现国际化,独立跻身于国际社会科学学科之林。因此,只有深入研究本国政治,科学构建政治学理论体系和研究方法,形成合乎我国国情政情、文化特质和政治发展规律而又具有高度解释力和科学性的中国政治学,才能提高我国政治学研究的国际地位,才能成为国际一流的学科,才能对于其他国家和社会的相应研究产生强大的渗透力和影响力,才能促进国际化的发展和提升。因此,当此改革开放向纵深发展,国际联系日益加强之际,特别"要扩大哲学社会科学领域的国际交流,注意引进国外哲学社会科学优秀成果、研究方法、管理经验。把我国优秀的哲学社会科学成果推向世界是哲学社会科学对外开放的重要组成部分"。①

　　第四,在我国政治学研究本土化与国际化的关系方面,应该防止学术发展中出现的倾向性问题。一方面,必须坚持马克思主义政治学研究的基本立场、观点和方法,坚持四项基本原则,坚持维护和实现中国人民根本利益的政治立场。因此,必须防止不加分析简单全盘搬用他国学术成果,通过变换文字、简单整理综合来构建中国的所谓"政治学"理论、知识和成果;反对机械套用他国相应学科的概念、方法、模型和理论,剪裁中国政治实际的所谓学术研究甚至学术炒作;尤其反对无视中国国情政情,对于西方政治学价值取向、制度主张和思想理论的盲目崇拜、迷信和鼓吹。另一方面,需要防止对于他国学术研究简单教条的理解;防止简单盲目地以贴标签、扣帽子的方式评价和排斥他国学术成果;防止对于本国学术研究的闭关自守的经验主义、教条主

_____

　　① 《中共中央关于进一步繁荣哲学社会科学的意见》,《十六大以来重要文献选编》,第 689 页,北京,中央文献出版社 2005 年版。

义和本本主义的态度。

　　按照马克思主义的观点,作为思想意识的政治学学术研究的本土化与国际化,最终只有统一于中国特色社会主义政治实践,统一于在这一实践基础上深入研究和科学建构的学科体系、知识体系、理论体系和方法体系。如同政治学者指出的那样,"许多学者主张在研究中将来自西方的理论体系'本土化'。'本土化'研究强调以中国的本土特色来应用和修正西方的理论体系,这是必要的。但中国的政治学学者更应从中国的现实问题出发,创建自己独特的理论体系"。①

　　(原载《政治学研究》2008 年第 6 期,《新华文摘》2009 年第 8 期全文转载)

---

　　① 　王邦佐:《政治学的繁荣和发展需要理论创新》,《政治学研究》2001 年第 1 期。

从阶级斗争到人民共和：我国政治学
研究的逻辑转换析论

　　政治学是研究社会政治现象及其发展规律的学问，是现代社会科学的重要学科。

　　在我国，现代意义上的政治学始兴于北京大学的前身——京师大学堂，据载，1902 年，《钦定京师大学堂章程》定大学堂的大学专门分科为七科，其中第一科即为政治科。[①] 20 世纪 50 年代初，由于新中国的大学学科设置很大程度上参照前苏联的做法，加上其他多方面因素的影响，作为独立学科专业的政治学被撤销，政治学的发展由此中断。

　　20 世纪 70 年代末，历时十年的"文化大革命"结束，1978 年，党的十一届三中全会的召开，从根本上冲破了长期"左"倾错误的严重束缚，彻底否定了"以阶级斗争为纲"的错误理论和实践，重新确立了马克思主义的思想路线、政治路线和组织路线，作出了把党和国家的工作重点转移到社会主义现代化建设上来和实行改革开放的战略决策，由此，我国社会开始了从"以阶级斗争为纲"到以经济建设为中心、从封闭半封闭到改革开放、从计划经济到市场经济的深刻历史转变。

　　在这一过程中，深刻总结"文化大革命"的教训，探索中国特色社会主义政治发展道路，建设高度的社会主义民主政治，呼唤着政治学科的恢复重建。1979 年 3 月 30 日，邓小平同志在理论务虚会上指出："政治学、法学、社会学

---

　　① 　参见朱有瓛编：《中国近代学制史料》（第二辑上册），第 754 页，上海，华东师范大学出版社 1987 年版。

以及世界政治的研究,我们过去多年忽视了,现在也需要赶快补课。"①这一指示,直接推动了政治学科的恢复重建。

时至今日,我国政治学科的建设和学术发展取得了很大成就,为我国社会主义民主政治建设和人才培养做出了积极贡献。在纪念党的十一届三中全会召开和改革开放三十周年之际,回顾我国政治学发展的历史进程,着眼分析学科学术发展的演进脉络和内在逻辑,对于我们认识和把握我国社会政治和政治学的发展特点和规律,具有特定的学术和实践启示意义。

就哲学社会科学学术研究的发展来看,特定学科的学术发展通常受到学科内外部因素的影响。学科外部因素主要包括社会实践的要求、特定社会统治阶级的统治思想、国家的立国精神和方针政策等,这些因素对于学科学术发展会形成特定要求。而学科内部因素,则是指学科学术研究在回应外部影响和要求的过程中,自身在广度和深度方面不断超越的发展,其具体体现为学术研究视野的拓展、角度的调整、层面的细化、领域的开拓、主题的深化、能力的强化和效果的提高等等。由此可见,学术发展的学科内部因素,实际是学科学术研究对于外部因素要求的回应。这些内部因素和回应作为学术发展的学科内生变量,不断从学科内部促使学术研究的发展变化和进步,进而形成了学术发展的学科内在逻辑。

据此可见,我国政治学科近三十年来学术研究的演进脉络和内在逻辑,是十一届三中全会三十年来我国社会政治实践与政治学科学术发展双重逻辑作用的产物,它们体现着政治的历史与政治的学术的切合性、逻辑的政治与政治的逻辑的一致性。这种演进脉络和内在逻辑的发展内容如下:

1. 重心论域的转移发展

在十一届三中全会精神指引下恢复重建和发展的我国政治学科,为适应社会政治发展的要求,其学术研究的重心论域首先开始发生重大转变。这种转变的思想逻辑起点是关于"政治"含义理解的转变。邓小平指出,"社会主义现代化建设是我们当前最大的政治,因为它代表着人民的最大的利益、最根本的利益","经济工作是当前最大的政治,经济问题是压倒一切的政治问

---

① 《邓小平文选》第 2 卷,第 180—181 页,北京,人民出版社 1994 年版。

题".① 根据邓小平的政治观,政治学者对于"以阶级斗争为纲"的政治观进行了反思,"政治学者也都肯定,以前有些人把政治与阶级斗争等同起来、把政治仅仅看作阶级斗争的观念是对政治概念的曲解,是一种错误的有害的观念".② "在社会政治生活中,长期占霸权地位的'左'的思想任意解释'政治',被曲解了的'政治'又反过来助长'左'的思想。结果,一方面是社会生活中政治泛化,另一方面是政治概念狭隘化。简言之,社会生活中什么现象都是政治,而政治就是阶级斗争,按此逻辑,'十年浩劫'势在必行。这个政治逻辑的后果,不能不说是没有政治学的政治中国的悲剧."③在反思的基础上,政治学研究构建了国家政治观、全局政治观、权力政治观和利益政治观等,并且由此出发展开了政治学研究的理论和学术行程。

政治观的转变,是政治学研究价值取向的根本转变,"对于政治学这门科学来说,对'政治'这一概念的新认识,如同国家抛弃'阶级斗争为纲'的错误路线一样,具有根本性转变的性质和意义,为我们正确确定政治学的研究对象、研究内容及研究方法奠定了基础".④ 这一转变也实际设定了我国政治学研究重心领域转变和发展的脉络和逻辑轨迹:

首先,在十一届三中全会公报精神和党的基本路线指引下,我国政治学在恢复重建以后,在继续关注社会主义时期特定范围内的阶级、阶级矛盾和阶级斗争的同时,努力准确把握十一届三中全会重大战略决策的深刻含义,把握我国社会主义现代化建设新的历史时期的社会主要矛盾是落后的生产力与广大人民群众的物质文化需求之间的矛盾,由此出发,积极把政治学研究重心论域和关注焦点从无产阶级与资产阶级这两大敌对阶级之间的关系转移到人民内部不同阶级之间的关系;从无产阶级与资产阶级这两大敌对阶级之间的对抗性矛盾和斗争,转移到经济建设这一中心工作基础上人民内部不同阶级和群体之间的矛盾及其状况。

其次,在学术研究的重心领域从无产阶级与资产阶级的对立和斗争转移到人民内部关系的基础上,我国政治学研究的重心领域得到拓展和丰富,社

①　《邓小平文选》第 2 卷,第 194 页,北京,人民出版社 1994 年版。
②　王沪宁:《中国政治学研究的趋向(1980—1986)》,《政治学研究》1987 年第 2 期。
③　曹沛霖:《新世纪中国政治学的"三个走向"》,《天津社会科学》2001 年第 2 期。
④　张永桃:《中国政治学二十年(1978—1998)》,《江苏社会科学》1998 年第 6 期。

会成员的阶级属性仍然被视为政治生活和政治关系的社会属性的重要因素，但是，不再被视为政治生活和政治关系的唯一社会属性，在阶级属性之外，社会成员的阶层、集团、民族、单位等社会属性及其政治意义得到了重视，并且作为人民内部社会成员的社会属性和政治的社会前提，纳入政治分析和研究的范围。

与此同时，人民内部多种社会属性和社会关系基础上形成的多种利益和利益关系得到了政治学者的关注和分析，政治学科学术研究的重心从关注和强调对抗性阶级关系和阶级斗争背景下人民内部阶级利益的单一性和计划经济背景下的统一性，转变到关注人民内部在多重社会属性基础上形成的多种利益和利益关系，包括新的社会阶层利益诉求、与其他社会阶层的利益关系及其政治意义，在社会主义市场经济基础上形成的根本利益的统一性和不同群体和公民切身利益的多样性及其政治意义。

第三，在学术研究的重心领域在人民内部关系及其政治意义的拓展研究的基础上，随着社会主义现代化建设和改革开放事业的不断深化，党的治国治党方略的不断完善，我国政治学研究的重心领域在人民公共权威现代发展的研究任务下，在个人与公共生活的关系，人与制度的关系等不同分析侧重点及其转换中得到进一步深化和发展。

中国特色社会主义建设的总体任务和道路选择，要求政治学研究在这一总体任务中承担自己的历史和学术责任，按照这一发展道路，着力于中国特色社会主义政治发展的研究，使得人民的公共利益和不同利益得到政治实现和政治协调，使得人民主政、政府治政、全体人民共同和谐发展的共和国立国原则主导公共生活，使得社会主义高度民主的价值取向逐步得以实现。我国政治学研究正是在这样的历史和学术使命中，深化对于人民内部政治关系发展变化及其权威实现体制和机制的研究，使得政治学自身转变为立足研究人民内部利益权威性分配和协调的政治学，成为促进权为民所用、利为民所谋、情为民所系的政治文明的政治学。

我国政治学研究重心论域的转变和发展的脉络和逻辑，从根本上构成了政治学研究演进发展的主体脉络和逻辑，政治学学术发展的其他脉络和逻辑或者是这一脉络和逻辑的衍生和派生物，或者受着这一脉络和逻辑主导支配和深刻影响。

2. 思想方法的调整转换

学术研究重心的转移发展,必然要求学术研究思想方法的调整转换,由此构成学术研究思想方法的发展脉络和内在逻辑。从我国政治学研究近三十年的发展来看,其思想方法调整转换的演进脉络和内在逻辑主要体现在认识论和方法论方面:

在认识论方面,政治学研究思想方法的转换,集中体现为在思想解放的进程中,从困顿于本本主义、经典至上的学术思维,转向从实际出发,把社会政治生活和实践看作探求政治真谛的不绝源泉的思想方法;从信守于书本教条的学术,转向坚持马克思主义基本立场、观点和方法,坚持理论联系实际,着力关注和研究实际政治生活的重大问题,实事求是,探求政治活动和政治事务发展规律和真理的学术;从局限于寻章摘句、标注经典的理解性和解释性学术,到努力掌握马克思主义精髓,赋予学术活动以政治生活的灵魂,释放思想能量,创新学术理论,并且以实践作为检验学术认知真理性的唯一标准的学术;从囿限于前人的某些结论和定说,转向根据广大人民群众政治实践和利益要求,不断与时俱进,探索中国特色社会主义政治发展道路的学问;从关注于推介国外思想理论学说方法,或者套用国外理论模式来裁剪或图解中国的政治现实,转变为理性地科学地分析、批判、扬弃和吸收西方的思想理论学说方法,以发展着的马克思主义理论为指导,从人民群众的创造性实践中求索发展中国政治和改造世界的方法。

在方法论方面,我国政治学研究思想方法的调整转换,集中体现为在学术研究和发展的过程中,努力克服形而上学和片面性,确立和运用辩证逻辑思维进行学术研究,以全面发展辩证地把握政治现象及其发展规律。随着我国政治学研究重心的转变和发展,政治学研究的这些转换和发展具体体现在:从对于政治生活斗争和对抗的形而上学的片面绝对强调,向着政治生活矛盾性与同一性的双重辩证的转换,确认"有条件的相对的同一性……是客观事物或过程的固有的性质";①从体认政治关系的同一性仅为矛盾双方在一定条件下共存于统一体的形式性联系,到认知政治关系的同一性也作为矛盾

---

① 李达:《〈矛盾论〉解说》,第200页,北京,生活·读书·新知三联书店1978年版。

双方的内容共同性联系而存在；从关于政治关系中双方矛盾的零和性解决的单一出路，到这种矛盾的双赢性解决的辩证选择；从政治学术取向和倾向的片面性，到排除各种极"左"和右倾思想干扰，努力"把坚持马克思主义基本原理同推进马克思主义中国化结合起来，把坚持四项基本原则同坚持改革开放结合起来"，[①]以"三个有利于"为取向，建设中国特色社会主义政治；从政治学研究的单一真理向度的价值确定，转换到在一元化指导思想下鼓励多种学术观点，呈现百家争鸣相互激发求索真理的局面。

3. 研究视角的切换转变

政治学研究的中心视角是制度与人的关系，在现实性上，这一关系具体体现为国家与社会、政府与公民、公共权力与私人权利、公共秩序与公民自由、集中效率与公平正义之间的关系。在近三十年的发展过程中，我国政治学研究学术视角的切换逻辑集中体现为：从对于制度的单向度的关注转向对于制度与人的双重关切，尤其是对于人的切实关怀；从对于制度与人的关系在现实性上体现的这些相互依存、矛盾统一的双方的片面侧重，转变到对于双方的全面均衡把握；从对于社会政治关系中这些相互依存、矛盾统一的双方的矛盾性的绝对强调，转变到对于双方之间矛盾和同一性的相对认知；从对于社会政治关系中这些相互依存、矛盾统一的双方的联系的排斥性理解，转变到对于双方关系的结合性阐述。

从其内容来看，我国政治学研究学术视角的这一切换逻辑体现为：

首先，在政治学恢复初期，国家、政府、公共权力、公共秩序和安全稳定、经济效率和增长是学术研究的基本出发点。随着社会政治的发展和政治关系内容的显示，与国家、政府、公共权力、公共秩序和安全稳定、经济效率相对应的社会、公民、私人权利、公民自由、公平正义等以及由此构成的政治关系状况和内在联系方式，逐步成为社会政治生活的重要内容，我国政治学的学术研究的视角随之从社会政治关系的单一方面逐步转向政治关系的双方或多方及其联系。

---

①　胡锦涛：《高举中国特色社会主义伟大旗帜　为夺取全面建设小康社会新胜利而奋斗——在中国共产党第十七次全国代表大会上的报告》，载《党的十七大文件汇编》，第 7 页，北京，党建读物出版社 2007 年版。

其次,在政治学恢复初期,学术研究贯穿着以国家、政府、公共权力、公共秩序和安全稳定、经济效率和增长为分析本位的特点。随着社会主义市场经济体制和民主政治的发展,社会、公民、私人权利、公民自由、公平正义等不仅显示出社会生活意义,而且体现出国家治理和政治发展战略的重要性。因此,我国政治学研究的出发点和分析本位逐步转移到政治关系诸方面良性互动和有机结合上,显现出马克思主义指导下东方政治文化实现多种政治和公共价值的有机结合的辩证精髓,集中表现在社会主义民主政治建设战略中党的领导、人民当家作主与依法治国的有机结合;社会主义政治发展战略中改革、发展和稳定的有机结合;中国社会治理模式中多主体共治的结合等等方面,由此形成了结合辩证政治的特色。[①]

第三,在政治学重建初期,国家建设和制度完善被视为学术研究的目标和归宿,政治体制改革被视为政治发展的不二法门。随着社会主义现代化建设和改革开放事业的发展和马克思主义中国化进程的深入,以人为本、以最广大人民群众的根本利益为本的政治真谛和本质含义逐步成为政治学研究的主旋律,因此,我国政治学研究对于制度本源的认知逐步为制度与人的关系的分析代替,制度主体性逐步被人的主体性取代。学术研究出发点、分析本位和归宿点逐步统一于以人为本的政治视角,"政治学从根本上说,是研究人的生存价值,是一种研究如何实现人类福祉的学问。其目标是使所有人如何生活得更好,如何生活得更有意义,更有价值"。[②]

4. 分析范式的更设嬗变

学术研究的范式,是指学术活动根据研究对象基本规定性而设定的研究

①　党的十七大报告指出,我国社会主义现代化建设和发展的宝贵经验,是在十个方面的结合中形成的,这些结合是,把坚持马克思主义基本原理同推进马克思主义中国化结合起来,把坚持四项基本原则同坚持改革开放结合起来,把尊重人民首创精神同加强和改善党的领导结合起来,把坚持社会主义基本制度同发展市场经济结合起来,把推动经济基础变革同推动上层建筑改革结合起来,把发展社会生产力同提高全民族文明素质结合起来,把提高效率同促进社会公平结合起来,把坚持独立自主同参与经济全球化结合起来,把促进改革发展同保持社会稳定结合起来,把推进中国特色社会主义伟大事业同推进党的建设新的伟大工程结合起来。(胡锦涛:《高举中国特色社会主义伟大旗帜　为夺取全面建设小康社会新胜利而奋斗——在中国共产党第十七次全国代表大会上的报告》,载《党的十七大文件汇编》,第7页,北京,党建读物出版社2007年版。

②　孙关宏、蒋一澄:《中国政治学发展的走向:人文精神与科学精神的融通》,《同济大学学报》2005年第6期。

方式,"范式(paradim)就是一种公认的模型或模式"。① 从我国政治学近三十年的学术发展来看,其学术研究范式发展转变的演进脉络和内在逻辑体现为:

(1)从继续革命政治向协调政治的转变。十一届三中全会对于党的工作中心的历史性转变,不仅使得敌对阶级政治关系逐步退出我国政治舞台的中心地位,人民内部的政治关系成为政治的基本内容,而且使得"以阶级斗争为纲"的无产阶级专政下继续革命的对抗政治形态,逐步被人民内部关系的协调政治形态所代替。社会政治形态的这一变化,促使我国政治学研究从"以阶级斗争为纲"的无产阶级专政下继续革命的分析范式,转向人民内部协调政治关系的分析范式。人民内部多方面利益关系和政治关系的协调,不仅成为政治学研究的主要内容,而且成为政治思维的主导原则。"政治学的研究者和研究对象之间是处于互动之中的。由于这种互动,就使得解决问题的答案取决于双方互动的情况,因而必然会出现多种答案。这样的政治过程,并非追求真理的过程,乃是寻求利益协调的过程。"②

(2)从协调政治向公共政治的演变。随着社会主义市场经济体制的建立和发展,我国社会公共领域和私人领域的分化逐步明显,政治的公共性日益凸显,与之对应,我国政治学者从人民内部多重关系和多种利益存在的确认,逐步转向对于人民内部政治的公共性的确认,③政治学学术范式逐步从协调政治演变为公共政治。

相对于协调政治范式,公共政治范式具有自己的特点:协调政治研究范式设定社会生活和人民利益具有多样性,设定这些多样性之间具有可协调性,设定协调是人民内部政治的主要运行方式和机制,设定人民内部政治的结果是多样性基础上的协调共识,因此,协调政治研究范式也是协调达成共识研究范式。而公共政治学术范式预设政治生活中公共性和公共利益的先定存在,设定政治的内容在于公共利益的实现。正是在公共政治研究范式的基础上,公共行政、公共管理、公共政策、公共财政、公共预算、公共伦理等研

---

① 托马斯·库恩:《科学革命的结构》,第21页,北京,北京大学出版社2003年版。
② 李景鹏:《回应新世纪中国政治学的挑战》,载《中国转型期问题的政治学思考——李景鹏文集》,第618—619页,北京,中国法制出版社2002年版。
③ 参见王浦劬:《公共管理中的公共性问题探讨》,载柯延主编:《集思录——名家论坛》,第29—43页,北京,知识产权出版社2008年版。

究范式应运而生、迅速发展。

（3）从公共政治向治理政治的演变。在社会主义市场经济条件下，公共利益和公共政治的实现，需要通过政府与市场、非政府组织和个人之间的良性互动和合作，形成共治格局，才能达到社会主义法治和良治的目标。由此，我国政治学学术研究的学术范式转向治理政治。治理政治的内在逻辑在于，承认政府在社会和国家治理中的主导作用，同时，主张政府与多个治理主体之间协商合作，实现公共利益，因此，治理政治又是协商政治，协商政治与治理政治共同成为我国政治学研究的范式。

（4）从治理政治向和谐政治的演变。在科学发展观战略思想指导下，我国政治学研究范式从公共政治进一步向和谐政治演变。和谐政治范式的思维特点在于：不仅承认社会政治生活中公共利益的存在和实现意义，而且承认非公共性利益的存在和实现价值；不仅承认人民公共利益的实现是政治的任务，而且确认人民的不同利益的实现也是政治的内容；[1]不仅强调社会公共利益和不同利益的实现，而且关心社会利益矛盾和政治矛盾的协商妥善处理和解决；不仅关心社会经济的效率，而且关心社会政治的公平正义，并且把这些统一于政治和谐与社会和谐，弘扬人民共同和谐相处的共和国政治精神，追求人民共和的精髓，由此作为政治学术展开的基本范式。

5. 主导思维的归位置换

我国政治学研究的思维方式与人民的政治地位和政治实践发展具有密切联系。在人民处于被统治被压迫地位，夺取政权的政治斗争作为其政治实践的支配性主题时，批判性思维必然是政治的主导思维。但是，"在人民有了自己的政权以后，这个政权同人民的关系就基本上是人民内部的关系了，采用的方法不是压服而是说服。这是一种新的政治关系"。[2] 因此，对于掌握了政权，建设人民共和国的无产阶级政党来说，"以政治现象、政治关系及其发展规律为研究对象的政治科学并不只是一门统治的学说，它也是一门关于国

---

[1]　有学者指出："我们在研究问题的时候，不仅要考虑国家、政府、社会、集体的利益，更需要时刻想到人民大众的利益。对人民的利益，不仅是抽象的根本利益，还要看到眼前的、具体的利益。不仅看到多数人的利益，也要考虑到少数人的利益，考虑到每一个公民的权利与尊严的维护。"孙关宏、蒋一澄：《中国政治学发展的走向：人文精神与科学精神的融通》，《同济大学学报》2005 年第 6 期。

[2]　《毛泽东文集》第 7 卷，第 53 页，北京，人民出版社 1999 年版。

家建设与社会管理的学说,这是由国家政权的双重功能决定的"。① 在人民当家作主的政治形态下,片面强调"以阶级斗争为纲",实际是政治的错位思维,由此必然触发持续不断的运动政治,"文化大革命"的破立精神,无产阶级专政下继续革命的革命观念,空洞口号式的斗争学术和政治标签式的批判思维。

随着我国社会转向经济建设中心工作,人民当家作主的政治现实得到确认,共和国政治形态逐步从革命政治向着建设政治、从运动政治向着治国政治回归。"这种革命性的变化也直接作用于中国政治的建设和发展,并逐步改变其内在的逻辑:即将政治的逻辑起点从国家逐步地移向社会,从而使政治运行和发展的形态从革命形态转向建设形态。"②而人民政权的政治发展提出的重大问题,则要求政治学展开积极的学术研究,形成建设性研究成果。政治生态的这种变化,在学术与现实、理论与实践的结合上,促成了政治学思维方式的归位置换,其核心主线是无产阶级专政下继续革命的批判性主导思维方式,让位于健康的学术批评思维与建设性思维结合,而以政治文明和国家治理的建设性为主导的思维方式。其具体体现为:对于体制弊端和缺陷的批判主义学术思维,为治国理政的研究思维所置换;对于政治现象的空洞口号式甚至标签式的批判思维,为奠基中国特色社会主义民主政治大厦,进行社会主义政治文明建设和公民培育的设计性思维、决策民主化科学化的创造性思维所替代。

这种思维方式的归位置换,关系着人民共和国政治命运的归位,"社会主义现代化建设是我们当前最大的政治,因为它代表着人民的最大的利益、最根本的利益。这是邓小平同志的名言,也是千真万确的事实。可不是么? 能否实现四个现代化,决定着我们国家的命运、民族的命运。……因此,积极为实现四个现代化作贡献的人,正是以自己的实际行动来体现对当前最大政治的关心。如果不是这样,尽管口头上喧嚷政治口号,而对四化建设毫无作用,还只能算是空头政治"。③

---

① 朱光磊:《中国政治学发展中的两大尴尬与两大转变》,《中华读书报》2004 年 8 月 11 日。

② 林尚立:《相互给予:政治学在中国发展中的作为》,《山西大学学报》(哲学社会科学版)2008 年第 3 期。

③ 夏书章:《当代中国政治与政治学》,《政治与法律》1987 年第 1 期。

6. 主题内容的演进变迁

近三十年来，我国政治学的学术研究主题，是中国社会主义政治发展。而在中国社会变革和发展的总体进程中，我国政治学形成阶段性的学术研究主题内容，这些阶段性主题内容的演进变迁，烙刻了政治学围绕中国政治发展总体主题走过的求索轨迹，更彰显着政治学者关于中国政治发展战略和路径的思路：

从我国政治学学术发展的不同阶段来看，在中国政治发展的总体主题下，政治学研究从对于"文革"的反思，到对于社会主义民主和国家社会职能的重视，进而到政治体制改革的研究；从政治体制改革的研究，到体制背后深层社会关系的探究，进而到政治主体与制度，比如党的领导、人民当家作主与依法治国有机结合关系的贯彻，再到人本政治、协商政治、合作政治与和谐政治的构建。

政治学研究阶段性主题的逻辑转换和有机连接，题示着政治学者关于社会主义民主政治发展道路的思考的深化进程和演进逻辑：从经济基础与上层建筑的简单线性两元对应因果关系的理解，演进到关于经济基础与上层建筑时空维度上的辩证关系对于政治改革和发展的规定的把握；从政治体制改革的单边思路，演进到建构经济发展和改革要求的国家治理条件，在时空维度上双重保证经济建设和发展为中心的政治哲学；从政治稳定意义上的国家治理的强调，演进到以法治和良治为目标取向的治理理论的阐述，再发展为实现公平正义和谐的治理的主张，进而在经济和社会体制改革的基础上，探索高度民主的政治形态和制度形态。

政治学研究阶段性主题内容的逻辑转换和有机连接，也内含着这些主题内容的转换逻辑，这种逻辑体现着政治学者探索的中国社会主义民主政治发展的思路，即从制度改革到国家治理，到国家法治和良治，到公平正义和谐，进而实现高度民主文明政治。[①]

---

① 　参见王浦劬：《把握中国政治发展特色，建设世界一流政治学科》，载李景鹏：《中国政治发展的理论研究纲要》（总序），第6—11页，哈尔滨，黑龙江人民出版社2000年版；潘伟：《法治与"民主迷信"——一个法治主义者眼中的中国现代化和世界秩序》，香港，香港社会科学出版社有限公司2003年版；燕继荣：《治民·治政·治党——中国政治发展战略解析》，《北京行政学院学报》2006年第1期。

7. 研究视野的开拓进展

学术研究的视野是指学术活动中研究者观察和研究实际对象的范围。在我国政治学近三十年来的学术发展中,学术研究视野的变化发展总体呈现从单维度向多维度、从单领域向多领域、从单层面向多层面、从单机制到多机制、从单状态向多状态的不断丰富拓展的逻辑进程。

政治学研究视野从单维度向多维度的拓展,体现为从国家政治制度拓展包含政党、政治团体等组织制度;从根本政治制度拓展包含体制性和机制性政治制度;从政治制度拓展包含社会、经济、文化及其与政治制度的关系。

政治学研究视野从单领域向多领域的拓展,体现为学术研究从国家领域拓展包含社会领域,如作为社会组织形态的村民自治和居民自治;从政府领域拓展包含非政府领域,如非政府组织研究;从公共领域拓展包含私人领域,如人权研究;从政治学科拓展包含交叉学科如政治社会学、政治经济学等;从思想理论拓展包含电子政务和网络政治。

政治学研究视野从单层面向多层面的拓展,体现为学术研究从宏观政治如国际政治和国家政治拓展包含中观政治如地方政府、微观政治如乡村政治和社区政治;从思想理论和制度层面拓展包含政策、文化和行为层面;从立党立国的基本原则层面拓展包含治理共和国的方略、管理共和国的策略、运行共和国的谋略和发展共和国的战略层面;从抽象思维层面如政治哲学和方法论拓展包含具体分析层面如典型调查、案例分析。

政治学研究视野从单机制向多机制的拓展,体现为学术研究从政治这种社会公共权威机制的单一研究,转到社会公共权威机制与作为社会成员利益交换机制的市场机制、社会成员协商机制的社会自治机制、作为思想意识和政治认同机制的思想信仰和理论说服之间的比较分析;从社会公共权威机制的单一研究,转到公共权威机制与市场机制、社会自治机制、思想信仰和理论说服机制的相互作用及其社会功能的分析。

政治学研究视野从单状态向多状态的拓展,体现为学术研究从思想和制度状态的政治拓展包含行动、过程和发展状态的政治;从价值和理论状态的政治拓展包含组织、管理和技术状态的政治;从应然状态的政治拓展包含实然状态的政治;从本国政治拓展包含多国政治,展开和深化比较政治的研究;

从政治当前状态拓展包含政治的历史状态与当前状态的联系;从社会形态的政治拓展包含技术网络和虚拟形态的政治。

8. 研究方法的丰富发展

从单纯的阶级斗争转向人民政治关系和政治实践,势必挈领着政治研究方法转向丰富多样。"我国社会的主要矛盾已不是阶级矛盾,而是人民日益增长的物质文化需要同落后的社会生产之间的矛盾。在为了解决这个矛盾,解放生产力,发展生产力的过程中,面对的通常是大量存在的社会经济文化矛盾和政治矛盾。这样,仔细地分析和谨慎地处理好这些矛盾,就成为我国推进政治发展、实现政治稳定的关键。怎样才能准确、清楚地分析当前我国的这些矛盾,分析社会的各种利益关系,就成为我国政治学界应特别关注的问题。因此,有必要创造新的分析方法。"[1]马克思主义政治研究方法具有科学性和实践性的特点,在我国政治学近三十年的学术发展中,马克思主义政治研究方法随着实践的发展而发展,是政治学者遵行的指导性方法。

人民内部政治关系的多样性和政治实践的丰富性,要求政治学拓展和丰富政治学方法,近三十年来,我国政治学分析途径和工具,正是应这一要求发展的,其发展逻辑体现在:

政治学学术研究哲学层面的思想方法论的发展演变,集中体现在认识论和方法论的变化调整方面,其内容如前所述。

政治学分析途径从单一的阶级斗争分析,转向多样多重角度的分析。在这一过程中,政治学研究坚持马克思主义阶级分析方法,同时也清晰认识到,阶级分析方法并非就是阶级斗争方法,比如共和国的基础即是工人阶级与农民阶级的联盟关系;阶级分析方法并非就是"以阶级斗争为纲"的方法,因为人民的需求与生产力相对落后的矛盾已经是今天社会的主要矛盾;阶级分析方法也并非马克思主义分析社会的唯一方法,人民内部社会生活的丰富和社会关系属性的复杂,需要历史唯物主义指导下的多种科学分析途径。

政治学研究技术属性方法的发展变化,集中体现为从单一的规范性研究发展演进到规范研究与实证分析同时并举;从定性研究发展演进到定性与定

---

① 谭君久、童之伟:《中国政治学应进一步加强自身建设》,《政治学研究》1997 年第 1 期。

量分析并举;从表层描述发展到描述研究与因果分析的结合;从静态研究发展演进为动静态研究的结合;从个案的分析研究发展演进为个案与比较分析结合。与此同时,学术研究的命题设置、调查程序、模拟试验、统计分析和结论验证等方面规范性和科学性的程度,呈现由低向高逐步发展的脉络和逻辑。而信息和网络技术,更使得政治学研究进入新的高科技阶段。

9. 科学程度的增强提升

共和国的国家治理和人民民主的建设,合乎逻辑地要求政治学研究的科学化,以科学的理论和知识服务于人民利益。"政治学与其他社会科学一样都要为社会实践服务,这是天经地义,中外皆然。但是必须是真科学,才能有效地为社会实践服务。"①从近三十年的学科发展来看,我国政治学科学性的发展,体现为在基础学术和学术基础不断深化的推动下,从奋发起步到增强提升的发展路径:

从对于马克思主义经典作家政治论述的简单援引,到对于马克思主义政治思想和理论的学术融合和科学阐发。"马克思主义与我国政治学是指导与被指导的关系。……马克思主义在指导政治学的过程中,它的基本精神和分析方法以及某些有关的范畴和概念,在融入政治学的理论体系而成为政治学的灵魂的同时,它们自己也学科化即政治学化了。"②

从对于政治领导人讲话和文件的简单援引,到运用政治学思维分析政治战略策略思想,以学术科学性的提高,实现政治研究与政治实践的结合、政治学家与政治家的结合。由此,"政治学研究的学术性大大增强。政治学研究开始用规范的概念和学科语言代替一般的政策性语言,开始用有处可查的资料论证代替想当然的主观分析,开始用理性的理论分析代替简单的理论套用。"③

从对于其他学科方法的简单借用,到具备自己学科的特定范畴、概念、方法和理论体系。政治学恢复之初,基本范畴、概念、方法基本借用于哲学、科

---

① 赵宝煦:《政治学基础》"序言",载王浦劬主编:《政治学基础》,北京,北京大学出版社1995年版。
② 谭君久、童之伟:《中国政治学应进一步加强自身建设》,《政治学研究》1997年第1期。
③ 王邦佐、潘世伟:《二十世纪中国社会科学(政治学卷)》,第117页,上海,上海人民出版社2005年版。

学社会主义等学科,经过几代政治学人近三十年的艰苦努力,尤其"到了 20
世纪 90 年代以后,中国政治学才真正成为一门相对独立的科学:一整套相对
独立于其他学科的学说、概念、范畴、术语、方法和问题成为中国政治学者特
有的知识工具,中国政治学自身的学科规范也逐渐得以形成"。[①]

　　从对于研究方法的非规范和非科学性运用,到研究方法运用的逐步规范
科学。恢复重建之初稚嫩的政治学,规范研究弱谙规范,实证分析无从实证,
时至今日,政治学研究方法的科学性长足提升,其学术研究已逐步显示出科
学学术的品貌和能力。

10. 任务功能的变更发展

　　应国家建设和人民政治实践的要求,近三十年来,我国政治学在学术发
展中逐步实现了学术研究任务和功能的变更发展,其基本特征体现为:

　　从集中关注思想理论和政治价值研究,转变到因应社会主义现代化建设
和改革开放重大理论和实际问题,从理论与实际、学术与实践、价值与事实的
结合上,展开学术研究,推动政治学科的学术发展。

　　从单纯注重政治学基础理论和基础学术研究,转变到政治学基础理论、
基础学术与应用研究、对策研究并举,转变到两类研究围绕现实重大思想理
论与实际发展问题的结合。

　　从满足于对于政治学经典文本资料的解读性、解释性、注释性、编译性学
术和综合整理性学术,转变为运用科学理论和方法,从思想和实践的发展过
程中发现问题、分析问题并且致力于解决问题的学术研究;转变为着力对于
实际问题的理论思考,根据社会政治的表象和经验活动,进行抽象思考,提炼
上升,构建和创造知识、思想、理论和方法的创造性学术。

　　从学科学术研究及其成果作为社会主义建设和改革开放事业的思想保
证,转变到承担和发挥思想保证、精神动力和智力支持的任务和功能。随着
国家治理和政治文明建设任务的日益繁重,我国政治学承担国家建设和管理
的研究任务日益增加,我国政治学研究的作用和功能由此从注重政治精神、
政治价值的发展教育,转变到政治精神、政治价值、政治制度、政治技术的发

[①]　俞可平:《中国政治学的进程:一个评论性的观察》,《学术月刊》2007 年第 11 期。

展和教育并举;从着力于塑造社会主义政治人格,转变到培养社会主义国家公民政治人格、政治人才和管理人才;从人民政治价值观的养成,转变到公民的政治价值、政治思维、政治知识、政治能力、政治素养、政治精神和政治技能的多方面综合养成。

我国政治学研究的逻辑转换,体现着人民共和国政治精神和政治文明的取向和要求,从学术思想和研究发展的特定角度和层面,显示着中国政治和政治学的发展特点:

1. 政治学研究的逻辑转换,映印着马克思主义政治学中国化的进程

马克思主义创始人关于社会政治的论述,重点在于无产阶级革命和无产阶级专政。① 关于无产阶级革命胜利后的国家和政治形态,他们给出了共和国的设想而未及给出实现方案。在马克思主义中国化的进程中,毛泽东思想为人民共和国奠定了民主原则和政治精神。十一届三中全会以来,经过几代共产党人30年的艰苦探索,包括邓小平理论、"三个代表"重要思想和科学发展观在内的中国特色社会主义理论体系,在其总主题下,回答了什么是社会主义政治、如何建设社会主义政治;②建设什么样的执政党、如何建设这样的党;需要什么样的政治发展、如何进行这样的发展的问题。在发展着的马克思主义指导下展开的我国政治学研究,以近三十年的学术历程实现了从阶级斗争到人民共和的学术逻辑转换,从学术研究和思想发展的特定角度和层面,映射着这一探索历程,体现着这一思想进程,诠释着东方大国人民当家作主与共同和谐发展的社会主义人民共和的政治本质。

2. 政治学研究的逻辑转换,提示着我国政治发展的逻辑

德国知识社会学家卡尔·曼海姆指出:"在历史上,认识过程实际上并非是按照内在的规律发展的,它的发展并非仅仅遵从'事物的本性'或'纯粹逻辑的可能性',它并不是由'内在辩证法'推动的。相反,现实思想的出现和定

---

① 参见赵宝煦:《政治学与和谐社会》,《北京大学学报》(哲学社会科学版)2005年第6期。

② 见江泽民:《高举邓小平理论伟大旗帜,把建设有中国特色社会主义事业全面推向二十一世纪》,载《江泽民文选》第2卷,第8—9页,北京,人民出版社2006年版。

型在许多方面都是受与此非常不同的超理论因素影响的。与纯理论因素相反,这些因素可以称为存在因素。这样,思想的这种存在决定也将不得不视为一个事实。"①这些超理论因素和存在因素,就是社会的客观存在。据此可知,我国政治学从阶级斗争转向人民共和的学术发展的逻辑转换,不过是中国社会政治现实发展逻辑的学术映现:政治学研究的社会主义政治发展的主题,是人民共和国已然存在和政治实现的历史要求的学术体现;政治研究思想方法和思维方式的转变,是人民共和超越阶级斗争,政治建设超越政治斗争而追求人民和谐文明精神的学术呈现;政治学研究阶段性主题从阶级斗争政治到政体改革研究,到国家治理探讨,到法治和良治主张,到公平正义追求,直到高度民主的体制机制实现的学术思想逻辑进程,体现着中国政治发展的实然思路,彰显着逻辑的政治与政治的逻辑的共同律动;政治学研究视角、范式、方法和视野的调整丰富,则透视和见证着人民共和国和政治文明的发育成长。

3. 政治学研究的逻辑转换,显示着我国政治学的学术发展特点

我国政治学的学术研究本质上是关于社会政治的专业性认识活动,政治学研究从阶级斗争到人民共和的逻辑转换,显示了这一认识活动的发展特点:以政治关系主要矛盾的主要方面为依据,对于社会政治进行的定性分析,是政治学研究的前提基础;正确的辩证逻辑是清晰把握复杂政治现象及其发展的思想指南;人民利益的时代要求和政治实践发展是政治学研究的根本动力、社会基础和检测标准;人民共和的政治文明建设,是共和国的国情政情和人民利益发展要求,根据这一取向更新思维和确定主题,是政治学研究的生命力和感召力所在;在亿万人民政治实践及其发展的基础上调整转换学术研究的视角、范式、视野和方法,是创新政治学研究的基本途径;而政治学研究的科学化,则是提升政治学研究水平和作用的重要方式。

4. 政治学研究的逻辑转换,昭示着我国政治学的未来走向

从阶级斗争到人民共和的逻辑转换,既是政治学研究的阶段性特征,更

---

① 卡尔·曼海姆:《意识形态与乌托邦》,第266—267页,北京,华夏出版社2001年版。

是政治学未来发展的起点;既显现着人民共和国政治精神的回归,更昭示着社会主义政治文明和国家建设要求的召唤:按照中国政治发展的既有逻辑,立足中国国情政情,秉承人民共和的民主精神,以人民政治的建设为主旨,展开治国理政的切实研究,建构高度民主文明的社会主义和谐政治,即是我国政治学研究的发展方向和未来重任。

(原载《北京大学学报》〔哲学社会科学版〕2009 年第 1 期)

关于深化中国特色社会主义行政管理体制研究的几点认识

一、中国特色社会主义行政管理体制的研究意义及特征

中国特色社会主义行政管理体制的研究,无论对于中国特色社会主义行政管理体制的改革、建设和发展,还是对于中国特色行政科学的发展,都具有重要的意义,这些意义可集中概括为四方面:

第一,研究中国特色社会主义行政管理体制是深入研究中国特色社会主义建设理论和实践的有机组成部分,是深刻把握中国特色社会主义总命题的必要构成环节,是深切认知我国社会社会主义现代化和政治建设及其发展规律的重要达成途径。

第二,中国特色社会主义行政管理体制承接着中国社会政治经济文化发展的方向,承担着中国政治体制的运行和实施,尤其承担着我国执政党即中国共产党执掌政权、运行治权、治理国家和社会的重要职能。它是作为执政党的中国共产党在社会主义现代化建设和改革开放新的历史条件下,适应政治、经济、社会发展的要求,实现科学执政、依法执政、民主执政,提高党的执政能力的重要体系和治理抓手。中国特色社会主义行政管理体制的特定地位和功能,决定了中国特色社会主义行政管理体制研究,具有中国社会政治发展的重要现实意义。

第三,研究中国特色社会主义行政管理体制,也是深入贯彻科学发展观,

适应政治、经济、社会科学发展的要求,建设与完善中国特色社会主义行政管理体制,推进和深化中国行政管理体制改革的迫切需要。按照党的十七大的精神和要求,我国行政管理体制改革的重要任务和目标在于:转变职能、理顺关系、优化结构、提高效能,形成权责一致、分工合理、决策科学、执行顺畅、监督有力的行政管理体制。这些要求,既体现着科学发展的治国战略,又规定了中国特色社会主义行政管理体制改革的总体方向。因此,深入研究中国特色社会主义行政管理体制,正是贯彻落实十七大精神和要求,推进我国行政管理体制改革和深化的题中应有之义。

第四,研究中国特色社会主义行政管理体制不仅具有社会政治经济发展的现实和历史意义,而且还有学理、学术的世界和国际意义。深入发掘中国建国六十年来,尤其是改革开放三十年来我国行政管理体制建设、改革、完善和发展的经验,在中国发展道路和模式的总体命题下,运用科学方法论,总结、概括、提炼和上升,形成中国特色行政管理体制的相关原创性理论,对于我国行政管理学科提升自己在国际学术界的学术地位,传播中国特色社会主义政治发展道路和治国理政的经验,打破西方世界对于国际学术界的话语霸权,强化中国行政管理学的世界话语权,验证世界各国在现代化过程中发展道路和行政管理体制特色多样性的世界历史命题,无疑具有重大学术和历史意义。

中国特色社会主义行政管理体制,是伴随着中国改革开放和现代化进程出现的研究命题。对于这样一个兼具总体宏观性、整体系统性、高度政治性、强烈实践性和高端学术性,蕴含国际学术和发展意义的重大命题,首先需要有一个认知和定位问题,即把中国社会主义行政管理置放于中国社会结构和历史发展过程的特定方位上,才能准确把握其中国特色。根据中国的国情、政情、社情和民情,对于中国特色社会主义行政管理体制,可以按照六个坐标进行定位:

一是国家社会主义现代化建设和改革开放、科学发展的总体战略。即在这个总体战略下研究中国特色行政管理体制。

二是行政管理与经济和社会发展的互动关系。即从政府与公民、政府与市场、政府与企业、政府与事业、政府与社会的关系中把握中国特色行政管理体制。

三是中国政治与行政的现实形态。即从中国社会发展过程中形成的政治与行政现实形态出发,研究中国特色社会主义行政管理体制。十一届三中全会以来,中国政治从阶级斗争形态,逐步演进发展成为公共政治形态,实现这一政治形态要求的是公共行政形态,是公共性优先的治权运行形态,是治理优先的政治与行政关系形态,这一形态,构成了把握中国特色行政管理体制的重要政治依据。

四是我国社会发展和执政党面临的经济、政治、社会、文化、生态和党建等六项建设的路径和目标。即从六项建设的总体任务和目标及其联系中考虑和研究中国特色社会主义行政管理体制,而不仅仅限于行政管理体制建设和改革谈行政体制,限于行政管理实际问题谈行政体制问题。

五是当前中国社会总体转型和变迁。中国的社会主义现代化建设和改革开放伟大事业,中国全面建设小康社会与社会主义和谐社会的历史进程,使得中国社会处于重要转型和变迁过程中,因此,在纵向的历史进程方向上,应该把中国特色行政管理体制放置于这一历史进程中予以认识。

六是中国特色社会主义核心价值体系。中国特色社会主义行政管理体制,既是制度和规则的体系,也是中国特色社会主义行政管理和公共价值的汇集,因此,关于中国特色社会主义行政管理体制研究,应该深入中国特色社会主义行政管理体制所具有的核心价值及其相互关系,这就是说,既应深入分析和把握行政管理的效率和效能价值,也要分析和阐明社会主义必然具有的公平和正义价值,还要切实解析公共理性和公共现代性的价值,分析这些价值在中国特色社会主义行政管理体制的价值取向和价值基础方面的相互关系,研究这些价值之间的统一和均衡。

按照这些基本坐标,可以把中国特色社会主义行政管理体制的特征初步概括为六个方面:

第一,以中国特色社会主义理论为指导思想。

第二,以我国基本政治制度和社会主义市场经济体系为政治经济制度基础。

第三,坚持和贯彻中国治国理政的总体战略,即党的领导、人民当家作主和依法治国的有机统一。

第四,体现治权运行的高效性、效能性、公共性、公平性、公正性和服务性。

第五,体现人民主权对于政府治权的主导性,政府决策权、执行权、监督权的相互协调和制约性。

第六,中国特色社会主义行政管理体制既已形成,又在不断发展之中,因此,它既具有形成过程的诸多阶段性,又具有改革发展的历史连续性。

二、中国特色社会主义行政管理体制的建设原则和发展路径

改革开放三十年来,党和国家从初级阶段的基本国情出发,逐步形成了建设中国特色行政管理体制的指导思想、战略目标、基本原则和步骤方法,并坚定不移地推进和深化行政管理体制改革,从而逐步形成了中国特色社会主义行政管理体制。

就其运行过程的基本构成来看,中国特色社会主义行政管理体制的建设和改革贯彻了政治性与行政性紧密结合的原则。人民共和国的主权要求,决定了治权必须切实深入贯彻政权的意志和要求,因此,在实际运行中,中国特色的行政管理体制体现出政治与行政紧密结合的特点,其具体体现在国家政治重心和政府治理内容转变的紧密结合、国家职能与政府职能转变的紧密结合、政治体制机制与行政体制机制改革和转变的紧密结合、政治权威与治理权威运行方式优化和转变的紧密结合、政治体制与行政管理体制建设目标取向的紧密结合,比如和谐政治建设与服务型政府建设的结合,效率、效能、公平、正义等价值要素均衡发展的有机结合。

中国特色社会主义行政管理体制在改革、稳定和发展的协调平衡中,贯彻了适应改革和推进改革的双重作用原则。这种双重作用原则体现着行政管理体制与社会之间的辩证关系,一方面,行政管理体制适应中国特色社会主义政治经济社会文化建设的要求,以"围绕中心,服务大局,统筹兼顾,循序渐进"为基本改革理念,以"立足国情,渐进改革,逐步改善,适时革新"为改革的总体思路,不断调整完善改革创新,在中国特色社会主义形成发展过程中形成了行政管理体制的中国特色。另一方面,在社会主义市场经济、民主政

治和民生社会的建设和发展过程中,不断发展改革创新的行政管理体制,对于中国社会现代化建设和改革开放事业,发挥着国家治权和政府行政特有的巨大能量和力量,发挥了引领、推进和贯彻改革开放和建设发展的巨大作用,构成了中国特色社会主义建设和发展模式的特色。

中国特色行政管理体制的结构功能是遵循强化行政能力、责任和绩效的原则进行调整、建设和发展的。从中国行政管理体制发展和建设的过程看,其内部结构功能的配置,并不是简单地按照所谓"有限政府、有限责任"理念进行的,也不是抽象地在结构的"合理性、科层性或者扁平性"之间进行选择的,而是按照中国经济社会改革发展的实际要求,遵循强化行政能力、行政责任和行政绩效的原则进行的。正是在这一原则下,中国特色行政管理体制以政府职能转变为着眼点和基础,逐步精简政府机构,优化组织结构,建立现代公务员制度,改进政府管理机制,改善公共行政管理模式和服务方式,实施绩效管理,构建了行政管理体制内部权责能结构。

中国特色社会主义行政管理体制在建设和改革中贯彻了集中行政体制与民主行政机制的结合原则。在社会经济改革发展和政治建设过程中,中国行政管理体制按照民主集中制的国家机构组织原则运行,集中统一配置行政权能和职责,积极克服官僚主义,提高行政效率,形成了强大的行政运行力和制度执行力。与此同时,随着社会主义民主政治建设和依法治国进程的深化,中国行政管理的机制调整和改革,更多地体现着中国民主政治建设、政治体制改革和民主行政的特色,中国的治理民主、协商民主和参与民主在中国行政过程和机制设置中得到强烈的体现,而政务公开、行政问责、服务行政、协商决策、参与决策、行政监督都是其典型标志。

中国特色社会主义行政管理体制在建设、改革和发展中,体现了制度建设与政策调整有机结合的原则。中国特色社会主义行政管理体制的建设、改革和发展通常从现实具体行政管理问题出发,从制定或者改革相应公共政策着手,逐步上升到相关行政管理体制和机制的改革调整和发展完善,进而再通过相关公共政策予以实施和落实。这一发展路径,构成了中国行政管理体制过去三十多年的发展轨迹,构成了中国特色社会主义行政管理体制发展形成路径。

三、中国特色社会主义行政管理体制研究
的重点和焦点

　　无论从中国行政管理体制运行的现实任务来看,还是从中国行政管理学科的属性和特点来看,中国特色行政管理体制研究这一命题,都使得我们面临双重任务:一方面,在实践中进一步推进中国特色社会主义行政管理体制的建设、改革和完善,另一方面,从理论上概括中国特色社会主义行政管理体制,总结、分析和提炼形成理论形态的中国特色的治权运行模式。在中国特色行政管理体制运行的实践方面,随着我国改革开放进入新的历史阶段,社会经济文化政治发展和建设产生了若干新情况、新问题和新矛盾,行政管理体制作为治国理政的治权体系依托,又面临着新的任务,其主要体现在:一是政府职能的转变尚未到位,微观干预仍然较多。同时,在政府职能转变方面,除了经济职能外,社会公共服务职能需要进一步强化;二是政府部门职责交叉、权责能脱节、行政效率不高等问题比较突出;三是政府机构设置的合理性有待提高,尤其是政府的决策机制、运行机制和管理机制的完善和创新问题;四是有法不依、多头执法,执法者责任、素养与公民权利发展不相匹配的问题;五是中央与地方的府际权责利能关系需要进一步调整,尤其是地方的财权、事权和用人权需要进一步合理划定和规范;六是公共权力的监督制约体系需要进一步完善。这些问题的解决和改进,必然推进中国特色社会主义行政管理体制的进一步完善发展。

　　在这一过程中,中国特色行政管理体制除了需要进一步贯彻其建设形成和改革发展的既有原则,遵循其既有优势路径之外,需要进一步完善和创立其新的完善和发展取向和原则要求,这其中,较为突出的是:

　　1. 中国特色社会主义行政管理体制的进一步发展、改革和完善,需要深入贯彻政府与社会、政府与市场、政府与企业、政府与事业合理分离又合理结合的原则。一方面,行政管理体制需要进一步清楚划分政府与社会、市场、企业、事业以及社会组织之间的权责利能关系,使得政府运行区域和权责利能更加合理。另一方面,作为社会组织和改革权威的行政管理体制和机制需要与市场机制、社会机制合理结合,形成互相补充的社会公共领域共治结构和

互相结合的公共服务供给体系。

2. 中国特色社会主义行政管理体制发展、改革和完善,需要进一步强化公共价值及其实施机制建设。在进一步贯彻我国行政管理体制改革与机制治理设置结合、行政管理体制与公共政策发展结合的基础上,尤其需要强化中国特色社会主义行政管理体制与社会主义核心公共价值的结合,在进行行政管理制度和规则改革、组织和机构建设的同时,进一步注重行政管理中的人的素质的提高,从制度与价值的结合上,把握和设定政府行政管理的取向和运行标准,提升行政管理的运行效率,体现社会主义的核心价值和中国特色。

3. 中国特色社会主义行政管理体制发展、改革和完善,需要进一步贯彻渐进推动,逐步深化,集中改革,分类推进的原则。要循序渐进,逐步改善,进行总体规划,整体安排,集中实施,逐级展开,分门别类,优化具体行业和系统的行政管理方式。

就当前来看,推进中国特色社会主义行政管理体制发展和改革的具体和重点问题,凸显为如下方面:

1. 强化政府的全面职能转变。需要清楚认识到,全面转变政府职能,是全面推进小康社会建设的政治路径,也是推进中国特色社会主义行政管理体制改革的核心。对于中国特色社会主义行政管理体制来说,职能的进一步定位是一个综合性问题,职能的进一步创新是机构创新、体制创新、机制创新、流程创新的前提和基础,因此,根据全面建设小康社会和科学发展的要求,政府职能的转变和实现职能的方式需要全面转变和创新。

2. 合理确定各级行政机构、人员和支出规模,建立廉政、实干、高效的公务员队伍。目前我国政府机构和人员规模存在结构不合理现象,管理层级偏多、中央政府人员偏少、公共服务人员不足及公共服务意识欠缺,这方面的问题迫切需要逐步加以解决。

3. 全面加强服务型政府建设。服务型政府建设是深入贯彻落实科学发展观,建设社会主义和谐社会的根本要求,也是多方面推进中国特色行政管理体制改革的总体纲要和目标,因此,按照服务型政府建设的要求,实现中国特色社会主义行政管理体制进一步转型,使得政府的公共性得到进一步实现,使得服务行政和民主行政得到进一步落实,是中国特色社会主义行政管理体制改革和发展的总主题,其内容涉及中国特色行政管理体制改革的方方面面。在这其中,就当前来看,尤其需要关注的内容包括理顺政府层级和部门之间权、责、能之间的关系,强化政府公共管理和社会服务能力和制度执行力,提高政府服务的水平和效率,理顺决策、执行和监督之间的关系,规范行政流程,实现政府服务和管理方式的创新,推行政府绩效管理,降低行政成本,加强电子政务和电子治理,进一步优化公务员队伍建设等等。

4. 全面推进依法行政,把依法行政作为政府工作的基本准则,建设责任政府和法治政府。

5. 推进事业单位改革。事业单位改革关系到公共服务是否实现及其实现程度,关系到服务型政府建设的进程和绩效,同时,事业单位管理体制和运行机制改革,也关系到国家的核心竞争力和软实力的强化和发展,因此,从政事关系入手,按照分类改革要求,展开事业单位改革,是中国特色社会主义行政管理体制改革和完善的题中应有之意。

6. 从人与制度的关系的优化着眼,多层次、多维度、多方面推进中国特色社会主义行政管理体制改革。这就是说,不仅在制度和规划层面,而且要着力在理念和价值层面,实现行政管理的创新。

从行政管理学学科发展和学术研究的角度看,中国特色社会主义行政管理体制的研究路径主要应该有四个方面创新:

第一,创新知识资源。首先,扩展知识资源的视野。不仅是单方面的引进,而且需要本土化。其次,不仅拓展,而且需要交融和交汇多方面知识资源。再次,不仅需要交融和交汇,而且需要深化贯通。这就是说,本土的与国外的、现代的与古代的知识资源应该相互交流和交汇,当前,尤其需要从当今中国本土知识资源出发,来考虑和审视古今中外的知识资源,研究中国特色社会主义行政管理体制。

第二,创新知识基础。创新知识基础的本质,在于创新知识出发点,从中国行政管理的生动实践出发,而不是从书本知识出发点,是深化中国特色社会主义行政管理体制研究的必然要求。建国六十周年,尤其是改革开放三十多年来,中国行政管理体制的建设和改革业已形成自己的知识积累和经验积累,我们的研究应该从单纯的知识引进转向从中国本土的历史、经验、实践出发,从我们正在做的事情出发,来考虑中国特色行政管理体制,并进行理论的上升和概括。

第三,创新研究方法。以科学理性的精神实现研究方法的创新,既要有哲学的方法和规范的方法,也要有经验分析方法;不仅采用行政学、管理学的方法,而且采用经济学、政治学、社会学、伦理学和心理学等社会科学基础学科的方法。只有综合运用多种研究方法,才能科学、合理、准确地概括中国特色社会主义行政管理体制,并争得我们在国际学术界的话语权。

第四,创新思维方法。研究中国问题,简单采用西式线性逻辑思维,很难把握中国行政管理实践和体制运行和演进的辩证关系,因此,需要更多地采用辩证思维,来展开和把握中国特色社会主义行政管理体制的研究。

（原载《中国行政管理》2010 年第 3 期）

以机制创新推进我国政治学研究的
科学创新

对于科学发展和学术研究来讲,科学创新"是国家发展战略的核心,是提高综合国力的关键",[①]"是一个民族进步的灵魂,是一个国家兴旺发达的不竭动力,也是一个政党永葆生机的源泉"。[②] 同理,对于政治学的学术研究来说,科学创新也是政治学发展和学术研究的动力和价值所在,是其出发点和归宿。

今年是我国政治学科恢复重建三十周年,也是我国社会主义现代化和改革开放事业进入新世纪的第二个十年开局之年,在深入贯彻实践科学发展观、建设社会主义和谐社会的历史进程中,社会主义政治建设是我国社会现代化建设和改革开放的重要内容,治国理政和社会主义民主政治建设凸显其重大社会现实和历史意义。作为研究社会政治现象的重要社会科学学科,政治学在经过三十年发展,取得重要进展和成就的基础上,[③]呈现新的特点,负有新的历史责任和使命,也面临着发展中的矛盾和问题,如何切实把握正确的政治方向,继续开拓政治学学术发展的正确途径,不断深化政治学的学术研究,持续实现政治学研究的科学创新,建设中国特色的社会主义政治学,实是推进我国政治学学术研究深入发展的一个基本命题。

---

① 胡锦涛:《高举中国特色社会主义伟大旗帜　为夺取全面建设小康社会新胜利而奋斗——在中国共产党第十七次全国代表大会上的报告》,第12页,北京,人民出版社2007年版。

② 江泽民:《全面建设小康社会,开创中国特色社会主义事业新局面——在中国共产党第十六次全国代表大会上的报告》,第12页,北京,人民出版社2002年版。

③ 有关我国政治学三十年学术发展成就,参见王浦劬主编:《中国高校哲学社会科学发展报告1978—2008(政治学)》,桂林,广西师范大学出版社2008年版。

一、我国政治学学术发展的当前特征

随着社会主义和谐社会建设和改革开放的深入发展,我国政治学进入了新的学术发展阶段,从总体上看,当前我国政治学学术研究呈现如下特征:

1. 政治学学术发展方向进一步明确

中国特色社会主义,规定着政治学学术发展的历史、学术和政治方向。高举中国特色社会主义伟大旗帜,以马克思列宁主义、毛泽东思想、中国特色社会主义理论为指导,坚持正确的发展方向和价值取向,排除右的和极"左"思潮的干扰,是我国政治学学术发展的基本原则,也是我国政治学学术发展的思想和价值取向特征。

随着马克思主义中国化的政治理论和思想研究逐步深入,在中国共产党十七大精神和《中共中央关于进一步繁荣和发展哲学社会科学的意见》指导下,在中央马克思主义理论研究与建设工程推动下,我国政治学者努力以发展着的马克思主义立场、观点和方法研究政治现象和问题,结合中国特色社会主义建设和发展实践推进中国化的马克思主义政治学学术发展,在重大理论是非、价值取向、制度选择等方面,取得了中国化马克思主义政治学研究的成果,在强化马克思主义政治学的实践性、民族性、时代性方面取得了成绩和进展,从而使得我国政治学学术发展的方向进一步明确,政治价值取向和重大政治是非得到进一步确认和澄清。

2. 政治学学术研究方位进一步清晰

十一届三中全会以来,马克思主义中国化的进程,主要是围绕着我国社会主义现代化建设和改革开放的三大命题进行的,即什么是社会主义,怎样建设社会主义;建设什么样的党,怎样建设党;实现什么样的发展,怎样实现这样的发展。当代中国共产党人根据中国特色社会主义的实践发展,科学系统完整地回答了这些重大命题,从而树立起中国特色社会主义旗帜,明确了中国特色社会主义道路,形成了中国特色社会主义理论体系。而在我国社会主义现代化建设和改革开放的三大命题中,都包含着我国社会主义政治发展的任务和内容,由此规定了我国政治学的学术发展核心主题是:什么是社会主义政治? 怎样建设社会主义政治?

　　我国政治学学术发展正是围绕这一研究主题,努力按照"认识世界、传承文明、创新理论、咨政育人、服务社会"①的要求,根据时代和实践要求,确定政治学学术发展的方位,即以马克思主义政治学基本立场、观点和方法为指导思想;以中国特色社会主义理论体系为共同思想基础;以发展着的马克思主义政治核心价值作为学术灵魂和精神;以中国传统政治知识和政治文化作为基础知识资源和学术营养;以中国现实政治和主导思想及其发展作为学术发展的实际动力;以中国社会主义政治实践与政治学研究的相互作用即政治的逻辑与逻辑的政治的互动作为基本发展轨迹;以中国人民的根本利益和社会主义人民共和国的政治建设作为服务对象;以中国共产党治国理政和人民民主政治发展作为基本研究内容;以中国人民的社会主义政治实践作为学术研究真理性、正确性、合理性和可行性的检验标准。

　　在这其中,坚持社会主义政治的根本立场与发展社会主义政治,是我国政治学学术发展一体两面的主要任务,也构成了我国政治学三十年发展和建设的主旋律。在这其中,坚持社会主义政治方向,始终是发展社会主义政治的基础和出发点,而发展社会主义政治,则是为了更好地坚持社会主义政治,坚持人民民主专政,坚持实现和维护绝大多数人民群众的根本利益。而在坚持与发展的过程中,尤其需要"自觉划清马克思主义同反马克思主义的界限,社会主义公有制为主体、多种所有制经济共同发展的基本经济制度同私有化和单一公有制的界限,中国特色社会主义民主同西方资本主义民主的界限,社会主义思想文化同封建主义、资本主义腐朽思想文化的界限"。② 同时,在政治学研究中,实现马克思主义的中国化、时代化和大众化。

3. 政治学负有重大历史使命

　　经过人民共和国六十年的发展,尤其经过改革开放三十年的发展,中国

---

　　①　《中共中央关于进一步繁荣和发展哲学社会科学的意见》[中发 2004 年 3 号],新华网 2004 年 3 月 20 日。

　　②　《中共中央关于加强和改进新形势下党的建设若干重大问题的决定》,http://www.gov.cn/jrzg/2009－09/27/content_1428158.htm。

特色社会主义道路以其空前的成就，引起世界广泛瞩目，由此也提出了不同于其他国家和地区的"中国特色发展道路"、"中国模式"等具有世界历史意义的命题。在这一历史和学术背景下，运用历史唯物主义和辩证唯物主义，从探索人类社会政治发展规律、社会主义社会政治发展规律、共产党执政规律出发，以世界现代化历史和经济全球化的眼光，从学术理论上深入总结中国特色社会主义政治发展经验，分析中国特色社会主义政治发展道路，将之概括、提炼、升华和构建，形成既有理论原创性，又有国际学术意义的中国政治发展理论、中国治理模式理论、中国民主政治建设理论和中国社会经济发展的政治经济学理论，透彻深入阐明中国特色的人民民主之政与优效公平之治的有机结合、公共利益与公民权利的均衡关系、政府与市场有效互补等等，已经成为中国政治学学术发展的重要历史和思想使命。

在这一过程中，科学总结、发掘和提炼"中国特色社会主义政治发展道路"、"中国治理模式"等重大命题，建构中国特色社会主义政治理论的使命意义，不仅仅在于在政治学学术研究领域打破西方学术在世界学术界的话语霸权，更加在于从本质意义上阐明中国特色社会主义政治的巨大优越性和强大生命力，在比较分析和鉴定识别中阐明中国特色社会主义政治对于中国社会发展和现代化建设的必然性和适切性。

4. 政治学具有重要现实责任

我国社会主义现代化建设进入新的历史发展时期，深入贯彻实践科学发展观，在经济建设、政治建设、社会建设、文化建设、生态建设和党的建设中，政治建设具有举足轻重的关键地位和作用，深化政治体制和行政管理体制改革，推进社会主义民主政治，成为中国特色社会主义发展至关重要的任务，在我国政治学学术研究中，这一任务日趋显现为重大现实课题，比如执政党在治理国家的实践中进一步实现科学执政、民主执政和依法执政，在制度和机制意义上落实党的领导、人民当家作主和依法治国的有机统一的政治发展战略，适应改革开放和社会主义市场经济科学发展的新要求，实现政府职能转变，建设服务型政府等，都成为我国社会主义现代化建设过程中的重大迫切问题，需要政治学在深入研究和理论创新中，不断予以科学的理论概括和明确回应。

另一方面,我国经济社会发展进入转型期,科学发展进入关键期,改革开放进入深水区,社会矛盾集中而突出,社会、民族、政治事件具有突发性、高频度、高强度的特点,维护政治稳定、公平正义、公民有序参与等政治发展课题,成为现阶段社会经济政治发展的重大热点、难点问题。政治学肩负党和人民的重大期望,肩负在全面建设小康社会、社会主义和谐社会的过程中直面这些挑战,突出焦点、突破难点、准确科学地分析问题,从战略、方略、策略等多方面提出、设计和论证具有针对性、建设性和可行性对策的重大社会政治责任。

5. 政治学面临重要学术转型

从1980年恢复重建至今,政治学从中国社会主义初级阶段实际出发,坚持从经典的马克思主义政治学说中构建理论知识体系,从对于西方政治学与行政学的研究、分析、批判和扬弃中吸收有益知识,从中国传统政治思想和文化中吸取知识营养,初步形成了我国政治学的理论知识体系、话语体系和方法体系,积累了知识和方法资源。

另一方面,作为恢复重建的学科,随着中国化马克思主义的发展,随着中国特色社会主义政治建设实践的深入,政治学面临日趋繁复艰重的推进社会主义政治文明建设的重大任务,亟切需要进行自身的重要学术转型,这种转型需求集中体现在政治学学术研究主题、内容、方法、学科结构和知识资源诸方面。

从研究主题来看,中国特色社会主义政治建设和政治发展,发展成为我国政治学学术研究的主命题;从研究内容来看,在上述主题之下,我国政治学日益显示出相互有机联系的两方面基本研究内容,即社会主义国家优效治理与社会主义民主政治的建设发展;从研究方法来看,在历史唯物主义和辩证唯物主义指导下,政治现象的实证分析方法、中观分析途径与传统的规范性、思辨性方法一起,逐步发展成为政治学研究三大主要方法;从学科和学术结构来看,我国政治学学科基础从哲学、史学和法学扩展到管理学、经济学、社会学、心理学的变化,政治学交叉学科的形成发展,与我国政治学承担的重大使命和现实责任共同作用,使得政治学科和学术领域内在结构面临重大转型;从知识资源来看,改革开放以来,政治学在阐述马克思主义政治学理论的同时,积极吸取借鉴西方政治学的知识和方法,这种借鉴初是翻译引进,后是编译建构,再则着力于分析、批评、扬弃、改造利用,发展到今天,我国政治学学科和学术研究已经初成体系。不过,坚持马克思主义基本立场、观点和方法,建设具有中国特色、适应时代发展要求,并且具有科学性、原创性、深厚性的政治学理论和方法的任务,仍然任重道远。因此,政治学亟待在正确把握社会主义核心价值的基础上,发掘本土知识资源,利用外部知识资源,构建具有本土性、原创性、时代性、科学性和国际性的中国特色的政治学,并且以科学态度把中国文化和中国经验推向世界。

6. 政治学面临学术研究重要突破

随着中国特色社会主义政治发展和改革开放的深化,政治体制改革和政治建设的发展,治国理政方式的丰富,日益成为中国特色社会主义建设和改革开放的重要焦点,由此使得政治学面临着理论和实践提出的重大命题,进而形成了政治学研究重大突破的契机。在理论研究方面,中国化马克思主义政治学理论研究,马克思主义政治学研究立场和方法论体系,中国特色社会主义政治学,中国特色社会主义行政管理和公共管理学理论研究,都亟待突破。在现实问题方面,如中国政治发展道路,中国特色社会主义行政管理体制,中国治理模式,中国政府与市场、政府与企业、政府与事业单位的关系,政府公共服务的实现机制,党的领导、人民当家作主与依法治国的结合方式,党的执政能力、执政方式、执政水平、执政职能、执政绩效,人民代表大会制度的完善,政治协商制度和多党合作制度的发展,选举民主与协商民主,干部人事制度的改革,民族区域自治和民族政策的发展,国家统一与一国两制的实施,政府的职能及其实现机制建设和发展,政府绩效管理和科学发展观的贯彻;反腐倡廉和监督体制机制改革,基层民主与基层治理等诸多问题的研究,都亟需进一步深化。

在基础研究方面,除了传统的政治制度、政治思想研究需要进一步深入发掘和阐发之外,西方国家政治制度和机制运行的机理,中国传统政治文化的现代化等重大命题也都迫切需要深刻分析和突破。

7. 政治学面临学术发展创新机遇

在历史使命、时代要求和政治实践基础上,我国政治学学术研究面临实

现科学创新的重大机遇,这种机遇集中体现在:

政治学学术研究思想和知识的创新。即政治学学术研究在既有的理论、知识和方法体系基础上,从中国本土的治国理政和人民民主实践出发,实现政治学学术研究思想理论和知识内容的创新性,尤其是原创性。

政治学学术研究出发点的更新。即政治学学术研究从纯粹的经院式研究,转向理论与实践的密切结合,由此使得政治学从单纯的解释性和评析性研究,转变为治国理政和人民民主实现的研究,进而形成党和政府治理国家的智囊和思想库。

政治学学术研究面临研究方法的创新。即政治学学术研究从传统的哲学思辨、历史评价、法律制度描述和解释,转向学术研究方法的科学化、合理化、规范化创新,使得政治学研究不仅仅是哲学的思辨,而且是科学的分析,这就需要按照辩证唯物主义和历史唯物主义,把对于制度的研究与对于人的研究有机结合起来,实现方法论的创新。

此外,政治学学术研究面临学科交叉方面的创新。当代科学研究的创新发展表明,重大理论和方法创新大都发生于不同学科或者不同领域交叉点上,因此,我国的政治学需要积极寻求在不同学科交叉点上的重大创新。由于我国政治学的交叉学科研究尚处于起步阶段,因此,在政治学与人文科学、与社会科学其他学科、与理工学科之间的学科交叉,首先需要积极推进交叉学科的形成,进而面临着学科交叉创新带来的理论和方法巨大突破。

8. 政治学面临研究内容扩展

从研究层面来看,我国政治学学术研究面临从宏观政治层面深入拓展到中观政治层面、微观政治层面的需求,这就意味着我国政治学研究面临着深化研究国家政治原则、政治价值和宏观制度架构的同时,深入政权运行过程、治理决策过程、政策执行过程、团体政治行为、组织政治结构等中观政治层面,公民权利和政治心理、个人政治行为和政治态度等微观层面的需求。

从研究的对象来看,我国政治学学术研究面临从思辨性政治哲学的研究,深入拓展到体制和机制的研究的重大转变需求;面临超越传统的制度研究,深入到政治运行机理剖析、治理国家和民主发展机制设计和设置研究的迫切需求;面临超越单纯的制度规则研究,深入到人与制度互动结合研究的需求。

从研究领域看,除了政治哲学、政治思想、政治制度等研究领域之外,政治历史、政治行为、政治心理等等,也正在成为我国政治学学术研究的重要领域。

9. 政治学面临核心思想价值深化

世界范围内不同政治形态的本质属性和政治功能的发展,尤其是新世纪以来各种政治形态及其功能效用的变化发展,使得政府与市场的关系、政府与社会的关系、政治权力与公民权利的关系以及由此形成的各种思潮受到历史和实践的重新检验和审视,这种审视,也为我国政治学的思想、理论、学说和观点的深化和创新带来了可能。

与此同时,我国的改革开放和经济社会转型,在深层次上体现为社会价值体系的继承、发展、创新和均衡实现问题,这就提出了社会主义核心价值体系构建、社会政治生活重大价值比如民主、自由、人权、平等、正义、公正、效率含义的马克思主义研究和揭示,这些政治核心价值的阶级本质,这些不同价值之间的关系及其在我国的政治现实中如何均衡实现,实现的制度和机制设计和创新等问题,这些问题,无疑构成了我国政治学研究的重大时代课题,为我国政治学价值研究的深化和创新提出了要求。

据此可以认为,我国政治学研究的思想、理论、学说和观点正处于重大挑战和深化前夕。

10. 政治学面临学科结构调整

我国现行政治学科承继了 1980 年政治学恢复重建以来的学科领域结构,按照理论、思想、制度及国际领域形成了学科和研究领域。但是,随着社会主义政治建设的展开和社会主义政治深入发展,公共行政和公共政策作为政治学分支学科和研究领域的需求日益强烈,现实政治逻辑和学术研究逻辑都要求公共管理、行政管理学科回归政治学科。

与此同时,政治学交叉学科的发展,要求突破理论、思想和制度的学科专业分类主线,形成政治社会学、政治经济研究、中国政治、比较政治、政治心理学等学科领域和新兴专业。

由此可见,政治学面临重大结构性调整和整合、结构性分化和组合,面临着重新设置和划分政治学分支学科的任务。

二、我国政治学学术发展面临的矛盾

当前我国政治学发展的特征,实际也内含着我国政治学学术发展面临的新的挑战和机遇,这些挑战和机遇的对立统一,集中体现为我国政治学学术研究进一步发展的以下矛盾:

1. 坚持和发展马克思主义政治学与政治学学术研究方向性偏差之间的矛盾

这一矛盾集中体现为实事求是,与时俱进,高举中国特色社会主义旗帜,坚持中国特色社会主义理论体系和中国特色社会主义道路,与右倾或极"左"的思想和价值倾向性错误之间的矛盾。

我国政治学学术发展的这一矛盾,涉及我国政治学发展的根本方向和价值取向,涉及我国政治学是否坚持马克思主义政治学的根本属性,涉及坚持社会主义政治方向的重大是非,涉及中国共产党的执政地位和最广大人民群众的权利地位,关系到中国特色社会主义政治学发展的生命线。因此,必须在推进我国政治学学术发展和科学创新过程中,对于这一矛盾保持足够清醒的认识,旗帜鲜明地把握正确方向。

与此同时,我们也应该认识到,这一矛盾也为我国政治学深入展开中国化马克思主义政治学研究,为重大理论是非澄清和社会主义价值观念的深化发展提供了机遇。实际上,我国政治学学术发展的正确方向和价值,正是在与错误的倾向性思想和价值的不断较量和交锋中得到坚持和发展的。

2. 坚持和运用马克思主义政治学基本立场、观点和方法分析社会政治现象,与发展着的马克思主义政治学理论研究尚欠深入之间的矛盾

因此,政治学学术发展的重要任务在于,既要坚持马克思主义基本立场、观点和方法,又要根据时代发展的要求和中国政治发展的实际,运用马克思主义政治学基本立场、观点和方法分析社会政治现象,尤其在重大政治是非

和理论是非上形成具有科学性和充分说服力的政治学理论,推进马克思主义政治学的发展。换言之,就是需要正确把握坚持与发展之间的辩证关系。

现实表明,坚持马克思主义政治学,需要在发展马克思主义政治学的历史过程中坚持,需要在对于社会主义政治和人类社会政治发展的基本规律的科学揭示和正确深刻回答中坚持。目前,我国政治学的研究,涉及当代政治重大理论、制度、政策和现实问题,比如为什么必须坚持人民代表大会制度而不能搞三权分立等,尚缺乏对于不同政治制度运行机理和政治哲学的深刻分析。另一方面,发展马克思主义政治学,必须在坚持运用马克思主义政治学基本立场、观点和方法的前提下进行发展,必须是尊重政治生活的客观规律和客观事实基础上的科学发展,是深刻把握社会政治运动的规律及其新特点、新方式,并使之上升为理论形态、知识形态和方法形态,在思想逻辑上具有彻底唯物主义和辩证思维特点,在根本出发点上服务于维护最广大人民群众根本利益和政治地位的发展。目前,坚持科学运用马克思主义政治学立场和方法分析社会政治现象,恰恰是我国政治学研究亟待强化的环节。

3. 总结和提炼中国特色社会主义政治建设和发展的经验,使之上升为中国社会主义政治发展和治理模式的理论形态,与政治学知识资源、经验资源、理论构建和方法运用的实际能力和水平之间的矛盾

换言之,在我国政治学学术研究中,总结中国特色社会主义政治发展经验,把中国特色社会主义政治发展道路、人民民主实现战略和方式、国家治理模式理论化并推向世界的重大使命,与目前我国政治学学术研究能力不足之间存在巨大矛盾。我国政治学学术发展的现实状况表明,我国政治学的学术发展和学术创新能力,既不能满足我国社会主义政治建设实践的需要,也不能满足走向世界,形成中国特色社会主义政治学话语系统,影响国际学术发展的要求。

4. 中国特色社会主义政治建设和政治发展的要求,党和政府治国理政的战略和现实要求,与政治学研究密切切合中国政治实际,实现理论与实践紧密结合的研究能力、体制机制和相关主客观条件之间的矛盾

就当前情况看,政治学在逐步密切关注和研究现实问题的同时,关注较多的仍然是纯粹学术性课题,政治学研究和研究成果对现实政治实践的影响相当有限。与此同时,在有关现实政治和治理国家的战略、方针、政策研究方面,某些课题研究缺乏针对性和现实性,甚至缺乏真实性和科学性,具有某种程度"伪课题"、"假命题"的特点,比如脱离社会政治背景和政治实践讨论和分析政治命题,超越时空地供奉膜拜中国传统或者西方政治学的所谓"先贤圣经",甚至热衷于具有思辨游戏特点的所谓纯粹政治哲学的抽象价值讨论,如此等等。另一方面,相关意识形态和社会科学学术管理体制机制在创造政治学研究面向政治实际、联系政治实际和分析政治实际方面的条件和机会方面,还相对薄弱。政治学学术研究,尤其是政治学的实证研究缺乏应有和足够的财政支持,从而使其学术研究缺乏现实可行性。这种矛盾状况,使得我国政治学学术研究在承担和胜任应有的社会政治重大责任方面,面临多方面不足和困难。

5. 政治学本土化的要求,与政治学的理论知识储备、话语体系创新、研究方法创设、概念范畴原创之间的矛盾

从政治学学术发展的状况看,经过三十年的发展,我国政治学研究已经取得了很大成绩。但是,我们也应该清醒地认识到,由于我国政治学本土现实政治实践资源积累不足,本土知识资源发掘不够,本土理论体系构建不足,本土研究方法,特别是中国化的马克思主义的唯物史观和辩证法、东方文化政治辩证思维和方法弘扬、阐述和运用不够,本土政治学话语系统构成薄弱,以致我国政治学的概念、范畴、理论、理念等,相当程度上借用于西方现代政治分析的话语,本土的研究成果、尤其是原创性理论和知识成果相当欠缺,这就使得目前我国政治学研究的理论力量、学术话语、思维方法、范畴概念在一定程度上还缺乏本土根基,对于中国政治发展、国家建设、治理实践和民主法治、特别是其应有的社会主义内涵和本质,缺乏应有的概括力、解释力和引导力,从而使得中国特色社会主义本土原创的政治学理论体系和研究方法研究相对薄弱。这种状况,在我国政治学学术发展的某些领域和某些方面,甚至导致学术研究的某些不良现象,比如以运用西方政治学话语系统讨论问题为"时尚",以生硬简单搬用套用、甚至炒作西方政治学的所谓新理论和新知识为"创新",以学术概念和话语的故作艰深和晦涩不清掩盖学术研究思想理论

的苍白肤浅,如此等等。

6. 政治学研究科学化的要求,与其研究方法的非科学性和非规范性之间的矛盾

由于多方面原因,我国政治学的学术发展在研究方法方面同样缺乏原始创造性和创新性。一方面,传统的抽象思辨方法仍然是学术研究的主要方法,另一方面,政治学分析途径和技术多为从西方国家引进的舶来品。这种状况,使得我国政治学研究在方法论意义上尚未形成完整、科学、规范的体系和标准,而适应当今中国世情、国情、政情、民情,切合当今中国经济、政治、社会、文化、法律本质特征和要求的中国学者的原创性分析途径、分析框架和分析方法,更是凤毛麟角。

7. 政治学研究面临的重大突破和创新,与政治学研究创新体系缺陷之间的矛盾

以中国共产党和中国政府主导的中国治理模式,是中国特色社会主义的重要组成部分,与中国特色社会主义经济建设、政治建设、社会建设、文化建设、生态建设和党的建设等方面内容具有高度相关性。而中国特色社会主义政治的进一步发展,面临重大的治理国家的理论创新和实践突破。但是,政治学的创新体系尚不健全,尤其是体制机制存在缺陷,使得政治学研究难以实现重大突破和创新以提高国家的软实力,难以通过政治学学术发展促进实践发展,同样对于进一步培育坚持正确政治方向、科学严谨、推进学科学术健康繁荣发展的思想大师和学术大师,提出了严峻的挑战。

8. 政治学研究中的某些学术浮躁和功利主义风气与政治学学术发展需要深入长期艰苦的理论研究和基础研究的学风之间的矛盾

在某些不良的社会风气、学术风气影响下,在学术体制、管理体制和机制缺陷作用下,我国的政治学研究也受到学术浮躁和功利主义风气的不同程度影响,在研究选题、研究成果、研究方式、学科结构、专业方向等方面,过于偏重于实用性、即时性、轰动性,甚至市场效应性,这就使得政治学的理论研究和基础研究缺乏应有的力度和强度,导致政治学基础理论研究缺乏持续性,

难以取得厚重扎实的成果,甚至使得某些学术研究含水量甚高,某些学者热衷于哗众取宠,以吸引眼球、赚取市场效应为旨趣。

9. 政治学研究领域的突破拓展与现有学科专业框架之间的矛盾

如前所述,我国现行的学科专业结构,使得负有治理国家重大责任的行政管理学与政治学分离,使得国家政治的治权研究与政权研究分离,使得行政管理学充盈和贯彻管理主义的基本宗旨,偏重于管理技术和技能意义上的操作性技术研究,缺乏重大深刻的政治价值和实质研究,缺乏深厚的人文主义关怀,以致社会政治基本价值如公平正义的阐述和弘扬,常常被对于效率和形式的强调所替代,同时也使得我国的政治学研究领域、分析途径和切入视角难以创新,实际上束缚了政治学新兴学科和交叉学科的发展,进而束缚了学术创新和发展。

10. 政治学国际化的要求与学术研究能力之间的矛盾

把握正确的政治方向、立场和方法,从国外政治学研究中吸取有益知识和因素,是发展政治学研究的途径之一。同时,随着中国发展道路的国际影响日益增强,随着我国软实力建设的发展,我国政治学走向世界的国际化要求日益强化。但是,我国政治学者对于学术研究方法理解和运用的非规范性、对于中国特色社会主义政治理论概括和分析能力的薄弱性,使得我国政治学的国际对话能力相对较弱,中国政治价值的国际传播和国际政治学学术话语主导权的争取,都因此受到相当程度影响。

三、以机制创新实现政治学研究科学创新

我国政治学学术发展的这些矛盾和问题,具有多方面的原因和因素,也具有应对和解决的多种途径和方法。以辩证的眼光来看,这些矛盾和问题既是我国政治学学术发展的焦点和难点,也蕴含着我国政治学学术发展和创新的巨大空间和开拓境界,因此,我们可以把这些矛盾的应对和解决,总体理解为实现学术研究的科学创新问题。这就是说,我国的政治学的这些矛盾和问题,只有通过学术创新才能得到解决,同时,这些创新又必须是科学合理的,

符合坚持和完善发展中国特色社会主义本质要求的,而不是荒诞不经、标新立异和哗众取宠的。

实现我国政治学研究学术发展和科学创新的途径是多种多样的,其中包含思想性、战略性、政策性的措施和途径,不过,就学术发展和学术共同体的治理来看,促进我国政治学学术健康科学发展的根本途径和长效机制,在于从制度和规则入手,使得科学创新的价值导向、战略导向、政策导向落实为制度规范,转化为学术共同体的基本规则,这就需要建构学术发展的科学创新体系,通过"努力建设哲学社会科学理论创新体系,积极推动学术观点创新、学科体系创新和科研方法创新"。① "当前,我国已站在新的历史起点上,要按照党的十七大和十七届四中全会提出的任务和要求,围绕建设中国特色、中国风格、中国气派的哲学社会科学,努力构建高校哲学社会科学创新体系。"②

哲学社会科学创新体系,在制度和规则形态上主要体现为科学创新的体制和机制,而科学创新的体制,又常常是通过学术发展和科学创新的机制来实现的。因此,建构我国政治学学术发展的科学创新机制,是把政治学研究的科学创新落到实处,有效推进我国政治学学术正确健康发展的重要途径。从这个意义上讲,在我国政治学研究的学术共同体中实施机制治理,通过机制设计、建构和创新,促进政治学学术发展和科学创新,应该成为我国政治学学术进一步科学发展的重要路径。

根据我国政治学学术发展的现实状况、面临的矛盾和问题,我国政治学研究和管理需要"形成既能把握正确方向,又有利于激发哲学社会科学发展活力的引导机制;形成既能有效整合资源,又能充分发挥各方面积极性的调控机制",③其具体创设和建构内容主要包括:

---

① 《中共中央关于进一步繁荣发展哲学社会科学的意见》,新华网2004年3月20日。网址:http://news. xinhuanet. com/newscenter/2004 - 03/20/content_1375777. htm。

② 刘延东:《紧扣时代主题　扎根社会实践　努力构建高校哲学社会科学创新体系》,刘延东在出席高等学校科学研究优秀成果奖(人文社会科学)颁奖大会时的讲话,新华网2009年12月30日。网址:http://news. xinhuanet. com/politics/2009 - 12/30/content_12731387. htm。

③ 《中共中央关于进一步繁荣发展哲学社会科学的意见》,新华网2004年3月20日。网址:http://news. xinhuanet. com/newscenter/2004 - 03/20/content_1375777. htm。

1. 学术创新的思想导向机制建设

在学术研究的思想导向上,以马克思主义为指导,坚持政治学研究为社会主义服务、为人民服务的方向,"在事关政治方向和根本原则问题上,要旗帜鲜明"。[1] 同时,坚持马克思主义实事求是的精髓,坚持马克思主义中国化的发展方向和道路,从中国政治发展的实际出发进行学术研究和理论探讨,贯彻不断解放思想、与时俱进的思想创新原则,深入贯彻"双百"方针,把是否坚持正确政治方向,敢于创新、勇于创新、善于创新作为衡量政治学研究及其成果的基本标准。与此同时,坚持科学创新、合理创新、正确创新,"要巩固马克思主义指导地位,坚持不懈地用马克思主义中国化最新成果武装全党、教育人民,用中国特色社会主义共同理想凝聚力量,用以爱国主义为核心的民族精神和以改革创新为核心的时代精神鼓舞斗志,用社会主义荣辱观引领风尚,巩固全党全国各族人民团结奋斗的共同思想基础。大力推进理论创新,不断赋予当代中国马克思主义鲜明的实践特色、民族特色、时代特色"。[2]

在政治学发展和建设中,设置正确的思想导向机制,最为重要的在于,在政治学研究中大力倡导马克思主义实事求是、理论联系实际的学风,"其实,我们在讨论一些抽象的理论时,往往费很多口舌仍无法弄清楚,但只要一回到现实,问题往往便不难解决"。[3] 与此同时,要把鼓励学术创新的马克思主义原则和思想导向转化为学术研究项目、科研活动、资源配置、成果评价等方面的规则、指标和制度,以此形成学术创新的思想导向机制,使得科学创新成为政治学发展的风气和取向。

2. 学术创新的动力机制建设

政治学的学术创新,需要依靠政治学者来实施和完成,因此,政治学学术发展的创新,需要贯彻以人为本的原则。这其中,根本性和关键性因素是学术创新动力机制的构建。从政治学者的科学研究活动来看,其动力通常由事

---

① 《中共中央关于进一步繁荣发展哲学社会科学的意见》,新华网 2004 年 3 月 20 日。网址:http://news. xinhuanet. com/newscenter/2004 – 03/20/content_1375777. htm。

② 胡锦涛:《高举中国特色社会主义伟大旗帜　为夺取全面建设小康社会新胜利而奋斗——在中国共产党第十七次全国代表大会上的报告》,北京,人民出版社 2007 年版。

③ 李慎明:《"普世价值"只是一个幻想》,《中国教育报》2010 年 4 月 13 日。

业追求、利益驱动、感情驱使构成,为此,可以从这些因素着手,考虑完善和构建政治学学术创新动力机制。"完善分配、激励、保障制度,建立健全与工作业绩紧密联系、充分体现人才价值、有利于激发人才活力和维护人才合法权益的激励保障机制。"①具体地讲,一是扩展政治学者的事业空间,使得他们具有运用专业知识为国家长治久安和人民福祉服务的用武之地,具有承担政治责任和历史使命的现实途径;二是紧密联系政治学者的切身利益和学术共同体的共同利益,充分运用利益激励和利益约束制度、规则和办法,设计和建构政治学学术创新的利益动力机制;三是培养政治学者对于学术专业的感情,从学术情感上激发政治学者的积极性和创造性。由此使得政治学研究既是政治学者的事业,又是政治学研究者的事业,更是政治学研究者的人生。

3. 学术创新的战略选择机制建设

为了实现政治学的学术发展和创新,合理有效配置学术资源,需要统一的战略部署和合理布局。这种科学合理的战略部署和布局,既是执政党和政府主管部门、机构单位的任务和责任,也应该成为政治学者的自觉行为,而学者的自觉行为,则需要通过学术创新的战略选择机制建设来实现和运行。

学术创新的战略选择机制建设,本质上要求相关部门在政治学科学术研究发展和管理中,对于战略重点、研究内容、研究方向、研究方法等进行制度、规则、利益等要素的合理重点配置和建构,由此创造政治学学术研究的机会收益和比较效应,藉此使得政治学的战略部署和布局转化为政治学者进行学术研究的自觉和自动选择。

根据政治学科理论性与实践性兼备的特点,在政治学学术创新的战略选择机制建设方面,还需要建立社会政治生活需求取向机制,这就是说,要根据党和政府治国理政的需求,根据社会公共利益发展和公民政治权利实现的要求选择重大和真实课题,"发挥好思想库和智囊团作用,要求我们顾大局、议大事、谋大计,使科学研究服从服务于党和国家工作大局,融入建设和发展中国特色社会主义的实践中,在党和政府决策的酝酿、制定和执行等各个环节,随时提供充分的知识储备和理论支持,提供有重要价值的咨询、论证和建议;

①　《国家中长期人才发展规划纲要(2010—2020)》,http://news.xinhuanet.com/politics/2010-06/06/c_12188243.htm。

要求我们深入实践,深入群众,加大调研力度,真正把握世情、国情、党情、民情,站在中国经济社会发展进步的潮头,正确回答和解决改革发展关键时期的重大问题,以发展中国特色社会主义为中心,开展创造性的理论研究、战略研究和对策研究,不断推出高质量的研究成果;要求我们继续抓紧抓好中央委托交办的各类课题研究,加强对经济社会发展重大项目的研究、论证和咨询,鼓励更多的专家学者参与中央重大文件起草、法律法规制订、决策咨询等工作"。[①]

4. 学术创新的能力强化机制建设

从学术创新主体即政治学者的角度看,政治学的学术创新,既要设置立足于创新必要性的动力机制,又要设置立足于创新可行性的能力机制,因此,建设合理的政治学学术研究科学创新的能力强化机制,对于政治学学术发展创新具有至关重要的意义。

政治学学术创新能力强化机制,实际上是政治学人才队伍建设和培养机制问题。从我国政治学学术研究和发展的状况看,必须坚持党管人才的原则。同时,"构建与社会主义市场经济体制相适应、有利于科学发展的人才发展体制机制,最大限度地激发人才的创造活力"。[②]

在我国政治学人才培养方面,应该积极贯彻培养人才和引进人才两方面并重和有机结合的方针。一方面,积极培养现有的政治学人才,使得他们获得更多的成长和发展空间、培训机会、科研项目、交流合作联系,因此,对他们提要求、压担子、给机会、配资源,使得其能力和水平得到迅速提高。另一方面,继续积极引进人才,在国家统一人才战略部署下,根据国家人才政策,强化引进人才工作。与此同时,对于引进的人才,进行包括政治方向在内的系统职业培训,提出明确的政治要求和工作要求,进行科学合理评价、鉴别和管理,并且鼓励其积极展开国际学术竞争。

根据中央人才工作会议精神,在我国政治学人才队伍建设方面,应该而且必须以标志性的政治、业务和道德等素质和能力,作为选拔人才、培养人

---

① 　王伟光:《加快构建哲学社会科学创新体系》,《中国社会科学院报》2009 年 3 月 9 日。

② 　《国家中长期人才发展规划纲要(2010—2020)》,http://news.xinhuanet.com/politics/2010 – 06/06/c_12188243.htm。

才、使用人才的综合指标体系,防止和反对单纯以学历、学缘、学校或者学习背景作为鉴别人才的根本标识,"建立以岗位职责要求为基础,以品德、能力和业绩为导向,科学化、社会化的人才评价发现机制。完善人才评价标准,克服唯学历、唯论文倾向,对人才不求全责备,注重靠实践和贡献评价人才。改进人才评价方式,拓宽人才评价渠道。把评价人才和发现人才结合起来,坚持在实践和群众中识别人才、发现人才"。①

5. 学术创新的评价机制建设

近年来,经过积极建设,我国政治学学术评价体制和体系基本形成,对于发展和提高政治学研究的水平和质量发挥了积极作用。与此同时,应该看到,我国政治学的科学创新,需要进一步贯彻绩效管理的科学原则,完善和细化政治学的学术评价体系,使得这种学术评价体系进一步发展成为科学合理的学术评价机制,"以提升哲学社会科学研究质量为导向,以内容为主要依据,构建评价标准类化,评价形式多元,评价活动简约,评价高效的科学评价体系",②实现政治学的学术评价的精细化管理。

就目前政治学的研究和管理来看,激发学术科学创新的评价机制建设,需要进行三个方面的机制完善和建设:一是科学评价机制的完善和建设,这就需要对于政治学科研项目、科研成果的评价指标进行完善化、精细化和合理化建设,按照政治学学术发展的规律和特点完善评价机制和指标体系,切实按照学术创新的内在规律,完善科学的评价体系。"在评价标准上,要根据基础研究、应用研究和公益性研究的不同特点,建立不同的评价指标体系。""在评价内容上,不仅要关注直接的、近期的和显性的价值,也要关注间接的、长远的、隐性的价值;对创新性强的项目、非共识项目以及学科交叉项目,要给予特别关注和支持。在评价方式上,要公开透明,接受学术界的监督,以增强公信力。"③与此同时,进一步完善评价程序和规则。二是学术信用机制。

① 《国家中长期人才发展规划纲要(2010—2020)》,http://news. xinhuanet. com/politics/2010 – 06/06/c_12188243. htm。

② 张东刚:《时代的飞速发展对民族院校哲学社会科学发展提出了更高的要求》,中国高校人文社科信息网,http://www. sinoss. net/webgate/CmdNewsDetail? newsId = 9074。

③ 刘延东:《在科研诚信与学风建设座谈会上的讲话》,http://www. moe. gov. cn/edoas/website18/31/info1270771119225131. htm。

政治学学术研究亟需建设和发展学者的学术信用体系,进行学术信用记录,作为学术评价和项目批准的依据。三是学术奖励机制。政治学与其他社会科学一样,都需要提高科学创新和重大创新的奖励级别,提高奖励荣誉层次,建立国家级奖励,加大重大创新成果荣誉奖励和物质奖励的力度。

6. 学术责任追究机制建设

政治学学术活动,既是学术研究活动,又是社会主义政治文明和精神文化建设活动,因此,学术创新和研究既负有学术责任,又负有社会政治影响责任。同时,"科学研究是以诚实守信为基础的事业",[①]因此,政治学又负有社会道德责任和基本价值维护责任。为此,政治学的学术创新应该尽快建立有效合理的学术责任追究机制,其主要包括:第一,正确的学风引导机制,树立学科和学术研究的学风标准和规范,培育良好的学术学风。"科研诚信和学风建设是推进创新型国家建设的重要基础,是科学事业健康发展的内在要求,是社会文明进步的重要标志",[②]因此,政治学特别需要加强学术创新的科研诚信建设。第二,针对虚假的学术研究和创新、甚至抄袭或者剽窃性的学术创新等学术不端行为,建立有效的举报机制,必要的公示制度。第三,建立学术责任追究机制,"从世界范围看,加强科研诚信正从单纯依靠道德约束,向道德约束和监管惩处并重转变"。[③] 因此,政治学学术发展的科研诚信建设,除了强化学者道德自律之外,对于学术不端行为,应该严肃追究其学术责任,实行包括经济赔偿、解除聘任、职称剥夺等内容在内的全国统一标准的学术惩罚制度和机制。

7. 学术创新的竞争机制建设

促进和实现政治学的学术创新,不仅需要有党和政府的推动和导向机制,学者个人积极性创造性发挥的道德和事业心激发机制,还需要引入学术

---

① 刘延东:"在科研诚信与学风建设座谈会上的讲话",http://www.moe.gov.cn/edoas/website18/31/info1270771119225131.htm。

② 刘延东:"在科研诚信与学风建设座谈会上的讲话",http://www.moe.gov.cn/edoas/website18/31/info1270771119225131.htm。

③ 刘延东:"在科研诚信与学风建设座谈会上的讲话",http://www.moe.gov.cn/edoas/website18/31/info1270771119225131.htm。

竞争机制。目前,我国政治学学术研究初步建立起了学术竞争机制,但是,就我国政治学研究的内在动力来看,需要进一步建立健全政治学的学术创新激励竞争机制,把科学研究和学术创新的贡献和价值加以细化划分,使之与科研考核、职称评定、评优评奖等进一步密切结合起来,进一步激发政治学者的科学创新竞争意识,提高其竞争能力。另一方面,强化和细化国内外同行专家的评价程序,使得竞争机制建立在科学合理、公平、公正的基础上。

在学术创新的竞争机制方面,需要注意的是,科学研究和学术创新的竞争机制,必须确立合理的优胜劣汰、择优扶重的原则和规则,在学术竞争机制的建立方面,应该防止行政管理权对于学术权力的僭越,另一方面,需要确立合理有序的竞争机制,防止学术恶性竞争。比如,政治学研究应该以原创性作为学术创新的核心出发点,由此建立学者的学术贡献和学术水平评价等级,根据政治标准和学术评价等级,政治学科应该积极稳妥地建立终身教授、终身研究员制度,保证具有突出重大积极贡献的政治学者安心从事学术研究和教育工作,把学术智慧贡献于国家和人民。

8. 学术创新的资源配置机制建设

当前,我国政治学已经成为我国哲学社会科学的重要学科,其研究内容的广泛,研究方法的更新,远非传统的政治学科能够比拟,因此,合理配置和整合资源,是我国政治学学术发展和科学创新的重要条件,也是引导我国政治学研究健康发展的重要杠杆。

就政治学目前的建设状况看,学术创新资源配置机制建设的主要任务在于:第一,合理配置资源。正确认识我国政治学的学科特性,认识其研究对象、内容和方法的多样性发展的要求,"要根据不同科研活动的特点和经费需要,完善投入机制,优化投入结构,有的项目要形成稳定支持的机制,有的项目要形成充分竞争的机制"。[①] 这其中,包括加大政治学学术研究资源配置的力度,特别是国家社会科学基金政治学科重大项目、重大课题和重点学科,需要对确有重大理论和实践价值的项目加大经费投入。另一方面,调整和完善资源配置方式,完善和设置更加合理的资源配置程序和规则,比如哲学社会

---

① 刘延东:"在科研诚信与学风建设座谈会上的讲话",http://www.moe.gov.cn/edoas/website18/31/info1270771119225131.htm。

科学招投标程序和规则,同时,注重强化专业学者在资源配置中的作用,使得有限的资源真正配置到创新重点和关键点上。第二,合理整合资源。对于政治学类重点研究基地、重点学科、创新平台等进行有效的制度和机制整合;对于政治学学术咨询机构,进一步其明确职、权、责、利及其与政治类重点研究基地、重点学科建设之间的关系;积极推进跨单位、跨学科、跨地区的协作研究。第三,进行多方面的资源配置,这就是说,不仅要进行物质资源的配置,而且进行国家荣誉、岗位级别、职称指标、招生名额、博士后人员名额、出国进修机会等无形资源的科学有效配置,并且把这些资源的合理配置作为学术创新评估的必要要素和指标。

9. 学术创新的空间和途径拓展机制建设

如前所述,政治学现有学科框架存在学科专业不合理分割和分离,学科专业设置陈旧等特点,这些特点,在学科专业框架和教学科研结合意义上,在现实研究的空间和方法创新意义上,实际阻碍了政治学的发展和创新。

从政治学学术持续创新考虑,不仅需要对于政治学学科专业进行大力调整,而且需要改革和完善学科专业的调整机制,这其中的核心问题是,一方面,相关主管部门可以更充分地发挥政治学学科和学术研究规划机构、政治学教学指导委员会、政治学社会科学委员会等机构的作用,广泛征求相关专业专家意见,在此基础上进行学科专业设置和学术研究领域规划的论证。

另一方面,相关主管部门可以进一步放权给予政治学科,尤其放权给予重点学科、重点基地所在单位,使得这些单位根据学科发展的逻辑、社会政治发展和治理国家的需求自动进行学科专业调整和设置,由此突破学科专业框架对于学术创新的束缚。

与此同时,积极鼓励政治学开拓新的创新研究领域和创新课题,特别是瞄准我国社会政治建设和发展的重大课题、国际学术前沿的重大课题、国内外政治学学科发展的新兴领域,组织力量,展开攻关研究和开拓性研究,从新的学术领域开拓深化的角度,实现学术创新。

除此之外,需要采取特定形式,积极建立高校、研究院所与各级党和政府实际工作部门的学术研究共同体,为中国政治实践和实际问题的研究创造必要条件,使政治学学术研究和创新落到实处。

10. 学术创新的对外交流和开放机制建设

为建设国际一流的政治学科,政治学必须面对国际学术界展开学术研究,这其中,既要坚持社会主义基本政治原则和价值取向,又要加强国际交流合作,切实了解国外学术界的研究状况,吸取国外学术界研究的有益内容,打破西方学术话语霸权,增强我国学术话语权。

在政治学学术创新的对外交流和开放机制建设方面,积极拓展我国政治学者对外交流的渠道和途径。首先,有关主管部门和政治学者应该在坚持"一个中国"原则的前提下,积极创造条件争取尽快恢复我国政治学会在国际政治学会的应有地位;其次,积极创造条件,建立若干国际性研究基地和平台,吸引世界各国学者来华进行中国政治发展道路和治理模式的学术研究与交流合作;第三,鼓励政治学机构和学者与世界知名大学、知名学者建立起稳定的长期的学术联系,加大我国政治学研究走出去的速度和力度,为此,可以考虑以多种形式建立多项基金加以资助;第四,积极向世界传播中国政治价值,强化中国政治学者在国际学术界的话语权,向世界全面准确介绍中国政治情况和人民民主政治特点;第五,积极邀请国际知名政治学者来访,鼓励政治学积极展开国际合作研究项目;第六,举办有国际影响力的政治学学术研讨会和重大政治课题国际论坛,强化我国政治学思想和学术的国际辐射力,为增强我国的软实力贡献力量。

政治学研究不仅具有科学性、学术性,而且具有强烈的政治性,因此,政治学的学术研究和国际交流必须强调和坚持政治性的认真严肃考量,在积极开展对外学术交流活动和研究合作的过程中,在管理机制方面,必须而且应该要求我国政治学者尤其需要注意把握政治方向,维护国格和人格,维护国家利益和尊严,维护我国最广大人民群众的根本利益和权利。

(原载《政治学研究》2010 年第 3 期)

试论公共管理案例的基本特点

公共管理硕士（MPA）专业学位教育以培养高层次、复合型和应用型政府部门和非政府公共机构的管理人才为目标，因此，在培养学生必要的知识和理论的同时，该类学位教育侧重培养的是学生分析问题、解决问题的能力。公共管理硕士（MPA）专业学位教育的培养目标，决定了它在培养和教育方式方面，与我国既有的学术型、理论型硕士学位有重要区别。按照 MPA 培养的经验和惯例，以问题和案例为基本导向，展开课堂讲授、研讨、模拟训练、案例分析以及社会实习，构成了其教育和培养方式的基本特色。其中，政府和非政府公共部门在公共管理实践中的案例，是展开这种方式教育的重要依据。可以认为，除了社会实习外，公共管理硕士（MPA）专业学位教育的其他环节，都是围绕着案例，或者以案例为基础展开的。就此而言，公共管理案例的采集和制作水平，在基本条件上决定着公共管理硕士（MPA）专业学位教育水平和学生的能力培养。因此，把握公共管理案例的基本特点，对于形成公共管理案例采集、制作和教育的规范，建设高质量、规范化的公共管理案例库，进而提高公共管理硕士（MPA）专业学位教育的质量，具有重要的意义。

一般来说，案例（Case）就指按照特定方法，经过选择和加工的特定事例，是案例采集和制作者对于实际生活中某些特定方面发生的事情的真实情景的描述。按照这一基本含义，公共管理的案例，就是对于公共管理实践中特定事件的真实情景的描述。但是，相对临床医学、法学和企业管理的案例来说，公共管理的案例既有案例的一般规定性，又有自己的特点。从国外公共管理案例规范和著名大学公共管理案例状况来看，正是这两个方面的结合，构成了公共管理案例的基本特点，实际上也构成了采集和制作公共管理案例的基本标准和规范：

1. 公共性和管理性是公共管理案例的基本选择标准

公共管理是以公共组织为依托,运用公共权力,为有效实现公共利益,提供优质公共服务而进行的管理活动。因此,公共管理硕士(MPA)专业学位教育与其他的专业学位教育的最大区别是其具有的公共特性和内容。这就决定了公共管理案例根本的标志性特征和选择标准是具有公共性的活动。另一方面,公共活动范围广大、内容众多,而只有其中的管理性的活动,即公共活动中的决策、组织、领导、控制等方面的实际情景,才是公共管理案例的基本素材。公共性和管理性,使公共管理案例区别于其他类型的案例,确定了其基本的选择范围。

2. 公共管理案例具有范围的广泛性

尽管在抽象的意义上,特定范围内的公共利益只有一项,但是,在具体现实性上,公共事务和由此要求的公共管理活动是多方面、多领域、多部门的。另一方面,公共管理活动在不同的管理层次上进行和展开,在现代社会中,公共管理还由政府部门与非政府的公共机构共同承担。公共管理的这种现实特点,决定了以现实管理活动情景、过程和结果为内容的公共管理案例,可以从广泛的覆盖面和多个层次、多个过程环节和多个侧面进行选择,也可以从公共管理的不同组织机构、不同层次和过程的不同环节之间的关系着眼选择。

3. 公共管理案例具有内涵的丰富性

从案例包容的内容和分析功能来看,案例一般可以分为综合性案例和专业案例。综合性案例具有多方面的内涵和分析维度,而专业案例则具有针对单一管理问题和环节的特点。但是,由于在公共管理中,即使单一的管理问题都包含着多重价值的综合构成性,同时,即使单一的管理问题也都与政治、法律、公共经济和公共伦理交织在一起,因此,不仅公共管理的综合性案例具有丰富的内涵和多方面分析维度,而且专业的案例也具有深厚而丰富的多方面内涵和分析维度。

4. 公共管理案例具有典型性

典型性是案例的生命力所在,也是案例区别于一般故事和事例的基本特性。就公共管理来说,案例的典型性首先集中体现在所选择描述的公共管理情景和所需要说明的公共管理概念和分析具有代表性的紧密联系。学习者能够通过该代表性的案例,分析检验和说明特定的公共管理概念、理论和方法,或者能够由中得到新的管理观念和方法。"案例是检验你对于理论理解、理论联系实际、发展理论见解的杰出的工具。案例本身可能就包含着理论材料,涵盖理论观点。案例提供了观察理论如何运用于实践的机会。"[①]其次,这种典型性体现在案例包含着几乎所有的有效信息。而无用信息和无关信息基本上被排除在案例情景描述之外。再次,这种典型性体现在案例中往往同时包含公共管理问题的特殊性和管理理论和方法的一般性两个方面,使得对于特定案例的分析可以达到举一反三的效果。

5. 公共管理案例具有第一手性

严格意义上的案例,应该是案例采集和制作者根据现场的第一手材料描述而成的。在实证研究意义上,这种第一手性被称之为田野性(Field - Base)。通过报刊、文件、他人的调查报告、他人制作的案例及新闻报道而得来的二手案例,由于作者的视角、着眼点、选择内容和范围不同,其实用程度和价值往往会大大降低。由于公共管理的复杂性和有关案例分析的效用性,往往更加强调其第一手性。另一方面,公共管理案例要求的真实性,也要求采集和制作材料的第一手性。在国外著名大学的公共管理案例中,这种第一手性往往是通过相关机构、当事人等的授权签名来保证的。授权有四个目的,"第一,它保证案例的写作者事实上已经去田野。第二,签名授权意味着,这个状况确实被准确和正确地描述了。有些信息,如组织和人的名字,可以改变以确保机密,但是必须确保关键性问题及其内容得到正确的保留。第三,授权允许使用案例于教育的目的。第四,授权有助于保持教育机构与案

---

① Louise A. Mauffte – Leenders, James A. Erskine, Michiel R. Leenders, *Learning with Cases*, Richard Ivey School of Business, 1997, p. 4.

例所写的组织之间的联系"。①

6. 公共管理案例具有学习者可进入性

在公共管理教育中,公共管理案例教学的突出功能和特点,是创造一种类现实的情景,使得学习者有可能在教室或者实验室的条件下,进入这种情景,设身处地地面对公共管理中的问题和事务,进行分析和决策,从而实践管理的科学和艺术。因此,"运用案例背后的全面要点是使您能够承担特定组织中特定人的角色和责任,作为正在进行的工作的训练形式来考虑它。案例提供了这样的可能性,即深入参与在实际组织中实践的人们面临的决策、承担的受益和感觉的压力,认识其风险,使你的思想让别人了解。"②正因为如此,公共管理案例的情景描述,必须是学习者可以根据自己的经验、经历乃至想象力可以置身其中的。这一特性,实际上是公共管理案例描述与学习者之间的相关度问题。它显示的是公共管理案例的表现力。一般来说,案例类型明确、情景清楚简要,内容与学习者适配,是学习者进入案例的必要条件。

7. 公共管理案例具有学习者可分析性

作为对于特定公共管理情景的描述,公共管理案例一般是以管理中的事件和问题为素材,以陈述的方式来制成的。在非案例性的描述中,对于事件的陈述一般包含相关问题、当事人和机构、事件的起因、过程、解决问题可考虑的选择、可用的决策标准和最后的决策等要素。可是,作为公共管理案例的描述,这些要素如果都出现在案例中,实际使得学习者没有任何分析的空间,没有思考、选择和提供对策的必要。因此,公共管理案例的构成要素中,至多给出解决问题和决策的可考虑的选择,而把决策标准的选择和最后决策留给学习者,甚至不提供解决问题的可能选择。只有这样,才能达到案例分析和学习的目的。

---

① Louis B. Barnes, C. Roland Christensen and Abby J. Hansen, *Teaching and the Case Method*, Harvard Business School Press, 1994, p. 47.

② Louise A. Mauffte‑Leenders, James A. Erskine, Michiel R. Leenders, *Learning with Cases*, Richard Ivey School of Business, 1997, p. 14.

8. 公共管理案例包含学习者可理解的概念和理论

实际上,在公共管理案例采集、制作和分析过程中,除了特定的公共管理的事务、事件和问题的描述这些主干内容外,必须具有公共管理各方面和各过程环节的既有理论、概念和术语。但是,就其功能来讲,公共管理案例又是人们学习公共管理理论、观念、技术和方法的分析性素材,按照这种功能性要求,公共管理案例中的理论、概念和术语,应该是学习者容易理解,或者是已经理解的。而学习者生疏、费解的理论、概念和分析结构,不应该纳入案例的内容。当然,如果出于学习的专业性的需要,若干理论、概念和分析结构也不得不纳入案例。在这种情况下,有学者主张,"案例制作者在设计时,应该决定如何最好地把实践意义上的这些理论、概念和分析角度与有关案例紧密结合起来,通俗地解释这些理论、概念和分析结构"。① 或者在案例学习和分析前,讲授和解释这些理论、概念和分析结构,尔后展开案例学习和分析。

9. 公共管理案例具有明确的背景性

公共管理是政府部门和非政府公共组织为了实现和满足公共利益的要求,对于社会公共事务进行的管理活动。由于公共性具有社会普遍性和广泛性的天然内在含义,因此,特定的公共管理与其所处的政治、经济、文化、社会、自然乃至国际环境有着其他管理不可比拟的紧密相关度。这些环境因素,构成了公共管理案例的特定的具体历史时空背景。虽然案例分析和学习是实证性的活动,但是,离开了这些背景,公共管理的案例就会变得难以理解,而且围绕这些案例进行的分析和对策选择也会失去约束条件的考虑而陷入空泛。为此,有学者主张公共管理案例必须明确交待其特定范围和背景,同时,随着历史的发展和背景的变化,案例会显示其效用的相对性而降低价值,因此,应该不断更新和淘汰。但是,另一方面,公共管理案例毕竟不是历史教科书,不可能详细介绍特定管理事件的背景。对此,一般公共管理案例或者极简要介绍相关背景,或者干脆标明该案例的日期、发展范围,并且说明其背景的相关参考材料,以此明确案例的背景。一般来说,其日期和地点意

---

① Louise A. Maufftte-Leenders, James A. Erskine, Michiel R. Leenders: *Learning with Cases*, Richard Ivey School of Business, 1997, p. 14.

味着其经济、社会、政治和技术背景。这些不成文的背景一般总是与案例的分析和答案有关的"。①

10. 公共管理案例具有可讨论性

在通行的案例式教育中,案例分析是小组或者大组讨论的任务,而不是由学生个人完成的作业。因此,强调案例的可讨论性,是案例的重要特点。在公共管理教育中,由于学生业务和知识背景、工作岗位背景的不同,由于公共管理活动往往具有丰富内涵,公共事务常常具有多种解决方法,因此,这就更加需要培养学生的开阔思路,从而强调公共管理案例具有多解性意义上的可讨论性。就此而言,公共管理案例的可讨论性不是体现在案例情景和给定的内容上,而主要体现在选择解决问题的理论、观念、角度、方法和标准上,体现在解决问题的决策方案的可考虑的选择上,体现在对于不同决策方案效果的评价上。另一方面,公共管理案例的可讨论性,也会体现在特定案例,尤其是综合性案例体现的管理理念和思想上,但是,在这方面,有不少学者认为应该防止以特定理念来套解案例的学习和分析方法。

（原载《中国行政管理》2001 年第 2 期）

---

① Robert Ronstadt, *The Art of Case Analysis*, *A Student Guide*, Lord Publishing, Mass. , 1977.

中国政治学学术发展的基本趋势①

在国民经济与社会发展"十一五"期间,我国政治学者在马克思主义、毛泽东思想、邓小平理论和"三个代表"重要思想指导下,深入贯彻实践科学发展观,进一步落实《中共中央关于进一步繁荣发展哲学社会科学的意见》,贯彻落实党的十七大、十七届三中全会、四中全会精神,以中国特色社会主义政治发展与人民民主政治建设为主线展开学术研究,取得了丰硕研究成果。其集中体现为政治学思想理论研究得以发展深化、现实对策研究得以扩展强化、基础学术研究趋向深化细化、学科交叉研究取得新的进展、分析方法受到较大关注重视、对外学术交流日益加强。当前,我国政治学研究的基本状况表现为,马克思主义指导地位进一步巩固,政治学学术发展的根本方向明确,基本方位清晰,国家优效治理成为研究重点亮点,学术研究方法逐步趋向科学规范,研究领域呈现分化与融合趋势,学术研究形成各具特色的生长点,对外学术交流成为学术发展的重要途径。

在"十二五"期间,我国政治学的学术发展的着力点主要在于,深化马克思主义政治学理论研究,提升中国特色社会主义政治研究,提高现实研究的科学性和可行性,推进研究方法的多样性和科学性,积极展开政治学的辩证结合研究,积极推进和深化公共政策的研究,加强政治学科基础性研究和建设,强化和扩展政治学对外学术交流。

在中国特色社会主义理论指导下,在中国社会政治建设和发展的现实政

---

① 本文根据全国哲学社会科学规划办公室《关于组织开展哲学社会科学研究"十二五"学科调研工作的通知》(社科规划办通字〔2010〕3号)要求,在我国政治学"十一五"期间学术发展各主要领域研究情况调查报告的基础上撰写而成。

治逻辑和学科学术的理论与知识发展逻辑双重作用下,我国政治学研究面临着思想价值的坚持与发展、历史经验的概括与提升、政治研究与现实的互动、学术进展与学科发展结合等多方面的责任、使命、任务和机遇,并将在对其进行的学术回应中,逐步形成我国政治学学术研究的未来发展趋势。

从总体上看,我国政治学将会继续围绕着中国特色社会主义政治建设和发展的总体战略即中国共产党的领导、人民当家作主和依法治国的有机结合展开。在这一主题下,政治学的研究主线,是党领导人民有效地治理国家。在政治学研究和学术发展中,这一核心内容将展开形成有机结合的两个方面研究主线,一是中国共产党领导下的国家和社会的优效治理;二是人民民主政治的深入发展。在这一总体趋势下,我国政治学研究将形成学术研究的前沿领域和课题。

1. 政治学研究负有重大的思想定向责任,势将促使政治学对于发展着的马克思主义政治学理论进一步展开深入研究

发展着的马克思主义政治学,是我国政治学学术研究的指南。以发展着的马克思主义政治学指导我国政治学学术研究,引领我国政治学学术发展,使得我国的政治学学术研究按照中国特色社会主义政治建设和发展的正确道路前进,深入展开对于人类社会发展规律、社会主义政治发展规律和共产党执政规律的研究和阐发,是我国政治学学术研究的根本原则和重大思想责任。我国政治学的进一步发展,必然而且必须承担这一重要思想责任,坚持这一根本方向和重大原则。

按照我国政治学研究肩负的重大思想责任的要求,我国政治学学术研究势将进一步趋向对于发展着的马克思主义政治学理论的深入研究,在中央马克思主义理论研究和建设工程的统领和带动下,中国化的马克思主义与经典的马克思主义的继承发展关系,关于马克思主义与社会主义政治实践的关系,关于我国社会政治发展中的重大理论问题和重大是非界限,将会按照发展着的马克思主义政治学的基本立场、方法和观点,得到进一步重视和深入研究。

另一方面,马克思主义政治学原理和方法的深入研究,将贯穿和深化政治学分支学科和专业领域的理论研究,在中外政治思想、中外政治制度、中国

政府与政治、行政管理、公共管理和公共政策等课程,在政党和政府理论、政治哲学分析、比较政治理论和方法、政治发展理论、政治制度理论、政治经济理论等研究领域,贯彻马克思主义政治学与行政学基本立场、观点和方法,引领这些课程和领域运用马克思主义立场、观点和方法分析问题、阐发思想、阐述理论和确立价值,逐步深化这些课程和研究领域的学术研究。

中国特色社会主义理论体系是全国各族人民团结奋斗的共同思想基础。因此,在实践中深入研究中国特色社会主义理论体系,尤其是深入研究其政治学理论和方法,势必成为我国政治学的重要内容。具体地说,在邓小平理论研究方面,我国政治学将在已有研究基础上,进一步深化学术研究,研究课题包括邓小平的中国政治发展思想,政府管理思想,社会主义政治民主政治建设,政治价值观,政治体制改革思想等等。在"三个代表"重要思想方面,关于我国社会发展新阶段的社会阶层及其政治状况,关于共产党的执政方式、执政能力、执政水平,关于政党制度与政治核心价值如廉洁、效率、公平、公正之间的联系及其实现模式等,将成为重要的研究课题。在科学发展观方面,以人为本的政治哲学和思想方法论,从人的主体性出发建立的协调发展的政治战略,公共政治、和谐政治的核心价值、制度形态和机制政策,科学发展的政府管理方式和社会治理模式等等,都成为重要的理论探讨领域。与此同时,中国特色社会主义政治理论对马克思主义政治学说的继承和发展,邓小平政治理论、"三个代表"重要思想和科学发展观之间的联系,也将成为我国政治学研究的重要理论课题。

与此同时,我国的改革开放和经济社会转型,在深层次上体现为社会价值体系的继承、坚持、发展和创新问题,由此需要持续深刻展开社会主义核心价值体系构建、社会政治生活重大价值如社会主义民主、自由、人权、平等、正义、公正、效率的研究。而这些政治核心价值与其他政治哲学及其核心价值的关系、这些政治核心价值的社会本质及其在我国政治现实中的实现途径等问题,无疑构成了我国政治学研究的思想方向和实践发展重要课题,由此使得政治核心价值研究在未来我国政治学学术研究中更加凸显其重要意义,进而发展成为政治学研究的核心理论研究领域。

应该强调指出的是,我国政治学的重大意识形态和思想价值观澄清和导向责任,将趋于按照马克思主义政治学研究方法论的要求予以承担。这就是说,我国政治学将按照历史唯物主义和辩证唯物主义的要求,从理论、思想、价值等精神现象与社会组织实践紧密结合、与人类社会政治发展历史、社会主义政治实践和共产党执政实践紧密结合上展开进行,以最广大人民群众的政治实践作为政治精神现象的唯一标准确定重大政治和思想价值是非,从工人阶级和广大人民群众拥有、享有和主导的意义上阐发政治价值和理论是非。

2. 政治学研究负有重要的理论创新任务,势将促使构建中国本土原创性政治学理论发展成为政治学研究的未来趋势

就哲学社会科学的特性来看,理论是特定学科的灵魂和精髓,是作为独立社会科学学科存在和发展的思想根基,是学科专业研究和把握客观世界程度和水平的衡量标尺,因此,理论研究既是哲学社会科学各学科的份内职责,也是其发展和提高思想认识水平,推进学科建设发展的基本路径。从我国政治学研究状况来看,理论研究更是政治学科奠定、巩固和强化学科思想基础、逻辑基础、方向前提、路径向导和知识根基的重要途径,是推进学科发展和巩固学科地位的重要方式,因此,我国的政治学负有强化和深化理论研究,不断实现理论科学创新的重要任务。

就我国政治学理论研究来看,马克思主义政治学理论既是我国政治学理论研究的指南,又是我国政治学理论研究的内容。在马克思主义政治学指导下,我国政治学者披肝沥胆,初步建构和形成了我国政治学基本理论体系和专门理论,为政治学科和学术研究的发展奠定了较为扎实的优良基础。

随着发展着的马克思主义的不断丰富,随着中国特色社会主义政治建设实践和我国政治学学科的发展,我国政治学理论研究面临着进一步理论创新的更高要求。就我国政治学的理论状况来看,这一要求特别体现为对于政治学本土性、原创性理论创新的呼唤和要求,从而促使我国政治学趋向于本土性、原创性政治学理论构建的努力。

按照我国社会科学理论创新的规律,我国政治学本土性、原创性理论创新和建构,必将在发展着的马克思主义政治学指导下,基于我国人民丰富多样的政治实践的发展构建形成,并且在这一实践中不断得以检验和证实;必将根据我国经济、社会、文化和政治的特性构建形成,并且具有对于中国和世界的政治发展和政治实践科学透彻的逻辑解释力;必将与人民的根本利益密切相关,并且以人民的根本利益和人民民主的发展进步为价值取向和理论目标;必将进一步分析、鉴别、扬弃和吸取古今中外一切思想资源和优秀成果,汇集人类的政治智慧和思想成就构建形成。

按照政治学理论的基本要求,我国政治学的理论建设和创新必将从中国与世界、历史与现实、现象与规律的探讨入手,以实现本土性、原创性与国际性、发展性的结合为特色,使得我国政治学研究的思想、理论、智慧和知识造福于中国人民,裨益于中国特色社会主义政治建设和政治文明发展,影响国际政治科学的学术和理论发展。

3. 政治学研究负有重要的学术推进使命,势将促使中国特色社会主义政治发展道路的理论概括和实践研究趋向深化

经过人民共和国六十年的发展,尤其经过改革开放三十年的发展,中国特色社会主义道路以其空前的成就,引起世界广泛瞩目,由此也提出了不同于其他国家和地区的"中国特色发展道路"、"中国模式"等具有世界历史意义的命题。在这一历史和学术背景下,运用历史唯物主义和辩证唯物主义,以世界现代化历史和经济全球化的眼光,从学术理论上深入总结中国特色社会主义政治发展经验,分析中国特色社会主义政治发展道路,将之概括、提炼、升华和构建,形成既有理论原创性,又有国际学术意义的中国政治发展理论、中国民主政治建设理论、中国治理模式理论和中国经济社会发展的政治经济学理论,透彻深入阐明中国特色的人民民主之政与优效公平之治的有机结合、公共利益与公民权利的均衡关系,中国特色政府、市场和社会机制的有效结合模式等等,科学总结、发掘和提炼"中国特色社会主义政治发展道路"、"中国治理模式"等重大命题,不仅成为我国政治学学术发展的重要历史和学术使命,而且成为我国政治学形成基于本土的原创性成果,进而走向世界,形成国际一流学术成果,建设成为国际一流政治学科的重要路径。因此,在我国政治学研究的未来发展中,中国政治发展历史经验的总结和分析、中国政治模式和治理模式的理论阐发、中国特色社会主义政治建设和发展道路的理论和实践研究,不仅继续成为我国政治学学术研究的重点和中心,而且成为我国政治学学术研究的热点和重点。

在对于中国特色社会主义政治发展道路、中国治理模式等等的分析和阐发中,我国政治学学术研究将趋于不仅描述中国经验、道路和模式的特征,而且分析中国经验、道路和模式的内在逻辑;不仅分析其内在逻辑,而且阐明其社会基础、政治性质、发展取向和趋向,由此不仅在国际政治学学术研究领域打破西方学术的世界话语霸权,而且从本质意义上阐明中国特色社会主义政治的根本性质、巨大优越性和强大生命力,在比较分析和鉴定识别中阐明中国特色社会主义政治对于中国社会发展和现代化建设的必然性和适切性。

4. 政治学研究负有重要的现实政治责任,势将促使政治学进一步趋向现实对策性研究,使公共政策研究迅速强劲发展

我国社会主义现代化建设进入新的历史发展时期,深入贯彻实践科学发展观,在经济建设、政治建设、社会建设、文化建设、生态建设和党的建设中,政治建设具有举足轻重的关键地位和作用,深化政治体制和行政管理体制改革,推进社会主义民主政治,成为中国特色社会主义发展至关重要的现实政治责任。在我国政治学研究中,这一责任体现为一系列重大现实课题,比如执政党在治理国家的实践中进一步实现科学执政、民主执政和依法执政,在制度和机制意义上落实党的领导、人民当家作主和依法治国的有机统一的政治发展战略,适应改革开放和社会主义市场经济科学发展的新要求,实现政府职能转变,建设服务型政府等,都成为我国社会主义现代化建设过程中的重大迫切问题,都需要政治学在深入研究和理论创新中,不断予以深入研究、科学分析、理论概括和对策回应,这就要求我国政治学以党和国家正在做的事情为中心,进一步从战略、制度、价值、文化、政策等多方面着力研究国家治理与人民民主发展的重大现实问题。

另一方面,我国经济社会发展进入转型期,科学发展进入关键期,改革开放进入深水区,社会矛盾集中而突出,社会、民族、政治事件具有突发性、高频度、高强度的特点,维护政治稳定、公平正义、公民有序参与等政治发展课题,成为现阶段社会经济政治发展的重要热点、难点问题。政治学肩负党和人民的重大期望,义不容辞应当在全面建设小康社会、社会主义和谐社会的过程中直面这些挑战,突出焦点、突破难点、准确科学地分析问题,从战略、方略、策略等多方面提出、设计和论证具有针对性、建设性和可行性的对策。

因此,在我国政治学未来发展中,政治学的现实对策性研究将会更加突出,现实问题导向的应用性、对策性研究在政治学研究中份量进一步加大。与此同时,我国社会政治建设要求政治学现实研究能力得到大幅度强化,由此形成的研究成果的科学性、有效性程度将会大幅度提高。

从发展的角度看,我国政治学的现实对策性研究在数量和比重上会逐步超越理论研究和基础研究,成为政治学研究的主体内容,政治学学术研究内容和课题数量会按照现实对策和应用性程度,呈现专项政策研究多于政策理论、公共政策研究多于公共管理、公共管理多于公共行政、公共行政多于政治制度、政治制度多于政治哲学和政治理论的梯形结构分布,而在研究方法上,也会相应形成实证研究迅速发展而超越规范研究的趋势。

在这一趋势作用下,我国政治学将进一步推进公共政策研究在数量和范围方面迅速发展的势头,由此使得公共政策分析和研究成为我国政治学研究的主要学科专业和研究领域,使得公共政策分析的理论、方法、程序和技术成为政治学研究的重要内容。

5. 政治学研究对象日趋丰富的发展状况,势将拉动我国政治学研究趋向学术范围和关注层次的丰富多样和相互融合

如前所述,就其现实状况来看,我国政治学的学术研究呈现丰富多样的特征。随着社会政治建设发展,我国政治学研究将会适应社会发展和政治建设的进一步要求,适应治理国家和发展人民民主的进一步要求,扩大加深学术研究的广度、深度和幅度,使得政治学成为融合不同学科专业知识和方法,实现深入精细研究的学科,具体地说,其主要体现在:

一方面,我国政治学学术研究势将进一步扩展。从研究层面来看,我国政治学学术研究将进一步从宏观政治层面深入拓展到中观政治层面、微观政治层面,这就意味着我国政治学研究在深化研究国家政治原则、政治价值和宏观制度架构的同时,将进一步深入政权运行过程、治理决策过程、政策执行过程、团体政治行为、组织结构等中观政治层面,以及公民权利和政治心理、政治行为和政治态度等微观层面的研究。从研究的对象来看,我国政治学研究将进一步从思辨性政治哲学的研究,深入拓展到体制和机制研究;进一步超越传统的制度研究,深入到政治运行机理剖析、国家治理和民主发展机制

设计和设置研究;进一步超越单纯的制度规则研究,深入到人与制度互动结合研究。从研究领域看,除了政治哲学、政治思想、政治制度等领域之外,政治历史、政治行为、政治心理等等,将成为我国政治学学术研究的重要领域。除了政治学学科领域之外,人文、社会、自然和技术科学的多个学科都会在理论基础、研究方法、知识借鉴等方面,与政治学学术研究形成交融,从而使得政治学学术研究呈现巨大的包容性和内容的更加丰富多彩性。

另一方面,我国政治学学术研究的内容扩展和丰富,也会体现在政治学研究的丰富多样性的相互结合和融合方面,其中包括历史与现实、理论与实践、意识形态与政治运行、制度与价值、战略与政策研究的结合和融合,包括规范研究方法与实证研究方法的结合与融合、进而促进政治哲学与政治学科研究的结合和融合,包括宏观、中观和微观研究的结合和融合,中国研究与比较研究的结合和融合。如此等等。在这些结合和融合中,会形成新的学术研究生长点。

6. 政治学研究面临的研究方法改进需求,势将拉动政治学研究趋向思维方式、探讨途径和工具进一步多样和规范化

"十一五"期间,我国政治学对于研究方法展开了多方面研究,对于我国政治学在方法论意义上的多样性和科学性进行了检讨、反思和审视,取得了良好的成果。

"十二五"期间,我国社会主义政治建设的深入发展,将促使我国政治学进一步适应学术研究的要求,进一步审视和反思我国政治学的研究方法,并且推进政治学研究方法多样性和科学性的进一步发展:对于马克思主义政治研究方法的研究会得到深入,马克思主义唯物辩证法将会得到进一步重视和运用;同时,马克思主义关于人性问题的观点将得到深入研究和准确把握,在经济关系基础上,人的多种社会关系形成的人性,比如人的民族性、人的阶层性等等,将逐步形成政治理论研究的多种逻辑起点和分析途径,并且在此基础上形成相应的政治理论和知识。

在马克思主义政治研究方法指导下,西方政治分析的途径将得到比较深入的研究和科学鉴别,这些分析途径关于人性的伦理设置、理性设定、经验存在、虚拟环境设计等等,将会得到深入研究和分析;关于制度与实践之间的因果关系和变量作用,关于政治制度与社会经济和意识形态之间的因果关系将

得到深入检讨;关于西方政治分析模型的效用和意义,将得到检测和验证;关于泛科学主义的方法论思潮将得到反思,其机械唯物论和形而上学的特点将受到质疑;关于经验研究和实证分析方法的局限性将得到揭示。在此基础上,政治学者将会提高我国政治研究方法的科学性,降低对于西方政治分析方法的认识盲目性和片面性。

随着中国特色社会主义政治实践的丰富和发展,我国政治学在丰富发展既有研究方法的同时,将根据学术研究科学性实践性的要求,从中国本土的政治研究中逐步构建和形成新的研究方法和分析途径,比如中国社会和政治中残存的宗法亲缘关系的分析途径,比如中国政治和政府管理中政治与政策协调机制和共识达成机制的分析模型等等。

与此同时,随着我国政治学研究国际视野的拓展,国别政治将会得到政治学者的进一步重视,在此基础上,比较政治的研究将会得到发展,而国别政治、比较政治的研究和分析方法也将在这一过程中得到发展和优化,由此将形成比较政治研究的新课题。

尤其值得指出的是,在我国政治学持续强调加强实证定量研究的背景下,定性研究方法和规范性方法,正重新得到政治学者的重视,因此,政治学规范研究方法以及与实证研究方法的结合,将成为我国政治学研究方法发展的趋势之一。

由上可见,随着社会政治的发展和政治学研究的深入,我国政治学研究方法将呈现多样性与科学性结合的趋势:政治学者将采用多种方法展开学术研究,以适应社会政治复杂性和学术研究丰富性的特点,大大拓展学术研究的角度和途径,形成多种认识手段和认识成就;另一方面,政治学者将在学术研究方法的研究中,分析确定各种方法的科学性和合理性,在中国社会主义政治实践中验证其有效性和适用性,从而提高学科研究方法的科学程度,并且促使本土化原创性学术研究方法的形成和发展。

7. 政治学研究对于学科专业调整的要求,势将促使政治学学术研究趋向推动建构更为合理广阔的学科学术研究空间

我国现行政治学科承继了1980年政治学恢复重建以来的学科领域结构,按照理论、思想、制度及国际领域构建成政治学的学科和研究领域。1998

年设置的学科专业目录,造成行政管理专业脱离政治学科,成为公共管理的二级学科,即从治理国家的重要政治性专业,变为管理行政的管理专业。

随着中国特色社会主义政治建设和民主政治深入发展,在中国特色社会主义政治建设中,政治对于行政管理的主导功能和支配意义,政治价值要求对于行政管理和公共政策的导向性要求,政治运行对于行政管理运行的引领功能,政治发展对于政府发展的基础意义,都使得作为治权研究的行政管理专业回归政治学学科专业体系的必要性日益加强,使得行政管理回归作为政治学分支学科和研究领域的需求日益强烈。

从综合研究人类社会政治发展规律、社会主义政治发展规律和共产党执政规律出发,从经济全球化对于社会政治的影响和作用出发,我国的政治学研究和发展应该开拓国际视野,具备比较眼光,正因为如此,政治学学科专业调整的另一突出问题是比较政治学专业的设置。政治学急切需要使得现有的中外政治制度专业转变为中国政治专业和比较政治专业。

在学科结构发展过程中,政治学交叉学科的发展,要求突破政治学学科结构按照理论、思想和制度的现行分类主线,形成中国政治、比较政治、政治社会学、政治经济研究、政治心理学等新学科领域和专业方向。

由此可见,我国政治学科面临结构性调整和整合与结构性分化和组合,由此形成了我国政治学研究重新设置和划分政治学分支学科的任务和发展趋势。

8. 政治学基础研究深入强化的发展要求,势将有力推进政治学基础学术研究和学术基础建设趋向进一步深化和强化

在“十一五”期间深化发展的基础上,政治学基础学术研究将趋向进一步强化和深化,其基本特征体现为:

(1)在发展着的马克思主义指导下,我国政治学的基础理论和知识将得到进一步重视和推进。

“十一五”期间中国大百科全书(第二版)的出版,有力推进了我国政治学基础理论和知识的研究。随着社会政治实践的发展,对于政治现象继续进行理论概括和讨论,对于政治知识继续进行理论审视,吸取政治学研究的新鲜成果,构建更加具有时代特征、实践特征和理论解释力的基础理论和知识,将成为政治学基础学术研究的内容。

（2）政治学基础学术研究在中外政治思想和政治制度等传统基础学术研究领域进一步得以深化，并且呈现新的特征。

传统基础学术的专门性研究将得到强化和深化，因此成为深化传统基础学术研究的路径和标志。传统基础学术研究的某些薄弱环节，比如西方政治制度通史、西方政治制度构成原理和运行机理分析、中国政治哲学与西方政治哲学的专题比较分析、中国政治制度内在逻辑和运行机理等等，将会得到强化和深化。

传统基础学术的研究方法将借鉴采用现代政治学研究方法，形成对于传统思想和制度的多视角、多途径和多方法的研究；同时，传统基础学术将采用政治学交叉学科的理论和框架展开研究，由此形成创新性成果和特色性成果。

传统基础学术研究进一步呈现与现实政治发展主题的紧密相关性。我国现实政治建设和发展、人民民主政治建设和治国理政的基础理论和价值，影响甚至规定着中外政治思想、政治制度、政治哲学、政治文化研究的命题、主题和课题选择，促进这些研究领域就这些内容展开相关内容的研究，形成具有深厚学术力度和现实价值的研究成果。

（3）中外政治历史的研究作为政治学基础学术研究的重要内容，将逐步得到重视。

在此前提下，中外政治历史研究将逐步形成系统厚重的研究成果，并且与中外政治思想、中外政治制度结合印证，形成我国政治学科基础学术的立足点和奠基石。

（4）随着我国新时期政治学恢复重建30周年活动的展开，我国政治学学术发展史的研究工作将提上日程，并且逐步形成我国政治学基础学术研究的重要领域和构成内容。

（5）围绕中国政治和世界政治发展的重大问题和趋势，按照基础研究与应用研究进一步紧密结合的原则，新类型和新技术意义上的学术基础研究和建设将得到进一步开展和加强。

其中包括中国政治和治理的一手典型案例库、中国政府文献和公共政策的数据库、政治研究的网站建设和网络连接、中国政治运行和政府管理的模拟研究等等,将得到开发;对于特定问题的实证性研究的连续跟踪调查和资料积累,将成为政治学研究的重要学术基础;若干口述史和专项问题的实地观察报告的积累,亦会构成学术研究的重要内容;而关于学科建设和学术研究的综合研究比如学术研究发展报告、学科年鉴等,将得到进一步重视和加强。同时,传统的基础学术资料的电子化和网络化,将使得基础规范性研究得到新的发展动力和形式。

9. 政治学科对外学术交流的开拓和发展,势将促使政治学对外学术交流和合作进一步趋向丰富多样和双向深入展开

随着我国改革开放进程的深入发展,"十二五"期间,我国政治学学术研究的对外交流程度将会进一步深化,并且进一步呈现多层次、多形式、多内容的特点。在这其中,除学术会议、资料交流、访问进修之外,对外合作研究将成为国际学术交流的重要形式。而国外大学或者研究机构、国内高校和国内其他部门的多方结合研究,将逐步得到发展。就其内容来看,除了公共行政、公共管理和公共政策之外,中国政治哲学、中国政治发展道路和治理模式、中国政治运行机制、中国式民主、中国人权模式等,将成为政治学深化对外学术交流的重要内容,而中国传统政治哲学、中国政治制度和社会自治、中国的民族区域自治制度、中国的民族和宗教政策等,也会成为国际学术界关注的重点,成为对外交流的重要内容。因此,以公共行政、公共管理和公共政策为主体的对外学术交流,将逐步转向以我国的主流意识形态、我国的主流政治价值观的阐述、我国的政治发展道路和我国的治理方式阐发为重要内容的对外学术交流。

我国政治学将在坚持"一个中国"的原则下,积极争取恢复我国在国际政治科学协会等国际性学术组织中的合法地位。同时,加强与国际行政科学协会、各国相关学术机构和组织的合作,并且以此作为国际学术交流的平台,加强与国际学术界的联系,使之成为提高我国政治学学术发展水平的重要途径。

我国政治学对外学术交流的发展,将从单向为主的交流转向双向交流。随着中国特色社会主义建设的深入发展和我国综合国力的日益增强,我国的学术研究水平的提高和文化影响力度扩大,我国政治学术交流将从单向交流逐步转向双向交流,我国政治学学术研究、学者和成果将逐步推向世界,介绍和阐发中国政治、政治发展、价值观念和治理模式,形成国际化学术研究成果,并且对于国际学术界产生相应影响。

　　与此同时,在对外学术交流中,我国政治学者维护国家主权和人民根本利益的原则将得到进一步强调和重视,国家的尊严和我国学者的人格尊严将得到进一步维护,我国政治学学术研究的学术价值、政治价值、历史价值将得到进一步阐述和重视。

　　(原载全国哲学社会科学规划办公室:《国家哲学社会科学十一五研究状况与十二五发展趋势〔中〕》,北京,社会科学文献出版社2011年版)

后 记

　　本书是作者廿五载政治学专业学习和感悟的浅得和实录,幸蒙文化名家暨"四个一批"人才工程引领培育,中华书局鼎力支持相助,经年拙作得以成书出版,谨致挚忱深谢。在成书过程中,得到北京大学政治发展和政治管理研究所的积极支持,为此,它亦应为该所学术研究成果。在成书过程中,还得到北京大学国际关系学院方向勤副教授,政府管理学院高鹏程副教授、孙一平博士后,清华大学马克思主义学院董晓倩博士后的积极主动相助,亦致深切谢意!悟习跨年廿五载,在实践、认知的深化面前,作者确有山高月小、海深溪浅之感慨和心悟。尽管如此,作品因循尊重历史和过程原则,依实录编纂成书,就此而言,一切批评都会受到热烈欢迎!

北京大学　王浦劬

2013 年 1 月 9 日